AF269378

EL ZOHAR

EL ZOHAR

Traducido, explicado
y comentado
Vol. XVIII

EDICIONES OBELISCO

Colección Cábala y Judaísmo
El Zohar
Vol. XVIII

1.ª edición: marzo de 2014

Título original: *Sefer ha Zohar*

Traducción: *Proyecto Amós*
Maquetación: *Natàlia Campillo*
Diseño de cubierta: *Enrique Iborra*

© 2014, Proyecto Amós
(Reservados todos los derechos)
© 2014, Ediciones Obelisco, S. L.
(Reservados los derechos para la presente edición)

Edita: Ediciones Obelisco, S. L.
Pere IV, 78 (Edif. Pedro IV) 3.ª planta, 5.ª puerta.
08005 Barcelona - España
Tel. 93 309 85 25 - Fax 93 309 85 23
E-mail: info@edicionesobelisco.com

ISBN: 978-84-15968-36-8
Depósito Legal: B-2.526-2014

Printed in Spain

Impreso en España en los talleres gráficos de Romanyà/Valls S. A.
Verdaguer, 1 - 08786 Capellades (Barcelona)

DEDICATORIA DE EL ZOHAR

A Jana Miriam, que alcanzó a leer parte de estos textos y los amó con toda su alma. Para ella, que develó el misterioso modo de estudiar la Torá desde las profundidades de su ser y de entregarse a Dios sin reservas, y que se fue de este mundo en dirección a su amada Jerusalén Celestial con la paz interior y el sosiego que caracterizan a quienes tienen la certeza de haber cumplido su misión en su paso por la vida.

Quienes tuvimos el mérito y la suerte de conocerla sabemos que su luz espiritual y su sonrisa pura nos acompañarán e iluminarán hasta el reencuentro final.

ZIJRONÁ LIBRAJÁ

¡Que su recuerdo sea una bendición!

PALABRAS INTRODUCTORIAS

He aquí que vendrán días, dice El Eterno, Dios, en que enviaré hambre a la Tierra, pero no hambre de pan, ni sed de agua, sino de la palabra de El Eterno.

Amós 8:11

Los motivos que nos llevan a traducir esta edición de El Zohar son los siguientes:

1. Todo lo relacionado con la Cábala se encuentra tan popularizado y divulgado que prácticamente se halla al alcance de cualquiera.
2. Las traducciones parciales que normalmente suelen encontrarse en el mercado son incompletas, inexactas y confusas, y en la mayoría de los casos no se basan en el idioma original de El Zohar.
3. Existen personas que, sin saber hebreo ni arameo, e incluso sin vivir de acuerdo con las normas de la Torá, se dedican a la enseñanza de estos textos sagrados motivados por intereses exclusivamente personales y comerciales.

Por consiguiente, y tras consultar a grandes e importantes cabalistas en Israel, nos propusimos presentar una traducción absolutamente fiel al texto sagrado original, incluyendo comentarios breves y aclaraciones con la intención de facilitar una comprensión mínima de aquellos pasajes que se consideran de carácter más abierto y revelado. Estas aclaraciones escritas en letra más fina, no son nunca opiniones personales de los traductores, sino una síntesis de las enseñanzas de los sabios que han comentado El Zohar. Con todo, el lector atento notará que muchos pasajes han sido traducidos de modo literal y sin explicación alguna, ya que debido a su misterio y hermetismo simplemente no pueden ser revelados al inexperto aprendiz.

Las características técnicas de la presente obra son las siguientes:

1. La letra enfatizada en negrita es la traducción palabra por palabra de El Zohar.
2. La letra intercalada en redonda son los comentarios y agregados.
3. Se han añadido fuentes bíblicas y talmúdicas.
4. Se acompaña un glosario al final de cada volumen.

Por último, queremos aclarar que todas las personas que participan en la traducción de esta obra excepcional viven de acuerdo con las enseñanzas clásicas de la Torá y se esfuerzan por complacer y cumplir la Voluntad del Creador.

Sería injusto dejar de agradecer al Rabino Daniel ben Itzjak su ayuda, ya que sin ella esta obra jamás hubiera llegado a ser publicada.

Quiera el Dios de Abraham, Itzjak y Jacob hacer cumplir nuestra voluntad: que las almas sedientas de espiritualidad beban de la Luz de Su Torá.

Y como dice la Mishná de Pirkei Avot (2:6):
En un lugar donde no hay hombres, esfuérzate en ser un hombre.

LOS TRADUCTORES

JELEK BET

SECCIÓN DE PEKUDE II

BH

(243a) Esta expansión de la sefirá de Jojmá de la *klipá* **se expande con varios tipos diferentes** de cortezas impuras investidas **éstas dentro de éstas.** Pues **del interior de esa expansión** de la sefirá de Jojmá de la *klipá* **sale un resplandor que se colorea de** la tonalidad del **oro. Y éste es el oro rojo.** O sea, se refiere a la Biná de la *klipá* en la que se ve cierto resplandor similar al del oro rojo. Posteriormente, **este resplandor** de la Biná **se expandió y cubrió la oscuridad** asociada al misterio de la sefirá de Jojmá, **en su cabeza. Y es el oro en el que se incluyó la oscuridad** de la sefirá de Jojmá, como en la santidad, donde la Biná recubre a la sefirá de Jojmá.

Esta oscuridad asociada al misterio de la Jojmá, revestida por la Biná, **se expande a la derecha y a la izquierda** para sacar a Jesed –bondad– y a Guevurá, –rigor– de la *klipá*. **Y del interior de estos dos flancos** asociados a Jojmá y a Biná, **sale una tonalidad de plata que no ilumina,** que se vincula con el misterio del Jesed –bondad– de la *klipá*. Y **esta tonalidad de plata** vinculada con el Jesed –bondad–, **se expande, y** entonces **es cubierta** por la oscuridad de Guevurá, –rigor–. **Y** la sefirá del Jesed –bondad– y la sefirá de Guevurá, –rigor–, **se incluyen ésta en ésta, y** la oscuridad resultante **desciende a lo bajo.**

La oscuridad resultante mencionada, formada por la inclusión del Jesed –bondad– con la Guevurá, –rigor–, está asociada con el misterio de Tiferet, y **se expande** a lo bajo; **y** debajo de Tiferet **hay dos oscuridades,** las cuales están asociadas al misterio de Netzaj y el Hod de la *klipá*. Y el Tiferet es **la cabeza de las columnas negras** de oscuridad, que son el Netzaj y el Hod. **Y de allí,** de Tiferet, **se expande y sale una tonalidad de cobre,** que está asociada con el misterio de la conducción de Tiferet, vinculada con el misterio del cobre, tal como ocurre con el flanco de la santidad. **Y de allí,** de Tiferet, **se expande esa oscuridad** asociada con el misterio de Maljut de la *klipá*, **a lo bajo. Y** el Maljut **se mantiene en su existencia, y sale** de ella **una tonalidad negra con aspecto de hierro** que se vincula con el misterio de la conducción a través del juicio severo; pues el Maljut se denomina así, «aspecto de hierro». **Y todas** las sefirot de la *klipá* están vinculadas **con el misterio de la oscuridad.**

Ahora bien, **de entre esas dos columnas,** el Netzaj y el Hod de la *klipá*, **sale una columna que es** una emanación cósmica asociada al misterio de la **oscuridad en** medio de **la oscuridad,** o sea, el Iesod de la *klipá*, que es una sefirá con oscuridad doble. **Y todas esas tonalidades se ven en ella,** pues el Iesod incluye a todas las tonalidades de los seis extremos. **Y ésta** emanación cósmica, el Iesod de la *klipá*, **es** el ente cósmico vinculado con el misterio de **la** cubierta denominada *orlá*, que recubre el prepucio. En tanto que el Iesod de la santidad se vincula con el misterio de la circuncisión. **Pues** el Iesod de la *klipá*, **conduce al aspecto masculino hacia el aspecto femenino para que se unan como uno.** Y **estas columnas,** o sea, el aspecto masculino inferior –*Zeir Anpín*– y el aspecto femenino inferior –Maljut– de la *klipá*, **están** vinculados **con siete grados grandes conocidos,** como se explicará más adelante.

A continuación se explicará lo concerniente a los tres *mojin*, es decir, las facultades cognitivas cósmicas del aspecto masculino inferior –*Zeir Anpín*–, de la *klipá*: **el primer grado** de las sefirot denominadas sefirot del Otro Lado –*Sitra Ajra*–, **es un grado que está en el flanco de esta oscuridad** de la *klipá*. **Esta oscuridad asciende** y se incluye **dentro de la ocultación del humo del fuego** del ente cósmico de

Biná, que incluye a los tres *mojin*, es decir, las facultades cognitivas cósmicas, que son las tres primeras sefirot. **Éstas** tres primeras sefirot **están incluidas de la tonalidad del humo, la tonalidad del fuego, y la tonalidad negra,** que son tres tipos de conducciones malas. Pues **estas tres tonalidades se expanden a varios flancos.** Es decir, de ellas salen innumerables acciones malas **para inclinar con tortuosidad al mundo,** es decir, para hacer inclinar a las personas hacia los caminos tortuosos. Pues esas cortezas impuras denominadas *klipot* instan a las personas a comportarse de modo tortuoso para hacerlas pecar, y después traer sobre ellas castigos, y también la muerte.

Ésta es la explicación del misterio de las tres tonalidades mencionadas: **la tonalidad del humo,** proveniente del flanco de Jojmá de la *klipá*, **desciende al mundo y penetra** en el corazón de las personas **por varios flancos,** es decir, para hacer pecar a las personas de varios modos. **Y éste** humo **se expande en el mundo y desvía el espíritu de las personas** para que reaccionen **con enojo,** y hace esto **para desviar sus caminos** del flanco de la santidad, **y para que se fortifiquen en su ira. Y a esto se refiere lo que está escrito: «No tendrás dios extraño, y no te postrarás a dios ajeno»** (Salmos 81:10). **«No tendrás dios extraño» se refiere al aspecto masculino** de la *klipá*; **«y no te postrarás a dios ajeno» se refiere al aspecto femenino** de la *klipá*. Resulta que cuando la persona se fortalece y prevalece sobre el mal instinto, provoca separación entre el aspecto masculino inferior –Zeir Anpín– y el aspecto femenino inferior –Maljut– de la *klipá*. Pero si se deja llevar por el mal instinto provoca la unión de estos entes. **Éste** ente cósmico, el aspecto femenino de la *klipá*, **es el** principal medio que atrae al **enojo que ejerce dominio y se fortifica en el mundo. Y se introduce dentro de las personas y las fortalece para que hagan mal** a otros.

La tonalidad del fuego proviene del flanco de Biná de la *klipá*. **Esta tonalidad desciende al mundo y penetra** en el corazón de las personas **por varios flancos,** es decir, para hacer pecar a las personas de varios modos y **para** instar a **hacer el mal** y dañar a otros. Es decir, insta a las personas **a matar y derramar sangre, y a robar a las** demás **personas. Y a esto se refiere lo que está escrito: «Si dijeren:**

ven con nosotros; pongamos asechanzas para derramar sangre, acechemos de balde al limpio –de culpa– (...)» (Proverbios 1:11).

Pues hay derramadores de sangre que matan **de balde y asesinos** que matan **de balde, y hay quienes derraman sangre y matan en la guerra. Y este flanco proviene del flanco del aspecto masculino, y este** otro **flanco proviene del flanco del aspecto femenino. El flanco del aspecto masculino** insta **a derramar sangre de balde, como hemos dicho; el flanco del aspecto femenino** insta y despierta **a librar batallas, y a que se maten estos con estos,** los unos a los otros. **Y todas las guerras y las matanzas** de estos con estos, que se matan entre sí, **provienen de este flanco del aspecto femenino** de la *klipá*.

La tonalidad negra proviene del flanco de Daat, de la *klipá*; **esta tonalidad desciende al mundo, y desciende para contabilizarse sobre todos los que hieren y golpean,** es decir, los que se golpean y hieren entre sí, **y** sobre esos que **prenden y encarcelan,** es decir, provocan que las personas sean prendidas y encarceladas, **y** sobre esos que **cuelgan y asfixian.** Significa: provocan que las personas sean colgadas y asfixiadas, **y para hacer siempre el mal a las personas.**

Estas tres tonalidades se expanden a varios flancos del mundo, es decir, de varios modos, **y se expanden dentro de las personas** que moran **en el mundo,** o sea, en sus corazones, para instalarlas a pecar de diversas maneras.

Ahora bien, **la tonalidad del humo desciende al mundo** y se expande, **y es ésta la primera tonalidad** que proviene del flanco de Jojmá de la *klipá*, **que sale del interior del punto que se hunde en esa sombra** antes mencionada, la cual está asociada al misterio del aspecto masculino inferior –*Zeir Anpín*–, de la corteza impura, que es el ente cósmico maligno llamado **Samael, que monta sobre el camello, como ya ha sido** estudiado y **dicho. Y esa tonalidad del humo se denomina** según **el** nombre del **ministro** cuyo nombre se escribe con las letras *kuf–tzadik–pei–iud–alef–lamed*. **Y éste es el** ente que trae y provoca el **enojo de las personas, para que sus corazones se fortalezcan** con esa cualidad y permanezcan **con enojo.** Tal como enseñaron los sabios en la Mishná: hay cuatro tipos de temperamentos: el que se enfada fácilmente pero se calma pronto es más lo que pierde que lo que gana. El que tarda en enojarse y tarda en calmarse es más lo que gana que lo que pierde. El que tarda en enojarse y se calma pronto, es generoso –*jasid*. El que se enfada pronto y tarda en calmarse, es un perverso (Avot 5:11). Es decir, este ente mencionado atrae y provoca el enojo de las personas para que se vinculen con la última categoría mencionada, o sea, se enfada pronto y tarda en calmarse.

Debajo de éste dañador **hay mil seiscientos** campamentos y legiones de ángeles **dañadores encargados** de llevar a la persona al enojo repentino. **Pues ellos** incitan a despertarse **con un enojo que se nota en los cuerpos de las personas. Pues hay enojo que ejerce dominio en el mundo** e insta **para hacer el juicio** contra el compañero en forma inmediata. **Pero este flanco es un enojo que ejerce dominio y penetra en** el interior de **los cuerpos de las personas para que se enojen con este enfado.** Y este tipo de enojo lleva a cavilar sobre la manera de hacer daño al compañero. **Y este enojo es la base de todos los demás tipos** de enojo, pues se despierta **para elaborar con ellos una edificación con el fin de hacer el mal** al compañero. Esto es así **porque este humo** de Jojmá **sale del interior del furor del fuego supremo** de Biná de la *klipá*, **que arde. Y éste es el primero de** los grados de **ese fuego.**

Cuatro tipos de **enojos se expanden de ese enojo,** es decir, cuatro ángeles dañadores encargados de despertar cuatro tipos de enojo que derivan del primero. El ángel encargado de **el primer** tipo de **enojo se denomina «Irritación** –*roguez*–**», y es el que irrita los corazones de las personas,** o sea, los despierta para que se irriten. Y pareciera como si los afectados por este tipo de enojo se enojaran naturalmente, pues ellos dicen que es apropiado irritarse por lo que les han hecho. **Y en realidad es éste** ángel **que desciende y va y descarría a las personas, y** entonces **se enfadan con sus enojos. Y esto es lo que provoca el** ángel **dañador sobre el mundo** y lo destruye. **Y a esto se refiere lo que está escrito: «En la ira** –*roguez*– **acuérdate de la misericordia»** (Habacuc 3:2). Es decir, cuando se despierta el ángel dañador –*roguez*–, «acuérdate de la misericordia» para debilitar su poder e impedir que dañe.

El ángel encargado de **el segundo** tipo de **enojo es el que desciende al mundo y deambula** por el espacio, **y se expande a todo flanco. Y este** ángel **se denomina «odio** –*siná*–». Pues despierta a las personas a odiar con odio gratuito. **Y éste** ángel **desciende y entra en** los corazones de **las personas. Y éste** ángel, **por cuanto que penetró** en los corazones de las personas **se denomina «dañador silencioso».** Pues no revela exteriormente su enojo sino que su ira permanece guardada en su interior continuamente, y hace el mal a su compañero cuando tiene la posibilidad. **(243b) Y éste es el enojoso silencioso; y éste es el que se asocia con ese lugar del aspecto femenino,** es decir, provoca la unión del aspecto masculino inferior –*Zeir Anpín*–, con el aspecto femenino inferior –Maljut– de la *klipá*. **Y éste es un enojo silencioso que está** dispuesto y viene **con tortuosidad,** de modo que las demás personas no intuyan que llega para dañar. Por eso **éste** tipo de enojo **es más duro que todos** los demás, **pues es similar a la serpiente que está siempre en silencio, y después mata.** Por esta razón, este tipo de enojo provoca la unión del aspecto masculino inferior –*Zeir Anpín*– con el aspecto femenino inferior –Maljut– de la *klipá*.

El ángel encargado del **tercer** tipo de **enojo, es un enojo contrapuesto al primero, el cual avanza y se fortifica, y no se acalla, sino que ese enojo se revela, y cuanto más se revela, más se quebranta.** Es decir: **cuanto más se revela** la causa del enojo **y no se acalla, así se quebranta** y se debilita. **Y así se denomina: «enojo quebrado».** Y hay quienes consideran que ésta es una virtud, suponiendo que la persona se calma con facilidad, pero en verdad es una cualidad que proviene de esa corteza impura denominada *klipá* que se revela y se debilita.

El ángel encargado de **el cuarto** tipo de **enojo,** es ese un enojo cuyo **comienzo es severo y al final se quiebra.** Pues comienza a debilitarse y silenciarse por sí solo hasta que se quebranta por completo. **Y por eso éste es un enojo contrapuesto al anterior. Por eso es éste un** enojo vinculado con un **flanco más quebrado que todos. Y por**

eso todo corresponde con el primer grado asociado con el misterio de las tres primeras sefirot de la *klipá*.

El segundo grado de las sefirot denominadas sefirot del Otro Lado –*Sitra Ajra*–, es el Jesed –bondad– de la *klipá*. Éste **es un grado que sale de la oscuridad** de las tres primeras sefirot de la *klipá*. **Y es ésta una tonalidad oscura,** o sea, lo contrario al Jesed –bondad– de la santidad, que se vincula con la luz. Esto es así **porque está dentro de esta oscuridad** de las tres primeras sefirot de la *klipá*, **pues todos** los siete grados de las cortezas impuras denominadas *klipot* **están dentro de la oscuridad** de las tres primeras sefirot de la *klipá*. **Y están** vinculados **con grados sabidos** de las siete sefirot denominadas sefirot inferiores de la *klipá*. **Y ésta** emanación, el Jesed –bondad– de la *klipá*, **se expande a lo bajo por medio de los modos sabidos,** para hacer mal y dañar.

En este grado hay trescientos flancos distintos, es decir, modos de conducción, **separados uno del otro.** Esto es así porque el Jesed –bondad– está vinculado con el misterio de la mano derecha, y en la mano hay tres articulaciones. Y cada articulación está compuesta de cien grados, resultando trescientas acciones. Y todas ellas son fuerzas del mal instinto que se empeñan en hacer pecar a las personas. Y también hay entre ellas fuerzas de los entes impuros denominados *jitzonim* que se ocupan de castigar a los pecadores. **Y todas están incluidas éstas en éstas** para provocar un pecado tras otro pecado, ya que un pecado arrastra a otro pecado. **Y aunque** estas trescientas fuerzas **son distintas éstas de éstas,** aun así hay comunión entre ellas, **y se fortifica ésta** a través **de ésta, pues todas están incluidas éstas con éstas. Y por eso todos los grados de este flanco son conocidos para hacer el mal.** Pues del brazo derecho de la *klipá* salen numerosas fuerzas del mal para dañar.

De aquí salen todos esos ángeles **dañadores que deambulan por el mundo.** Ellos ven los pecados que se cometen por la noche, y El Santo, Bendito Sea, los convoca para castigar a los malvados que pecan en la oscuridad. **Y ellos hacen juicio** con los malvados **de un modo revelado por las acciones ocultas que realizaron en medio de la oscuridad, en secreto. Y ellos deambulan por el mundo, y**

hacen juicio con ellos de un modo revelado. Y por eso, todos esos que deambulan por el mundo y hacen el juicio de un modo revelado, todos ellos están ante las personas cuando pecan ocultamente, para saber la dimensión de la falta y castigarlos apropiadamente. Esto es así **para estar siempre preparados para ver esos pecados que se cometen en secreto, como hemos dicho** anteriormente. **Y esos** ángeles dañadores **que se denominan Furia** –*Af*– **e Ira** –*Jemá*–, **se unen con ellos, y hacen juicio sobre ellas, las personas. Éste** juicio **se hace en el mundo a través de esos poseedores** de la facultad **del juicio, como hemos dicho** anteriormente.

Este grado está dentro de la oscuridad y el fuego que se vinculan con el misterio del Jesed –bondad– y la Guevurá –rigor– de la *klipá*, **que son** parte de **un misterio** intrínseco, pues la Guevurá –rigor– se incluye en el Jesed –bondad–. **Y del interior de este grado se expanden varios grados poderosos que se sitúan por debajo del flanco de un Firmamento que se denomina Firmamento Negro,** el cual está vinculado con el misterio del ente cósmico denominado Biná de la *klipá*. **Éste** Firmamento vinculado con el misterio del ente cósmico denominado Biná de la *klipá* **es el Firmamento que se expande hacia todos esos grados que son rojos como la rosa.** Pues estos grados, en determinadas ocasiones, muestran alegría a la persona, proveniente del poder del ente cósmico denominado Biná, que está sobre ellos. Y después seducen a la persona para que peque y, ellos, esos grados, se transforman en crueles para castigar a esa persona. **Y ellos,** la oscuridad y el fuego, **se denominan** los dos **brazos de este flanco** de la *klipá*, que como dijimos, son los entes vinculados con el misterio del Jesed –bondad– y la Guevurá –rigor– de la *klipá*. Y esos dos brazos toman a la persona y la abrazan, hasta llevarla a las profundidades del pozo.

Debajo de estos grados supremos del Jesed –bondad– de la *klipá* **se expanden a lo bajo grados** asociados a las fuerzas de los entes impuros denominados *jitzonim*, **hasta que llegan al interior del tercer grado,** o sea, el vinculado con el misterio de Guevurá –rigor– de la *klipá*. **Pues esas** fuerzas **del segundo grado,** o sea, el Jesed –bondad–, de la *klipá*, **salen del interior de ese Firmamento**

Negro asociado con el misterio de la Biná de la *klipá*, **y deambulan por el mundo** y se incluyen en la Guevurá –rigor–. Y aun así, **esas** fuerzas reciben poder del Jesed –bondad–, o sea, **de la derecha, y ésas** otras fuerzas reciben poder de Guevurá –rigor–, o sea, **de la izquierda.**

Ésas fuerzas **del Jesed** –bondad– de **la derecha se dividen en tres flancos, que son** grados vinculados con el misterio de **tres vínculos,** o sea, las tres articulaciones de la mano derecha. **Y ésas** fuerzas **de** Guevurá –rigor–, de **la izquierda, se dividen en tres flancos que son** grados vinculados con el misterio de **otros tres vínculos,** o sea, las tres articulaciones de la mano izquierda.

A continuación se explicarán los misterios de las diversas fuerzas y acciones que surgen de las articulaciones del brazo derecho: **el primer vínculo,** el correspondiente a la articulación que une el extremo superior del brazo con el hombro, **se ubica arriba, y humo, oscuridad, y enojo, se unen con él. Este vínculo tiene tres tonalidades oscuras** que son las fuerzas que actúan en la oscuridad de la *klipá*. **Y son distintas éstas de éstas,** siendo esa la razón por la que se dividen en tres tipos de fuerzas. **Y se incluyen éstas con éstas. Y este vínculo es encorvado** hacia abajo, **y no se expande** a ningún flanco, **con excepción de tiempos sabidos,** es decir, cuando la persona levanta sus manos.

Este vínculo **se denomina «ira** –*evrá*–**»,** y es un enojo duro y continuo, y por eso, **él** –el individuo– **está** irritado permanentemente y el enojo perdura en él, **sin calmarse. Pues no se** aplaca y **silencia sino cuando los** Hijos **de Israel ofrecen ofrendas en lo bajo. Pues en ese tiempo, ese enojo** –*roguez*– **se silencia,** y no puede hacer nada, **y se somete en lo bajo y se debilita su enojo, y no puede ejercer dominio y fortificarse.** Pues las ofrendas ofrecidas endulzaban los juicios, y los anulaban, y a través de eso se debilitaban las fuerzas de los entes impuros denominados *jitzonim* que estaban enraizados en los juicios. **Y cuando ese vínculo,** o sea, esa articulación superior del brazo **se debilita, entonces el segundo vínculo que está en el medio** del brazo **no puede desplazarse y conducir.** Pues todo su poder depende del vínculo superior.

El segundo vínculo del brazo derecho **es el que se denomina «enfado** –*zaam*–». Pues surge de tanto en tanto, y no es tan duro como la ira, que es un enojo continuo. **Este vínculo se desplaza** cósmicamente y conduce muchas fuerzas **de lugar en lugar,** pues posee muchas fuerzas para realizar innumerables acciones. **Y** este vínculo **conduce a todos los demás vínculos. Y todos los demás vínculos, todos ellos se conducen a través de él,** o sea, a través del vínculo central. Y según su conducción se conducen todos los dedos y todas las articulaciones, ya que todos están asociados al misterio de fuerzas preparadas para realizar acciones asociadas al mal. **Y todos se fortifican con este vínculo.** Pues es el conductor y, si se debilita, todos se debilitan con él; y si se fortifica, todos se fortifican con él.

Éste vínculo central **es el** ente cósmico **que conduce a todas las aflicciones** y las trae **al mundo,** pues todas ellas provienen de las fuerzas vinculadas con el misterio de los brazos. **Pues cuando** el brazo derecho **se vincula con otro grado,** o sea, el brazo izquierdo, **para que** el ente cósmico maligno llamado Samael **abrace a su aspecto femenino** impuro, **entonces descienden al mundo todas las aflicciones,** es decir, todo tipo de aflicciones, **y todas las opresiones y todos los sufrimientos. Pues éste no puede ejercer dominio sin éste,** es decir, el aspecto masculino no puede ejercer dominio sin el aspecto femenino. Y a través de su unión y su abrazo, están unidos y ellos traen todo tipo de aflicciones, opresiones, y sufrimientos al mundo. **Y todos los grados fueron entregados al aspecto femenino** de la *klipá* **para ejercer dominio y pervertir al mundo.** Pues el aspecto femenino está más próximo al materialismo. **Y si no fuera porque montan éste sobre éste, y se unen éste con éste,** es decir, el aspecto masculino inferior para proyectar las fuerzas del juicio, y el aspecto femenino para realizar el juicio en el mundo, **no podrían ejercer dominio.**

Ven y **observa: cuando Adán estaba en el Jardín del Edén para ocuparse del servicio de su Amo,** el ente cósmico maligno llamado Samael sintió envidia de él, por el grado supremo al que estaba asociado. Entonces **este** ente cósmico maligno llamado **Samael descendió** al Jardín del Edén, **y** conjuntamente **todos (244a) esos grados de él.** Pues el ente cósmico maligno llamado Samael tomó con él todas sus fuerzas para hostigar al hombre y la mujer, a Adán y Eva. **Y montaba sobre esa serpiente mala,** que es su pareja impura, el aspecto femenino de él, **para** provocar **que** Adán y Eva **se desviaran** y traspasaran la voluntad del Amo de ellos. **Pues esa serpiente que estaba debajo de él,** el ente cósmico maligno llamado Samael, **es tortuosa** y se comporta con tortuosidad **para desviar a las personas y seducirlas. A esto se refiere** el misterio de **lo que está escrito: «Porque los labios de la mujer extraña destilan miel, y su paladar es más liso que el aceite»** (Proverbios 5:3). **Y por eso, éste,** el aspecto masculino, **da** al aspecto femenino **la fuerza** para seducir, **y ésta,** el aspecto femenino, **hace el trabajo en el mundo,** seduciendo a las personas. **Y éste sin éste, no podría ejercer dominio.**

Por eso, cuando ese vínculo central del brazo del aspecto masculino **se une con** su pareja, **el aspecto femenino,** para abrazarla, **entonces descienden los juicios y todas las opresiones al mundo. Y cuando ese vínculo central** del brazo del aspecto masculino **se debilita y no se desplaza** cósmicamente para realizar una acción, entonces **todo se quiebra, y se somete, pues** la pareja vinculada con la *klipá* **no puede ejercer dominio** alguno.

Y por eso todo se quiebra y se somete según el misterio de las ofrendas de lo bajo. Pues tal como ya hemos dicho, las ofrendas endulzaban los juicios y los anulaban, y a través de eso se debilitaban las fuerzas de los entes impuros denominados *jitzonim*, que estaban enraizados en los juicios. **Y entonces asciende quien asciende para coronarse en lo Alto.** Es decir, la Presencia Divina –*Shejiná*–, con sus atavíos, asciende a lo Alto para encontrarse con el aspecto masculino inferior –*Zeir Anpín*– y recibir la abundancia de los *mojin,* es decir, las facultades cognitivas cósmicas. **Y para ser bendecida de las profundidades supremas que ilumina a todos los rostros,** es decir, a todas las sefirot. O sea, la Presencia Divina –*Shejiná*– asciende a lo Alto para ser bendecida por el Iesod del aspecto femenino superior –*Ima*– que es el ente cósmico que ilumina a todos los mundos a través del Jesed –bondad– y la Guevurá –rigor–.

El tercer vínculo es la articulación que une la palma de la mano derecha con los dedos. **Éste** vínculo **es fuerte, con más fortaleza**

que los demás, y su acción es más severa que la de los otros dos vínculos. **Y éste se denomina «aflicción –*tzara*–», pues de ese** vínculo **sale el** poder del **dominio para provocar opresiones y traer aflicciones a los seres humanos. Y el misterio de estos tres vínculos es como está escrito: «Ira** –*evra*–, **enfado** –*zaam*–, **y aflicción** –*tzara*–» (Salmos 78:49). **Estos son los tres vínculos de la derecha.**

A continuación se explicará lo relacionado con la mano izquierda: **los tres vínculos de la izquierda, cuando se fortifican como uno, entonces esa** mano **izquierda se denomina: «una legión de ángeles malos».** Como está escrito: «Envió sobre ellos el ardor de su ira, enojo, enfado y angustia; una legión de ángeles malos» (Salmos 78:49). **Pues de esa** mano **izquierda son enviados a lo bajo, y toman poder todos esos ángeles malos,** o sea, **esos** ángeles **que salen del flanco de** la izquierda de **lo bajo, como hemos dicho** anteriormente. **Y todo esto** sale **del segundo grado y del tercer grado.**

Lo explicado hasta aquí comprende los tres grados del aspecto masculino de la *klipá*, o sea, las tres primeras sefirot, y sus dos brazos asociados al misterio del Jesed –bondad– y la Guevurá –rigor–. A continuación se proseguirá con la explicación de la concatenación de los grados del Otro Lado –*Sitra Ajra*–.

El cuarto grado del Otro Lado –*Sitra Ajra*– es el Tiferet, que es la esencia del ente cósmico maligno llamado Samael. **Este grado está dentro de la tortuosidad del enojo** del Jesed –bondad– y la Guevurá –rigor–. **Y este** grado se denomina **«central», el cual es el cuerpo que está entre los dos brazos.** Es decir, se refiere al Tiferet, que está entre el Jesed –bondad– y la Guevurá –rigor–. Y **aquí hay un aspecto flamígero, que flamea con** una tonalidad **roja como la rosa,** pues **de aquí salen los poderes** de las fuerzas **que descienden a lo bajo,** al aspecto femenino de la *klipá,* **para fortalecerse en** lo relativo a **derramar sangre. Pues éste** grado del ente cósmico maligno llamado Samael **otorga permiso y dominio en lo bajo** al aspecto femenino **para fortalecerse en** lo relativo a **derramar sangre.**

Éste ente cósmico, Samael, **hace surgir** las manifestaciones y las transmite **al aspecto femenino. Y éste,** el aspecto femenino, **necesita a éste,** el aspecto masculino, para recibir las fuerzas, tal **como el**

cuerpo necesita al alma para recibir de ella las fuerzas vitales. **Y el alma no realiza** ninguna **acción sino** cuando se inviste **en el cuerpo. Y por eso, todas las fuerzas y todos los poderes** del aspecto femenino de la *klipá* **salen de aquí,** del aspecto masculino. Esto es así **para fortalecerse y realizar las acciones en el mundo, para hacer el mal** y dañar. O sea, es **como la mujer que recibe del hombre siempre** todo lo que necesita.

Ahora bien, **en cada grado y grado,** de los siete grados de la *klipá,* **y en cada vínculo y vínculo** de los grados, **hay varios encargados, y varias legiones de dañadores. Pues todos se comportan según** el comportamiento de **ellos,** los grados y los vínculos del aspecto masculino de la *klipá.* Pues ellos transmiten a los encargados la fuerza y el poder de conducción. **Y todos esos** encargados **que se comportan según ellos, todos están en lo bajo, pues son las huestes del aspecto femenino** de la *klipá.* **Y todos tienen un grado sabido en lo Alto,** vinculado con el aspecto masculino de la *klipá,* **para conducirse con él.** Ésta es la razón por la que se los vincula con esos grados del aspecto masculino.

Pues **así como hay en el flanco supremo sagrado,** en los mundos sagrados, **Palacios sabidos** del aspecto femenino **en relación con los grados supremos** del aspecto masculino, **para incluirse estos en estos,** es decir, para que se incluyan los grados del aspecto masculino en los Palacios del aspecto femenino, **así también ocurre en lo bajo.** Pues **en la oscuridad del Otro Lado** –*Sitra Ajra*– **hay grados** del aspecto masculino dispuestos **en relación con esos Palacios del aspecto femenino, para que se incluyan estos en estos.**

En este grado, que es el cuarto, asociado con el misterio de Tiferet de la *klipá,* **hay** fuerzas para ejecutar **juicios malos, para descender a lo bajo,** al aspecto femenino, **y ser entregados a esos** ángeles del mal **que hacen el juicio malo** y **poderoso** con los malvados. **Ellos absorben de aquí el poder, para fortalecerse y completar ese juicio que realizan. Y por eso todos esos grados** del aspecto masculino **están incluidos en ellos, en todos esos Palacios inferiores del flanco del aspecto femenino, en lo bajo. Bienaventurada la parte de los justos, que apartaron sus caminos de este ca-**

mino y van detrás del temor de El Santo, Bendito Sea, para santificarse con la santidad del Amo de ellos. Bienaventurados son ellos en este mundo y en el Mundo Venidero.

A continuación se explicará lo concerniente al **quinto grado** del Otro Lado –*Sitra Ajra*–. **Este grado se divide** a su vez **en dos grados: derecha e izquierda.** Es decir, se divide en los grados asociados al misterio de Netzaj y Hod de la *klipá*. **Y estos** grados **se denominan «muslos», los cuales se unen para hacer el mal y perseguir, pues aquí** se encuentra la fuente del **poder de la persecución de todas las malas** enfermedades. Es decir, una enfermedad persigue a la otra, y antes de que la persona se restablezca de la enfermedad anterior ya llega una nueva. **Y aquí están** investidas **todas las fuerzas que persiguen a los malvados. Y cuando este grado se aproxima** para ejecutar una acción, **entonces** se cumple lo que está escrito: **«Y los correos** –lit. los que corrían– **salieron deprisa** por mandato del rey, y el edicto fue dado en Shushán capital del reino; y el rey y Hamán se sentaron a beber, pero la ciudad de Shushán estaba turbada» (Ester 3:15). Se refiere a las fuerzas del mal, que realizan la acción con prontitud. **Y esos que corrían estaban en lo bajo,** dispuestos **para correr a hacer el mal. Y todos esos** entes dañinos **se denominan «perseguidores». Y a esto se refiere lo que está escrito: «Nuestros perseguidores eran más livianos que las águilas de los Cielos»** (Lamentaciones 4:19), lo cual alude a las fuerzas del mal.

Este grado se divide hacia dos flancos: a la derecha y a la izquierda. Es decir, el Netzaj, y el Hod, de la *klipá*, que están asociadas al misterio de las dos piernas de la *klipá*. **Hay tres vínculos en la** pierna **derecha, y hay tres vínculos en la** pierna **izquierda. Y esos** tres **vínculos** –articulaciones– de la pierna izquierda, **y esos** tres **vínculos** –articulaciones– de la pierna derecha, **que hemos mencionado, todos miran hacia atrás.** Esto es así **porque esos vínculos supremos (244b) sagrados, todos miran hacia adentro, en dirección del cuerpo, como está dicho:** «Y descansaba sobre doce toros; tres miraban al norte, tres miraban al occidente, tres miraban al sur, y tres miraban al oriente; sobre estos se apoyaba el mar, **y todos los perniles de ellos estaban hacia adentro»** (I Reyes 7:25). Los perniles de los doce toros mencionados sobre los que se apoyaba el mar que había hecho Salomón, aluden a los doce vínculos de la santidad, y todos estaban hacia dentro. **Y estos** entes del Otro Lado –*Sitra Ajra*–, **todos ellos miraban hacia atrás,** tal como dijimos anteriormente.

Ahora bien, **¿qué diferencia hay entre estos y estos?** Es decir, ¿qué diferencia hay entre los vínculos de la santidad y los vínculos del Otro Lado –*Sitra Ajra*–? La respuesta no es **sino** ésta: **esos vínculos supremos sagrados, todos** están vinculados **con el misterio del hombre; y ya que todos** los aspectos cósmicos denominados *partzufim* supremos están vinculados **con el misterio del hombre,** por eso **está escrito: «Y todos los perniles de ellos estaban hacia adentro»** (I Reyes 7:25). **Y esos otros vínculos que hemos mencionado,** los del Otro Lado –*Sitra Ajra*–, o sea, **esos vínculos del medio** de las piernas, **todos miran hacia atrás. Y esos** vínculos **están** asociados **con el misterio de un animal, y por eso, todos sus perniles están hacia atrás.** Es decir, en las piernas del cuerpo de la persona, dos vínculos interiores sobresalen hacia adentro, y el tercero, el superior, sobresale hacia atrás; pero en un animal hay dos vínculos que están dispuestos hacia atrás, pues también el vínculo central está dispuesto hacia atrás.

Y este misterio es tal como ya ha sido estudiado y **establecido por nosotros,** como está escrito: «Tu justicia –que haces con los justos– es como los montes de Dios, Tus juicios –que haces con los malvados son enormes, como el– gran abismo; **El Eterno salva hombre y animal»** (Salmos 36:7). **Estos en relación con el flanco del hombre,** pues los aspectos cósmicos denominados *partzufim* de la santidad se denominan «hombre», **y estos** otros **en relación con el flanco del animal,** pues los aspectos cósmicos denominados *partzufim* del Otro Lado –*Sitra Ajra*– se denominan «animal». **Y la ofrenda debía ascender así,** según el misterio del **hombre y el animal.** Pues los sacerdotes que realizaban el servicio estaban asociados al misterio del «hombre», y la realización de la ofrenda animal estaba asociado con el misterio del «animal». Esto debe ser así para someter el poder del Otro Lado –*Sitra Ajra*–, el cual está asociado con el misterio del animal.

244b

En el primer vínculo de las piernas del Otro Lado –*Sitra Ajra*–, **hay una** corteza impura denominada *klipá,* **de tonalidad** oscura como la **noche, que está en medio de las tinieblas** –*arafel*–. **Pues** esta corteza impura denominada *klipá* es como una hierba que **crece con maldición,** ya que está **debajo de una piedra que está sobre ella para que no crezca** como es debido. **Y ésta** corteza impura denominada *klipá* **está sobre los justos que tienen méritos** obtenidos por ellos mismos, **y no tienen méritos de los padres para fortalecerse con ellos, para que los protejan.** Por eso se asemejan a esa hierba que no puede crecer como es debido, y por tal razón esa corteza impura, denominada *klipá,* ejerce dominio sobre ellos.

Y otros vínculos asociados al misterio de las piernas del Otro Lado –*Sitra Ajra*– **persiguen tras los pecadores que desviaron los caminos de ellos** del camino de la Torá y pecaron **antes de esto. Y** esos vínculos **los persiguen** para castigarlos. **Y** también persiguen a **todos aquellos en los que se ve una marca** que se nota en los pecadores **para que los** vínculos del Otro Lado –*Sitra Ajra*– los **reconozcan** y los castiguen apropiadamente.

Pues todos esos malvados **que son apropiados para ser castigados** son señalados para ser reconocidos. Pues **un ángel sagrado que es enviado del flanco de Guevurá** –rigor– **desciende y deja en ellos una marca. Y esa marca es reconocida en lo Alto por todos esos poseedores de** facultad de **juicio,** encargados de castigar a los malvados.

Y cuando esa marca es reconocida por ellos, y saben a través de la misma qué tipo de castigo se indica, entonces, **quién es apropiado para** ser castigado con **enfermedades, lo flagelan con enfermedades; quién es apropiado para** ser castigado con **dolores, lo flagelan con dolores, y** lo mismo ocurre con **los demás castigos.** Pues **todo lo ven en esa marca, y por eso, todos esos vínculos están detrás, y patean a esos malvados que han pateado a su Amo, y a todos los que son apropiados para ser pateados.**

Esto es así **con excepción de los justos y los piadosos que tienen méritos de sus padres a los cuales los persiguen las enfermedades. Pues** esas fuerzas del Otro Lado –*Sitra Ajra*– **no ejercen**

dominio sobre ellos, y las enfermedades no les vienen por medio **de este flanco,** el del Otro Lado –*Sitra Ajra*–. **Y si dijeras: ¿de qué lugar les vienen a ellos las enfermedades? Ven** y **observa: está escrito: «A quien El Eterno desea, lo flagela con enfermedades»** (Isaías 53:10). Lo que está escrito: **«A quien El Eterno desea, lo flagela»** indica que **El** Santo, Bendito Sea, **desea flagelarlo y darle enfermedades, para hacerlo merecedor en el Mundo Venidero. Y** en este caso los flagelos **no** provienen **del Otro Lado** –*Sitra Ajra*–. **Y estos** flagelos enviados por El Santo, Bendito Sea, **se denominan: «flagelos por amor». Y todos** los flagelos de ellos **ascienden** y son pesados **con una balanza sagrada,** para castigarlos según lo que sea apropiado para la rectificación de sus almas.

El sexto grado del Otro Lado –*Sitra Ajra*– está vinculado con el Iesod de la klipá. Este grado se denomina «cubierta –*orlá*–» del prepucio. En tanto que el Iesod de la santidad se vincula con el misterio de la circuncisión. Y éste, y todos esos grados inferiores de lo bajo que están debajo de él, todos se denominan «cubierta –*orlá*–» pues se nutren de este flanco del Iesod de la klipá. Y éste grado, el de Iesod de la klipá, está vinculado con el misterio de la serpiente denominada *bariaj* –bisagra–, que es el Tiferet de la klipá. En tanto que el Tiferet de la santidad se denomina «el listón del medio». Y a esto se refiere el misterio de lo que está escrito: «El listón del medio entre los tablones se extenderá de un extremo a otro» (Éxodo 26:28). Y éste vínculo, el Iesod de la klipá, nutre a la serpiente tortuosa –*hakalatón*– que es el aspecto femenino de la klipá. Y todos los otros grados que se adhieren a este flanco del Iesod de la klipá se denominan «uvas inmaduras de la cubierta –*orlá*–». Y todo va de acuerdo con un solo misterio. Ya que todos esos grados se denominan «cubierta –*orlá*–», como el Iesod, que es donde están enraizados.

Y ven y **observa: por eso todos esos árboles que fueron plantados en la tierra, hasta que no echan raíces** como es debido, o sea, hasta el tercer año, **se posa sobre ellos un espíritu del flanco de esta «cubierta –*orlá*–». Y a esto se refiere** el misterio de **lo que está escrito:** «Cuando viniereis a la Tierra y plantareis cualquier árbol frutal, **consideraréis a sus frutos prohibidos; durante tres años**

os serán prohibidos, no se comerán» (Levítico 19:23). ¿Por qué razón? Porque el espíritu de la impureza está aún sobre ellos, y por eso El Santo, Bendito Sea, prohibió que los Hijos de Israel que comieran esos frutos, **porque el amor de El Santo, Bendito Sea, por los Hijos de Israel, está siempre junto a Él. Y** por eso **los alejó de todos los caminos malos y de los malos flancos, y de la impureza** de los mismos. Ya que el contacto con ellos impurifica a las personas. Y El Santo, Bendito Sea, hizo esto **para que** los Hijos de Israel **se apegaran al flanco de la santidad. Bienaventurados ellos,** los Hijos de Israel, **en este mundo, y bienaventurados en el Mundo Venidero.**

PALACIOS DEL FLANCO DE LA SANTIDAD

Dijo Rabí Shimón: he aquí que hemos estudiado en relación con esos Palacios mencionados en la sección Bereshit (*véase* El Zohar, Volumen I, 41a), **que están** dispuestos **para ordenar en ellos los órdenes de las alabanzas de El Santo, Bendito Sea.** Pues el misterio de esos Palacios está vinculado con la sección de la plegaria matutina denominada «Iotzer», que precede a la plegaria de las dieciocho bendiciones, denominada Amidá; y a través de esas alabanzas se asciende a través de los Palacios en orden ascendente. Esto es así **tanto en lo que respecta al orden que está** vinculado **con la palabra,** el cual comprende palabras de alabanza dirigidas a El Santo, Bendito Sea, **tanto en lo que respecta al orden que está** vinculado **con la voluntad** individual de la persona durante la plegaria y su nivel de concentración.

Pues hay un orden que está vinculado **con la palabra,** el cual comprende palabras de alabanza dirigidas a El Santo, Bendito Sea, **y hay un orden que está** vinculado **con la voluntad** de la persona puesta durante la plegaria, **y la concentración del corazón para comprender y observar** la grandeza del El Santo, Bendito Sea, que es el Formador de todo lo existente. Esto es así **para observar en lo Alto, en lo Alto, hasta El Infinito** –*Ein Sof*–. Es decir, para observar que la plegaria recitada asciende hasta las supremas alturas de lo Alto, y provoca la unión de los aspectos cósmicos denominados *partzufim*. **Pues allí** llegan y **se insertan todas las voluntades y los pensamientos; y** esas manifestaciones **no están** vinculadas **con palabra en absoluto, sino que así como El** Infinito –*Ein Sof*– **es oculto, así ocurre con todas sus palabras: son ocultas.**

Ven y **observa: esto que hemos dicho** en la sección Bereshit (*véase* El Zohar, Volumen I, 41a), acerca de los Palacios supremos, es un asunto ciertamente relevante, pues **de esos Palacios** mencionados **dependen todos esos órdenes** de alabanzas que se recitan en la sección de la plegaria matutina denominada «Iotzer», que precede a la plegaria de las dieciocho bendiciones, denominada Amidá. **Todos ellos conforman una generalidad, para incluir los** Palacios **inferiores en los** Palacios **superiores.**

Pero aun así, **ven** y **observa:** pues hay otro modo relacionado con la elevación de las plegarias, ya que **Moshé, cuando ordenó su plegaria por** los Hijos de **Israel,** a raíz de la fabricación del becerro de oro, **se extendió en esa plegaria, pues es una plegaria que está** vinculada **con lo Alto,** con el ente cósmico oculto denominado *Arij Anpin*, que se denomina «Mundo Extendido». Pues el daño perpetrado por los Hijos de Israel con la fabricación del becerro de oro había llegado hasta allí, y por eso Moshé se extendió en su plegaria. **Y cuando ordenó su plegaria por** la enfermedad de **su hermana, no se extendió en ella.** Pues Miriam había hablado contra Moshé, su hermano, como está escrito: «Miriam y Aarón hablaron sobre Moshé (Moisés) en lo relativo a la mujer kushita con la que se había casado, pues se había casado con una mujer kushita. Dijeron: ¿Fue únicamente a Moshé (Moisés) que habló El Eterno? ¿Acaso no habló también con nosotros?» (Números 12:1-3). Y ya que ella habló de Moshé, dañó a la Presencia Divina –*Shejiná*– ya que Moshé se había apartado de su esposa en honor de la Presencia Divina –*Shejiná*–, que se unía a él. Por eso Moshé pidió a la Presencia Divina –*Shejiná*– que perdonase a Miriam por el daño que le había provocado el honor de ella. E hizo esto **porque** esa plegaria **está** vinculada **con lo bajo,** o sea, el aspecto femenino inferior –Maljut–, que es la Presencia Divina –*Shejiná*–,

como está escrito: «Moshé (Moisés) clamó ante El Eterno, diciendo: **te ruego, El Poderoso, cúrala por favor»** (Números 12:13). Y los sabios cabalistas han enseñado que el Nombre El Poderoso, está vinculado con el misterio del aspecto femenino inferior –Maljut– (*véase* El Zohar, Volumen 3, 119b). **Y** Moshé **no se extendió más** en la plegaria **porque él era el amo de la casa,** es decir, el esposo de la Matronita, que es la Presencia Divina –*Shejiná*–. **Y él ordenó a su casa, como es apropiado. (245a) Y por eso no se extendió más en su petición.**

Y por eso, todos los órdenes de alabanzas que se recitan en la sección de la plegaria matutina denominada «Iotzer», tienen **por** objetivo atraer y **hacer posar a la Presencia Divina** –*Shejiná*– **en el mundo, tal como ya ha sido** estudiado y **establecido por nosotros en relación con todos esos Palacios que hemos mencionado** anteriormente.

A continuación se explicará el misterio de los Palacios vinculados con el flanco de la santidad: **Rabí Shimón se puso de pie y dijo: «Bienaventurada tu parte, Adán, el primer hombre; el selecto de todas las creaciones que hay en el mundo».** Es decir, Rabí Shimón se refirió a Adán, el primer hombre, de este modo, indicando que El Santo, Bendito Sea, lo eligió para que estuviera asociado a un grado superior al de todas las creaciones, incluso los ángeles de lo Alto. Rabí Shimón dijo además: **«pues El Santo, Bendito Sea, te ha engrandecido por encima de todos, y te introdujo en el Jardín del Edén, y te dispuso en él siete palios para que te regodearas con el placer de los deleites supremos».** Pues al entrar en los siete palios del Jardín del Edén inferior, supo y comprendió lo vinculado con el Jardín del Edén de lo Alto, y se deleitó con la visión de la Presencia Divina –*Shejiná*– en el Jardín del Edén inferior. Pues en ella se revelaba la irradiación de luminosidad suprema del ente cósmico denominado Biná, que se denomina «Deleite supremo». **Como está dicho: «Para observar el deleite de El Eterno, y visitar su Palacio»** (Salmos 27:4). **«Para observar el deleite de El Eterno», en lo Alto,** pues comprendió el deleite de la Biná, que se encuentra en el Jardín del Edén de lo Alto, **«y visitar su Palacio» en** el Jardín del Edén de **lo bajo,** donde había sido llevado por El Santo, Bendito Sea.

Otra explicación: está escrito: «Para observar el deleite de El Eterno, y visitar su Palacio» (Salmos 27:4). **«Para observar el deleite de El Eterno»,** es decir, **en esos siete Firmamentos de lo Alto,** que se encuentran en el Jardín del Edén supremo, **«y visitar su Palacio»,** es decir, **en esos siete Firmamentos de lo bajo** que se encuentran en el Jardín del Edén inferior. Pues al aprehender lo concerniente a los siete Firmamentos que estaban sobre el Jardín del Edén inferior podía aprehender lo concerniente a los siete Firmamentos del Jardín que estaban sobre el Edén supremo. **Y estos están** dispuestos **en correspondencia con estos.**

Rabí Shimón prosiguió refiriéndose a Adán, el primer hombre: **y tú estuviste en todos** los Palacios que se encuentran **en el Jardín del Edén.** Es decir, **esos siete palios supremos sagrados** vinculados con el misterio del aspecto masculino inferior –*Zeir Anpín*– **se levantaron por ti en lo Alto para coronarte con ellos. Y esos siete** palios **inferiores,** vinculados con el aspecto femenino inferior –Maljut–, **estuviste en ellos para regodearte con ellos.** Pues dado que se regodeó con los inferiores, se coronó con los superiores. **Y con todos tu Amo te ha completado para que seas íntegro en todo.** Es decir, Bendito Sea, completó tus cuatro manifestaciones de alma: *nefesh, ruaj, neshamá,* y *jaiá,* vinculadas con los cuatro mundos cósmicos: el Mundo de la Emanación –*Atzilut*–, el Mundo de la Creación –*Briá*–, el Mundo de la Formación –*Ietzirá*– y el Mundo de la Acción –*Asiá*–.

Rabí Shimón siguió refiriéndose a Adán, el primer hombre, y tras mencionar los elevados grados que alcanzó, dijo: **hasta que tus pies te dejaron llevar detrás del consejo de esa mala serpiente,** para hurgar en los Palacios de la *klipá.* **Y** a raíz de ello **fuiste expulsado del Jardín del Edén y provocaste la muerte a ti mismo, y a todo el mundo.** Pues todos erraron y se dejaron arrastrar detrás de las cortezas impuras denominadas *klipot.* Esto fue así **ya que abandonaste esos deleites de lo Alto y de lo bajo, y te dejaste arrastrar detrás de esos placeres impuros que se denominan «rosh petanim». Pues el cuerpo se arrastra detrás de ellos y no el espíritu, como está dicho:**

«Ponzoña de serpientes es su vino, **veneno de víboras** *–rosh petanim–* **crueles**» (Deuteronomio 32:33). **Y está escrito:** «Pues su viñedo es del viñedo de Sodoma, y de los campos de Gomorra; **sus uvas son uvas de hiel,** y les dieron racimos de amargura (Deuteronomio 32:32). Pues el ente maligno llamado Samael le mostró los caminos del cuerpo y los placeres terrenales, que son los mismos en los que estamos inmersos en la actualidad, y le hizo probar la dulzura que llega al cuerpo a través de eso. Y por ello el materialismo prevaleció sobre la espiritualidad y la impureza ejerció dominio en el mundo.

Esto fue así **hasta que vino** al mundo **Abraham el piadoso,** que hizo bondades ilimitadas, y rectificó lo que había dañado Adán, el primer hombre. Él unió los mundos supremos con sus plegarias, y provocó la unión de El Santo, Bendito Sea, o sea, el aspecto masculino inferior *–Zeir Anpín–*, con la Presencia Divina *–Shejiná–*. **Y comenzó a rectificar el mundo, e ingresó dentro de la fe sagrada,** santificándose y purificándose a sí mismo, **y** de este modo **rectificó lo Alto y lo bajo,** provocándose que se unieran todos los mundos **en esos Firmamentos supremos** asociados al misterio del aspecto masculino inferior *–Zeir Anpín–*, **y en esos Firmamentos inferiores** asociados al misterio del aspecto femenino inferior –Maljut–. Aunque la rectificación fue completada en su totalidad por los Hijos de Israel cuando estuvieron en el Monte Sinaí y El Santo, Bendito Sea, les entregó la Torá.

Esos Firmamentos **inferiores** asociados al misterio del aspecto femenino inferior –Maljut– **son Palacios para esos Firmamentos supremos** asociados al misterio del aspecto masculino inferior *–Zeir Anpín–*, **para que se vinculen éste con éste,** el aspecto masculino inferior *–Zeir Anpín–* con el aspecto femenino inferior –Maljut–, **y para que se unan éste con éste,** según el misterio de la unión intrínseca. Esto es así **tal como ya ha sido** estudiado y **establecido por nosotros** en relación **con esos Palacios mencionados** anteriormente (*véase* El Zohar, Volumen I, 41a). **Y aunque sea que allí** esto **ha sido** estudiado y **establecido por nosotros en** relación con el aspecto **general,** pues hemos mencionado en forma general lo concerniente a los siete Palacios del aspecto masculino superior –*Aba*–, y el aspecto femenino superior –*Ima*– del Mundo de la Creación –*Briá*–, **aquí hemos de explicar estos asuntos en forma detallada y** hemos de **establecer** lo concerniente a **la unión** de los entes cósmicos **como es debido, para que los compañeros no se equivoquen y marchen por un camino recto, como está escrito: «Porque los caminos de El Eterno son rectos, y los justos andarán por ellos (...)»** (Oseas 14:10).

PRIMER PALACIO DENOMINADO
«EMBALDOSADO DE ZAFIRO»

El primer Palacio de los siete Palacios de la santidad **es** un Palacio vinculado con **el** misterio del **comienzo de** los grados de **la fe.** Es decir, está vinculado con el aspecto femenino inferior –Maljut–, del aspecto masculino inferior –*Zeir Anpín*–, del Mundo de la Creación –*Briá*–, que se denomina «Fe». Sin embargo, el misterio concreto de la fe está en lo Alto, en el Mundo de la Emanación –*Atzilut*–. Es decir, **este** Palacio **es el comienzo** de los grados de la santidad **del misterio de la fe** de Israel, del Mundo de la Emanación –*Atzilut*–. **Y** aquí se encuentra el comienzo **de los grados de la visión de la fe,** o sea, los grados de las visiones proféticas para los profetas verdaderos. Pues **los profetas verdaderos observaban en el interior de éste** Palacio **la irradiación de luminosidad de la Lámpara que no ilumina** a través de una luz propia, sino que refleja la luz recibida y se denomina «*Aspaklaria sheeina meira*». Y esta irradiación de luminosidad estás asociada al misterio del aspecto femenino inferior –Maljut– del Mundo de la Emanación –*Atzilut*–.

Y ya que éste Palacio **es el comienzo de** los Palacios de la santidad de **la Fe,** en relación con el mismo **está escrito: «Al comienzo El Eterno habló con Oseas»** (Oseas 1:2). Es decir, las palabras de la profecía que recibió Oseas al comienzo surgieron desde el interior de este Palacio, o sea, él **vio** la profecía **dentro del grado** de **este** Palacio

que es el comienzo del ascenso de todos los grados de la santidad para ascender **a lo Alto** desde lo bajo. **Y** asimismo este Palacio **es el final de todos los grados** de la santidad **para descender a lo bajo,** es decir, a los Palacios del Otro Lado –*Sitra Ajra*–.

Y ya que Oseas vio a través de este comienzo, el del primer Palacio, que es **el final de todos los grados** de la santidad, **debía tomar esa mujer meretriz.** Es decir, debía observar en los Palacios del aspecto femenino de la *klipá*, que se denomina «Mujer Meretriz». **Pues** los Hijos de **Israel se adhirieron** a los Palacios de la impureza con sus pecados, **y fueron arrastrados** y salieron de los Palacios de la santidad, descendiendo **a lo bajo, a ese lugar que se denomina: «Mujer Meretriz»,** que es el primer Palacio del aspecto femenino de corteza impura denominada *klipá*. Esto fue así **porque abandonaron** a la Presencia Divina –*Shejiná*– sagrada, **y no se apegaron a esta Mujer Virtuosa.** Pues la Presencia Divina –*Shejiná*– se denomina «Mujer Virtuosa». Resulta que los Hijos de Israel descendieron de los Palacios de la santidad a los Palacios de lo bajo, los del Otro Lado –*Sitra Ajra*–, **y** el profeta **vio de allí,** del primer Palacio, **todos esos Palacios del flanco de la impureza.** ¿Y por qué razón El Santo, Bendito Sea, quería que el profeta Oseas descendiera a lo bajo, al Palacio que se encuentra al final de los grados de la santidad? Porque los Hijos de Israel habían pecado y por eso descendieron a ese Palacio, y El Santo, Bendito Sea, deseaba que el profeta observara desde allí para que viera con qué se habían impurificado los Hijos de Israel, y a qué se habían adherido, para que pudiese reprocharles apropiadamente e indicarles el camino de la rectificación.

Los Palacios de la impureza, todos ellos impurifican a quien se adhiere a ellos. ¿Cuál es la razón? Porque en ellos están enraizados todos los placeres del mundo, de los cuales el cuerpo se aprovecha. **Y a esto se refiere lo que está escrito: «Toma para ti una mujer meretriz (...)»** (Oseas 1:2). **¿Y acaso un profeta** fiel y **verdadero** como lo era Oseas, **necesitaba** hacer **eso?** ¡Ciertamente que este versículo encierra misterios intrínsecos ocultos y no debe entenderse textualmente, en forma literal! ¿Cuál es la explicación? La respuesta no es **sino** ésta: **ya que está prohibido para la persona entrar en**

esos Palacios impuros, **para no ser arrastrado** por las fuerzas de los entes de la impureza, e ir **tras ellos, tal como hizo Noé, como está escrito:** «Noaj (Noé), el hombre de la tierra, se degradó y plantó un viñedo. **Bebió del vino y se emborrachó, y se descubrió** dentro de su tienda» (Génesis 9:20-21). En este versículo se indica que Noé se proyectó mentalmente y entró en los Palacios de la impureza, que son los Palacios del Otro Lado –*Sitra Ajra*–, para revisar e investigar el pecado de Adán, el primer hombre, pues deseaba saber acerca de lo ocurrido con Eva, que exprimió uvas, y Adán, el primer hombre, bebió de la borra del vino embriagante. Y en relación con esto está escrito:

«Pues su viñedo es del viñedo de Sodoma, y de los campos de Gomorra; sus uvas son uvas de hiel, y les dieron racimos de amargura (Deuteronomio 32:32). Pero también Noé tropezó, ya que se dejó arrastrar por el Otro Lado –*Sitra Ajra*–, y se adhirió a ese flanco.

Y Oseas temía observar incluso desde el Palacio de la santidad, **en esos Palacios** del Otro Lado –*Sitra Ajra*–, **con los que se habían impurificado los** Hijos **de Israel, y** se habían **adherido** allí, **para no ser arrastrado detrás de ellos, como está escrito acerca de Noé:** «Noaj (Noé), el hombre de la tierra, se degradó y plantó un viñedo. **Bebió del vino y se emborrachó, y se descubrió** dentro de su tienda» (Génesis 9:20-21). Y Noé se dejó arrastrar detrás de ellos. Esto fue así **hasta que** El Santo, Bendito Sea, **le dijo** a Oseas: **«Toma para ti una mujer meretriz, e hijos de fornicación;** porque la tierra se prostituye apartándose de El Eterno» (Oseas 1:2). Lo que está escrito: «Toma para ti una mujer meretriz» alude a los Palacios de la Mujer Meretriz. Y al decirle El Santo, Bendito Sea, a Oseas: «Toma para ti», le indicaba que no caería en medio de los grados de la impureza, tal como ocurrió con Noé. O sea, El Santo, Bendito Sea, le indicó que observara en el interior de los mismo solamente, sin entrar, para no caer en ellos.

Y a continuación **está escrito: «Él fue y tomó a Gomer hija de Diblaim,** la cual concibió y le dio a luz un hijo» (Oseas 1:3). Es decir, observó en los Palacios de la Mujer meretriz, llamada Gomer. ¿Y por qué el aspecto femenino de la *klipá* se llama así? Porque ella completa –*gomeret*–, la ordenanza del aspecto masculino de la *klipá*. Ya que el ente cósmico maligno llamado Samael realiza todas sus acciones a través del aspecto femenino de la *klipá*. Y El Santo, Bendito Sea, le ordenó esto **para saber con qué se adhirieron e impurificaron** los Hijos de Israel, **y abandonaron el misterio de la fe,** o sea, la Presencia Divina –*Shejiná*– de la santidad, cambiándola **por otro dios,** que es la *klipá*. **Y por eso observó** esto **dentro de este Palacio, que es el comienzo de todos los grados** de la santidad. Y desde allí vio los Palacios de la impureza. Y El Santo, Bendito Sea, le mostró el lugar impuro al que habían descendido los Hijos de Israel para que supiera el grado de los daños y pudiera reprocharles como es debido, para que se rectifiquen y vuelvan a El Santo, Bendito Sea.

Este Palacio es el comienzo de todos los Palacios de la santidad **para ascender a los** demás **grados** de la santidad. Esto es así para las almas de los Hijos de Israel, y también para las plegarias. **Este Palacio es el Compartimiento en el que hay luz,** pero en los Palacios que están debajo de él, no hay en ellos luz, sino solamente oscuridad. Esto es así **para coronarse con sus grados.** Pues aquí se encuentra enraizado el misterio del aspecto femenino inferior –Maljut– que se corona a través de los demás Palacios, que están sobre él, **para observar en esos grados supremos.** Pues de este modo el aspecto femenino inferior –Maljut– recibe la irradiación de luminosidad de ellos, y así puede aprehender esos grados supremos, **como está escrito: «Tuvieron una visión del Dios de Israel,** y bajo Sus pies había como un embaldosado de zafiro, y era como la esencia del cielo en pureza» (Éxodo 24:10). El «embaldosado de zafiro» se refiere al primer Palacio.

En este Palacio hay un encargado que sirve allí, cuyo nombre es el que se escribe con las letras hebreas: *tet–hei–reish–iud–alef–lamed.* Su nombre comparte raíz con la palabra hebrea «*letaher*», que significa «purificar», pues este encargado purifica al alma para hacerla entrar en este Palacio, en caso de ser apropiada para entrar en él; y si no es apropiada, la rechaza. **Y él está en la entrada de ese Palacio, y todas las almas que ascienden** desde lo bajo, cuando los hombres en los que estaban fallecen, **y** desean entrar en este Palacio, se encuentran con él, pues **éste** encargado **está en la entrada de ese**

Palacio. Y hay numerosos encargados con él, siendo todos ellos fuego ardiente. Y tienen cetros de fuego en sus manos, y todos son (245b) poseedores de ojos, es decir, poseedores de aprehensión suprema para observar los juicios de las almas, y saber si son apropiadas para entrar allí.

Este encargado está en este flanco de la santidad, y **si ese alma es merecedora de entrar, ese encargado le abre la entrada y entra. Y si** ese alma **no es merecedora** de entrar, **ese otro encargado que está en otro flanco,** el de la impureza, **está preparado** y dispuesto en ese lugar. **Y hay con él millares y miríadas de poseedores de** facultad de **juicio.** Y entonces **ese otro encargado sagrado la desplaza** al alma, **y este otro** encargado **que está en el flanco de la impureza la toma, y la hace entrar en el interior de los Palacios de la impureza. Y todos los poseedores de** facultad de **juicio la aferran, hasta que la hacen descender al Infierno. Y** el alma **es juzgada allí durante doce meses, y ésta es la rectificación** y el objetivo **de** los entes **ese Otro Lado** –*Sitra Ajra*–, que son como **un tribunal para juzgar a los pecadores.** Pues El Santo, Bendito Sea, los creó para que los Hijos de Israel teman del castigo y no pequen.

Similar a esto que hemos mencionado en relación con la función del encargado del primer Palacio, cuyo nombre es el que se escribe con las letras hebreas *tet–hei–reish–iud–alef–lamed*, ocurre con otra función vinculada con él. Pues **ese encargado sagrado que está en esa entrada** del primer Palacio controla **todas las plegarias que traspasan los espacios** que hay entre los siete Firmamentos de este mundo, **y los Firmamentos para** ascender y **entrar ante el Rey.** Entonces, **si son muchas plegarias,** abre la entrada y las plegarias entran a través del ángel cuyo nombre es el que se escribe con las letras hebreas *samej–nun–dalet–lamed*. Pues muchas plegarias, provenientes de numerosas personas, traspasan los espacios sin mayores dificultades, ya que no son sometidas a una revisión exhaustiva. Y las plegarias viajan cósmicamente **hasta que** llegan a ese lugar y allí **todas las plegarias del mundo se convierten en una corona** que se coloca **en la cabeza del Justo que vivifica los mundos.** Pues las plegarias ascienden al Iesod, que se denomina «Justo», del aspecto femenino inferior –Maljut–, para provocar la unión suprema del aspecto masculino inferior –*Zeir Anpín*– con el aspecto femenino inferior –Maljut–, tal **como ya ha sido** estudiado y **establecido** por los sabios.

Esto que hemos dicho es así cuando son muchas plegarias, procedentes de muchas personas, **y si es una plegaria individual, asciende hasta que llega hasta la entrada de este Palacio, en la que está ese encargado** anteriormente mencionado. **Si esa plegaria es bella para presentarse ante el Rey sagrado, inmediatamente le abre la entrada y la hace entrar. Y si** esa plegaria **no es bella** para presentarse ante el Rey sagrado, el encargado **la desplaza** echándola **fuera, y** entonces la plegaria **desciende y deambula por el mundo. Y se sitúa en el Firmamento inferior de esos Firmamentos de lo bajo que conducen al** este **mundo.**

Y en ese Firmamento hay un encargado cuyo nombre es el que se escribe con las letras hebreas *samej–hei–dalet–iud–alef–lamed;* **y él está a cargo de ese Firmamento.** El nombre de este encargado significa «testimonio», pues él testifica acerca de las acciones de las personas. Y este ángel sabe si el autor de esa plegaria se rectificó como es debido. Por eso le son entregadas a él las plegarias desplazadas, hasta que la persona se rectifique como es debido. **Y** el encargado **toma todas esas plegarias** que fueron **desplazadas, las cuales se denominan «plegarias inválidas», y las guarda hasta que esa persona** se rectifique y **vuelva** a comportarse **ante su Amo como es debido. Y** entonces **recita otra plegaria,** correcta y **pura;** y **cuando esa plegaria asciende, ese encargado** cuyo nombre se escribe con las letras hebreas *samej–hei–dalet–iud–alef–lamed,* **toma esa plegaria** inválida **y la hace ascender a lo Alto, hasta que se encuentra con esa plegaria pura. Y** ambas plegarias **ascienden y se mezclan,** uniéndose **como uno. Y** juntas **entran ante el Rey sagrado.**

Y en ciertas **ocasiones,** por culpa de que el autor de la misma incrementó pecados, **esa plegaria es desplazada** y entregada en manos de los entes impuros denominados *jitzonim.* **Pues esa persona se dejó arrastrar tras el Otro Lado** –*Sitra Ajra*– **y se impurificó con ese flanco. Y ese encargado del Otro Lado** –*Sitra Ajra*– **impuro la toma** a la plegaria, pues es su posesión y le pertenece. **Y entonces ese**

Otro Lado *–Sitra Ajra–* **impuro se levanta, y asciende, y recuerda los pecados de esa persona ante El Santo, Bendito Sea, y la acusa en lo Alto** con el fin de quedarse con los beneficios que surgen de esa plegaria.

Y por eso, todas las plegarias y todas las almas, cuando ascienden, todas ascienden y se sitúan ante este primer **Palacio. Y ese encargado** cuyo nombre es el que se escribe con las letras hebreas *samej–hei–dalet–iud–alef–lamed,* **está en la entrada de este Palacio para hacer entrar a las almas y a las plegarias,** en caso de que merezcan entrar, **o desplazarlas** y echarlas **fuera** en caso de que no posean méritos para entrar.

En lo Alto, **arriba de esta entrada, hay otra entrada,** la cual está situada en el mismo Palacio, pero es secundaria a la primera, **a la cual El Santo, Bendito Sea, controla. Y se abre tres veces al día y no se cierra** hasta que entren todas las plegarias que fueron recitadas con lágrimas. **Y** esta entrada **está** abierta **para** que entren por allí las plegarias de **esos poseedores de** actitud de **arrepentimiento** y rectificación, **que derraman lágrimas en las plegarias de ellos, ante el Amo de ellos,** El Santo, Bendito Sea. **Y todos los portales y las entradas están cerrados hasta que** sean abiertos con permiso, pues todas **las plegarias entran con permiso, con excepción de estos portales que se denominan: «Portales de las Lágrimas».** Pues los mismos siempre están abiertos para que las plegarias recitadas con lágrimas entren por allí sin permiso. Ya que cuando la persona se rectifica y vuelve a El Santo, Bendito Sea, se desprende de los entes impuros y rescata todas las plegarias y las buenas obras realizadas que estaban en poder de ellos. Pues los que se arrepienten y vuelven a El Santo, Bendito Sea, quebrantan las fuerzas de los entes impuros denominados *jitzonim,* y rescatan de ellos los destellos de luminosidad que les pertenecen y estaban en poder de esos entes impuros.

Y cuando esa plegaria que fue recitada con lágrimas asciende a lo Alto para entrar **por esos portales, se presenta esa rueda** *–ofan–,* es decir, el ángel denominado así, **que se ubica sobre seiscientos grandes seres vivientes. Y el nombre de él es** el que se escribe con las letras hebreas: *reish–jet–mem–iud–alef–lamed.* Y

245b

su nombre comparte raíz con la palabra *rajamim,* que significa «misericordia», pues tiene misericordia y hace ascender las plegarias a lo Alto. **Y él toma esa plegaria** que fue recitada **con lágrimas, y la plegaria entra y se une en lo Alto,** en el Mundo de la Emanación –*Atzilut–.* **Y esas lágrimas** derramadas **quedan aquí,** en el Mundo de la Creación –*Briá–,* **y se marcan en esa entrada.**

Y hay otras lágrimas, y son ellas las lágrimas que **se** graban y **marcan continuamente sobre todas esas Carrozas supremas, las cuales no se borran** jamás. **Ésas son las lágrimas que fueron derramadas en lo Alto y en lo bajo cuando fue destruido el Templo Sagrado, como está escrito: «Ellos, los** –ángeles denominados *erelim–,* **lloraron afuera; los ángeles de paz lloraron amargamente»** (Isaías 33:7). Los ángeles de paz lloraban por la destrucción del Templo Sagrado y la consecuente anulación de la unión suprema. **Y esas** son también las **lágrimas que se derraman por los justos y los** hombres **merecedores, cuando se apartan del mundo,** o sea, cuando fallecen. **Todas ellas son tomadas por esas Carrozas, y las mezclan con esas lágrimas que fueron derramadas por la destrucción del Templo Sagrado.**

Y a esto se refiere lo que está escrito: «Eliminará a la muerte para siempre; **y El Señor, Dios, enjugará las lágrimas de todos los rostros;** y quitará la humillación de su pueblo de toda la Tierra; porque El Eterno lo ha dicho» (Isaías 25:8). **¿Quiénes son los** entes cósmicos vinculados con los **rostros** mencionados en el versículo? Se refiere a **esas Carrozas supremas sagradas. Y después** se cumplirá lo que está escrito a continuación: **«Y quitará la humillación de su pueblo de toda la Tierra; porque El Eterno lo ha dicho».**

A continuación se explicará lo concerniente al descenso de las almas de los justos a este mundo: **en este Palacio** denominado «Embaldosado de Zafiro» **hay un espíritu cuyo nombre es** el que se escribe con las letras *samej–tet–vav–tet–reish–iud–hei.* **Y éste es el aspecto de la piedra de zafiro que destella a todo flanco.** Pues este espíritu está asociado con el misterio de Iesod, del aspecto masculino inferior –*Zeir Anpín–,* del Mundo de la Creación –*Briá–,* que destella hacia sus seis extremos. Por eso este Palacio se denomina «Embaldosado de Zafiro». **Y éste,** el Iesod, **es el** ente cósmico **que está** dispuesto **en dos flancos,** pues la coronilla –*atará*– está incluida junto con él; **y de ellos se expanden destellos** los cuales son **como el destello de la** luz de la **vela.** Es decir, de Iesod, y la coronilla, salen destellos de luz similares a los que salen del aspecto femenino inferior –Maljut– que se denomina «Vela –*Ner*–». Y de esos destellos se forman los ángeles denominados ruedas –*ofanim*–. Tal **como ya ha sido** estudiado y **establecido por nosotros de diferentes modos. Y numerosas (246a) tonalidades surgen** a partir **de este** espíritu del **flanco de la derecha** de este Palacio.

Cuando ese Firmamento supremo vinculado con el misterio de Iesod, del aspecto masculino inferior –*Zeir Anpín*– del Mundo de la Emanación –*Atzilut*–, que se denomina **«el río que surge y se proyecta del Edén»,** o sea, el Tiferet, **saca las almas** de lo Alto, de Daat, y las proyecta a lo bajo, **para hacerlas entrar en el interior del séptimo Palacio de lo Alto,** o sea, el aspecto femenino inferior –Maljut–, del Mundo de la Emanación –*Atzilut*–, **ese séptimo Palacio,** el aspecto femenino inferior –Maljut–, **las toma** a esas almas y las mismas permanecen allí durante el tiempo de la gestación. **Y cuando esas almas sagradas salen del interior de ese séptimo Palacio** del aspecto femenino inferior –Maljut–, del Mundo de la Emanación –*Atzilut*–, **descienden hasta que llegan a este Palacio** que se denomina «Embaldosado de Zafiro» del Mundo de la Creación –*Briá*–; **y este espíritu sagrado que está en** el flanco de **la derecha, cuyo nombre es** el que se escribe con las letras *samej–tet–vav–tet–reish–iud–hei*, **las toma. Y todas esas almas masculinas que están preparadas para volar** e investirse **en justos varones, a todas ellas las toma** este espíritu sagrado que está en el flanco de la derecha, el cual está asociado asimismo al misterio de lo masculino. **Y permanecen allí hasta que se incluyen con almas femeninas,** tal como se explicará más adelante.

De este espíritu cuyo nombre se escribe con las letras *samej–tet–vav–tet–reish–iud–hei*, **sale otro espíritu** que se sitúa **en** el flanco de **la izquierda del Palacio, el cual** en un comienzo **se** revela y **se ve** en forma independiente, **y después se oculta y se incluye en este**

primer espíritu que lo antecedió. **Y ellos,** los dos espíritus, se transforman en **uno, incluyéndose éste con éste. Y este otro espíritu,** su nombre **se denomina:** *alef–dalet–iud–reish–iud–hei samej–nun–vav–guimel–iud–alef.* **Éste es el** nombre del **espíritu** que se sitúa **a la izquierda** de este Palacio.

Éste espíritu que se sitúa a la izquierda de este Palacio **está** dispuesto en correspondencia con las almas femeninas, **pues cuando el séptimo Palacio** asociado con el misterio del aspecto femenino inferior –Maljut– del Mundo de la Emanación –*Atzilut*– **desea unirse con «el río que surge y se proyecta del Edén»,** o sea, el Iesod, del aspecto masculino inferior –*Zeir Anpín*–, entonces, **esa voluntad que asciende de lo bajo a lo Alto,** es decir, la voluntad vinculada con el misterio de las aguas femeninas del aspecto femenino inferior –Maljut–, que asciende al aspecto masculino inferior –*Zeir Anpín*–, **produce almas con la voluntad de él, y ellas son** almas **femeninas.** Pues de las aguas femeninas surgen almas femeninas.

Y cuando la voluntad de ese río que surge y se proyecta del Edén, o sea, el Iesod del aspecto masculino inferior –*Zeir Anpín*– **desciende** a las aguas masculinas de lo bajo **y se acopla de lo Alto a lo bajo,** es decir, el Iesod, del aspecto masculino inferior –*Zeir Anpín*–, de lo Alto, se acopla al aspecto femenino inferior –Maljut–, provocando la unión de la pareja cósmica conformada por el aspecto masculino inferior –*Zeir Anpín*– y el aspecto femenino inferior –Maljut–, a través de esa unión **ellos producen almas masculinas. Pues la voluntad de lo Alto,** vinculada con el misterio de las aguas masculinas, **genera** almas **masculinas,** mientras que **la voluntad de lo bajo** vinculada con el misterio de las aguas femeninas **genera** almas **femeninas.**

Y cuando esas almas femeninas salen de ese séptimo Palacio vinculado con el misterio del aspecto femenino inferior –Maljut–, del Mundo de la Emanación –*Atzilut*–, **descienden** del Mundo de la Emanación –*Atzilut*– **hasta que llegan hasta ese espíritu de la izquierda** del Palacio del Mundo de la Creación –*Briá*– **que es llamado** por el nombre que se escribe con las letras hebreas: *alef–dalet–iud–reish–iud–hei,* **y se llama** también **«Embaldosado de Zafiro», tal como ya ha sido** estudiado y **establecido por nosotros**

en relación con **otros flancos,** es decir, de otros modos. Ahora bien, **dado que las almas femeninas llegan a ese espíritu** que se sitúa a la izquierda de este Palacio, **ese espíritu las toma, y ellas permanecen allí** hasta que les llegue el tiempo apropiado de salir.

Y después este espíritu de la izquierda de este Palacio **se incluye en este espíritu de la derecha** de este Palacio. **Y entonces esas almas** que están dentro de ellos, **se incluyen** mutuamente, incluyéndose las almas de género **masculino con** las almas de género **femenino, y se unen como uno. Y** después las almas **vuelan** y descienden **de este Palacio, y se separan** e invisten **en las personas como es debido.** Y cuando les llega el momento de formar pareja a las personas en las que se introdujeron esas almas, El Santo, Bendito Sea, le presenta a cada uno la pareja ideal, según la unión producida entre las almas en el Palacio del Embaldosado de Zafiro, en lo Alto.

Cuando este espíritu de la izquierda viene a incluirse con el de la derecha, éste golpea cósmicamente **a éste** otro **para incluirse** uno en el otro. **Y a través de eso salen destellos que se expanden a todo flanco. Y** ya que el despertar surge del espíritu de la izquierda, el cual está asociado con el misterio del género femenino, por eso **se generan de ellos** ángeles denominados **«ruedas** *–ofanim–»*, los cuales están asociados al misterio del género femenino. Y **de** cada uno de **esos destellos que salen del espíritu de la izquierda** se genera un ángel denominado «rueda *–ofan–*», **como está escrito acerca de ellos:**

«La apariencia de las ruedas y su obra era semejante al aspecto del crisólito, y las cuatro tenían una misma semejanza; su apariencia y su obra eran como rueda dentro de rueda» (Ezequiel 1:16). **Y esos son los** ángeles denominados **ruedas** *–ofanim–* **que** emanan **fuego ardiente. Y ellos están en fila,** como será explicado más adelante.

Dado que un **espíritu se perfumó** y endulzó **con** el otro **espíritu,** el de la izquierda con el de la derecha, **y** ambos **se incluyeron como uno, entonces sale** del flanco del espíritu de género masculino **una irradiación de luminosidad. La misma asciende** para recibir abundancia **y desciende** para otorgar la abundancia recibida en lo bajo. **Y se asienta sobre cuatro filas de ruedas** *–ofanim–*. **Y ésta** irradiación de luminosidad **es un ser viviente** *–jaia–* **que ejerce dominio sobre ellos,** los ángeles denominados «ruedas *–ofanim–*». **Y** esta irradiación de luminosidad, **se denomina *bezek*. Esta** irradiación de luminosidad denominada *bezek* **ilumina** a los ángeles denominados «ruedas *–ofanim–*» **con la irradiación de luminosidad que destella en el interior de la llama** de la izquierda. **Y ejerce dominio sobre todos esos** ángeles denominados «**ruedas** *–ofanim–*». Pues de ese ser viviente sale un destello dirigido a cada ángel denominado «rueda *–ofan–*», como está escrito: «Hacia donde el espíritu les movía que anduviesen, allí andaban, hacia donde les movía el espíritu que anduviesen; y las ruedas se levantaban tras ellos, porque el espíritu de los seres vivientes estaba en las ruedas *–ofanim–*» (Ezequiel 1:20). Pues tenía el poder de conducirlos a todos.

Y se expande de ella, de esta irradiación de luminosidad que se denomina *bezek*, **un Firmamento** en el Palacio del Embaldosado de Zafiro, el cual está vinculado con el misterio de Iesod particular de este Palacio. **Y está sobre dos columnas** vinculadas con el misterio de Netzaj y Hod. **Y esas dos columnas son dos querubines** que se encuentran **uno de este lado, y uno de este lado. Y ese Firmamento está sobre las cabezas de ellos, como está escrito: «Miré, y he aquí que el Firmamento estaba sobre la cabeza de los querubines** como una piedra de zafiro, que parecía como semejanza de un Trono que se mostró sobre ellos» (Ezequiel 10:1). **Y no es ese Firmamento que está sobre las cabezas de los seres vivientes. Y esta** irradiación de luminosidad que se denomina *bezek*, **está a cargo de él,** de ese Firmamento. **Y el espíritu supremo** cuyo nombre se escribe con las letras *samej–tet–vav–tet–reish–iud–hei*, **que está incluido** en el espíritu supremo cuyo nombre se escribe con las letras *alef–dalet–iud–reish–iud–hei*, está **sobre todo,** es decir, es el encargado de todo lo que hay en este Palacio.

La persona cuando emite plegarias a El Santo, Bendito Sea, traspasa los Firmamentos, como hemos dicho anteriormente, y su aliento se transforma en entes espirituales que ascienden a lo Alto. Esa plegaria asciende hasta llegar a la entrada del Palacio del Embaldosado de Zafiro, y entra allí. Pues **todas esas plegarias** que recitaron los miembros de una congregación y **se adelantaron** a rezar, culminando **antes de que terminaran sus plegarias todas las congregaciones de los** Hijos **de Israel, se demoran en ese Firmamento. Y ésta** irradiación de luminosidad que se denomina *bezek*, **que ejerce dominio sobre este Firmamento, las rectifica** y arregla, para que sean apropiadas para ser dispuestas por corona sobre la cabeza de El Santo, Bendito Sea, que vivifica los mundos. **Hasta que llega** el ángel cuyo nombre se escribe con las letras *samej–nun–dalet–lamed–pe–vav–nun*, **que es la cabeza de los encargados, el espíritu supremo que ejerce dominio sobre todos** los Palacios. **Y cuando** todas las congregaciones de **los** Hijos **de Israel terminan todas sus plegarias** en la Tierra de Israel, el ángel **las toma de ese Firmamento, y asciende y las ata, disponiendo lazos y coronas para el Amo de él, como ya ha sido** estudiado y **establecido** por los sabios.

Este ángel vinculado con el misterio de la irradiación de luminosidad que se denomina *bezek*, **está dispuesto para contar todas esas plegarias que ascienden** y entran según la cuenta ante El Santo, Bendito Sea. **Y** asimismo cuenta **todas esas palabras de Torá que se coronan en la noche, cuando el viento norte se despierta, y se divide la noche,** o sea, cuando se despierta la medida de la misericordia. Por eso, **todo el que se levanta en ese momento y se ocupa de** estudiar **la Torá, todas esas palabras ascienden, y este** ángel vinculado con el misterio de la irradiación de luminosidad que se denomina *bezek*, **las toma y las coloca en ese Firmamento hasta que ascienda** la luz de **el día.**

Y después de que asciende la luz de **el día, ascienden esas palabras** de Torá y las de las plegarias, según el misterio de las aguas femeninas. **Y se sitúan en el lugar del Firmamento en el que penden las estrellas, las constelaciones, el Sol, y la Luna.** Ese lugar está asociado con el misterio íntimo de Iesod del aspecto masculino inferior –*Zeir Anpín*– del Mundo de la Emanación –*Atzilut*–. Mientras las estrellas y las constelaciones están asociadas al misterio íntimo del Jesed –bondad– y la Guevurá –rigor– de Iesod, el Sol y la Luna están asociados al misterio íntimo del aspecto masculino inferior –*Zeir Anpín*– y el aspecto femenino inferior –Maljut– que se unen a través de Iesod. **Y éste** vínculo, de Iesod, con el aspecto femenino inferior –Maljut–, **se denomina «Libro de los Recuerdos», como está escrito:** «Entonces hablaron los temerosos de Dios, uno al otro, y atendió El Eterno y escuchó; **y fue escrito un libro de recuerdos ante él,** para los temeroso de Dios y los que consideran Su Nombre» (Malaquías 3:16). Lo que está escrito: **«ante él»** se refiere al Tiferet, que se vincula con el misterio de El Eterno. Pues **«libro» y «recuerdos» están escritos con un vínculo** íntimo. Ya que «libro» se vincula con el misterio del aspecto femenino inferior –Maljut–, y «recuerdos» se vincula con el misterio de Iesod. Y ambos están juntos delante y debajo de Tiferet.

Esas cuatro ruedas –*ofanim*– sobre las que monta el ángel vinculado con el misterio de la irradiación de luminosidad que se denomina *bezek*, **viajan** cósmicamente **sobre doce columnas** asociadas al misterio de doce tipos de conducción. Pues cada ángel denominado «rueda –*ofan*–» se comporta según tres tipos de conducción: bondad, juicio, y misericordia. Y en conjunto son doce conducciones. **Esos cuatro** ángeles, sus nombres se escriben con estas letras hebreas: *alef–hei–nun–iud–alef–lamed;kuf–dalet–vav–mem–iud–alef–lamed; mem–lamed–kaf–iud–alef–lamed; iud–alef–hei–dalet–vav–nun–hei–iud.*

El ángel cuyo nombre se escribe con estas letras hebreas: *alef–hei–nun–iud–alef–lamed* está asociado con el misterio del Jesed –bondad–, y se ubica en el flanco Sur. El ángel cuyo nombre se escribe con estas letras hebreas: *kuf–dalet–vav–mem–iud–alef–lamed* está asociado con el misterio de Tiferet, y se ubica en el flanco Este. El ángel cuyo nombre se escribe con estas letras hebreas: *mem–lamed–kaf–iud–alef–lamed* está asociado con el misterio de Guevurá –rigor–, y se ubica en el flanco Norte. El ángel cuyo nombre se escribe con estas letras hebreas: *iud–alef–hei–dalet–vav–nun–hei–iud,* está asociado con el misterio de Maljut, y se ubica en el flanco Oeste. Y sus nombres indican misterios intrínsecos vinculados, **pues las llaves del Nombre sagrado** de El Santo, Bendito Sea, **están en sus manos.** Ya que estos ángeles denominados *ofanim* son la entrada de los Palacios, y ellos reciben la fuerza de la Irradiación de Luminosidad Suprema denominada

Nombre Sagrado. Y ellos son los ministros encargados de las llaves de los cuatro puntos cardinales. Y a través de ellos se abren los Palacios supremos para enviar abundancia a los entes de lo bajo.

Y estos cuatro *ofanim* **están incluidos (246b) en el misterio de las letras** del Nombre de El Santo, Bendito Sea, que se escribe con estas letras hebreas: *alef–dalet–nun–iud.* Y ellos viajan cósmicamente sobre doce columnas, tal como dijimos anteriormente, en correspondencia con el misterio de las doce letras extendidas y completas de las letras *alef–dalet–nun–iud.* Pues el nombre completo de cada una de estas letras está compuesto de tres letras, he aquí doce letras.

Pues el ángel cuyo nombre se escribe con las letras hebreas *samej–nun–dalet–lamed–pei–vav–nun,* que es el amo de las Carrozas de *ofanim,* o sea, el ministro encargado de esos ángeles, **sirve con ellas** –las utiliza para realizar su servicio–, las letras hebreas: *alef–dalet–nun–iud.* **Esas cuatro letras** hebreas: *alef–dalet–nun–iud* **vuelan por el aire,** el cual está vinculado con el misterio de Iesod del aspecto masculino –*Zeir Anpín*–, que se denomina «aire», ya **que** el Iesod **es un aire que incluye a las letras del Nombre sagrado** de El Santo, Bendito Sea, que se escribe con las letras hebreas: *iud–hei–vav–hei.* Y en él se incluye también el Nombre de El Santo, Bendito Sea, que se escribe con las letras hebreas: *alef–dalet–nun–iud.* **Y ese aire los incluye** a ambos Nombres de El Santo, Bendito Sea, conjuntamente. **Y ambos Nombres se incluyen éste con éste;** es decir, las letras de los mismos se incluyen unas con otras. Pues las cuatro letras del Nombre de El Santo, Bendito Sea, que se escribe con las letras hebreas: *iud–hei–vav–hei,* se incluyen en las cuatro letras del Nombre de El Santo, Bendito Sea, que se escribe con las letras hebreas: *alef–dalet–nun–iud.* **Y esas cuatro** ruedas **las toman.** Es decir, los cuatro ángeles denominados «ruedas –*ofanim*–» toman la irradiación de luminosidad de esas cuatro letras del Nombre El Santo, Bendito Sea, que se escribe con las letras hebreas: *alef–dalet–nun–iud,* y se conducen según las mismas, **según el misterio del** ángel denominado *Bezek,* que es la cabeza de los encargados.

Esas cuatro letras hebreas, *alef–dalet–nun–iud,* **entran en** las **cuatro** letras hebreas, *iud–hei–vav–hei,* y se unen éstas con éstas,

como está escrito: «Hizo cincuenta lazos en una cortina e hizo cincuenta lazos al final de la cortina que estaba en el segundo grupo, y **los lazos se correspondían** entre sí, **uno con otro**» (Éxodo 36:12). De este mismo modo las cuatro letras hebreas, *alef–dalet–nun–iud*, correspondían con las cuatro letras hebreas *iud–hei–vav–hei*. **Y esto ya ha sido** estudiado y **establecido por nosotros. Y es un misterio para incluir éstas** letras **con éstas** otras letras, **e intercalar éstas con éstas, según el misterio de ese espíritu** de la derecha cuyo nombre se escribe con las letras *samej–tet–vav–tet–reish–iud–hei*, **que incluye** a ese espíritu de la izquierda cuyo nombre se escribe con las letras *alef–dalet–iud–reish–iud–hei*, **según el misterio del Nombre sagrado** que se escribe con las letras: *iud–alef–hei–dalet–vav–nun–hei–iud*. Pues esos dos espíritus mencionados, el de la derecha del Palacio, cuyo nombre se escribe con las letras *samej–tet–vav–tet–reish–iud–hei*, y el de la izquierda del Palacio, cuyo nombre se escribe con las letras *alef–dalet–iud–reish–iud–hei*, reciben el poder y la abundancia de esos dos Nombres de El Santo, Bendito Sea, el que se escribe con las cuatro letras hebreas, *alef–dalet–nun–iud*, y el que se escribe con las cuatro letras hebreas *iud–hei–vav–hei*. **Pues este Nombre,** *alef–dalet–nun–iud,* **está incluido en este Nombre,** *iud–hei–vav–hei*. Y de este modo la irradiación de luminosidad sale de los mismos como es debido, y realizan las acciones de conducción como es debido.

Y todos los entes inferiores **se comportan** según la abundancia que reciben **de este Palacio. Y viajan** cósmicamente y modifican su comportamiento de rigor a misericordia **con** el poder de **ese espíritu** incluido de dos espíritus, **según el misterio del Nombre sagrado que** se escribe con las letras: *iud–alef–hei–dalet–vav–nun–hei–iud*, y **ejerce dominio sobre todos.** Y de allí los dos espíritus mencionados reciben su poder y abundancia.

En este Palacio se encuentra este Nombre sagrado de El Santo, Bendito Sea, que se escribe con las letras: ***iud–alef–hei–dalet–vav–nun–hei–iud,*** y contiene al Nombre de El Santo, Bendito Sea, que se escribe con las cuatro letras hebreas, *alef–dalet–nun–iud*, y el Nombre que se escribe con las cuatro letras hebreas *iud–hei–vav–hei*. Pues el

Nombre sagrado de El Santo, Bendito Sea, que se escribe con las letras: *iud–alef–hei–dalet–vav–nun–hei–iud*, es la inclusión y **la generalidad de los dos Nombres** mencionados. **Pues** el que está allí, vinculado con ese misterio, **es el espíritu** cuyo nombre se escribe con las letras *samej–tet–vav–tet–reish–iud–hei*, que es de género masculino, y está asociado al grado del Nombre de El Santo, Bendito Sea, que se escribe con las cuatro letras hebreas *iud–hei–vav–hei*, el cual está incluido **con el espíritu** cuyo nombre se escribe con las letras *alef–dalet–iud–reish–iud–hei*, que es de género femenino, y está asociado al grado del Nombre de El Santo, Bendito Sea, que se escribe con las cuatro letras hebreas *alef–dalet–nun–iud*. **Y cuando este Nombre,** *iud–alef–hei–dalet–vav–nun–hei–iud*, **que está incluido según el misterio de espíritu con espíritu,** cuando esos dos Nombres de El Santo, Bendito Sea, están entrelazados y otorgan influencia a los dos espíritus, **y está incluido éste con éste,** el espíritu de la derecha con el espíritu de la izquierda, **entonces** emiten irradiación de luminosidad uno en dirección del otro y **todo se ilumina. Y la irradiación de luminosidad asciende** para recibir abundancia **y desciende** para otorgarla en lo bajo, **como la luz del Sol,** asociada al misterio del Nombre de El Santo, Bendito Sea, que se escribe con las cuatro letras hebreas *iud–hei–vav–hei*, **dentro de las aguas** asociadas al misterio del Nombre de El Santo, Bendito Sea, que se escribe con las cuatro letras hebreas *alef–dalet–nun–iud*. **Y esto ya ha sido** estudiado y **establecido por nosotros.**

Y entonces, ese espíritu que incluye a los dos espíritus mencionados, **viaja** cósmicamente **y todos viajan con** la conducción de **él,** ya que conduce a todos los mundos con bondad y misericordia, **como está escrito:** «Y cada uno andaba en dirección de su rostro, **hacia donde el espíritu les movía que anduviesen, andaban; no giraban al andar**» (Ezequiel 1:12). Es decir, hacia donde se conduce el espíritu, allí irán todos los entes que están debajo de él, bajo su supervisión, y ellos no modifican el modo de la conducción de él. **Y cuando este espíritu irradia luminosidad con** el poder de **este Nombre** sagrado que se escribe con las letras hebreas *iud–alef–hei–dalet–vav–nun–hei–iud*, **entonces todos** los mundos **entran** y se incluyen **éste**

con éste, y todos se unen como uno para ascender a lo Alto según el misterio de este Nombre sagrado.

En el medio de este Palacio hay una columna vinculada con el misterio de la espina dorsal que desciende desde Daat hasta el Iesod. Y esa columna **se inserta desde este Palacio al segundo Palacio,** superior. Y así asciende hasta lo Alto, hasta la cúspide de los Palacios. **Con ésta** columna **asciende el espíritu de lo bajo al espíritu de lo Alto** que está en el segundo Palacio, **para unirse espíritu con espíritu. Y así** el espíritu sigue ascendiendo a través de esta columna hasta lo Alto, hasta situarse **encima de todos** los de lo bajo, hasta llegar al espíritu del séptimo Palacio, **para que todos sean un espíritu,** incluidos en un solo espíritu, **como está dicho:**

«Porque lo que ocurre con los hijos de los hombres, y lo que ocurre con los animales, es un mismo suceso; como mueren los unos, así mueren los otros, y hay **un espíritu para** todos **ellos**» (Eclesiastés 3:19).

Esta columna que está en el medio de este Palacio provoca la unión intrínseca y el ascenso hasta la cúspide del séptimo Palacio, y por eso **su nombre es** el que se escribe con las letras hebreas *alef–hei–dalet–reish–nun–iud–alef–lamed.* El comienzo de su nombre significa «volver», mientras que el final es un Nombre de El Santo, Bendito Sea, el Nombre «*El*». Y se llama así porque hace volver todos los asuntos a su raíz, con el poder del Nombre El, de El Santo, Bendito Sea, el cual está vinculado con el Jesed –bondad–. **Y los misterios de las llaves** de todos los Palacios que se comportan según el poder **del Nombre sagrado están en sus manos,** es decir, en su poder. Pues él asciende a cada Palacio para vincular espíritu con espíritu.

Cuando las plegarias ascienden y llegan a esta columna a través del ángel cuyo nombre se escribe con las letras hebreas *samej–nun–dalet–lame*d, que recibe las plegarias del ángel denominado *Bezek* y las hace ascender, **entonces todos esos** ángeles, las almas, y las depuraciones **que se encuentran en este** primer **Palacio, viajan** cósmicamente hasta llegar **al interior del segundo Palacio, para unirse** *iud–hei–vav–hei,* **para estar todos** unidos **con un misterio** íntimo. Y **para unir lo de lo Alto con lo de lo bajo como uno, para que**

el Nombre sagrado de El Santo, Bendito Sea, **esté completo, como es debido.**

SEGUNDO PALACIO DENOMINADO «ESENCIA DEL CIELO»

A continuación se estudiarán los misterios del **segundo Palacio,** en orden ascendente, de los siete Palacios del aspecto masculino inferior –*Zeir Anpín*– del Mundo de la Creación –*Briá*–. **Este Palacio está** vinculado **con el misterio de** los Palacios sagrados que se denominan **«Fe», para** establecer **la unión según el misterio de** los Palacios de **lo Alto. Este Palacio es oculto y recóndito, más que el primero.**

En este Palacio hay tres entradas, las cuales corresponden con el misterio de los tres tipos de conducción: bondad, juicio, misericordia. **Y un** ángel **servidor está a cargo de ellas, cuyo nombre es** el que se escribe con las letras hebreas: *alef–vav–reish–pei–nun– iud–alef–lamed.* **Este encargado ejerce dominio sobre tres flancos del mundo: Sur, Norte, y Este.** Estos flancos corresponden con el misterio de los tres tipos de conducción: bondad, juicio, misericordia. Y estas son las correspondencias: **Sur, de este flanco** de la derecha, el del Jesed –bondad–; **y Norte, de este flanco** de la izquierda, el de Guevurá –rigor–, **y Este, en el centro,** el flanco de Tiferet.

Estas tres entradas para *entrar* en **estos tres flancos, dos de ellas,** la del Norte, y la del Sur, **están cerradas, y una, la del centro, está abierta.**

A esto se refiere el misterio de lo que está escrito: «Tuvieron una visión del Dios de Israel, y bajo Sus pies había como un embaldosado de zafiro, **y era como la esencia del Cielo en pureza»** (Éxodo 24:10). Pues este segundo Palacio se denomina «Esencia del Cielo». Y la razón es porque su conducción se parece a la conducción de Tiferet, que se denomina «Cielo».

Este encargado está a cargo de ese lugar, **y está en esa entrada que está abierta,** o sea, la entrada del flanco Este, asociada al misterio de Tiferet que se vincula con el misterio de la conducción a través de la misericordia. **Y debajo de sus manos,** es decir, bajo su poder, **hay otros dos encargados que están a cargo de esas otras puertas que se encuentran cerradas,** y se abren en momentos específicos solamente para conducir al mundo con la bondad o, en ocasiones, con el juicio.

Y todas esas almas que son de los que fueron condenados a muerte y **matados por el tribunal, o** las almas de **esos** que fueron **asesinados por las demás naciones,** los cuales arriesgaron sus vidas y murieron por la santidad de El Eterno cuyas almas no ascienden a través del Palacio denominado «Embaldosado de Zafiro», y el ángel cuyo nombre se escribe con las letras hebreas: *tet–hei–reish–iud–alef–lamed,* no los juzga, y esas almas entran a través de esta entrada. Y **todos son designados** y puestos **bajo las manos de ellos,** los tres ángeles que están a cargo de las tres entradas del Palacio denominado «Esencia del Cielo». **Y ese encargado que está sobre ellos,** el ángel cuyo nombre se escribe con las letras hebreas: *alef–vav–reish–pei–nun–iud–alef–lamed,* **graba sus formas** y aspectos **en sus vestimentas de fuego ardiente. Y los hace ascender a lo Alto** y muestra la muerte de ellos a El Santo, Bendito Sea. **Y entonces** El Santo, Bendito Sea, **toma** las almas de **los que fueron asesinados por las demás naciones,** los cuales arriesgaron sus vidas y murieron por la santidad de El Eterno, **y los graba en Su vestimenta** para tomar venganza por la sangre derramada de sus siervos.

Y las almas que son de **esos** que fueron condenados a muerte y **matados por el tribunal, ese encargado los hace descender y los hace entrar por detrás de esas dos entradas cerradas, que junto a ellas están los otros dos encargados. Y** desde **allí ven la gloria de todos esos que cumplieron la Torá y observaron sus preceptos; y se avergüenzan de ellos mismos** por el pecado que cometieron y que provocó que fueran condenados a muerte y matados por el tribunal, **y se queman del** ardor que surge del **Palio de los justos** con lo que se expía su pecado. Esta situación continúa así **hasta que ese encargado que está sobre ellos les abre la entrada del Este e ilumina sus almas** para que puedan soportar la gran irradiación de luminosidad de lo Alto. **Y les otorga** emanación de **vida, porque** la afluencia de vida **se abre con** la apertura de **esa entrada del Este.**

Y en la mano de ese encargado, es decir, en su poder, **hay un cáliz de vida que está colmado de irradiaciones de luminosidad,** estando asimismo asociado con el misterio del vino supremo. **Y este** cáliz se denomina **«Cáliz del Consuelo», «Vaso de la Vida»,** que se proyecta de la Biná al aspecto femenino inferior –Maljut–, y de allí todas esas almas reciben las emanaciones de la abundancia de vida. **Pues a raíz de otro cáliz, que bebieron al comienzo, se hicieron merecedores de esto.** Ya que esos que eran condenados a muerte por el tribunal, antes de ser ajusticiados, se les daba a beber un vaso de vino con una medida de olíbano, indicándoseles a través de esto que se limpiarán y purificarán en lo Alto y recibirán consuelo. Es decir, por el vaso de muerte que bebieron en un comienzo se volvieron merecedores de este Cáliz de Vida que reciben después de purificarse.

Semejante a esto hay en relación con **el Otro Lado** –*Sitra Ajra*–. Pues **en el Palacio impuro** del Otro Lado –*Sitra Ajra*–, que está dispuesto en paralelo con el segundo Palacio de la santidad, **hay otro encargado. Y su mano,** es decir, en su poder, **hay un cáliz que se denomina «Cáliz de la Envoltura», «Cáliz de Su furor».** Se denomina: «Cáliz de la Envoltura» porque confunde a la persona y la debilita, dejándola en una situación semejante a la de alguien que está atado y envuelto. Asimismo la palabra hebrea con que se denomina a este Cáliz es «*tarelá*», que significa prenda de vestir para envolverse (*Véase* Isaías 3:19).

Tal **como hemos estudiado,** que **hay un vino, y hay un vino. Asimismo hay un cáliz, y hay un cáliz. Y todo** está dispuesto esto en correspondencia con esto en lo que respecta a la santidad, **para bien,** y en lo que respecta al Otro Lado –*Sitra Ajra*–, **para mal.** Considérese que hay **vino para bien, como está escrito: «Y el vino alegra el corazón de la persona»** (Salmos 104:15). Se refiere al vino que está guardado con sus uvas desde los seis días de la Creación. Y hay **vino para mal, como está escrito:** «Porque el cáliz está en la mano de El Eterno, **y el vino está fermentado, lleno de mezcla; y de él da**

–a los malvados–; hasta la hez sorberán, y lo beberán todos los malvados de la tierra» (Salmos 75:9). Este vino es embriagante.

Asimismo hay **un cáliz para bien, como está escrito: «Alzaré el vaso de las salvaciones»** (Salmos 116:13). Y hay **cáliz (247a) para mal,** que contiene el veneno de la serpiente, **como está escrito: «Des**pierta, despierta, levántate, Jerusalén, que bebiste de la mano de El Eterno **el cáliz de su furor;** porque **el cáliz de aturdimiento** –*tarelá*– bebiste hasta los sedimentos» (Salmos 104:15).

Asimismo, así **como hay en** relación con **el flanco de la santidad, Palacios y encargados, y todos** ellos se comportan con santidad y obran **para bien, y** hay también **espíritus sagrados** que son la espiritualidad y el interior de esos Palacios, **y todos los flancos** de allí son **sagrados, así también** hay entes cósmicos similares en relación **con el flanco de la impureza, Palacios y encargados, y todos** ellos se comportan con impureza y obran **para mal, y** hay también **espíritus impuros encargados** de los Palacios, **y todos los flancos** de allí son **impuros. Y esto está** dispuesto **en correspondencia con esto: tal como el buen instinto y el mal instinto. Y todo está** dispuesto **con un misterio** íntimo. Ya que El Santo, Bendito Sea, deseó que hubiera equilibrio perfecto, para que la persona pueda elegir el camino del bien.

Esta Palacio se denomina: «Palacio del Resplandor», pues en él hay un espíritu llamado por un nombre que se escribe con las letras hebreas: *alef–vav–reish–pei–nun–iud–alef–lamed.* Este encargado, tal como dijimos anteriormente, ejerce dominio sobre tres flancos del mundo: Sur, Norte, y Este. Estos flancos corresponden con el misterio de los tres tipos de conducción: bondad, juicio, misericordia. Y su nombre es un acrónimo formado por tres palabras: *or,* que significa «luz», y está vinculada con el misterio del resplandor de ese ángel, *pni,* que significa «interior», pues su luz es interior, y «*El*», que es el Nombre de El Santo, Bendito Sea, a través del cual se proyecta su luz, desde el ente cósmico oculto denominado *Arij Anpin.* **Y** la luz de este ángel **es un resplandor que no se modifica,** pues está en la entrada del centro, que es el flanco de Tiferet que alude al Nombre de El Santo, Bendito Sea, El Eterno. Y acerca de Él está escrito: «Porque yo El Eterno no cambio; y por eso, hijos de Jacob, no habéis sido consumidos» (Malaquías 3:6). **Y** su existencia **está** vinculada **con una luz oculta que irradia de lo Alto,** del tercer Palacio, y se proyecta al segundo Palacio, **y con la luz que irradia en lo bajo,** el Palacio que está debajo, y asciende a lo Alto según el misterio de las aguas femeninas. **Y cuando la irradiación de luminosidad de lo bajo golpea en la irradiación de luminosidad de lo Alto** que se encuentra en el segundo Palacio, entonces **ese espíritu ilumina** tal **como la** irradiación de luminosidad de la **visión de los ojos. Pues cuando** la irradiación de luminosidad de la visión de los ojos **gira, genera una irradiación de luminosidad que destella y resplandece.** Y a raíz de esa irradiación de luminosidad surgida, observa y ve en los derredores. **Así también** sucede con **este espíritu:** genera una irradiación de luminosidad que destella y resplandece. **Y por eso este Palacio se denomina «Resplandor».**

Ese espíritu cuyo nombre es el que se escribe con las letras hebreas: *alef–vav–reish–pei–nun–iud–alef–lamed,* **es el** ángel **que ilumina en este Palacio. Y** también **ilumina el primer Palacio. Pues ese espíritu del primer Palacio ilumina reveladamente** a través de la irradiación de luminosidad que recibe **de este espíritu que es oculto,** ya que el espíritu del primer Palacio se concatena de él. Por esta razón **este espíritu viaja** cósmicamente **a lo Alto,** al tercer Palacio, para recibir energía y abundancia, **y viaja** cósmicamente **a lo bajo,** al primer Palacio, para distribuir la abundancia recibida en lo Alto. Este Palacio está vinculado **con el misterio de lo que está escrito:** «Cuán hermosos son los pasos de tus pies en tu ascender; **los contornos** –*jamukei*– **de tus muslos son como joyas»** (Cantar de los Cantares 7:2). Pues este Palacio se encuentra vinculado al misterio de Hod del Mundo de la Creación –*Briá*–, que se vincula con el misterio del «muslo izquierdo». Y está asociado con el misterio de la luz que contornea; pues la expresión *«jamukei»* indica rodeo y contorno. Resulta que en esta declaración se encuentra encerrado el misterio de la luz que gira según el misterio de la conducción, ascendiendo a lo Alto para recibir energía y nutriente, y descendiendo a lo bajo para distribuirla (*véase* Metzudot en Cantar de los Cantares 7:2).

247a

Y aún hay más misterios que deben revelarse a partir de **lo que se dijo:** «Cuán hermosos son los pasos de tus pies en tu ascender; **los contornos** –*jamukei*– **de tus muslos** son como joyas» (Cantar de los Cantares 7:2). La expresión «contornos –*jamukei*–» está en plural. Y antes dijimos que este Palacio se encuentra asociado con el misterio del Hod del Mundo de la Creación –*Briá*–, que se vincula con el misterio del «muslo izquierdo». Siendo así, que se refiere a un solo muslo, ¿por qué esta declaración está escrita en plural?

La respuesta no es sino ésta: **porque hay otro espíritu que surge de él,** del espíritu cuyo nombre se escribe con las letras hebreas: *alef–vav–reish–pei–nun–iud–alef–lamed,* **por el flanco izquierdo, y se vincula con él. Y a esto se refiere** el misterio de **lo que está escrito:** «**Los contornos** –*jamukei*– de tus muslos», en plural. Se refiere a **dos** espíritus. **Y este espíritu de la izquierda se denomina** –su nombre se escribe con las letras hebreas–: *hei–dalet–reish–nun–iud–alef–lamed.* **Y** ambos **se incluyen** *iud–hei–vav–hei,* **incluyéndose como uno. Y ellos** se denominan: **«Esencia del Cielo».** Pues el espíritu cuyo nombre se escribe con las letras hebreas: *alef–vav–reish–pei–nun–iud–alef–lamed,* que está en el flanco de la derecha, y su esencia no se altera jamás, se denomina «Esencia», **el cual está incluido con** el espíritu cuyo nombre se escribe con las letras hebreas: *hei–dalet–reish–nun–iud–alef–lamed,* que se denomina «Cielo», y cambia de tonalidades como el Cielo, que está incluido de **fuego y agua** (*véase* Génesis 1:8, Rashi, Talmud, tratado de Jaguigá 12a). Y el agua está vinculada con el misterio del Jesed –bondad–, y el fuego está vinculado con el misterio de Guevurá –rigor–. He aquí una inclusión de Jesed –bondad– y la sefirá de Guevurá –rigor–, como uno.

Está escrito: «Y vi apariencia como de cobre refulgente –*jashmal*–, como apariencia de fuego dentro de ella en derredor, desde el aspecto de sus lomos para arriba; y desde el aspecto de sus lomos para abajo, vi como apariencia de fuego, y que tenía resplandor alrededor. **Como la semejanza del arco iris que está en las nubes el día que llueve,** así era la apariencia del resplandor alrededor, esta fue la visión de la semejanza de la gloria de El Eterno; y cuando yo la vi, me postré sobre mi rostro, y oí una voz que hablaba» (Ezequiel 1:27-28).

Este primer espíritu, cuyo nombre se escribe con las letras hebreas: *alef–vav–reish–pei–nun–iud–alef–lamed,* que está en el flanco de la derecha, y su esencia no se altera jamás, **el cual es oculto** y está en el segundo Palacio, **entre lo Alto,** el tercer Palacio, **y entre lo bajo,** el primer Palacio, **e irradia luminosidad como el** *jashmal,* es un ángel como **el** *jashmal,* **y no** *jashmal* **concretamente. Y en** ciertas **ocasiones es** *jashmal* concretamente. **Pues de él** salen y **existen todos esos serafines que son seres vivientes de fuego parlantes.** Y estas palabras en hebreo conforman el acrónimo *jashmal.* **Y estos son seres vivientes que** a veces **están** vinculados con la facultad de hablar **y** en otras ocasiones **no están** vinculados con la facultad de hablar, y permanecen en silencio. **Y por eso** se denomina *jashmal.* Ya que también *jashmal* es un acrónimo formado por las palabras «*jash*» y «*mal*». «*Jash*» significa permanecer en silencio, en tanto que «*mal*» proviene del término «*mila*», que significa emitir palabra.

A través del espíritu cuyo nombre se escribe con las letras hebreas: *alef–vav–reish–pei–nun–iud–alef–lamed,* **al que nos hemos referido,** se conoce la vida en el mundo. Pues **cuando el mundo es juzgado para bien, entonces este espíritu irradia luminosidad.** Pues la irradiación de luminosidad suprema proveniente del ente cósmico denominado Biná y se expande y ejerce influencia hasta el Hod de este Palacio. **Y** a raíz de ello **se encuentra** en el mundo **toda la vida, y toda la alegría** proveniente del flanco del ente cósmico denominado Biná. **Pues dado que los méritos** de los Hijos de Israel **salen** del Palacio de los Méritos, **y los juicios se iluminan** y se endulzan, también la Guevurá –rigor– se alegra y sus juicios son para bien, y **entonces este espíritu emite irradiación de luminosidad** de la irradiación de luminosidad que recibió de Biná y la Guevurá –rigor–. **Y tu señal** para reconocerlo es la que surge de lo que está escrito: **«En la luz del rostro del rey está la vida»** (Proverbios 16:15). Pues en el original hebreo, las palabras de este versículo aluden al espíritu cuyo nombre se escribe con las letras hebreas: *alef–vav–reish–pei–nun–iud–alef–lamed,* del que se proyecta la vida.

Y cuando el mundo es juzgado con el juicio en ese Palacio **de los Méritos,** es decir, cuando los seres vivientes acallan y no hay irradiación de luminosidad ni alegría, la medida del juicio prevalece y **entonces ese Otro Lado** *–Sitra Ajra–* **impuro ejerce dominio y** también **prevalece, y ese espíritu** cuyo nombre se escribe con las letras hebreas: *alef–vav–reish–pei–nun–iud–alef–lamed*, **se oculta y** su irradiación de luminosidad **se oscurece** a causa de la fortificación de los juicios en ese Palacio de los Méritos. **Y entonces todo el mundo está en juicio y es juzgado. Y todo está sujeto a ese espíritu. Y tu señal** para reconocerlo es la que surge de lo que está escrito: **«Y sus rodillas golpeaban la una contra la otra** –a raíz del miedo del juicio–» (Proverbios 16:15). Es decir, el espíritu de ese Palacio se consterna y siente temor por el fortalecimiento del juicio, y su actitud se asemeja a quien sus rodillas golpeaban la una contra la otra a raíz del miedo.

Aquí, en este Palacio, **están todas las vestimentas de las almas de los justos.** Pues la cabeza de este Palacio es ese espíritu cuyo nombre se escribe con las letras hebreas: *alef–vav–reish–pei–nun–iud–alef–lamed*, que está vinculado intrínsecamente con el misterio de las vestimentas; y no sólo eso, sino que además este Palacio está asociado con el misterio de Hod, sefirá asociada al misterio de las vestimentas, como está escrito: «Te has vestido de esplendor –Hod– y de magnificencia» (Salmos 104:1). Es decir, **se refiere a esas** vestimentas de esas **almas que ascienden** del Jardín del Edén inferior al Jardín del Edén de lo Alto, **para mostrarse ante el Amo de ellas, y estar ante Él. Y cuando el alma asciende y llega a ese Palacio, entonces se presenta un encargado que está a cargo de esas vestimentas cuyo nombre es** el que se escribe con las letras hebreas: *tzadik–dalet–kuf–iud–alef–lamed,* el cual conoce los secretos de las vestimentas de las almas de los justos. **Pues cuando la persona cumple los preceptos de la Torá en este mundo,** entonces, **tal como ella misma** hace, que **se esfuerza** en el estudio de la Torá y la observancia de los preceptos, **así se le hace a ella en este Palacio de lo Alto,** pues se le otorga **una vestimenta para que se vista con ella en ese mundo** supremo.

Y cuando el alma asciende del Jardín del Edén inferior al Jardín del Edén de lo Alto, **ese encargado toma esa vestimenta de ella, y**

va con ella hasta que llega al río Dinur. **Pues el alma debe sumergirse para** purificarse de la densidad de los placeres de este mundo y **emblanquecerse allí. Y en ciertas ocasiones,** cuando tuvo demasiado provecho de los placeres del mundo y se impurificó demasiado, **el alma se ahoga allí y se quema,** es decir, es castigada permaneciendo allí el tiempo necesario para purificarse y emblanquecer. **Y** cuando llega el momento de ascender, **no asciende todo el día, hasta la mañana, cuando se despierta el espíritu del flanco Sur,** que es el flanco vinculado con el misterio del Jesed –bondad–. Y en ese momento se renuevan las almas, como está escrito: «Nuevos por las mañanas» (Lamentaciones 3:23).

Entonces todas las almas se curan de los golpes de fuego recibidos en el río Dinur, y **se levantan, y se renuevan, y pronuncian cánticos y alabanzas, tal como esos ángeles que fue quitado de ellos el** poder y el **dominio, y** sus poderes **fueron quemados** en el río Dinur, y después **se levantan y se renuevan como al comienzo, y pronuncian cánticos. Así también ocurre con esas almas** después de purificarse.

Y si ese alma es justa y asciende al Jardín del Edén supremo, entonces **ese encargado** cuyo nombre se escribe con las letras hebreas: *tzadik–dalet–kuf–iud–alef–lamed,* el cual conoce los secretos de las vestimentas de las almas de los justos, **toma a ese alma y la viste con esa vestimenta** que está preparada para ella, **y se arregla** y atavía **con ella. Y** entonces **asciende para ser ofrecida** a El Santo, Bendito Sea, a modo de presente, **a través de Mijael, el sacerdote** de lo Alto, **para que esté siempre, todos los días, ante el Anciano de Días** –*Atik Iomin*–, que es El Santo, Bendito Sea. **Bienaventurada la parte de ese alma que está** en esa situación, **y se volvió merecedora de esto.**

Y sobre todo asunto **fue designado ese espíritu** cuyo nombre se escribe con las letras hebreas: *alef–vav–reish–pei–nun–iud–alef–lamed,* **que** de él se proyecta la vida, y al cual **hemos mencionado** anteriormente. **Y él ejerce dominio sobre este Palacio.** Y si bien antes dijimos que ese espíritu cuyo nombre se escribe con las letras hebreas: *tzadik–dalet–kuf–iud–alef–lamed,* toma a las almas y las viste con esa vestimenta que está preparada para ellas, aun así, él no es la cabeza de ese Palacio sino el espíritu cuyo nombre se escribe con las letras hebreas: *alef–vav–reish–pei–nun–iud–alef–lamed*, que es el principal de ese Palacio.

De esta generalidad y esta inclusión, o sea, lo que tiene lugar en este Palacio **cuando se incluyó el espíritu** cuyo nombre se escribe con las letras hebreas: *alef–vav–reish–pei–nun–iud–alef–lamed*, **con el espíritu** cuyo nombre se escribe con las letras hebreas *hei–dalet–reish–nun–iud–alef–lamed*, **y éste golpeó a éste para incluirse como uno,** de todo esto **se crearon esos otros gobernantes que fueron designados sobre el mundo.** Pues el espíritu cuyo nombre se escribe con las letras hebreas: *alef–vav–reish–pei–nun–iud–alef–lamed*, y el espíritu cuyo nombre se escribe con las letras hebreas *hei–dalet–reish–nun–iud–alef–lamed*, poseen una irradiación de luminosidad muy poderosa, y un grado de espiritualidad extremadamente elevado, y por eso no realizan acciones directas sobre este mundo sino que lo hacen esos ángeles que se concatenan a partir de ellos. Estos ángeles están a cargo de los asuntos de este mundo, **y ellos son los serafines de seis alas que santifican al Amo de ellos, tres (247b) veces al día.**

Y ellos, estos serafines mencionados, **son quienes son puntillosos con los justos** en extremo, **incuso como la hebra de un cabello,** para depurarlos y volverlos merecedores, con el fin de que en el futuro asciendan a Palacios más elevados. **Y estos** serafines **son los que se levantan para castigar en este mundo y en el Mundo Venidero a esos que desprecian a las personas de las cuales aprendieron, incluso** cuando hubieran aprendido de ellos **un solo asunto de la Torá, y no se comportan con ellos con honor.** A esto se refiere lo que fue enseñado: el que aprende de su compañero un capítulo, o una ley, o un versículo, o una palabra, o incluso una sola letra, debe comportarse con él honorablemente; pues así hallamos en David, rey de Israel, que no aprendió de Ajitofel más que dos asuntos, y lo llamó su maestro, su señor, su íntimo, como está dicho: «Y tú, hombre, según mi estimación, mi señor, y mi maestro» (Salmos 55:14). ¿Y acaso no se aprende por deducción?: si David, el rey de Israel, que no aprendió de

Ajitofel más que dos asuntos, lo llamó su maestro, su señor y su íntimo, quien aprende de su compañero un capítulo, o una ley, o un versículo, o una palabra, o incluso una sola letra, cuanto más debe conducirse honorablemente con él. Y no hay honor sino en la Torá, como está dicho: «Los sabios heredarán el honor» (Proverbios 3:35); y «Los íntegros heredarán el bien» (Proverbios 28:10); y no hay bien sino en la Torá, como está dicho: «Porque os he dado una buena enseñanza: Mi Torá, no la abandonéis» (Proverbios 4:2) (Mishná, tratado de Avot 6:3). **Y** asimismo estos serafines castigan **a todos esos que utilizan** para su propio provecho **a quien leyó** y estudió **los seis órdenes de la Mishná, para producir la unión del Amo de ellos.**

Cuando el espíritu cuyo nombre se escribe con las letras hebreas *alef–vav–reish–pei–nun–iud–alef–lamed*, y el espíritu cuyo nombre se escribe con las letras hebreas *hei–dalet–reish–nun–iud–alef–lamed*, **se asientan** y se incluyen **espíritu con espíritu**, e irradian luminosidad como uno, entonces, a partir **de esa irradiación de luminosidad, surge un ser viviente que ejerce dominio sobre esos serafines** antes mencionados, los cuales también fueron creados por la inclusión del espíritu cuyo nombre se escribe con las letras hebreas: *alef–vav–reish–pei–nun–iud–alef–lamed*, con el espíritu cuyo nombre se escribe con las letras hebreas *hei–dalet–reish–nun–iud–alef–lamed*. **Y debajo de él,** de este ser viviente, **hay cuatro** serafines **cuyos rostros son rostros de águila. El nombre de él, de este ser viviente,** es el que se escribe con las letras hebreas *iud–vav–pei–iud–alef–lamed,* y es el ministro de la Torá. **Y** por tal razón este ser viviente **está** vinculado **con todos los misterios de la sabiduría, y todas las llaves de la sabiduría están con él.**

Este ser viviente cuyo nombre se escribe con las letras hebreas *iud–vav–pei–iud–alef–lamed,* **está** dispuesto **para solicitar recompensa de El Santo, Bendito Sea, para otorgar a todos esos que persiguen a todos los poseedores de sabiduría, yendo tras ellos. E incluso** cuando persiguen **a toda persona** para aprender de ella, **y aprenden sabiduría** asociada al misterio de la Torá **para conocer al Amo de ellos.** Pues las llaves de la sabiduría de la Torá y sus misterios no son entregadas a una sola persona, y cada uno tiene una parte y una llave de la sabiduría y los misterios de la Torá, y por eso se ha de perseguir a toda persona para aprender de ella. **Y esa es la recompensa que otorga a las personas que persiguen la sabiduría, y van tras ella, para conocer al Amo de ellos. Pues cuando la persona** fallece y **sale de este mundo,** antes de llegar a los Palacios sagrados, **ese ser viviente** cuyo nombre se escribe con las letras hebreas *iud–vav–pei–iud–alef–lamed,* **sale** montando **sobre cuatro serafines que vuelan,** y vuela delante del alma de esta persona. **Y no deja a esos poseedores de facultad de juicio del Otro Lado** –*Sitra Ajra*–**, acercársele,** para evitar que le hagan daño; e incluso si mereciera un castigo por sus acciones, este ángel lo salva de las fuerzas del Otro Lado –*Sitra Ajra*– para que no sufra inmediatamente después de morir. Y este alma después será purificada como es debido. **Y cuántos** ángeles **enviados de paz hay alrededor de él,** del justo, cuando abandona este mundo y lo protegen de esos poseedores de facultad de juicio del Otro Lado –*Sitra Ajra*–.

Y esos serafines, cuando viajan cósmicamente, **y se ven,** hacen que **se sometan esas serpientes venenosas** –*serafim*–**, que salieron de esa serpiente que provocó la muerte al mundo.** Y por eso, esas serpientes venenosas vinculadas con el Otro Lado –*Sitra Ajra*–, que son tipos de entes impuros denominados *jitzonim,* no pueden dañar a las personas.

Ese ser viviente sagrado cuyo nombre se escribe con las letras hebreas *iud–vav–pei–iud–alef–lamed,* **se sitúa** en ese Palacio **cuando el alma asciende y llega a él. Entonces le pregunta acerca de los misterios de la sabiduría del Amo de él,** o sea, le pregunta por lo que aprendió en este mundo en lo tocante a este asunto. **Y según esa sabiduría detrás de la cual fue y persiguió, y se apegó** a ella, **así,** en correspondencia con su esfuerzo y sacrificio, **se le otorga la recompensa.**

Y si la persona **puede apegarse a la sabiduría** y conseguirla, **y no se apega a ella,** y no la consigue, en ese caso **la desplazan** a ese alma, echándola **fuera, y no entra** en este Palacio. **Y** al ser rechazada ese alma **está** y permanece **debajo de ese Palacio con vergüenza. Y cuando esos serafines que están debajo de él,** de ese ser viviente cuyo nombre se escribe con las letras hebreas *iud–vav–pei–iud–alef–lamed*, **viajan** cósmicamente **y extienden sus alas, entonces todos golpean con sus alas y la queman** al alma que está allí, castigándola como es debido, justicieramente. **Y** ese alma **se quema, y** sin embargo **no se quema** completamente, **y** después de completarse su juicio **se levanta,** es decir, alcanza el nivel que le corresponde, **y** sin embargo **no se levanta** completamente. **Y así es juzgada cada día.** Y después de ascender al grado que le corresponde **irradia luminosidad, y** sin embargo **no irradia luminosidad** plenamente. **Y esto es así aunque tenga buenas obras.** Es decir, aunque hubiera realizado buenas obras, igualmente la desplazan fuera de ese Palacio por las razones mencionadas anteriormente.

Pues no hay en ese Mundo recompensa más grande que esa, **como** la que reciben **esos que se esfuerzan en** obtener **la sabiduría** de los secretos de la Torá, **para observar** y meditar en **la Gloria del Amo de ellos. Y no hay medida para** evaluar **la** gran **recompensa de esos que conocen la sabiduría** de los secretos de la Torá, y se esfuerzan en ello **para observar** y meditar en **la Gloria del Amo de ellos. Bienaventurada la parte de ellos en este mundo y en el Mundo Venidero, como está escrito: «Bienaventurado el hombre que halló la sabiduría y el hombre que alcanzó el entendimiento»** (Proverbios 3:13). Es decir, bienaventurado el hombre que halló la sabiduría después de esforzarse y perseguirla.

En cuanto a **este espíritu** cuyo nombre se escribe con las letras hebreas: *alef–vav–reish–pei–nun–iud–alef–lamed*, él **ejerce dominio sobre todo** lo que hay en ese Palacio, incluso sobre ese ser viviente cuyo nombre se escribe con las letras hebreas *iud–vav–pei–iud–alef–lamed*. Pues **todos** los entes cósmicos de ese Palacio **se incluyen en él, y todos observan en él,** recibiendo el nutriente necesario para existir.

Ese ser viviente cuyo nombre se escribe con las letras hebreas *iud–vav–pei–iud–alef–lamed*, **ejerce dominio sobre otros cuatro** seres vivientes que son los cuatro rostros del Trono. **Y cada uno y uno** de esos cuatro seres vivientes **tienen** debajo **cuatro ruedas.** Es decir, cada uno de esos cuatro seres vivientes ejerce dominio sobre cuatro ruedas, que son los ángeles denominados *ofanim*, y se dividen y expanden a los cuatro puntos cardinales del mundo en correspondencia con los cuatro tipos de conducción que provienen del Jesed –bondad–, la Guevurá –rigor–, el Tiferet, y el Maljut. **Una rueda mira al flanco Este, y una rueda mira al flanco Norte, y una rueda mira al flanco Sur, y una rueda mira al flanco Oeste.** Y cada una de las ruedas recibe el poder de conducción del flanco hacia el cual está orientada. **Y cada una y una** de las ruedas están vinculadas **con tres columnas** que se vinculan con el misterio de los tres tipos de conducción: bondad, juicio, y misericordia. Y estas columnas son tipos de irradiaciones de luminosidad que reciben el nutriente de los seres vivientes que están vinculados con ellas.

La rueda que mira **al flanco Este,** el de Tiferet, **su nombre es** el que se escribe con las letras hebreas: *jet–nun–iud–alef–lamed.* **La rueda que** mira **al flanco Norte,** el de Guevurá –rigor–, **su nombre es** el que se escribe con las letras hebreas: *kuf–dalet–shin–iud–alef–lamed.* **La rueda que** mira **al flanco Sur,** el del Jesed –bondad–, **su nombre es** el que se escribe con las letras hebreas: *ain–zain–reish–iud–alef–lamed.* **La rueda que** mira **al flanco Oeste,** el de Maljut, **su nombre es** el que se escribe con las letras hebreas: *ain–nun–iud–alef–lamed.* Estas ruedas y este orden es el mismo para cada uno de los cuatro seres vivientes. **Y esas tres columnas que tienen cada una y una** de las ruedas, **todas ellas miran al** ser viviente **central,** que es la cabeza de las ruedas, su conductor. **Pues el** ser viviente **central las toma** y las conduce, **y todas viajan** cósmicamente **con el** poder y el nutriente que proviene **del** ser viviente **central.**

Esos cuatro seres vivientes **que están en el centro** de las ruedas, **todos ellos están a cargo de** acondicionar, vincular y hacer ascender **los cánticos** de los ángeles que están a la derecha y a la izquierda de este Palacio. **Y esos** ángeles **de la derecha,** vinculados con el misterio del Jesed –bondad–, **pronuncian cántico** para despertar a la Presencia Divina –*Shejiná*–, para que atraiga y proyecte la abundancia del Jesed –bondad– que está arriba, en el flanco de la derecha, ya **que** ellos, esos ángeles, **hacen ascender la voluntad a** los seres vivientes de **lo Alto,** que están sobre ellos, **y dicen: «Santo,** santo,

santo, El Eterno de los ejércitos; toda la Tierra está llena de su gloria» (Isaías 6:3). Y ascienden a lo Alto a través del poder de la santificación suprema. **Y esos** ángeles **de la izquierda,** vinculados con el misterio de Guevurá –rigor–, no tienen poder para ascender a lo Alto y entonces pronuncian cánticos en sus lugares. **Y** desde allí **hacen ascender la voluntad a lo Alto,** a los seres vivientes que están sobre ellos, **y dicen: «Bendita** sea la Gloria de El Eterno, desde su lugar» (Ezequiel 3:12). Y a través de esto atraen la abundancia a lo bajo. Pues **«Santo,** santo, santo, El Eterno de los ejércitos; toda la Tierra está llena de su gloria» (Isaías 6:3), es una alabanza vinculada **con lo Alto,** es decir, el Jesed –bondad–, la Guevurá –rigor–, y el Tiferet, del aspecto masculino inferior –*Zeir Anpín*–, en correspondencia con el flanco de la derecha. **Y «Bendita** sea la Gloria de El Eterno, desde su lugar» (Ezequiel 3:12), es una alabanza vinculada **con lo bajo,** es decir, el Maljut, en correspondencia con el flanco de la izquierda.

Esos ángeles **que están en lo Alto, en el flanco de la derecha, toman la santificación** de los justos **y la unen con la santificación de ellos, todos esos** justos **que saben santificar al Amo de ellos con la unicidad del misterio de la sabiduría.** Es decir, los que saben recitar la santificación con la concentración adecuada para unir los aspectos cósmicos denominados *partzufim* supremos; y esos ángeles ascienden a través de eso. **Y esos** ángeles **que están en la izquierda,** no ascienden tanto como los del flanco de la derecha, y por eso **toman la santificación y la unen con la santificación de ellos, la de todos esos** justos **que no saben santificar al Amo de ellos como es debido,** con la unicidad del misterio de la sabiduría. Es decir, los que no saben recitar la santificación con la concentración adecuada para unir los aspectos cósmicos denominados *partzufim* supremos; sino que recitan la plegaria y las santificaciones en forma simple. **Y todos** los ángeles, los del flanco de la derecha y los del flanco de la izquierda, **se incluyen estos con estos, en una unión** íntima. **Y se vinculan** intrínsecamente **esos con estos, hasta que todos se transforman en un solo vínculo y un solo espíritu.** Vínculo en lo que respecta al aspecto exterior, y espíritu en lo que respecta al aspecto interior. Y esta unicidad se produce a través de los seres vivientes centrales. **Y** los ángeles de este Palacio **se vinculan con esos** ángeles **de lo Alto,** los de los Palacios supremos **para ser todos uno, para estar incluidos estos con estos** en una inclusión íntima.

De este lugar se nutren todos esos poseedores de sabiduría. Es decir, de ese Palacio de Hod, en el que está incluido también el Palacio de Netzaj, se nutren todos esos poseedores de sabiduría que desean adquirir la sabiduría de los misterios de la Torá. Pues las llaves de la sabiduría están allí. **Pues ellos están** dispuestos **para saber** y aprehender los misterios de la sabiduría **a través de una visión** como la de la profecía, **o con los misterios del sueño.**

Y a esto se refiere el misterio de lo que está escrito: «Él dijo: oíd ahora Mis palabras. Si hubiere profetas entre vosotros, en una visión, Yo, El Eterno, Me haré conocer ante él; en un sueño le hablaré» (Números 12:6). **Pues los profetas se nutren de lo Alto,** del Netzaj y del Hod, del aspecto masculino inferior –*Zeir Anpín*– del Mundo de la Emanación –*Atzilut*–. Pues de ese lugar desciende a ellos la profecía, invistiéndose en este Palacio asociado con el misterio de Netzaj y de Hod del Mundo de la Creación –*Briá*–. Y de allí se concatena y se proyecta a lo bajo, hasta que llega al profeta en este mundo. **Y esos poseedores de** facultad de revelación a través de **sueño o visión, se nutren de aquí,** de este Palacio asociado con el misterio de Netzaj y de Hod del Mundo de la Creación –*Briá*–. Y de allí la revelación se concatena a través del Mundo de la Formación –*Ietzirá*–, y entonces el sueño o la visión pasa al ángel Gabriel, en poder de quien son entregados, y de él los reciben los que tienen la facultad para aprehender esas revelaciones. **Y cuando este lugar,** este Palacio asociado con el misterio de Netzaj y de Hod del aspecto masculino inferior –*Zeir Anpín*–, del Mundo de la Creación –*Briá*–, **se une con el lugar de lo Alto,** el Palacio asociado con el misterio de Netzaj y de Hod del aspecto masculino inferior –*Zeir Anpín*–, del Mundo de la Emanación –*Atzilut*–, **con un vínculo** íntimo, **entonces los profetas se nutren de lo Alto y de lo bajo,** vinculados **con un vínculo** intimo. Es decir, reciben la profecía de Netzaj y de Hod del Mundo de la Emanación –*Atzilut*–, investida en el Netzaj y el Hod del Mundo de la Creación –*Briá*–.

(248a) Y por eso, ya que la profecía se inviste en el Mundo de la Creación *–Briá–*, por esta razón **hay proverbios en las palabras de ellos,** los profetas, que no son totalmente claros, ya **que sus profecías no son claras como es debido, tal como sucedía con Moshé, cuyas profecías eran** absolutamente **claras,** y también todos los detalles de las mismas. Esto era así **porque la irradiación de luminosidad de la profecía salía de lo Alto,** del ente cósmico denominado Biná, **del lugar del que salen todas las irradiaciones de luminosidad; y** de allí **llegó a su grado,** el Tiferet del aspecto masculino inferior *–Zeir Anpín–* del Mundo de la Emanación *–Atzilut–*, tras lo cual se invistió en el Netzaj y el Hod del Mundo de la Emanación *–Atzilut–*, y de allí la profecía descendió al mundo sin ninguna otra investidura, hasta llegar a Moshé. **Y de allí** Moshé **tomaba su profecía, y** sus palabras **irradiaban luminosidad** pues veía el asunto en forma directa, sin investirse en proverbios ni parábolas. Y se volvió merecedor de esto por la generalidad de los Hijos de Israel, el conjunto del pueblo, para que no existan dudas en la interpretación de las palabras de la Torá, **lo que no era así para todos los demás profetas** ya que la profecía que ellos recibían se investía en numerosos velos antes de llegar a ellos.

Esos poseedores de facultad de revelación a través de **sueño,** y **esos poseedores de** facultad de revelación a través de **visión, todos ellos se nutren de aquí, de** este Palacio de **lo bajo** asociado con el misterio de Netzaj y del Hod del Mundo de la Creación *–Briá–*, **y** su aprehensión **no se vincula con** ese Palacio de **lo Alto** asociado con el misterio del Netzaj y el Hod del aspecto masculino inferior *–Zeir Anpín–* del Mundo de la Emanación *–Atzilut–*. Y aprehenden su grado **a través de otro grado, inferior a él, que es exterior** y está por debajo del Mundo de la Creación *–Briá–*. Es decir, aprehenden a través del ángel Gabriel del Mundo de la Formación *–Ietzirá–*, que está a cargo de los sueños y las visiones, tal **como** ocurre con **los grados de los profetas superiores** que reciben sus profecías de Netzaj y de Hod del aspecto masculino inferior *–Zeir Anpín–*, del Mundo de la Emanación *–Atzilut–*. Pues **los profetas no veían** la profecía **sino a través de otro grado inferior** del Mundo de la Creación *–Briá–*. **Así**

248a

también ocurre con esos poseedores de facultad de revelación a través de sueño, y esos poseedores de facultad de revelación a través de visión, **cuyo grado de aprehensión está arriba, en este grado inferior** del Mundo de la Creación –*Briá*–; **pero** el sueño o la visión que tienen **no se les revela** de ese grado supremo **sino a través de otro grado exterior, inferior a él,** o sea, a través del ángel Gabriel del Mundo de la Formación –*Ietzirá*–.

Esto es así **ya que** cada asunto que se manifiesta a través de los sueños y las visiones **sale de este Palacio** de Netzaj y de Hod del Mundo de la Creación –*Briá*–, **y el asunto llega hasta ese encargado que está junto a la entrada de este Palacio,** o sea, el ángel cuyo nombre se escribe con las letras hebreas: *alef–vav–reish–pei–nun–iud–alef–lamed*, **y de allí** el asunto pasa **al encargado que está debajo de él,** bajo su mando, **y así** ocurre **con todos** los demás grados y ángeles, hasta que el asunto llega a esos poseedores de facultad de revelación a través de sueño y esos poseedores de facultad de revelación a través de visión. **Pues, ¿cuántos son los** entes impuros denominados *jitzonim* **que toman ese asunto y entremezclan con él** asuntos vanos? **Y por eso, cuando llega a la persona, ¿cuántos son los** asuntos vanos **que** ya **se entremezclaron con él,** con el asunto original que salió de lo Alto? **Y por eso el asunto** recibido a través de un sueño o una visión **no es** suficientemente **claro, como es debido** y apropiado. Y ya que los sueños están entremezclados con asuntos vanos y por eso todos los sueños requieren interpretación.

Ahora se prosigue con el asunto de las cuatro ruedas mencionado anteriormente: cuando **esas cuatro ruedas se unen,** es decir, cuando esos cuatro ángeles denominados «ruedas –*ofanim*», cuyos nombres fueron mencionados anteriormente se unen **con esos cuatro** seres vivientes **del centro,** ya que cada ser viviente está en el medio de las cuatro ruedas, entonces **todos** los seres vivientes y las ruedas **se denominan «deseables –*jamudot*–». Y ellos son los poseedores de visión;** es decir, son quienes revelan los misterios de la Torá a los poseedores de sabiduría a través de una visión. **Y por eso, ese ser viviente** anteriormente **mencionado,** cuyo nombre se escribe con las letras hebreas *iud–vav–pei–iud–alef–lamed*, el cual es el ministro de la Torá, y está vinculado con todos los misterios de la sabiduría, **ejerce dominio sobre ellos. Y por eso Daniel fue llamado hombre de deleites, como está escrito: «porque tú eres deleitable** –para El Santo, Bendito Sea–» (Daniel 9:23). Es decir, tus palabras son deleitables para El Santo, Bendito Sea (*véase* Rashi). Y la razón era porque había recibido el asunto de la visión de ese Palacio. **Y todos los misterios son apropiados. Bienaventurados son aquellos que conocen los misterios del Amo de ellos,** El Santo, Bendito Sea, **para andar por el camino de la verdad, en este mundo y en el Mundo Venidero.**

TERCER PALACIO: *NOGA*

Tercer Palacio de los siete Palacios del aspecto masculino inferior –*Zeir Anpín*– del Mundo de la Creación –*Briá*–: **este Palacio es un Palacio que está** dispuesto en un grado superior e irradia **con la irradiación de luminosidad suprema más que todos los primeros** Palacios. Pues este Palacio está más arriba que los anteriores en lo que respecta al grado de santidad. **En este Palacio hay cuatro entradas,** en correspondencia con el misterio de la conducción del Jesed –bondad–, la Guevurá –rigor–, el Tiferet, y el Maljut. **Una** entrada **está** dispuesta **en el flanco Sur,** o sea, el flanco sujeto a la conducción del Jesed –bondad–; **y una** entrada **está** dispuesta **en el flanco Este,** o sea, el flanco sujeto a la conducción de Tiferet; **y una** entrada **está** dispuesta **en el flanco Norte,** o sea, el flanco sujeto a la conducción de Guevurá –rigor–; **y una** entrada **está** dispuesta **en el flanco Oeste,** o sea, el flanco sujeto a la conducción de Maljut. **En cada entrada y entrada hay un encargado, el cual está a cargo de** una entrada, y esto es así con **cada entrada y entrada** de este Palacio.

    Primera entrada, la cual está dispuesta en el flanco Sur, o sea, el flanco sujeto a la conducción del Jesed –bondad–: **ésta es una entrada en la que hay un encargado cuyo nombre es** el que se escribe con las letras hebreas: *mem–lamed–kaf–iud–alef–lamed*. **Él ejerce**

248a

dominio sobre todos esos escritos que salen del Tribunal del Rey y contienen las sentencias **para juzgar al mundo.** Es decir, los escritos que salen del Palacio de los Méritos, donde se encuentra el Tribunal de lo Alto. Y este ángel que está a cargo de esta entrada del flanco Sur tiene por misión invertir el juicio para bien a través del Jesed –bondad–, en caso en de que la persona se arrepienta y rectifique. **Pues éste** ángel **es el encargado de revisar esos escritos. Y hay dos escribas debajo de él,** o sea, subordinados a él: **uno** situado **a la derecha y uno** situado **a la izquierda.**

A éste ángel encargado **le fue otorgado permiso de hacer arreglos en esos escritos** que contienen las sentencias **para rectificarlas,** o sea, para que el juicio no salga antes de ser endulzado, **antes de salir de esta entrada al exterior, y ser entregados en manos de ese encargado que se encuentra en el primer Palacio,** o sea, el ángel cuyo nombre se escribe con las letras hebreas: *tet–hei–reish–iud–alef–lamed*. **Pues desde el momento en que** los escritos **son entregados en manos de ese encargado que se encuentra en el primer Palacio, he aquí que salen de allí y no hay permiso de hacerlos volver.** Pues los entes impuros denominados *jitzonim* que se encuentran debajo del primer Palacio claman y pretenden que se ejecute el juicio establecido contra el condenado.

Pues inmediatamente se presenta el encargado del Otro Lado *–Sitra Ajra–* **impuro,** que es el **poseedor de** la facultad del **juicio severo y duro, que no se apiada. Y su nombre es** el que se escribe con las letras hebreas: *samej–nun–guimel–dalet–iud–alef–lamed*. **Y él es el encargado de la entrada de otro Palacio,** el tercer Palacio **del Otro Lado** *–Sitra Ajra–,* el cual está dispuesto en correspondencia con el tercer Palacio de la santidad, **el cual es** denominado **«Infierno** *–Guehenóm–*». Ya que todos los Palacios del Otro Lado *–Sitra Ajra–* se denominan «Infierno *–Guehenóm–*». **¡Y cuántos son los poseedores de** la facultad del **juicio encargados de deambular por el mundo y dispuestos a ejecutar el juicio** y castigar!

Y por eso está dispuesto **ese encargado** cuyo nombre se escribe con las letras hebreas: *mem–lamed–kaf–iud–alef–lamed*, **para revisar los escritos** que salen del Tribunal del Rey y que contienen las sentencias para juzgar al mundo. **Y esos dos escribas que están debajo de ese encargado,** sus nombres **son** los que se escriben con las letras hebreas: *shin–mem–shin–iud–alef–lamed* y *kuf–mem–vav–alef–lamed.* **Ellos son los escribas dispuestos para arreglar** las sentencias de **los escritos.** El escriba cuyo nombre se escribe con las letras hebreas: *shin–mem–shin–iud–alef–lamed,* está vinculado con el misterio de Tiferet y está a cargo de los méritos, y arregla los escritos para el lado meritorio tanto como puede. Y el escriba cuyo nombre se escribe con las letras hebreas: *kuf–mem–vav–alef–lamed,* está vinculado con el misterio de Guevurá –rigor– y confirma el decreto establecido para que sea cumplido. **Y ese encargado** cuyo nombre se escribe con las letras hebreas: *mem–lamed–kaf–iud–alef–lamed,* **está sobre ellos,** prevaleciendo sobre ellos, e inclinado la sentencia hacia el flanco del Jesed –bondad–. **Pues en esos Palacios del Otro Lado** *–Sitra Ajra–* **impuro, fueron designados encargados sabidos, contrapuestos a esos encargados de estos Palacios** de la santidad. **Y todos esos espíritus y todos esos encargados de allí,** de los Palacios del Otro Lado *–Sitra Ajra–,* **todos ellos** están dispuestos **para hacer el mal** y castigar.

Ven y **observa: ese** encargado del Otro Lado *–Sitra Ajra–* impuro, que es un demonio poseedor de la facultad del juicio severo y duro, y que no se apiada, cuyo nombre se escribe con las letras hebreas: *samej–nun–guimel–dalet–iud–alef–lamed,* **cuando toma el escrito del encargado que está en la primera entrada,** o sea, el ángel cuyo nombre se escribe con estas letras hebreas: *mem–lamed–kaf–iud–alef–lamed,* entonces ese demonio **abre una entrada del lado de la oscuridad, que se llama «Pozo de las Tinieblas». Y allí hay millares y miríadas** de entes impuros denominados *jitzonim* **dispuestos** y preparados **para tomar esos escritos. Y éste** encargado cuyo nombre se escribe con las letras hebreas: *samej–nun–guimel–dalet–iud–alef–lamed,* **está sobre ellos,** a cargo de ellos. Y él recibe el poder del juicio de lo Alto y lo proyecta a los entes impuros denominados *jitzonim,* fortaleciéndolos para ejecutar el juicio. **Y entonces salen los heraldos.** Es decir, los entes impuros denominados *jitzonim* se expanden y pregonan que así y así será hecho a mengano en el día zutano.

¡Y cuántos son los poseedores de la facultad del **juicio encargados de deambular (248b) por el mundo,** dispuestos a ejecutar el juicio y castigar! **Y el juicio** del malvado **culmina** a través de ellos. Y los entes impuros denominados *jitzonim* se invisten en entes materiales para completar el juicio. Se invisten en piedras para hacerlos tropezar, en fuego para provocar que se quemen, en pozos para hacerlos caer, y en muchos otros elementos que sirven para ejecutar el juicio y castigar. Pues todo tropiezo se convierte en tal por el poder de los entes impuros denominados *jitzonim* que se invisten allí. **Y por eso ese encargado,** cuyo nombre se escribe con las letras hebras: *mem–lamed–kaf–iud–alef–lamed,* **está** dispuesto **para revisar los escritos y para rectificar la sentencia de los escritos antes de que salgan de esta entrada. Y ésta es la entrada del** flanco **Sur.**

Segunda entrada, la cual está dispuesta en el flanco este, o sea, el flanco sujeto a la conducción de Tiferet: **ésta es la entrada de la cual dependen la vida y la muerte. Pues** si bien en el Palacio de los Méritos se realizó el juicio y se decretó la sentencia, **en esta entrada se sellan** todas las sentencias, **sellándose todos los escritos** que las contienen. **Pues ya que los escritos fueron rectificados como es debido** en la primera entrada, la del Jesed –bondad–, aún aguardan para ser confirmados en la segunda entrada, la de Tiferet. Y entonces **un encargado cuyo nombre es** el que se escribe con las letras hebreas: ***guimel–zain–reish–iud–alef–lamed,* está preparado y toma los escritos en esa segunda puerta. Y allí se los sella.** Es decir, el encargado cuyo nombre se escribe con las letras hebreas: *guimel–zain–reish–iud–alef–lamed,* trae los escritos y los entrega al ángel cuyo nombre se escribe con las letras hebreas: *ain–zain–reish–iud–alef–lamed,* el cual está vinculado con el Tiferet.

Pues **en esa entrada hay un encargado cuyo nombre** es el que se escribe con las letras hebreas: *ain–zain–reish–iud–alef–lamed.* **Y cada entrada y entrada es llamada por el nombre de ese encargado que está a cargo de ella,** siendo ésta una regla general de todas las entradas de los Palacios.

Ahora bien, **debajo del dominio de este encargado** cuyo nombre es el que se escribe con las letras hebreas: *ain–zain–reish–iud–alef–la-*

med, **y bajo su mano,** es decir subordinados a él, **hay dos sirvientes.** Estos sirvientes corresponden con el misterio del Jesed –bondad– y la Guevurá –rigor– de Tiferet, que es la sefirá que se vincula directamente con este Palacio. **Y los nombre de ellos,** esos dos sirvientes, **son** los que se escriben con las letras hebreas: *samej–tet–reish–iud–hei, ain–dalet–iud–alef–lamed.* **Uno está a la derecha y uno,** el otro, **a la izquierda** de Tiferet, que es la sefirá de ese Palacio. **De ese** sirviente **de la derecha** de Tiferet, o sea, el sirviente cuyo nombre se escribe con las letras hebreas: *samej–tet–reish–iud–hei,* **depende la vida. Y de ese** sirviente **de la izquierda** de Tiferet, cuyo nombre se escribe con las letras hebreas: *ain–dalet–iud–alef–lamed,* **depende la muerte. Y hay dos sellos en las manos de ellos: el sello de la vida y el sello de la muerte. Éste** sirviente cuyo nombre se escribe con las letras hebreas: *samej–tet–reish–iud–hei,* **está en este flanco** de la derecha, y sella la sentencia en caso de que hubiera sido decretado que esa persona merece vivir. **Y éste** sirviente cuyo nombre se escribe con las letras hebreas: *ain–dalet–iud–alef–lamed,* **está en este flanco** de la izquierda, y sella la sentencia en caso de que hubiera sido decretado que esa persona merece morir.

Ésta segunda **entrada** del Palacio de Netzaj **está cerrada todos los seis días** hábiles de la semana, **y en el día de Shabat y en el día de la Luna Nueva se abre para mostrar vida con ese sello del que depende la vida. Pues en** el día de **Shabat y en** el día de **la Luna Nueva, el sello de la vida se mantiene en ellos.**

En el Día del Perdón, que es un día **en el** que **todos los** Hijos **de Israel están** abocados a la oración y **con** gran devoción recitan **plegarias y demandas** dirigidas a El Santo, Bendito Sea, **y se esfuerzan en el servicio del Amo de ellos, esa entrada se cierra hasta la hora de la plegaria vespertina.**

Ya que pasó la hora de **esa plegaria vespertina,** y llegó la hora de la plegaria denominada *Neilá,* que es la plegaria del cierre de los Portales, entonces **del lugar del Tribunal que está en el Palacio de los Méritos, sopla un viento, y esa entrada se abre. Y ese encargado de este Palacio está** de pie, **y esos dos sirvientes** están de pie junto a él, **uno a la derecha y uno a la izquierda. Y** tienen **los sellos de la**

vida y la muerte en sus manos. Y todos los escritos que contienen las sentencias de todos los moradores **del mundo están ante ellos. Y entonces los sellan, tanto para vida, tanto para muerte,** según corresponda, en concordancia con la sentencia del Tribunal del Palacio de los Méritos. **Y ésta es la entrada del Este,** asociada al misterio de Tiferet.

Tercera entrada, la cual está dispuesta en el flanco norte, o sea, el flanco sujeto a la conducción de Guevurá –rigor–, del tercer Palacio: **ésta es la entrada que se mantiene con existencia para saber el juicio de todos aquellos por los que pasa el juicio. Tanto** los juicios de aquellos que la sentencia es **para** que lleguen **enfermedades, tanto para** los **dolores, tanto para** la **pobreza. O sea, el juicio que no establece la muerte.** Y si bien el juicio se lleva a cabo en el cuarto Palacio, que es el Palacio de los Méritos, aun así esta puerta se mantiene con existencia para conocer qué flagelos sobrevendrán a la persona, con el fin de limpiarla y purificarla de las manchas de sus pecados. Y mientras esta puerta permanece abierta, es posible anular el decreto. Ahora bien, **cuando el juicio de la persona fue grabado,** el decreto se cumple sobre él en lo bajo. **Pues** la sentencia decretada sobre la persona **no se vuelve** atrás **con excepción del fuerte poder de la plegaria y el arrepentimiento íntegro,** que son medios a través de los cuales se puede anular el decreto, **como está escrito: «Se cerrará sobre el hombre, y no se abrirá»** (Job 12:14). Es decir, después de que el portal se cerró ante el hombre, no se abrirá.

Un encargado cuyo nombre es el que se escribe con las letras hebreas: *kuf–pei–tzadik–iud–alef–lamed,* **está a cargo de esta entrada. Y éste** ángel **está a cargo de esta entrada para cerrar esa entrada ante el hombre apropiado para ser castigado. Pues su plegaria no será recibida hasta que se arrepienta y retorne ante su Amo.** Por eso la entrada del arrepentimiento no es cerrada ante él.

Y en ese momento en el que fue decretada la sentencia en **el juicio sobre sus hijos que no pecaron, sobre esos hijos pequeños** se presenta **un encargado que sirve** en ese lugar y está **debajo de él,** del encargado cuyo nombre es el que se escribe con las letras hebreas: *kuf–pei–tzadik–iud–alef–lamed,* **cuyo nombre es** el que se escribe con las letras hebreas: *ain–iud–reish–iud–alef–lamed*. **Y este encargado sale y pregona en el flanco de la izquierda, hasta que se despierta un espíritu, que es un espíritu dañado. Pues ese espíritu fue creado con el daño de la Luna,** es decir, cuando la Luna fue disminuida en el cuarto día de la creación, como está escrito: «Dijo Dios: que haya luminarias en el firmamento de los Cielos para que separen el día de la noche; y sean por señales –por ejemplo, eclipses– y para las futuras fiestas, y para los días y los años. Y sean por luminarias en el firmamento de los Cielos para que iluminen sobre la tierra; y así fue. Y Dios hizo las dos grandes luminarias, la luminaria mayor para que domine el día, y la luminaria menor para que domine la noche, y las estrellas (...) Y fue de tarde, y fue de mañana, cuarto día» (Génesis 1:14-19). Se aprecia que en el cuarto día de la creación la Luna fue disminuida. **Y el nombre** de ese espíritu **es** el que se escribe con las letras hebreas: *alef–samej–kaf–reish–alef.* **Y éste es el espíritu que está junto a la cuarta entrada del tercer Palacio del flanco de la impureza. Y éste** espíritu **está** a cargo **de la muerte de ellos,** los niños pequeños. **Y se aparece ante los niños** con un aspecto **como** el de **una mujer que cría niños y los toma y los mata.**

Y entonces ese alma del niño pequeño asesinado **asciende, y este encargado la coge. Y la hace ascender** y la lleva **al encargado del cuarto Palacio. Y ese encargado las cría,** a esas almas, **y se regodea con ellas. Y las hace ascender para mostrarse** con ellas **ante el Rey sagrado en cada Shabat y Shabat, y en toda Luna Nueva y Luna Nueva. Y** las almas de los niños pequeños asesinados **se ven ante Él, y se bendicen de Él. Y cuando el furor ejerce dominio, El Santo, Bendito Sea, las observa** a esas almas **y se apiada del mundo.**

Y todos esos niños que murieron prematuramente y **no se completaron sus años hasta** tener **trece años y un día, todos** –sus almas– **son entregados en manos de éste** encargado cuyo nombre se escribe con las letras hebreas: *ain–iud–reish–iud–alef–lamed.*

En cuanto a los jóvenes que murieron prematuramente, **desde trece años hasta veinte** años, **todos son entregados en manos**

de otro espíritu cuyo nombre es el que se escribe con las letras hebreas: *alef–guimel–iud–reish–iud–samej–vav–nun*, **el cual salió de esa serpiente tortuosa que provocó la muerte a todo el mundo. Y éste es el mal instinto.**

En cuanto a los que murieron prematuramente, **desde veinte años en adelante,** en ese caso **la persona es juzgada en el Tribunal** supremo, el **del lugar que se denomina «Méritos»,** el cual está en el cuarto Palacio. **Él mismo llega** al Tribunal **y es juzgado por sus** propias **faltas. Y es entregado en manos de esa serpiente que es el Ángel de la Muerte.**

Pues desde los veinte años hacia abajo, hasta los trece años, está con él ese espíritu (249a) que es como el veneno de una **serpiente, y** la persona **va detrás de él** ya que es el mal instinto del ardor de la juventud, que seduce a los jóvenes para que vayan tras él. **Éste es** el ente dañador cuyo nombre se escribe con las letras hebreas: *alef–guimel–iud–reish–iud–samej–vav–nun*, **el cual hemos mencionado** anteriormente. Esto es así **porque no se cuidaba apropiadamente del pecado cuando era niño pequeño,** y desde la infancia se habituó a actuar de modo tortuoso y pernicioso. **Y** El Santo, Bendito Sea, **ve en él una señal que indica que después,** cuando crezca, **se arruinará. Y ese** niño **es tomado** y matado **sin permiso** para que muera inocente.

Y a esto se refiere lo que está escrito: «Y hay quien es reunido sin juicio» (Proverbios 3:23). **Y a esto se refiere el misterio de lo que está escrito:** «Y Dios vio todo lo que había hecho, **y he aquí que era muy bueno;** y fue de tarde, y fue de mañana, el sexto día» (Génesis 1:31). **Y hemos estudiado:** dijo Rabí Shmuel bar Itzjak: la expresión «he aquí que era bueno» se refiere al Ángel de la Vida, y la expresión **«y he aquí que era muy bueno» se refiere al Ángel de la Muerte** (Midrash Bereshit Raba 9:10). ¿Y por qué se lo llama muy bueno al Ángel de la Muerte? **Porque se adelantó** a matarlo **antes de que se arruinara después,** al momento de continuar creciendo. **Y este encargado que está junto a esta entrada,** cuyo nombre se escribe con las letras hebreas: *kuf–pei–tzadik–iud–alef–lamed*, **hace entrar su alma** a este Palacio **y la hace ascender a lo Alto.**

Un niño que murió **desde los trece años hacia abajo, es juzgado por los pecados de su padre y es entregado en manos de éste** espíritu dañino cuyo nombre se escribe con las letras hebreas: *alef–samej–kaf–reish–alef,* **que ya hemos mencionado** anteriormente. **Y cada uno y uno** de los Palacios de la santidad, hay dispuesto en correspondencia con él un Palacio de la impureza, y en todos los casos **este Palacio** está dispuesto **en correspondencia con este Palacio.** Y en todos los casos **éste es inverso a éste, como hemos dicho. Y esta entrada** sujeta a la conducción de Guevurá –rigor–, **está en el flanco Norte.**

Cuarta entrada, la cual está dispuesta en el flanco oeste, o sea, el flanco sujeto a la conducción de Maljut del tercer Palacio de Netzaj: **esta entrada está dispuesta para** influenciar **curación. Y se denomina «Entrada de la Curación». En esta entrada está** dispuesto **un encargado cuyo nombre es** el que se escribe con las letras hebreas: *pei–dalet–iud–alef–lamed.* **Y allí están todas las curaciones del mundo,** todas las medicinas, para ser proyectadas a lo bajo y llevadas a los enfermos de los Hijos de Israel. **Y para** hacer ascender y **entrar las plegarias de todos esos poseedores de dolores, enfermedades y aflicciones. Y ese** ángel **asciende con todas esas plegarias y las hace entrar ante El Santo, Bendito Sea,** logrando el vínculo supremo particular a través de la plegaria, y atrayendo curación para esa persona que emitió la plegaria.

Y éste es el ángel acerca del cual está dicho: «Si tuviese **un ángel defensor de entre mil** que dijere al hombre su rectitud» (Job 33:23). Es decir, si una sola parte suya lo defendiera y las otras novecientas noventa y nueve partes lo acusaran, hallará amparo y se salvará (*véase* Talmud, tratado de Shabat 32a). **Pues esos mil** ángeles **están en esa entrada, y ese** ángel cuyo nombre se escribe con las letras hebreas: *pei–dalet–iud–alef–lamed,* **es uno de ellos. Y está escrito** a continuación: **«Y lo agraciará;** –y le dirá al ángel defensor– **que lo libre de descender al sepulcro, pues he hallado rescate** –para él aunque los acusadores eran la mayoría–» (Job 33:24). Es decir, ese ángel cuyo nombre se escribe con las letras hebreas: *pei–dalet–iud–alef–lamed,* logra salvarlo **porque asciende con esa plegaria y está**

249a

dispuesto para defender a la persona hablando bien de ella, y menciona los méritos que atesoró a raíz **de lo que hizo, ante el Rey sagrado. Pues éste** ángel **está siempre** dispuesto **para** hablar **bien** de la persona. **Y por eso toda curación está en esta entrada de** ese ángel cuyo nombre se escribe con las letras hebreas: *pei–dalet–iud–alef–lamed*, **está a cargo de ella.**

Esta entrada sujeta a la conducción de Maljut **está en el flanco Oeste. Por eso,** por las razones expuestas anteriormente en relación con cada entrada, **todas esas cuatro entradas están en este Palacio.** Pues cada entrada tiene una función específica y determinada.

En este Palacio hay un espíritu cuyo nombre es el que se escribe con las letras hebreas: *nun–guimel–hei.* Y por eso este Palacio se llama Noga, por el nombre de él. **Éste es el espíritu que ejerce dominio en este Palacio,** y los ángeles que custodian las entradas son secundarios a él, semejantes a las ramificaciones de un árbol. Pues este espíritu cuyo nombre es el que se escribe con las letras hebreas: *nun–guimel–hei*, representa lo principal de la luz de este Palacio, y todo lo que existe allí fulgura a partir de él. **Y todos** los tipos de **resplandor** con que se iluminan las almas, **y todos los deseos** de las almas de ascender a los Palacios supremos, **están** vinculados **con él.**

Este espíritu está dispuesto **para** revisar y beneficiar a **todos esos que tienen parte en el Mundo Venidero. Éste** espíritu **corona a esas almas con un resplandor de gloria, para que todos esos espíritus sepan de los otros Palacios, que éste** hombre **es** merecedor **del Mundo Venidero. Y** lo corona de este modo para que **los pase a todos** los Palacios **y no haya quien le reproche** y ose impedirle el paso.

Este espíritu cuyo nombre se escribe con las letras hebreas: *nun–guimel–hei*, **es un espíritu puro y claro,** poseyendo una irradiación de luminosidad mayor que las de los Palacios inferiores. Y a raíz de su pureza, las cortezas impuras denominadas *klipot*, no pueden adherirse a él. Y si bien hemos dicho que su nombre es el que se escribe con las letras hebreas: *nun–guimel–hei*, en realidad, **su nombre** principal **es** el que se escribe con las letras hebreas: *zain–hei–reish–iud–alef–lamed.* Pues resplandece e ilumina, tal lo indica la raíz de su nombre, que deriva de la palabra «zohar», que significa resplandor. **Y se proyecta** por medio **de ese óleo sagrado de la unción, el cual** posee una irradiación de luminosidad esplendorosa, y **se proyecta de** la Jojmá a través de la Biná que se denomina **«el Mundo Venidero». Y de ese óleo** que se proyecta de Jojmá **fue creado, y creció** y maduró a través de la Biná. **Y éste es** el misterio de **la lámpara** que se acondiciona con el óleo que se proyecta de Jojmá, y se enciende a través de Biná. **Como está dicho: «He acondicionado la lámpara para mi ungido»** (Salmos 132:17). Es decir, David, que es el autor del libro de los Salmos y dijo estas palabras, acondicionó una lámpara para ese ángel que fue ungido con el óleo sagrado de la unción. **Pues éste** ángel **es el que acondiciona el orden para encender las lámparas de lo bajo** y hacer que iluminen. Es decir, los ángeles que se encuentran en los dos Palacios inferiores ascienden aquí para recibir la irradiación de luminosidad de la lámpara que es el deleite de El Eterno, como está escrito: «Para ver el deleite de El Eterno» (Salmos 27:4). Es decir, se refiere a la aprehensión del deleite del entendimiento supremo –Biná–. Esto es así **cuando se posa sobre el** ángel cuyo nombre se escribe con las letras hebreas: *zain–hei–reish–iud–alef–lamed*, **la irradiación de luminosidad** de Jojmá **que se proyecta de lo Alto** a través de Biná. Y esa irradiación de luminosidad se expande únicamente hasta el Palacio de Netzaj, y por eso es necesario que asciendan los ángeles vinculados con el misterio del interior de los dos Palacios inferiores, para que se incluyan en este Palacio de Netzaj, y reciban de aquí la irradiación de luminosidad, para iluminar en sus lugares. **Pues éste** ángel **se** acondiciona y **ordena cuando se incluyen con él todos esos** entes cósmicos de los dos Palacios **inferiores de lo bajo.** Y a esto se refiere el misterio de lo que está escrito: «He acondicionado la lámpara para mi ungido» (Salmos 132:17).

Y cuando este espíritu cuyo nombre se escribe con las letras hebreas: *zain–hei–reish–iud–alef–lamed*, **se** acondiciona y **ordena** incluyéndose **con** él **todos esos** entes cósmicos de los dos Palacios **inferiores** de lo bajo, **e irradia luminosidad** a través de ellos, **entonces sale de él una irradiación de luminosidad cuyo nombre es** el que se escribe con las letras hebreas: *alef–hei–dalet–iud–alef–lamed.*

Y éste ángel **está siempre incluido con este espíritu** cuyo nombre se escribe con las letras hebreas: *zain–hei–reish–iud–alef–lamed*, y no se separa de él jamás. **Por eso éste** ángel cuyo nombre se escribe con las letras hebreas: *alef–hei–dalet–iud–alef–lamed*, **está** siempre **debajo del espíritu** cuyo nombre se escribe con las letras hebreas: *zain–hei–reish–iud–alef–lamed*, **para ungir a todas esas almas que ascienden** a ese Palacio con el óleo de la unción, es decir, para irradiarles de la luminosidad vinculada con el misterio del óleo de la unción. Es decir, para ungir a esas almas **que tienen parte en el Mundo Venidero y son apropiadas para ascender a lo Alto.**

Por cuanto que llega el momento del alma de ascender, se comienza el ascenso, y **cuando el alma asciende y entra en esos Palacios inferiores está grabada con las veintidós letras de la Torá, las cuales están grabadas en ese alma. Y cuando el alma se vuelve merecedora de ascender** a este Palacio, **y está ante ese espíritu** cuyo nombre se escribe con las letras hebreas: *zain–hei–reish–iud–alef–lamed*, entonces **ese encargado** cuyo nombre se escribe con las letras hebreas: *alef–hei–dalet–iud–alef–lamed*, **las unge** a las almas que lo merecen, unge al alma con el óleo de la unción, iluminándola con una poderosa irradiación de luminosidad. Y así hace con toda alma que asciende ante ese espíritu cuyo nombre se escribe con las letras hebreas: *zain–hei–reish–iud–alef–lamed*: la unge con el óleo de la unción, iluminándola con una poderosa irradiación de luminosidad. **Y** a través de esa irradiación de luminosidad las almas **ascienden** al Palacio de los Méritos **y entran en el río Dinur,** para sumergirse allí y purificarse. **Y** después de purificarse las almas **ascienden** al Palacio de la Voluntad **y son ofrecidas por ofrenda** por el ángel Mijael, para que estén siempre ante El Santo, Bendito Sea.

Esta irradiación de luminosidad de ese encargado cuyo nombre se escribe con las letras hebreas: *alef–hei–dalet–iud–alef–lamed*, **incluye tres irradiaciones de luminosidad. Pues el óleo sagrado de la unción incluye tres tonalidades** que son las asociadas al misterio de Jojmá, Biná, y Daat. Pues está enraizado en la Jojmá, pero se proyecta a través de Biná y Daat. **Y cuando esa irradiación de luminosidad** de ese encargado cuyo nombre se escribe con las letras hebreas: *alef–hei–dalet–iud–alef–lamed*, **destella** por el poder del alma que ungió, **destellan de él veintidós irradiaciones de luminosidad en correspondencia con las veintidós letras de la Torá, que están grabadas en esta alma.** Y esas veintidós irradiaciones de luminosidad son veintidós ángeles. **Y esas veintidós irradiaciones de luminosidad** son veintidós ángeles y **todas ellas son designadas encargadas y servidores que están con él,** y le sirven. **Y** por esta razón **todos son llamados al nombre de esa irradiación de luminosidad que está sobre ellos. Y todos se incluyen en ella.**

Esa irradiación de luminosidad del encargado cuyo nombre se escribe con las letras hebreas: *alef–hei–dalet–iud–alef–lamed*, **y todas esas irradiaciones de luminosidad** que surgen de él **se incluyen en este espíritu** de ese encargado cuyo nombre se escribe con las letras hebreas: *zain–hei–reish–iud–alef–lamed*. **Y este espíritu** cuyo nombre se escribe con las letras hebreas: *zain–hei–reish–iud–alef–lamed*, **se incluye con él,** ese encargado cuyo nombre se escribe con las letras hebreas: *alef–hei–dalet–iud–alef–lamed*. **Y** después de incluirse con la irradiación de luminosidad de los dos Palacios inferiores, **observa** y desea ascender y apegarse a lo Alto, es decir desea estar **en el cuarto Palacio y asentarse allí.**

Este espíritu cuyo nombre se escribe con las letras hebreas: *zain–hei–reish–iud–alef–lamed*, **cuando se incluye con esta irradiación de luminosidad** del espíritu cuyo nombre se escribe con las letras hebreas: *alef–hei–dalet–iud–alef–lamed*, **y con todas las** veintidós **irradiaciones de luminosidad** que se incluyen con él, después de recibir la irradiación de luminosidad suprema del cuarto Palacio, **cuando** las irradiaciones de luminosidad –que son ángeles–, **se constriñen para destellar** y expandirse con el poder de la irradiación de luminosidad suprema que recibieron de lo Alto, y a través de ello (249b) **sale de ellas un ser viviente sagrado.** Este ser viviente sagrado **está incluido de dos aspectos: león y águila. Y** de esos dos aspectos surge **un** solo **aspecto.** Pues el primer Palacio hacía emerger una forma de león, el segundo Palacio hacía emerger una forma de águila y, aquí, en el tercer Palacio donde ambos Palacios se incluyen, sale un ser viviente que incluye a ambos aspectos. **Y el nombre de éste** ser

249b

viviente sagrado **es** el que se escribe con las letras hebreas: *alef–hei–iud–alef–lamed.*

Y este ser viviente sagrado cuyo nombre se escribe con las letras hebreas: *alef–hei–iud–alef–lamed*, **cuando llega a él la irradiación de luminosidad del espíritu supremo** cuyo nombre se escribe con las letras hebreas: *zain–hei–reish–iud–alef–lamed*, entonces **del destellar suyo salen cuatro ruedas** *–ofanim–*. Estas cuatro ruedas **están incluidas con todas las tonalidades** y los modos de conducción. **Y** estos **son** los nombres de cuatro ruedas *–ofanim–*: el nombre de uno de los ángeles denominados «rueda» es el que se escribe con las letras hebreas *hei–dalet–reish–iud–alef–lamed.* El nombre de otro de los ángeles denominados «rueda», el segundo, es el que se escribe con las letras hebreas: *iud–hei–dalet–reish–iud–alef–lamed.* El nombre de otro de los ángeles denominados «rueda», el tercero, es el que se escribe con las letras hebreas: *alef–hei–dalet–vav–reish–iud–alef.* El nombre de otro de los ángeles denominados «rueda», el cuarto, es el que se escribe con las letras hebreas: *alef–samej–iud–mem–vav–nun.* **Todos ellos,** estos ángeles denominados ruedas, **están dotados de ocho alas.** Con dos se cubren sus rostros, con dos se cubren sus piernas, y con cuatro vuelan. **Y ellos están a cargo de todas las legiones del Cielo que libran batalla.** Es decir, reciben el poder del juicio de lo Alto para transmitirlo a los entes de lo bajo para hacer guerras y librar batalla. **Pues no hay guerra en el mundo o quitado de un reino de su sitio, hasta que las legiones del Cielo y las estrellas de los demás Firmamentos** que están fuera de la Tierra de Israel, **todos ellos muestran guerras y riñas entre estos y estos. Y esas cuatro ruedas están sobre ellos, a los cuatro flancos del mundo.** Es decir, transmiten influencia del poder del juicio para despertar las guerras desde los cuatro grados de conducción: los grados vinculados con el Jesed –bondad–, la Guevurá –rigor–, el Tiferet, y el Maljut.

Esas cuatro ruedas **cuando viajan** cósmicamente **para disponer y librar guerras, toman** poder **del misterio del** cuarto **Palacio de lo Alto, el cual es el** Palacio del **Tribunal, y se denomina:** «Palacio de los **Méritos».** Y en su viaje cósmico esas ruedas despiden los residuos del juicio que hay en ellas, denominándose a ese residuo «transpiración». **De la transpiración de ellas sacan** –generan– **numerosas legiones y campamentos** de ángeles, **los cuales son incontables. Y todos están debajo de esas ruedas,** es decir, los cuatro ángeles denominados «ruedas –*ofanim*–».

Algunos **de ellos se levantan para pronunciar un cántico** a El Santo, Bendito Sea, y algunos **de ellos son** designados para ser **enviados al mundo, en correspondencia** y contraposición **con esos enviados del flanco de la impureza, los cuales salen de ese tercer Palacio de ella,** la impureza. **Y ellos acusan contra el mundo para dañar.** Pues El Santo, Bendito Sea, los creó para que sean una correa atemorizante con el fin de que las personas se rectifiquen y vuelvan a Él. **Y ellos,** los enviados del Palacio de la santidad, **están** dispuestos **contra ellos,** los enviados del flanco de la impureza, **para que no ejerzan dominio sobre esos que se esfuerzan en el estudio de la Torá, como está dicho: «Pues mandará hacia ti** a sus ángeles para que te guarden en todos tus caminos» (Salmos 91:11). **Y está escrito:** «Sobre las manos te cargarán, **para que** tu pie **no tropiece con piedra»** (Salmos 91:11-12). **A esto se refiere** lo que está escrito: «Y será por Santuario; y **por piedra para trastabillar, y por roca para tropezar** a las dos casas de Israel, y por lazo y por red al morador de Jerusalén» (Isaías 8:14). **Y** esto es así pues **éste** poder de la impureza **se denomina: «piedra para trastabillar, y por roca para tropezar». Y este** poder de la santidad **se denomina: «Piedra examinada, angular, valiosa»** (Isaías 28:16). Y se denomina: **«Roca de Israel»** (Isaías 30:29). Es decir, la Presencia Divina –*Shejiná*– se denomina así, y va ante ellos. **Y todo está** dispuesto, **esto en correspondencia con esto,** en un perfecto equilibrio.

Del misterio del tercer Palacio del flanco de la impureza salen dos espíritus que se denominan: «Ira» y «Cólera», los cuales son los comandantes de las legiones de la impureza. **Y de esos dos** espíritus **salen todos esos enviados que marchan para descarriar a las personas del Camino de la Verdad. Y esos son los** entes malignos **que están** dispuestos **sobre la persona que va por el camino del precepto** para hacerla tropezar. **Y por eso esas ruedas están**

249b

dispuestas **en correspondencia con ellos,** los entes de la impureza, **para** presentarles oposición y **proteger a la persona para que no sea dañada** por ellos. **Moshé temía de esos dos espíritus cuando descendió de la montaña** del Sinaí, **como está escrito:** «Entonces me postré ante El Eterno como la primera vez, cuarenta días y cuarenta noches, pan no comí y agua no bebí, a causa de todo vuestro pecado que cometisteis, de hacer lo que es malo a los ojos de El Eterno, de hacerlo enojar; **pues temí de la ira y la ardiente cólera** que provocó a El Eterno contra vosotros para destruiros; y El Eterno me escuchó también esa vez» (Deuteronomio 9:18-19).

En el medio de este Palacio hay otro lugar, que es como un palacio dentro de otro palacio, **el cual está en lo Alto, en lo Alto,** vinculado con el cuarto Palacio. Este lugar está dispuesto **con cuatro entradas** abiertas **a los cuatro flancos del mundo.** Las mismas corresponden con la conducción del mundo vinculada con el misterio del Jesed –bondad–, la Guevurá –rigor–, el Tiferet y el Maljut. **Y hay diez encargados** a cargo **de cada entrada y entrada. Y hay un encargado sobre ellos. Y éste** encargado **está incluido de la irradiación de luminosidad cuyo nombre es** el que se escribe con las letras hebreas: *alef–hei–dalet–iud–alef–lamed.* **Y este es** el ente cósmico acerca del cual está dicho: «La apariencia de las ruedas y su obra era semejante al aspecto del crisólito, y las cuatro tenían una misma semejanza; su apariencia y su obra eran como **rueda dentro de rueda**» (Ezequiel 1:16). Pues el ángel vinculado con el misterio de la irradiación de luminosidad cuyo nombre se escribe con las letras hebreas: *alef–hei–dalet–iud–alef–lamed,* rodea todo el lugar central de ese Palacio. Y aun así, estos entes cósmicos **están entrelazados** y vinculados *iud–hei–vav–hei.*

Esos cuarenta encargados que están a cargo de las cuatro entradas de este lugar, **toman el juicio del Palacio de los Méritos,** y están a cargo de ejecutar lo que fue decretado por el Tribunal. Por ejemplo, **azotar a ese alma que pecó** y cuya pena correspondiente **para** el pecado que cometió eran **azotes. Y ellos están** situados **en llamaradas de fuego frente a esas almas, y** las almas **vuelan al exterior de ese Palacio.** Es decir, cuando el alma asciende e *entra* al primer

Palacio, antes de purificarse, la sacan al exterior para juzgarla, siendo esto necesario para su purificación. **Y** los encargados **azotan a ese alma, y el alma está excomulgada en el exterior todos esos días que fueron decretados sobre ella, y no entra en el** lugar de El Santo, Bendito Sea, traspasando la división que se denomina *Pargod.*

Y esos cuarenta encargados **están** dispuestos para cumplir su misión, **y excomulgan y anatematizan a todos esos que sacaron de sus bocas palabras que no debían** sacar, emitiendo palabras obscenas o inapropiadas, e impurificando sus bocas, sus almas y sus plegarias, **y después sacaron de sus bocas palabras sagradas, palabras de Torá. Y** esas palabras no son aceptadas por El Santo, Bendito Sea, pues **ensuciaron sus bocas con ellas,** esas palabras que no debían decir. **Y ellos,** esos cuarenta encargados, **están** dispuestos para cumplir su misión **y los excomulgan** a esos individuos que dijeron esas palabras indebidas, **y están excomulgados cuarenta días sin que** en ese tiempo **se escuchen sus plegarias.**

Y asimismo esos cuarenta encargados están dispuestos para cumplir su misión y excomulgar a **todos esos que cometieron tales pecados que requieren excomunión.** Y hay **diez heraldos** que **salen cada día y pregonan en todos esos Firmamentos y en** medio de **todas esas legiones y campamentos** de ángeles: «**¡Cuidaos** de tener contacto **con Mengano, pues está excomulgado! ¡Está excomulgado por el pecado zutano que cometió!**». Esto es así **hasta que** se rectifica y **vuelve** al camino correcto para andar **ante su Amo.** Ya que si se rectifica, se le quita la excomunión. **¡El Misericordioso nos salve** de tal humillación!

Cuando el infractor **vuelve** al camino correcto y se rectifica **de ese pecado, esos cuarenta** encargados **se reúnen y le quitan** la excomunión. **Y entonces pregonan acerca de él: «¡A Mengano le fue quitada la excomunión!». De aquí en adelante, su plegaria asciende** y es aceptada por El Santo, Bendito Sea.

Y hasta que no vuelve al camino correcto y se rectifica de ese pecado, el infractor **está excomulgado en lo Alto y en lo bajo. Y la protección del Amo de él le es quitada. E incluso por la noche su alma está excomulgada.** Pues por la noche el alma desea ascender a los Palacios de la santidad pero no puede hacerlo a causa de su ex-comunión, y **le cierran todas las entradas de los Cielos, y** por esa razón **no asciende,** pues no puede hacerlo. **Y** no sólo eso sino que **la desplazan fuera.**

Esa rueda que está sobre esos cuarenta encargados, **cuando viaja** cósmicamente, **llega a ese lugar que se denomina «Compartimiento de los que Corren». Y cuando entra** allí, **entran con él,** con ese encargado, **esos cuarenta** encargados **que están a cargo de las cuatro entradas** y se expanden en múltiples grados y campamentos de ángeles. **Y ascienden** los grados de **todos esos escudos de oro,** es decir, los ángeles del juicio asociados al misterio de Guevurá –rigor–, la cual está vinculada con el misterio del oro. **Y esos son ángeles que se denominan *Jashmalim*.** Pues ellos a veces están en silencio –*jashim*–, no necesitando de guerras para cumplir con su misión, y a veces emiten palabras –*milim*–, y mencionan los méritos de los Hijos de Israel en el día de la batalla y la guerra. **Y** esos ángeles **son escudos** protectores asociados al misterio de la Biná, **y espadas** al estar asociados al misterio de Maljut, **y lanzas** al estar asociados al misterio de Tiferet, **los cuales corren para protegerlos a los** Hijos **de Israel de los demás (250a) pueblos, y para entablar batalla con ellos.** Es decir, estos ángeles ayudan a los Hijos de Israel para que triunfen en la batalla y se salven de esos entes impuros denominados *jitzonim*, que se invisten en los enemigos de ellos. **Y** corren **para tomar venganza por ellos según el momento, sin extenderse** el tiempo, o sea, sin demoras. Pues las guerras de los Hijos de Israel les sobrevienen a raíz de sus pecados; y cuando los Hijos de Israel ven que la espada está sobre su cuello, se arrepienten de sus faltas inmediatamente, y entonces se produce la salvación a través de esos ángeles denominados *Jashmalim* en forma instantánea, sin demoras de ningún tipo.

Y por eso ese lugar **se denomina: «Compartimiento de los que Corren»,** es decir, **el lugar de esos** ángeles denominados *Jashamlim* **que corren velozmente y se apresuran a luchar** contra los enemigos de los Hijos de Israel **y a tomar venganza por ellos. Y** esos ángeles luchan **contra otros** entes **que corren velozmente para hacer**

daño a los Hijos de Israel, invistiéndose en las espadas de sus enemigos, **y para debilitar el** *mazal* –el destino– **de ellos, para ejercer dominio sobre ellos.**

Y a esto se refiere el misterio de lo que está escrito: **«Y salieron los correos** –los que corrían– **velozmente** por ordenanza del rey, y el edicto fue dado en Shushán capital del reino» (Ester 3:15). Pues están los que **corren de este flanco,** el de la santidad, **y** están los que **corren de este flanco,** el del Otro Lado –*Sitra Ajra*–. **Y en relación con ellos** está escrito: **«Y la ciudad de Shushán se regocijó y se alegró»** (Ester 8:15). **O,** «la ciudad de Shushán **estaba apesadumbrada»** (Ester 3:15). Estaba alegre por el flanco de la santidad, o estaba apesadumbrada por el flanco del Otro Lado –*Sitra Ajra*–. Es decir, **si** por el mérito de los Hijos de Israel **se anticipan estos** ángeles que corren **de aquí,** del flanco de la santidad, entonces: la Presencia Divina –*Shejiná*–, que se denomina **la ciudad de Shushán, está alegre** con la alegría de los Hijos de Israel, y con la caída de sus enemigos, que son los entes impuros denominados *jitzonim*. **Y si** por los pecados de los Hijos de Israel **se anticipan esos** ángeles que corren **del Otro Lado** –*Sitra Ajra*–, entonces: la Presencia Divina –*Shejiná*–, que se denomina **la ciudad de Shushán, está apesadumbrada,** pues el juicio prevalece contra los Hijos de Israel y los entes impuros denominados *jitzonim* triunfan. Y la Presencia Divina –*Shejiná*– sufre por el desconsuelo de los Hijos de Israel.

Y esto ya ha sido estudiado y **establecido por nosotros,** pues ya hemos dicho que **en todo asunto están** dispuestos **estos en correspondencia con estos. Este flanco** de la impureza **en correspondencia con este flanco** de la santidad. **Y por eso esos** cuarenta encargados denominados **escudos** protegen a todos los Hijos de Israel.

Cuando ascienden y se incluyen **estos** cuarenta encargados **con estos** ángeles denominados escudos, **sopla un aire de lo Alto y todos se convierten en un escudo** para proteger a los Hijos de Israel. **Y la señal que tienes** para reconocerlo es la que surge de lo que está escrito: «Después de estos hechos, la palabra de El Eterno le llegó a Abram en una visión, diciendo: no temas, Abram, **Yo soy un escudo** para ti; tu recompensa es muy grande» (Génesis 15:1). Es decir,

El Santo, Bendito Sea, se convierte en escudo de los Hijos de Israel a través de esos ángeles.

En este Palacio **hay doce** ángeles denominados **ruedas,** las cuales salen del flanco de la rueda encargada de los cuarenta ángeles mencionados anteriormente. **Ellas,** esas ruedas, **rodean este Palacio,** ocupándose de la conducción de todo lo que hay en el mismo. **Y esas** ruedas, cuando se encuentran en el Mundo de la Creación –*Briá*–, **se denominan serafines y están incluidos de dos tonalidades:** blanco y rojo, o sea, las tonalidades de la **misericordia y** el rigor del **juicio. Esos** serafines **están** dispuestos **para examinar siempre a todos aquellos poseedores de aflicciones, los cuales son afligidos por los demás pueblos y son oprimidos por ellos,** por ejemplo, obligándolos a pagar impuestos muy altos. Y esos serafines son los encargados de salvarlos. **Y** esos serafines **se denominan «ventanas»** por su función de examinar a las personas oprimidas, como hemos dicho, **como está escrito: «Examina a través de las ventanas»** (Cantar de los Cantares 2:9). Es decir, El Santo, Bendito Sea, examina a los entes de lo bajo a través de los serafines denominados «ventanas».

Y esos serafines **están** dispuestos **para observar a todos esos que recitan sus plegarias y madrugan para ir a la sinagoga y son contados entre los diez primeros** en llegar. **Entonces,** después de observar, esos serafines **ascienden y los escriben** a los méritos de ellos, **en lo Alto. Pues ellos,** los serafines, **son denominados compañeros en relación con ellos. A esto se refiere lo que está escrito: «Los compañeros escuchan tu voz; házmela oír»** (Cantar de los Cantares 8:13).

Bienaventurados esos justos que saben ordenar sus plegarias como es debido. Pues cuando esa plegaria comienza a ascender, esos serafines **ascienden con esa plegaria y entran** con ella **en todos esos Firmamentos** que la plegaria debe atravesar hasta llegar a lo Alto. **Y en todos esos Palacios** en los que la plegaria debe *entrar* **hasta el portal de la entrada suprema** del cuarto Palacio. **Y la plegaria asciende ante el Rey, para coronarlo, tal como surge de lo que ya ha sido** estudiado y **dicho** anteriormente en otro lugar.

Ven y **observa: todos esos que recitan las plegarias,** incluyéndose el Shemá, las bendiciones, y la plegaria de las dieciocho bendiciones denominada Amidá, **y santifican a su Amo** con la santificación que se recita al repetirse en voz alta la plegaria de las dieciocho bendiciones, y lo hacen **con voluntad íntegra,** sin ningún pensamiento fuera de lugar, entonces sus plegarias traspasan todos los Firmamentos y llegan a lo Alto. Pues **la plegaria debe salir del interior del pensamiento y con voluntad** de corazón **y con pronunciación** clara e íntegra, **y con espíritu** interior. **Y entonces se santifica el Nombre de El Santo, Bendito Sea.**

Y cuando la plegaria asciende y **llega a esos compañeros,** los serafines, **todos toman esa plegaria y van con ella hasta el cuarto Palacio.** Y la hacen entrar **por esa entrada** antes mencionada. **Y esos** serafines **alaban** a El Santo, Bendito Sea, **en ese momento en que** los Hijos de Israel **recitan sus plegarias. Y santifican** su Nombre en ese momento, o sea, en el día, y dicen: «Santo, santo, santo, El Eterno de los ejércitos; toda la Tierra está llena de su gloria» (Isaías 6:3). Pues **esos** ángeles **son los que están a cargo de** alabar a El Santo, Bendito Sea, junto con **los** Hijos **de Israel durante el día, para ser compañeros de ellos** y recitar la alabanza con ellos. **Y esto no** es así **por la noche.** Pues esos ángeles del día no son compañeros de los Hijos de Israel por la noche, tal **como esos otros que pronuncian un cántico** junto con los Hijos de Israel **por la noche.**

Y ven y **observa: está escrito: «El que roba a su padre o a su madre, y dice que no tiene culpa, es compañero del hombre destruidor»** (Proverbios 28:24). **Y esto ya ha sido** estudiado y **establecido** por los sabios en relación con el que tiene provecho de este mundo sin bendecir anteriormente, que se le considera como si robara a El Santo, Bendito Sea, y a la Congregación de Israel (*véase* Talmud, tratado de Berajot 35b). **Pues** esta persona **impidió las bendiciones a El Santo, Bendito Sea, que es el Padre de él.** Ya que El Santo, Bendito Sea, se denomina «Padre», **como está escrito: «Recuerda los** días de antaño, comprende los años de generación tras generación, **pregúntale a tu padre y él te lo relatará,** a tus ancianos, y ellos te dirán» (Deuteronomio 32:7). **Y está escrito: «Alégrese tu padre»**

(Proverbios 23:25). **Y esto ya ha sido** estudiado y **establecido** por los sabios, quienes enseñaron que se refiere a El Santo, Bendito Sea.

A continuación está escrito en el versículo: **«es compañero del hombre destruidor»** (Proverbios 28:24). **¿Quién es** el ente cósmico aludido en la declaración: **«el hombre destruidor»? Se refiere a ese hombre que dañó la Luna.** O sea, se refiere al ente cósmico maligno llamado Samael, quien acusa contra los Hijos de Israel y a través de ello daña y oscurece la irradiación de luminosidad de la Presencia Divina –*Shejiná*–, que se denomina «Luna». **Y se denomina: «hombre de alteración** –*tahapujot*–**»** (Proverbios 27:28). Pues altera e invierte la bondad de los Hijos de Israel hacia la maldad. Asimismo es **«hombre de lengua»** (Salmos 140:12), pues difama a los Hijos de Israel y presenta acusaciones contra ellos. Y también es un **hombre que sabe cazar, hombre de campo,** como está escrito: «Los jóvenes crecieron y Esav (Esaú) se hizo hombre cazador, hombre de campo; pero Iaacov (Jacob) era un hombre íntegro que habitaba en tiendas» (Génesis 25:27). Pues caza a los Hijos de Israel tentándolos para que vayan detrás de los placeres mundanos, ya que Samael es el hombre del campo del Otro Lado –*Sitra Ajra*–. **Y a esto se refiere** lo que está escrito: **«el hombre destruidor». Pues él,** Samael, **impide las bendiciones del mundo. También aquí,** en nuestro caso, **quien impide las bendiciones del mundo** al no recitar la bendición por lo que tiene provecho, **es compañero de ese hombre,** de Samael, el cual es denominado **«el hombre destruidor».**

Y éste es el misterio del asunto: pues la persona debe bendecir a El Santo, Bendito Sea, y recitar la plegaria como es debido, para que sea bendecido su Nombre sagrado, y unirse con esos compañeros sagrados, o sea, los ángeles antes mencionados. **Y no debe dañar su plegaria para no impedir las bendiciones del mundo, y unirse a ese «compañero del hombre destruidor»,** Samael, **el cual impidió las bendiciones del mundo y provocó la muerte de todos** seduciendo y convenciendo a Adán y Eva para que comieran del Árbol prohibido.

Está escrito: «No se hallará entre vosotros nadie que haga que su hijo o hija pase por el fuego, nadie que practique la magia, ningún astrólogo, nadie que lea presagios, ningún hechicero; **ni ningún encantador de animales** –*jover jever*–, nadie que consulte a Ov o Idoni, o que consulte a los muertos» (Deuteronomio 18:10-11). La expresión «*jover jever*» comparte raíz con la expresión «*javer*» que significa «compañero». **¿Qué** significa «*jover jever*»? ¿A quién se denomina así? Se denomina así a **ese que va detrás del Otro Lado** –*Sitra Ajra*– **y que se ocupa de encantos y nigromancias. Él atrae sobre sí mismo otro espíritu, impuro y se une en una unión** íntima **con ese mal compañero, y mora en comunidad con ese «compañero del hombre destruidor»,** o sea, Samael.

Otra explicación: está escrito en relación con Samael: «compañero del hombre destruidor». **¿Por qué se denomina «compañero»? Porque en el momento en que la persona nace,** Samael, que es el mal instinto, **se une a ella, y está siempre con ella,** como **compañero.** Y **después,** si la persona se deja seducir por él, **ese compañero se transforma en «hombre destruidor».**

Y así ocurre también **con el flanco de la santidad,** que es **el flanco de la derecha, que es buen compañero:** el buen instinto. **Pues es bondadoso con la persona en este mundo y en el Mundo Venidero.**

Y esos compañeros, los ángeles denominados «compañeros», **están siempre con la persona, unidos a ella como uno, para salvarla** de los entes impuros denominados *jitzonim*, **y para protegerla** de los que corren para hacerle daño. **Y** estos ángeles están dispuestos **para ser compañeros de ella,** la persona, y ayudarla en todo asunto vinculado con la santidad. Por ejemplo, **para santificar el Nombre del Amo de ellos,** El Santo, Bendito Sea, **y para cantar y alabar ante Él siempre.**

De esos doce serafines **salieron (250b) otras cuatro columnas,** las cuales surgieron **para** asistir a **esos doce** serafines **mencionados, a esos compañeros.** Esas columnas son ángeles denominados *erelim*. Y hay una columna para asistir a tres serafines. Por eso son cuatro columnas. **Y esas** cuatro columnas **están** dispuestas **contra esos** malvados **que suministran consejo para hacer mal a los justos, aunque aun no hubieran hecho** nada contra ellos. **Y ellos,** estos ángeles

250b

denominados columnas, **ascienden y hacen saber el asunto en lo Alto y anulan ese consejo.** De este modo evitan que los serafines deban intervenir con sus lanzas y escudos. **Y ellas,** esas columnas, **se denominan** *erelim*, **y aunque sea que todas fueron designadas para esto,** para controlar la bondad de los Hijos de Israel, no obstante **cada una y una fue designada para estar a cargo de asuntos sabidos** y especiales. **Y debajo de éstas** cuatro columnas **hay** ángeles **innumerables,** los cuales están dispuestos para salvar a los Hijos de Israel de sus aflicciones.

Esas cuatro columnas **están** dispuestas **en los cuatro flancos del mundo. Y cada una está** dispuesta **para inspeccionar** un asunto específico vinculado con las bondades de **los** Hijos **de Israel. Y esas** cuatro columnas, o sea, los ángeles denominados *erelim*, **se denominan «hendiduras».** Y el de ellos es un poder proveniente de la Presencia Divina –*Shejiná*– que se inviste en el Mundo de la Creación –*Briá*–, e inspecciona a los Hijos de Israel a través de ellos, esos ángeles, **como está dicho: «Atisba entre las hendiduras»** (Cantar de los Cantares 2:9). Es decir, El Santo, Bendito Sea, inspecciona a los Hijos de Israel a través de los ángeles denominados «hendiduras». **Los nombres de esos cuatro** ángeles **que se denominan «hendiduras» son** los que se escriben con estas letras hebreas: *ain–iud–guimel–alef–lamed, ain–iud–reish–iud–hei, ain–reish–iud–alef–lamed, iud–hei–iud–reish–alef–lamed.*

El ángel cuyo nombre se escribe con las letras hebreas: *ain–iud–guimel–alef–lamed,* vinculado con el misterio de Tiferet, **está en el flanco Este. Y este** ángel **está** dispuesto **para inspeccionar** y ayudar **a todos esos que realizan buenas obras, y todos esos que tienen pensamientos vinculados con** la realización de **preceptos, aunque sea que** por alguna razón determinada **no los puedan llevar a cabo.**

El ángel cuyo nombre se escribe con las letras hebreas: *ain–iud–reish–iud–hei,* vinculado con el misterio del Jesed –bondad–, **está en el flanco Sur. Y éste** ángel **está** dispuesto **para inspeccionar** y ayudar **a todos esos que consuelan al pobre o se afligen en sus corazones por él, aunque no le puedan dar** ayuda material. **Y tam-**

bién este ángel está dispuesto **para** inspeccionar y ayudar a **los que van por el sendero del precepto,** o sea, ayudar a los que están débiles, hacer de casamenteros uniendo a los jóvenes que aún están solteros, etc. **Y** asimismo este ángel está dispuesto **para** inspeccionar y ayudar a **los que actúan con bondad con los muertos, cumpliendo con la bondad verdadera,** pues el muerto no tiene cómo pagarle por lo que hace por él, lavarlo, escoltarlo, enterrarlo, etc. Por tal razón la recompensa de la persona que realiza actos de bondad incluye tres asuntos. **Y éste** ángel **fue designado para que los recordara,** a los actos de bondad realizados por la persona, **en lo Alto,** para que le sea otorgada una buena recompensa. **Y** asimismo este ángel fue designado **para que grabara su imagen en lo Alto** entre todos los que hicieron bondades, **para hacerlo ascender** y entrar **en el Mundo Venidero.** Es decir, cuando el alma de este hombre que actuó bondadosamente pase por este Palacio, ese ángel la acompañará y la conducirá al Jardín del Edén supremo.

El ángel cuyo nombre se escribe con las letras hebreas: *ain–reish–iud–alef–lamed,* vinculado con el misterio de Guevurá –rigor–, **está en el flanco Norte,** siendo su función someter al mal instinto. **Y éste** ángel **está** dispuesto **para inspeccionar** y ayudar **a todos aquellos que pensaron hacer un mal** a otras personas **y no lo hicieron. O** a los **que quisieron pecar y fueron para hacerlo, y se fortificaron contra su** mal **instinto, y no lo hicieron.** Ya que ellos lograron sobreponerse con la ayuda de ese ángel, tal como fue enseñado: el hijo de Zomá decía: ¿Quién es sabio? El que aprende de todo hombre, como está dicho: «De todos mis enseñadores he aprendido» (Salmos 119:99). ¿Quién es valiente? El que domina su –mal– instinto, como está dicho: «Mejor es el que tarda en irritarse que el valiente; y el que domina su espíritu, que el que conquista una ciudad» (Proverbios 16:32). ¿Quién es rico? El que se alegra con su parte, como está dicho: «Cuando comieres del esfuerzo de tus manos, bienaventurado serás, y te irá bien» (Salmos 128:2). «Bienaventurado serás», en este mundo, «y te irá bien», en el Mundo Venidero. ¿Quién es honrado? El que honra a las criaturas –personas–, como está dicho: «Porque yo honraré a los que me honran, y los que me desprecian serán desechados»

(I Samuel 2:30) (Avot 4:1). Lo que fue enseñado: «y el que domina su espíritu, que el que conquista una ciudad», tiene relación con este ángel cuyo nombre se escribe con las letras hebreas: *ain–reish–iud–alef–lamed*, pues la raíz de su nombre está vinculada con la expresión «*ir*», que significa «ciudad». Por eso este ángel se llama así.

El ángel cuyo nombre se escribe con las letras hebreas: ***iud–he–iud–reish–alef–lamed,*** vinculado con el misterio de Maljut, **está en el flanco Oeste,** y está asociado con el misterio de la Torá oral. **Y éste** ángel **está** dispuesto **para inspeccionar** y ayudar **a todos los que se ocupan de la Torá, y** los que **llevan a sus hijos a la casa de estudio para que se ocupen de la Torá. Y** también este ángel ayuda a **todos los que observan** lo que necesitan **los enfermos, cuando está confinado en su** cama y permanece en su **casa, y reparan en él y le informan que observe en sus pecados y en sus acciones, y que se vuelva de ellos y que retorne al Amo de él. Pues todo el que se esfuerza con el enfermo, para que medite en sus acciones** y se arrepienta, **y vuelva ante El Santo, Bendito Sea, él le provoca que se salve** en este mundo **y que retorne a él el espíritu** y también el alma de él, para el Mundo Venidero.

Y a esto se refiere lo que está escrito: «Bienaventurado el que piensa en el pobre; en el día malo El Eterno lo librará» (Salmos 41:1). **¿Qué** significa: **«en el día malo** *–raah–*»? ¿Por qué la expresión *raah* está escrita con la letra *hei* al final, indicándose género femenino? **¡Debería** estar escrito: **«en el día malo** *–ra–*»! Pues «día» es de género masculino, por lo tanto, el modificador debería ser también de género masculino, sin la letra *hei* al final. ¿Cómo se explica este asunto?

La respuesta no es **sino** ésta: **«en el día malo** *–raah–*» **se refiere a ese día en el que ejerce dominio ese mal** *–raah–* **para tomar su alma.** Es decir, el día en que ejerce dominio el Ángel de la Muerte, que es el aspecto femenino de la *klipá*. Entonces: **«Bienaventurado el que piensa en el pobre».** «Pobre» **se refiere al enfermo, como está dicho:** «Y éste le dijo: **hijo del rey, ¿por qué de día en día vas enflaqueciendo** *–dal–* **así?** ¿No me lo revelarás a mí? Y Amnón le respondió: yo amo a Tamar la hermana de Abshalón mi hermano» (II

Samuel 13:20). Es decir, le preguntó: «¿Por qué estás tan enfermo?». Y la expresión hebrea dal significa literalmente «pobre». **Y por eso,** por pensar en el enfermo, **«en el día malo El Eterno lo librará».** O sea, así como este hombre salvó al enfermo de la muerte, en correspondencia, él se salvará del Ángel de la Muerte, muriendo a través de un beso Divino cuando le llegue el momento de abandonar este mundo. **Y esos son los que reparan en ese enfermo para hacerlo volver de sus pecados** y procurar que se rectifique para estar **ante El Santo, Bendito Sea, tal como ya ha sido** estudiado y **establecido por nosotros** (*véase* Talmud, tratado de Nedarim 40a).

En este Palacio está el ángel cuyo nombre se escribe con las letras hebreas: *iud–hei–iud–reish–alef–lamed*, **para reparar en él,** en el que se apiadó del enfermo –*dal*– para beneficiarlo. **Y en el día en que se pose el juicio en el mundo, se salvará de él, como está dicho:** «Bienaventurado el que piensa en el pobre –*dal*–; **en el día malo El Eterno lo librará»** (Salmos 41:1). Es decir, **en el día en que fue entregado el juicio a ese mal** –*raah*– **para que ejerza dominio sobre él.** Es decir, el día en que ejerza dominio sobre él el Ángel de la Muerte, que es el aspecto femenino de la *klipá*, en ese día «El Eterno lo librará». **Y todos esos** ángeles denominados «hendiduras», cuyos nombres se escriben con estas letras hebreas: *ain–iud–guimel–alef–lamed, ain–iud–reish–iud–hei, ain–reish–iud–alef–lamed, iud–hei–iud–reish–alef–lamed*, **están para inspeccionar** y ayudar a las personas en los asuntos anteriormente mencionados. **Y por eso se denominan: «Hendiduras»,** sobre la base de lo que está dicho: «Atisba entre las hendiduras» (Cantar de los Cantares 2:9).

En el día de Rosh Hashaná, cuando El Santo, Bendito Sea, está dispuesto **en juicio sobre el mundo, y ese flanco malo,** el Otro Lado –*Sitra Ajra*–, que es el ente cósmico maligno llamado Satán, **viene para acusar, entonces se reúnen todos esos** serafines y los cuatro erelim, **y se ubican ante El Santo, Bendito Sea.** Pues vienen para defender a los Hijos de Israel y desnivelar la balanza que mide sus acciones para el lado meritorio. **Y entonces todos se coronan** con los méritos de los Hijos de Israel, que se graban en ellos, **y así están ante El Santo, Bendito Sea,** para defender a los Hijos de Israel.

250b

Acerca de ese tiempo, ¿qué está escrito? Está escrito: «**Examina a través de las ventanas, atisba entre las hendiduras**» (Cantar de los Cantares 2:9). «**Atisba**», **como quien inspecciona** y observa **desde un lugar estrecho,** y se refiere a los ángeles denominados *erelim,* que son quienes están a cargo de las acciones de los Hijos de Israel, y están grabadas en ellos. O sea, observa las buenas acciones de ellos para ver si son dignas de ser presentadas en el juicio para que se salven con esos méritos. **Ya que observa** sus aflicciones, **pero no observa todo lo necesario** para salvarlos, pues esa prueba no es suficiente para ello sino que los beneficia con más voluntad y aguarda a que oren a El Santo, Bendito Sea. **Y después** de que los Hijos de Israel oran, entonces El Santo, Bendito Sea, «**Examina a través de las ventanas**». Es decir, examina a través de los doce serafines que se denominan «ventanas». Pues este es **un lugar en el cual se examina más,** y El Santo, Bendito Sea, **abre entradas en él para apiadarse de todos. Y cuando El Santo, Bendito Sea, examina el mundo, examina a través de esas ventanas** por las que pasan las plegarias de los Hijos de Israel, **y después** de examinar los portales de las plegarias, observa **en esas hendiduras,** que son los portales de la aptitud de las acciones de los Hijos de Israel, **y** El Santo, Bendito Sea, **se apiada de todos.**

Y entonces, en Rosh Hashaná, cuando los Hijos de Israel hacen sonar el cuerno denominado shofar, que despierta la misericordia del aspecto masculino inferior –*Zeir Anpín*–, y se despierta de lo bajo esa voz que sale del cuerno, incluida de fuego, agua y aire, entonces de todos esos elementos sale esa voz, ya que los mismos se convierten en esa voz para despertar la voz suprema del aspecto masculino inferior –*Zeir Anpín*–, la cual se despierta a través de la voz del cuerno de los entes de lo bajo. Y esa es una voz que sale del interior de ese cuerno supremo, es decir, del ente cósmico denominado Biná que se denomina «cuerno», pues el aspecto masculino inferior –*Zeir Anpín*– es semejante a esta voz de lo bajo, incluido de fuego, agua y aire, o sea, los elementos asociados al misterio de las tres alineaciones del aspecto masculino inferior –*Zeir Anpín*–: la alineación del Jesed –bondad–, la alineación de Guevurá –rigor–, y la alineación de Tiferet. Entonces sale un heraldo y pregona en todos los Firmamentos, diciendo: «La voz de mi Amado, he aquí que viene, brincando sobre las montañas, saltando sobre las colinas» (Cantar de los Cantares 2:8). Se refiere a la voz del aspecto masculino inferior –*Zeir Anpín*–, la cual se despertó por la voz del cuerno de los entes de lo bajo que asciende a lo Alto, para despertar la misericordia y anular los juicios.

Y a esto se refiere el misterio de lo que está escrito: «Examina a través de las ventanas, atisba entre las hendiduras» (Cantar de los Cantares 2:9). Es decir, a través de los serafines y a través de los ángeles denominados *erelim*.

Y entonces todos saben que El Santo, Bendito Sea, se apiada de ellos, los Hijos **de Israel. Y dicen: «Bienaventurados los** Hijos **de Israel que tienen consejo en la Tierra».** Pues el sonido del cuerno es el consejo de El Santo, Bendito Sea, **para despertar la misericordia de lo Alto.**

A esto se refiere lo que está escrito: «Bienaventurado el pueblo que conoce el clamor –*teruá*–**»** (Salmos 89:16). Pues ellos **conocen el clamor** –*teruá*–**, ciertamente.** Ya que *teruá* significa sonido de «quebranto» (*véase* Jueces 8:15). Resulta que **«conocen el clamor** –*teruá*–**», porque ellos quiebran esa *teruá* que es el juicio severo** del aspecto femenino inferior –Maljut–. **Pues todos son juzgados con él. Bienaventurados los** Hijos **de Israel en este mundo y en el Mundo Venidero. Pues ellos conocen los senderos de El Santo, Bendito Sea, y saben andar por los caminos de Él, y** saben **realizar la unificación como es debido** y anular los decretos adversos.

En cuanto a **esas ventanas,** los serafines, **y esas hendiduras,** los ángeles denominados *erelim,* **están todos** dispuestos **para unificar las plegarias que ascienden de lo bajo a lo Alto, y para examinarlas** para ver si son apropiadas para ascender, **para hacerlas ascender ante El Santo, Bendito Sea. Y por eso, toda sinagoga que no tiene ventanas no es un lugar apropiado para rezar.**

Pues la sinagoga de lo bajo está dispuesta **en correspondencia con la sinagoga de lo Alto,** que es este Palacio que se encuentra dentro del Palacio denominado Noga. **La sinagoga de lo Alto tiene ventanas, tal como se dijo, y así también** debe ser **en lo bajo. En lo**

Alto está la gran sinagoga, vinculada con el misterio del aspecto femenino inferior –Maljut– **que tiene doce ventanas supremas,** y **así también** debe ser **en la sinagoga de lo bajo. Y todo está dispuesto esto en correspondencia con esto. Pues** todos **los mundos están** dispuestos **estos en correspondencia con estos.** Ya que los mundos supremos son el sello, y los mundos inferiores, sellados con ese sello, tienen las mismas características. Ya que todo sellado tiene las mismas características que el modelo del sello. **Y la Gloria de El Santo, Bendito Sea, está por encima de todos** los mundos.

Y a esto se refiere lo que está escrito: «Bienaventurado el que piensa en el pobre –dal–; **en el día malo El Eterno lo librará»** (Salmos 41:1). Esto será **cuando ejerza dominio el flanco malo,** el del Otro Lado –*Sitra Ajra*–, en el día de Rosh Hashaná, ya que en ese día le fue otorgado permiso de acusar a los Hijos de Israel. En ese día: **«El Eterno lo librará»** a través de los ángeles denominados «Ventanas» y «Hendiduras». ¿Por qué razón El Santo, Bendito Sea, lo librará? Por el precepto que cumplió ayudando a un pobre, dándole lo que necesitaba.

Algo parecido a esto ocurre con este encargado cuyo nombre se escribe con las letras hebreas: *iud–hei–iud–reish–alef–lamed,* que está vinculado con el misterio de Maljut: **está** dispuesto **para** ayudar a **todos esos que se apiadan de los pobres, como está dicho: «Bienaventurado el que piensa en el pobre** –*dal*–», para ayudarlo, dándole lo que necesita. Pues su acción queda grabada en este Palacio.

Y por eso, ya que los cuatro *erelim* mencionados están a cargo de los asuntos anteriormente citados, por tal razón **todo está en este Palacio.** Pues los dos primeros Palacios se incluyen uno con el otro, y ambos se incluyen en este tercer Palacio. **Y este Palacio está incluido con otro Palacio, el cuarto,** que es el Palacio de los Méritos. **Pues allí,** en el cuarto Palacio **se establecen los decretos y** se sentencian **los juicios para todo** el mundo. Y ésta es la razón por la cual en el tercer Palacio están grabadas las buenas obras de las personas, para evitar que la sentencia de lo Alto sea demasiado severa y calcine el mundo. Pues las buenas obras neutralizarán el rigor del juicio.

Bienaventurada la parte de quien conoce los misterios recónditos de su Amo, para unificarlo íntimamente, haciendo ascender las aguas femeninas desde lo bajo y generando la unión cósmica. Y bienaventurada la parte de quien conoce los misterios recónditos del Amo de él, **para santificar el Nombre de su Amo siempre, para volverse merecedor de este mundo y del Mundo Venidero (251a).**

CUARTO PALACIO, DENOMINADO:
«PALACIO DE LOS MÉRITOS»

Cuarto Palacio de los siete Palacios del aspecto masculino inferior – *Zeir Anpín*–, del Mundo de la Creación –*Briá*–: este Palacio **es un Palacio a través del cual El Santo, Bendito Sea, informa su potestad en el mundo a través de él,** es decir, a través de su poder, como está dicho: «El Eterno se ha hecho conocer en el juicio que hizo» (Salmos 9:16). **Y este Palacio está** dispuesto **para proteger los senderos de la Torá. Este Palacio se denomina «Palacio de los Méritos», pues en él se juzgan todos los juicios del mundo. Y** están en él **todos los méritos y todas las culpas y todos los castigos, y todos los buenos pagos para los que cuidan las ordenanzas de la Torá.** Es decir, todo lo vinculado con el pago y el castigo es resuelto en este Palacio. Pues en este Palacio se encuentra el Tribunal supremo de lo Alto. Y este Tribunal incluye todos los tribunales que están en los otros Palacios. En cuanto a su nombre, se llama así, «Palacio de los Méritos», porque a raíz del temor del juicio y el castigo, los que han de ser juzgados allí se vuelven merecedores del Mundo Venidero.

Este Palacio de los Méritos es diferente de todos los demás Palacios. Pues todos los demás Palacios están asociados al atributo de la misericordia, pero este Palacio está asociado al atributo del rigor y el juicio. **Y en este Palacio hay incluidos en él cuatro Palacios, los cuales son diferentes éste de éste,** uno del otro. Y todos conforman un Palacio. Pues todos están incluidos en el gran Palacio, que es el Palacio de los Méritos.

251a

En este Palacio hay un espíritu cuyo nombre es el que se escribe con las letras hebreas: *zain–kaf–vav–tav–alef–lamed.* La primera parte de su nombre está vinculada con la expresión *zejut* que significa «mérito»; mientras que la segunda parte de su nombre, formada por las letras *alef–lamed*, indica el nombre de El Santo, Bendito Sea, «Él». **Y este Palacio se llama** «Palacio de los **Méritos», por su nombre.** Y este espíritu produce innumerables destellos que se propagan por todo el Palacio. **Y éste** espíritu se denomina también *El,* pues recibe la irradiación de luminosidad del aspecto femenino inferior –Maljut–, que se denomina «*El*». Y el nombre *El* significa «Poderoso» y se llama así por el poder de expansión de los juicios en este Palacio. **Y aquí se juzgan todos los juicios del mundo. Y a esto se refiere el misterio de lo que está escrito: «Y *El* brama cada día»** (Salmos 7:12). Es decir, lo mencionado fue dicho en relación con este Palacio denominado «Palacio de los Méritos».

Estos cuatro Palacios que se encuentran en este gran **Palacio** están dispuestos, **éste dentro de éste, todos incluidos éste dentro de éste. Y todos conforman un Palacio denominado** «Palacio de los **Méritos».**

Estos cuatro Palacios que se encuentran en este gran Palacio **tienen entradas,** y cada entrada tiene a su vez tres entradas propias. **Hay un encargado supremo que está fuera de la entrada del primer Palacio, cuyo nombre es** el que se escribe con las letras *samej–nun–samej–nun–iud–hei.* **Y en correspondencia con este** espíritu de la santidad, cuyo **nombre** se escribe con las letras *samej–nun–samej–nun–iud–hei,* **hay otro encargado del Otro Lado** *–Sitra Ajra–,* del flanco **de la izquierda,** cuyo nombre también se escribe con las letras *samej–nun–samej–nun–iud–hei,* **el cual toma los juicios** del encargado de la santidad y los lleva **a su Palacio.** Y el encargado del Otro Lado *–Sitra Ajra–,* cuyo nombre también se escribe con las letras *samej–nun–samej–nun–iud–hei,* hace esto **para despertarse** en el juicio y **para hacer** ejecutar el juicio **en el mundo. Y dado que toma** los juicios **de él,** del encargado del flanco de la santidad, **se llama a su nombre,** por eso su nombre también se escribe con las letras *samej–nun–samej–nun–iud–hei.* **Y él,** este encargado del flanco del Otro

Lado *–Sitra Ajra–*, **ejerce dominio sobre esa** enfermedad denominada **difteria,** y afecta **a los niños.**

Y ese encargado supremo del flanco de la santidad cuyo nombre se escribe con las letras *samej–nun–samej–nun–iud–hei*, **cuando recibe el juicio,** para ejecutarlo sobre esos que fueron juzgados en este Palacio, **pregona a todos esos encargados que están en las doce entradas** de los cuatro Palacios de este Palacio de los Méritos. **Y ellos son los heraldos que pregonan todos esos juicios que fueron juzgados en este Palacio de los Méritos.**

Ese espíritu que toma todo lo que se encuentra en este Palacio, **cuyo nombre es** el que se escribe con las letras hebreas: *zain–kaf–vav–tav–alef–lamed*, **como hemos dicho anteriormente, todo está incluido en él. De él salen setenta irradiaciones de luminosidad centellantes** las cuales corresponden con las siete sefirot inferiores, y que cada una de ellas está incluida de diez. Y también corresponden con los setenta jueces del Sanhedrín, los cuales centellean, y su centelleo se proyecta cósmicamente hasta que cada uno de los setenta está incluido de todos los demás. **Y todos están** dispuestos **en** forma de **círculo, para verse éste a éste,** y para que cada uno se incluya en los setenta. Y **aunque** los setenta están asociados a setenta grados diferentes, aun así **no se cubre** el grado **de éste.** Es decir, cada uno permanece vinculado con su grado, tanto si está vinculado con la bondad, la misericordia, o el juicio, y aun así, ninguno se abstiene de los otros por estar vinculado con un grado diferente. **Todos los méritos, y todos los castigos, y todos los juicios** que han de ser juzgados, **todos ellos están ante estas irradiaciones de luminosidad.** Y esas setenta irradiaciones de luminosidad, que son los jueces del Sanhedrín, juzgan y resuelven cada asunto.

De ellas, esas setenta irradiaciones de luminosidad, **salieron dos irradiaciones de luminosidad que están ante ellas siempre.** Estas dos irradiaciones de luminosidad están asociadas al misterio de los dos testigos que testifican ante el Sanhedrín, declarando sobre lo que observan en los ángeles denominados «Ojos de El Eterno», que deambulan por toda la Tierra, y sobre ellos están grabadas todas las acciones de las personas. **Y esas setenta irradiaciones de luminosi-**

dad y esas dos irradiaciones de luminosidad que están ante ellas, están adentro, en el centro del gran **Palacio. Y en relación con el misterio de este Palacio está escrito: «Tu ombligo es como una taza redonda** –*sahar*– **a la que no le falta bebida»** (Cantar de los Cantares 7:3). La expresión «*sahar*» alude a la Luna, que es redonda. Pues este cuarto Palacio está en medio de los siete Palacios y ocupa una posición similar a la del ombligo que está en el medio del cuerpo. Y los jueces del Sanhedrín se sientan en forma de círculo como la forma de la Luna.

En correspondencia con éstas setenta y dos irradiaciones de luminosidad, las cuales están en el medio del Palacio vinculadas con el misterio de Tiferet, **salen otras setenta y dos irradiaciones de luminosidad del flanco de la derecha,** o sea, el flanco del Palacio vinculado con el misterio del Jesed –bondad–. **Y** también salen **otras setenta y dos irradiaciones de luminosidad del flanco de la izquierda,** o sea, el flanco del Palacio vinculado con el misterio de Guevurá –rigor–. Y estas irradiaciones de luminosidad se encuentran en dos de los cuatro Palacios que hay en el interior del Palacio de los Méritos. **Y esas primeras** setenta y dos irradiaciones de luminosidad **son interiores** y están **en el centro del gran Palacio** asociado con el misterio de Tiferet, que marca el equilibrio, ya que desequilibra entre el Jesed –bondad– y la Guevurá –rigor–. **Ante esas irradiaciones de luminosidad supremas entran todos los méritos y todos los pecados para purificarse.** Es decir, a través de los méritos se vuelve merecedora a la persona, y a través del castigo y el sufrimiento que sobrevienen por los pecados se purifica a la persona de la impureza del pecado. **Todas las acciones del mundo** son juzgadas en este Palacio, y las sentencias **salen de éstas** setenta y dos irradiaciones de luminosidad **interiores.**

Resulta que todas las irradiaciones de luminosidad que salen de este espíritu supremo, cuyo nombre se escribe con las letras hebreas: *zain–kaf–vav–tav–alef–lamed,* **son doscientas dieciséis irradiaciones de luminosidad.** Y las mismas corresponden a los tres tribunales mencionados, que cada uno de ellos está integrado por setenta y dos jueces; he aquí doscientos dieciséis jueces. **Y todas es-**

tán incluidas en este espíritu cuyo nombre se escribe con las letras hebreas: *zain–kaf–vav–tav–alef–lamed*.

Esas dos irradiaciones de luminosidad que están ante esas setenta irradiaciones de luminosidad, **son testigos que testifican siempre, y** no sólo eso sino que además **escriben los papeles del** dictamen del **juicio o el mérito,** pues además de ser testigos son los escribas de los jueces. **Esas setenta** irradiaciones de luminosidad son quienes **sentencian los decretos y juzgan los juicios; y todos los juicios del mundo, tanto para bien, tanto para mal, son resueltos aquí.**

Este espíritu que es el ángel cuyo nombre se escribe con las letras hebreas: *zain–kaf–vav–tav–alef–lamed*, **como hemos dicho** anteriormente, **en él se graban tres letras que se adhieren a él desde lo Alto.** Las mismas provienen de la irradiación de luminosidad de la Presencia Divina –*Shejiná*– del Mundo de la Emanación –*Atzilut*–, que está montada sobre los Palacios del Mundo de la Creación –*Briá*–. Y **éstas son** las tres letras: *iud–vav–hei*. **Y ya ha sido** estudiado y **establecido por nosotros que cuando estas letras se apegan a este lugar,** al espíritu de este Palacio, **(251b)** es un apego vinculado con el misterio de lo masculino con lo femenino, pues estas tres letras mencionadas, *iud–hei–vav*, están asociadas al misterio del género **masculino,** y **se apegan con** las letras *alef–lamed* de este Palacio, que están asociadas al misterio del género **femenino. Entonces se graban en este espíritu estas letras** *iud–hei–vav*, y a través de ello el juicio se endulza con misericordia. **Y** en relación con lo **aquí** mencionado, el rey **David dijo:** «Y El Eterno me ha sido por protección, **y mi Dios por roca de mi reparo** (Salmos 94:22). La expresión «y mi Dios» está escrita con las letras hebreas *vav–alef–lamed–hei–iud*. Es decir, esa expresión está escrita con las letras *iud–hei–vav* y *alef–lamed*. Pues en este versículo se encuentra aludido **el misterio de ese espíritu cuyo nombre es** el que se escribe con las letras *alef–lamed*, **y el misterio de esas letras grabadas en él, llamadas** *iud–hei–vav*.

Y a esto se refiere el misterio de lo que está escrito: «Y El Eterno me ha sido por protección, y mi Dios por roca de mi reparo» (Salmos 94:22). Es decir, lo aquí indicado, «y mi Dios por roca de mi reparo» se opone al grado indicado en la cita bíblica que declara: «Dios es juez justo; y El Poderoso *–alef–lamed–*, está airado todos los días –al ver las acciones de los pecadores–» (Salmos 7:12). Es decir, lo que estaba vinculado con el grado de «El Poderoso *–alef–lamed–* está airado» se transforma en juicio protector de los Hijos de Israel a través de las letras *iud–hei–vav*.

Esas tres letras *iud–hei–vav*, las cuales están asociadas con el misterio del trío de setenta y dos **irradiaciones de luminosidad de los** tres **flancos** de este Palacio, tal **como ya hemos dicho, son los tres Tribunales que se dividen este de este, para juzgar otros juicios de los asuntos del mundo.** Pues en cada uno de esos Tribunales se juzgan asuntos diferentes, no juzgándose en este lo que se juzga en este otro. Y en los Tribunales de los flancos de la derecha y la izquierda del Palacio se juzga lo tocante a lo que ha de sobrevenir a la persona: **riqueza, pobreza, enfermedades,** sosiego, tranquilidad, **integridad** en su salud, es decir, una salud completa. Pero los asuntos sobre los que recae la pena capital se juzgan únicamente en el Tribunal del centro del Palacio, y los tribunales de la derecha y la izquierda se asocian a ellos.

Pues esos cuatro Palacios que están incluidos en el gran Palacio llamado Palacio de los Méritos, **están dispuestos para todos esos otros** asuntos. Es decir, **dos Palacios son para los dos flancos de las otras irradiaciones de luminosidad,** o sea las setenta y dos irradiaciones de luminosidad del flanco de la derecha del gran Palacio, y las setenta y dos irradiaciones de luminosidad del flanco de la izquierda del gran Palacio. **Y un Palacio para todos esos poseedores de ojos** en los cuales están grabadas todas las acciones de las personas. **Pues ellos hacen la cuenta de todas las obras del mundo,** calculando exactamente qué se hizo, sin disminuir ni agregar nada, para que los testigos testifiquen sobre lo que vieron sin disminuir ni agregar nada. **Y un Palacio** está dispuesto **para los otros escribas que están debajo de esos primeros interiores.** Es decir, los escribas de los Palacios de la derecha y la izquierda, los cuales están debajo de los primeros escribas interiores del gran Palacio; y estos escribas reciben la irradiación de luminosidad de ellos. **Estos cuatro Palacios**

están incluidos en este gran **Palacio, el cual es llamado** «Palacio de los **Méritos» por el nombre de este espíritu, como ya lo hemos dicho** anteriormente.

A continuación se explicarán los detalles de las entradas de los cuatro Palacios mencionados, incluidos en el gran Palacio de Méritos: **en cada entrada y entrada de estos Palacios hay un encargado. En la primera entrada hay un encargado cuyo nombre es** el que se escribe con las letras hebreas: *guimel–zain–reish–iud–alef–lamed.* **Este encargado está a cargo de revelar** las sentencias de **los juicios que fueron juzgados y sentenciados.** Es decir, toma la sentencia del Tribunal y la saca fuera, y después se la entrega **a ese primer encargado** supremo **que está fuera de la primera entrada** del primer Palacio interior, **cuyo nombre es** el que se escribe con las letras *samej–nun–samej–nun–iud–hei.* **Ya que de él toma** las sentencias de los juicios **este otro encargado del Palacio del Otro Lado** –*Sitra Ajra*– cuyo nombre también se escribe con las letras *samej–nun–samej–nun–iud–hei.* Y este encargado del Otro Lado –*Sitra Ajra*– **está** dispuesto para ejercer dominio **sobre esa** enfermedad denominada **difteria que** trae **a los niños, tal como hemos dicho** anteriormente.

Y este encargado cuyo nombre es el que se escribe con las letras hebreas: *guimel–zain–reish–iud–alef–lamed,* **toma el asunto del Tribunal interior, pues todo se sentencia allí. Y entonces informa el asunto a ese encargado del exterior** que se encuentra fuera de esta entrada. **Y** después **todos esos heraldos** que están a cargo de las doce entradas **pregonan y dicen en todos los Firmamentos: ¡así y así fue sentenciado** en el Tribunal **de la casa del Rey! Hasta que toman ese asunto en el Palacio de lo bajo,** o sea, el primer Palacio denominado «Embaldosado de Zafiro». **Y de allí salen y pregonan el asunto hasta que se lo oye en todos los Firmamentos inferiores; y descienden e informan el asunto a todos los** encargados **de lo bajo.**

Y todos los encargados **inferiores toman el asunto** de la sentencia, y desciende **de grado en grado. E incluso las aves de los Cielos y las aves de la tierra, todos toman el asunto** de la sentencia. **Y ellos lo hacen saber al mundo, hasta que toman el asunto**

de la sentencia **todos los poseedores de juicio, y lo muestran a las personas en sueño. Y entonces ese asunto acaecerá en un tiempo cercano.**

Y en ocasiones, cuando el asunto de la sentencia **es necesario para los reyes de la Tierra** que están a cargo de alimentar y guiar al pueblo, en ese caso **se informa ese asunto** de la sentencia **hasta el Firmamento del Sol de lo bajo. Y permanece allí hasta que esos encargados servidores que están a cargo del Sol, toman ese asunto** de la sentencia. **Y ellos lo informan a esos encargados supremos del Otro Lado** –*Sitra Ajra*–. **Y ellos informan ese asunto** de la sentencia a través de un sueño **a los reyes de la Tierra que están** vinculados **con el flanco de ellos.**

Y cuando había profetas con ellos, los Hijos de **Israel, tomaban sus profecías de esas dos columnas supremas,** es decir, el Netzaj, y el Hod del aspecto masculino inferior –*Zeir Anpín*–. **Pues la Torá** asociada al misterio de Tiferet **se sostiene sobre ellas. Y después de que se apartaran los profetas del mundo,** es decir, cuando dejó de haber profetas, **y vinieran los poseedores de** facultad de **visión y los poseedores de** facultad de **sueño, ellos tomaban el asunto** de la visión o el sueño **de su lugar** de origen, es decir, del segundo Palacio, vinculado con el misterio de Hod, e incluido con el Netzaj del Mundo de la Creación –*Briá*–. **Y cuando había reyes en medio de ellos,** los Hijos de **Israel y los profetas se apartaron,** es decir, dejó de haber profetas, **y no había poseedores de** facultad de **sueño y** poseedores de facultad de **visión,** y entonces **hacían saber el asunto** de la sentencia a través de sueño **a esos reyes desde esa entrada** primera de ese Palacio, **como hemos dicho** anteriormente.

Y si dijeras: ¿cómo el rey **tomaba el asunto** de la sentencia **de ese lugar** tan elevado? Para comprenderlo, **ven** y **observa: cada grado y grado, y toda entrada y entrada, todos tienen fuera encargados sabidos que fueron designados** para que estuvieran **a cargo de todos estos Firmamentos, hasta que descienden a lo bajo, a los Firmamentos inferiores. Y** allí **informan del asunto** de la sentencia **a esos que necesitan** saberlo. **Pues de esos Palacios del flanco de la santidad, y** que están asociados al **misterio de la fe, se proyectan**

grados hacia lo bajo, todos ellos vinculados **con el misterio de la fe. Y** esos ángeles **descienden grados sobre grados, hasta que vuelan en este mundo y son designados en él** para cumplir diferentes misiones. Pues en este mundo hay entes impuros denominados *jitzonim*, que atacan a las personas, y por eso son necesarios los ángeles sagrados, para enfrentarse con ellos y proteger a los seres humanos, como se explicará más adelante.

Hay de ellos ángeles sagrados dispuestos **para proteger a las personas del Otro Lado** –*Sitra Ajra*–, **y de los daños del mundo, y** cuidarlos **en los caminos por los que andan. Y hay de ellos** ángeles sagrados dispuestos **para ayudar a las personas cuando vienen a purificarse. Y hay de ellos** ángeles sagrados dispuestos **para hacer milagros y prodigios en el mundo. Y hay de ellos** ángeles sagrados dispuestos **para inspeccionar las acciones de las personas, para dar testimonio** ante el Tribunal de lo Alto. **Y** asimismo los ángeles **se dividen en diversos grados según sus flancos. Y todos ellos** están dispuestos **con el misterio de la fe suprema, con santidad suprema.**

Algo parecido a esto ocurre con el Otro Lado –*Sitra Ajra*–, **el flanco impuro. Se proyectan** de allí diversos **grados de** ángeles dañinos, demonios, provenientes de **esos Palacios de lo bajo. Y todos son grados para hacer el mal y desviar al mundo** del camino de la verdad. **Hay de ellos** demonios dispuestos **para desviar a las personas del camino del bien al camino del mal, y hay de ellos** demonios dispuestos **para impurificar a las (252a) personas que vienen a impurificarse** ensuciándose con sus pecados, **como hemos estudiado: cuando la persona viene a impurificarse** por su propia decisión, **se la impurifica en este mundo y se la impurifica en el Mundo Venidero** (*véase* Talmud, tratado de Ioma 39a). **Y** esos demonios mencionados, que son entes impuros denominados *jitzonim*, **se denominan «Heces Hirvientes», como está dicho: «Y** profanarás la cubierta de tus esculturas de plata, y el revestido de tus imágenes fundidas de oro; las apartarás como –mujer impura– apartada; **¡Sal** –*tze*– **fuera! Les dirás»** (Isaías 30:22). La expresión hebrea *tze* comparte raíz con *tzoa* que significa «heces». **Y estos grados están** dispuestos **para impurificar más** y en mayor medida a los que vienen a impurificarse con sus pecados. **Y por eso siempre estos** ángeles puros **están** dispuestos **en correspondencia con estos** entes impuros denominados *jitzonim,* para contrarrestar sus ataques. **Y todos están** dispuestos **con grados sabidos** y perfectamente identificados, **como es apropiado.**

A continuación se explicarán los detalles de la **segunda entrada** de los cuatro Palacios mencionados, incluidos en el gran Palacio de los Méritos: **en esta entrada hay un encargado cuyo nombre es** el que se escribe con las letras hebreas: *dalet–hei–reish–iud–alef–lamed.* **Y** este encargado **está en el flanco de la derecha** del Palacio de los Méritos. **Y éste** ángel **es el encargado de ascender todos los méritos de los cuales se volvieron merecedores las personas,** incluso aquellos méritos muy pequeños, **pues la persona es juzgada para bien** también **por ellos.**

Cuando son juzgadas para bien, y esos méritos hallados en las personas son más que los pecados, entonces interviene **ese encargado** cuyo nombre se escribe con las letras hebreas: *dalet–hei–reish–iud–alef–lamed,* **que está a cargo del pago** de este mundo, **y él está a cargo de la parte de esos méritos y determina el pago para bien, y saca ese juicio y lo entrega al encargado cuyo nombre es** el que se escribe con las letras hebreas: *pei–dalet–iud–alef–lamed,* **que está en el tercer Palacio; y entonces le dice:** «Y lo agraciará; –y le dirá al ángel defensor– **que lo** –*pedaehu*– **libre de descender al sepulcro,** pues he hallado rescate –para él aunque los acusadores eran la mayoría–» (Job 33:24).

Pues cuando la persona enferma y está en su cama guardando reposo a causa **de su enfermedad,** aunque él mismo hubiera provocado la enfermedad, por ejemplo, exponiéndose demasiado a los rayos solares, o al frío, y cogió una insolación o un enfriamiento, **y fue prendido con la aprensión del Rey,** es decir, la enfermedad que le sobrevino, y por eso debe permanecer en cama, pues la enfermedad proviene de los Cielos y es comparada con una cárcel en la que la persona está presa, **entonces** inmediatamente con el comienzo de su enfermedad **la persona es juzgada en lo Alto. Y todo mérito** que la persona atesoró **y todo pecado que realizó en este mundo, todos entran en ese Palacio para ser juzgada por ellos. Y cuando** la persona **es juzgada para bien,** en ese caso la sentencia de **su juicio sale por esta entrada para bien; por** el flanco de **la derecha de ese encargado** cuyo nombre se escribe con las letras hebreas: *dalet–hei–reish–iud–alef–lamed,* **que está junto a ella. Y hacen saber** a los ángeles defensores de él, que enseñan sus méritos, **que** la sentencia de **su juicio** salió **para bien.** Y hacen esto para que los ángeles defensores sepan que el juicio de este hombre salió bien, y para que las almas de sus parientes lo sepan y recen por él, y asimismo informan de la sentencia a los que lo acusaban, para acallarlos **hasta que se salva** de la muerte y se cura de su enfermedad. **Y ese juicio desciende a través de todos esos encargados que son grados sabidos para bien en lo bajo. Todos son grados sobre grados,** hasta que llega a la persona en este mundo. **Y todos** los juicios de una persona, **tanto** sean **para bien, tanto** sean **para mal,** en todos los casos **la persona es juzgada** a través **de la casa del Rey.**

A continuación se explicará lo concerniente a la **tercera entrada,** la correspondiente al tercero de los cuatro Palacios del Palacio de los Méritos: **en esta entrada hay un encargado cuyo nombre es** el que se escribe con las letras hebreas: *guimel–dalet–iud–alef–lamed.* **Y** este encargado **está en el flanco de la izquierda** del Palacio de los Méritos. **Y éste** encargado **está a cargo de entrar** en este Palacio **todas las faltas y todos los males detrás de los cuales la persona se desvió en este mundo.** Y esto se hace después de que los testigos testificaron por ellos, y los juzgaron. **Y él,** el encargado cuyo nombre se escribe con las letras hebreas: *guimel–dalet–iud–alef–lamed,* **las hace descender** a esas faltas y esos males, y los coloca **dentro de una balanza para pesarlos** con la balanza de justicia, según las palabras de los jueces del Tribunal, confrontándolos **con esos méritos que ascendieron a través de ese encargado** cuyo nombre se escribe con las letras hebreas: *dalet–hei–reish–iud–alef–lamed,* **tal como hemos dicho** anteriormente. Es decir, se pesan las faltas contra los méritos.

Y esa balanza está en la cuarta entrada, y allí se pesan los méritos y las faltas como uno, en la misma balanza, unos contra los otros, y **quien triunfa de ellos, así,** en correspondencia, **tiene** a su favor a **encargados de ese flanco.** Es decir, **si triunfaron los méritos hay** dispuestos **muchos encargados del flanco de la derecha, y ellos toman ese juicio, y quitan** todos **los males y las enfermedades de esa persona hasta que se salva** y se cura de su enfermedad. Y **si triunfaron las faltas, hay** dispuestos **muchos encargados del flanco de la izquierda** que aguardan la sentencia **hasta que el Otro Lado** –*Sitra Ajra*– **y todos esos poseedores de facultad de juicio toman la palabra** para ejecutar la sentencia. Pues todos los encargados de este Palacio son ángeles sagrados, y el mal no se ejecuta a través de ellos sino que las fuerzas cósmicas se concatenan hasta que el Otro Lado –*Sitra Ajra*– las recibe y caen en sus manos **mientras se daña y debilita la suerte** –*mazal*– **del enfermo.** Pues la prolongación de su enfermedad es necesaria para expiar por sus pecados. **Y entonces desciende el Otro Lado** –*Sitra Ajra*–, **y toma su alma. Bienaventurada la parte de los justos en este mundo y en el Mundo Venidero.**

A continuación se explicará lo concerniente a la **cuarta entrada,** la correspondiente al cuarto de los cuatro Palacios del Palacio de los Méritos: **en esta entrada hay un encargado cuyo nombre es** el que se escribe con las letras hebreas: *mem–alef–zain–nun–iud–hei.* Su nombre comparte raíz con la palabra *moznaim,* que significa balanza. **Y éste** encargado **es la balanza que pesa los méritos y las faltas. Y en él se pesan todos como uno. Y** este encargado **se denomina Balanza de Justicia** –*moznei tzedek*–, **como está escrito: «Tendréis balanzas correctas** –*moznei tzedek*–, pesos correctos, medidas secas correctas y medidas líquidas correctas; Yo soy El Eterno, vuestro Dios, Quien os sacó de la tierra de Egipto» (Levítico 19:36). Pues a través del poder del aspecto femenino inferior –Maljut–, que se denomina «Justicia –*tzedek*–», que otorga influencia y poder a este ángel, él puede mostrar la medida de la espiritualidad –*najat ruaj*– generada con la justicia de ese acto realizado, y a través de esa medida se juzga a la persona. **Con esta balanza todos son pesados para ser juzgados.**

Debajo de este encargado cuyo nombre se escribe con las letras hebreas: *mem–alef–zain–nun–iud–hei,* **hay dos encargados, uno a la**

derecha y uno a la izquierda. Uno a la derecha, cuyo nombre es el que se escribe con las letras hebreas: *hei–reish–iud–alef–lamed*, **y uno a la izquierda, cuyo nombre es** el que se escribe con las letras hebreas: *guimel–dalet–vav–dalet–iud–alef–lamed*. **Y cuando se pesan los méritos y las faltas,** unos contra los otros, en el caso en que el bien prevalezca sobre el mal surge una irradiación de luminosidad de la buena acción realizada por esa persona, y esa irradiación de luminosidad apaga la llamarada de fuego del pecado. Y entonces **éste** encargado del flanco de la derecha **desequilibra el** platillo de la balanza **hacia el flanco de la derecha. Y** si el mal prevaleció sobre el bien, entonces **éste** encargado del flanco de la izquierda **desequilibra el** platillo de la balanza **hacia el flanco de la izquierda. Y todos** los encargados de este Palacio **se incluyen en ese espíritu cuyo nombre es** el que se escribe con las letras hebreas: *zain–kaf–vav–tav–alef–lamed.*

Y cuando todos los ángeles de este Palacio **se incluyen en él,** en ese espíritu cuyo nombre es el que se escribe con las letras hebreas: *zain–kaf–vav–tav–alef–lamed*, por el poder de todos ellos unidos **sale un ser viviente sagrado. Y este ser viviente sagrado arde** con fuego ardiente, **y su nombre es** el que se escribe con las letras hebreas: *tav–vav–mem–iud–alef–lamed*. **Este ser viviente es un ser viviente que está** dispuesto **para inspeccionar en el mundo a esos** ángeles denominados **«Ojos de El Eterno», los cuales** se encuentran en el tercer Palacio de este gran Palacio, y **van y deambulan por el mundo** para inspeccionar las acciones de los seres humanos. **Y todos esos** ángeles denominados **«Ojos de El Eterno» toman la inspección de esas buenas obras que fueron hechas secretamente.** Es decir, rinden cuentas por lo que vieron y lo que inspeccionaron. **Y** están dispuestos **para inspeccionar esas acciones que se hicieron con integridad de corazón, aunque sea que no fueron realizadas como es debido** a raíz de un percance sufrido.

Este ser viviente cuyo nombre se escribe con las letras hebreas: *tav–vav–mem–iud–alef–lamed*, **está** dispuesto **para inspeccionar las plegarias** pronunciadas por personas particulares. **Pues esas demandas que las personas piden en sus plegarias, todas ellas es-**

tán en manos de este ser viviente, y las deja en este Palacio. Y esas demandas están en este Palacio **hasta cuarenta días para ser inspeccionadas.** Aunque hay casos en los que son respondidas con mayor celeridad.

Pues cada cuarenta y cuarenta, es decir, cada cuarenta días, **sale ese ser viviente y toma todos esas demandas.** Y dado que hay personas cuya demanda ingresó al final de los cuarenta días, su petición es respondida inmediatamente cuando llega el día cuarenta. **Y** el ser viviente cuyo nombre se escribe con las letras hebreas: *tav–vav–mem–iud–alef–lamed*, **las deja** a *las peticiones* **ante esas setenta y dos irradiaciones de luminosidad,** o sea, los setenta jueces del Sanhedrín y los dos testigos, **y** ellos **las juzgan** para decidir si son apropiadas para ser aceptadas. **Y entonces, ese cuyo nombre es** el que se escribe con las letras hebreas: *zain–kaf–vav–tav–alef–lamed*, **(252b) las observa** profundamente a esas peticiones realizadas para saber **si** la persona que las hizo **tiene méritos** suficientes como para que su plegaria sea aceptada, o **si no tiene méritos** suficientes.

Si la persona que realizó la petición **tiene méritos** suficientes, entonces **esa plegaria sale, y esa petición gira, y salen con él doce encargados** que lo rodean, situándose alrededor de él tres encargados por flanco. **Y cada uno y uno solicita de ese espíritu** cuyo nombre se escribe con las letras hebreas: *zain–kaf–vav–tav–alef–lamed*, **la** aprobación de la **conservación** y el mantenimiento **de esa petición. Y** la misma **se mantiene** y es aceptada **por ellos.**

Debajo de este ser viviente cuyo nombre es el que se escribe con las letras hebreas: *zain–kaf–vav–tav–alef–lamed*, **hay cuatro serafines ardientes.** Los nombres de ellos se escriben con las letras hebreas: *shin–reish–pei–alef–lamed, bet–reish–kuf–iud–alef–lamed, kuf–reish–iud–shin–iud–alef–lamed, kuf–dalet–vav–mem–iud–hei.* **Y estos cuatro** serafines **están debajo de este ser viviente** cuyo nombre se escribe con las letras hebreas: *zain–kaf–vav–tav–alef–lamed*, dispuestos **a sus cuatro flancos. Y** asimismo **estos cuatro** serafines **están** dispuestos **a sus cuatro flancos del mundo. Y ellos están a cargo de inspeccionar a todos esos que cuidan el día de**

Shabat, y honran al Shabat como es debido. Pues el juicio de este Palacio descansa en Shabat, por lo que también en este Palacio existe el deleite de Shabat.

De estos cuatro serafines, **cuando vuelan** cósmicamente para conducir el mundo, **salen de ellos centellas de fuego** vinculadas con el misterio de las fuerzas del juicio. **Y de esas centellas de fuego se forman setenta y dos bolas de fuego ardiente.** Es decir, ángeles denominados bolas giratorias –*galgalim*–, asociados al misterio de las ruedas –*ofanim*– de fuego ardiente. Y **de aquí,** de las centellas de fuego de estos serafines, **se forma el río Dinur,** el cual es el origen de los juicios que se proyectan a lo bajo. **Miles de millares** de ángeles **sirven a ese río,** para castigar a las almas que lo merezcan, y para sumergirlas ritualmente y purificarlas cuando lo merezcan. **Todos aquellos que honran el Shabat** se salvan de este río Dinur. **Esos cuatro** serafines **encargados inspeccionan** y protegen **a esos que honran al Shabat, y ese ser viviente** cuyo nombre se escribe con las letras hebreas: *tav–vav–mem–iud–alef–lamed*, **está sobre ellos,** es decir, es su líder, quien está a cargo de ellos; **y ellos viajan** cósmicamente **a través de él, debajo de él.** Es decir, cuando él viaja cósmicamente, ellos viajan con él.

Cada día y día ese río Dinur se proyecta y hace arder a numerosos espíritus. Es decir, quema las manchas de los pecados de las almas que merecen esa purificación para que se ameriten entrar en el Jardín del Edén. **Y** también **hace arder a numerosos gobernantes** de lo Alto, que son ministros espirituales de las naciones. Pues cuando se depone un ministro espiritual de su cargo se lo juzga con el río Dinur. **Y cuando entra el Shabat, sale un heraldo** que anuncia la entrada del Shabat, **y** entonces **ese río Dinur se acalla. Y la ira** de los espíritus, **y los destellos** del fuego del juicio, **y las centellas** del fuego de Guevurá –rigor–, también **se acallan.**

Y este ser viviente cuyo nombre se escribe con las letras hebreas: *tav–vav–mem–iud–alef–lamed*, **marcha y asciende sobre esos cuatro serafines que hemos mencionado** anteriormente, **y entra en medio de este Palacio, a ese lugar que se denomina «Deleite»,** para maravillarse con el deleite del Shabat.

252b

Esto es así **ya que en este lugar, cuando entra el Shabat, se ordenan allí todas las mesas de los moradores del mundo.** Es decir, las mesas dispuestas para honrar al día de Shabat que se proyectan espiritualmente en ese Palacio. **Pues** los que ordenan las mesas para honrar al Shabat **se denominan «Hijos del Palacio del Rey». Y hay miles de millares, y miríadas de miríadas de encargados** que en los días comunes de la semana estaban vinculados con el servicio del juicio, y que ahora, por la santidad del Shabat, sus atributos se transforman y **están junto a esas mesas** del deleite del Shabat. **Y este ser viviente** cuyo nombre se escribe con las letras hebreas: *tav–vav–mem–iud–alef–lamed,* **entra sobre esos cuatro serafines en este lugar, y ve todas esas mesas e inspecciona cada mesa y mesa.** Y observa **cómo lo honran en cada mesa y mesa. Y se pone de pie y bendice a esa mesa,** es decir, al que la dispuso. **Y todos esos miles de millares, y miríadas de miríadas** de ángeles, **todos ellos abren** sus bocas **y dicen: «Así sea** *–amén».* Pues todos tienen provecho de los deleites terrenales del Shabat, y por eso aprueban la bendición pronunciada por el ser viviente, respondiendo «Así sea *–amén–».* Ya que los deleites terrenales dispuestos por los Hijos de Israel se proyectan espiritualmente a ese Palacio, y ese ser viviente cuyo nombre se escribe con las letras hebreas: *tav–vav–mem–iud–alef–lamed,* observa esas mesas y tiene provecho de esos deleites, por eso envía bendiciones a los que ordenaron esas mesas y dispusieron esos deleites en lo bajo.

¿Y ese ser viviente cuyo nombre se escribe con las letras hebreas: *tav–vav–mem–iud–alef–lamed,* **qué bendición pronuncia sobre esta mesa** del Shabat **que fue ordenada y honrada como es debido? «Entonces te deleitarás en El Eterno;** y Yo te haré subir sobre las alturas de la tierra, y te daré a comer la heredad de Jacob tu padre; **porque la boca de El Eterno lo ha manifestado»** (Isaías 58:14). **Y todos** los demás ángeles **dicen: «Entonces invocarás, y El Eterno te responderá»** (Isaías 58:9). Y entonces **el espíritu supremo cuyo nombre es** el que se escribe con las letras hebreas: *zain–kaf–vav–tav–alef–lamed,* **cuando ese** dueño **de esa mesa se deleita con todas las** tres **comidas** del Shabat, **con la última comida, la tercera, concluye y dice** más bendiciones **sobre esas primeras** bendiciones mencionadas. Y dice: **«He aquí que así será bendecido el hombre que teme a El Eterno»** (Salmos 128:4). Y dice esto para que se proyecten hacia él también las bendiciones de este Palacio vinculado con la Guevurá –rigor–.

Y cuando la mesa de la persona no está en ese lugar ordenada con el deleite de Shabat **como es apropiado, entonces** ese ser viviente cuyo nombre se escribe con las letras hebreas: *tav–vav–mem–iud–alef–lamed*, **y esos cuatro** serafines **que están debajo de él, y todos esos miles de millares y miríadas de miríadas** de ángeles que están a cargo de las mesas del Shabat, **todos lo desplazan fuera** al dueño de la mesa, **al Otro Lado** –*Sitra Ajra*–, para que su alma no tenga parte del provecho del Shabat supremo. **Y numerosos poseedores de facultad de juicio,** que son entes impuros denominados *jitzonim*, **todos ellos la toman** a ese alma, **y la hacen entrar en ese lugar que es inverso a éste** lugar sagrado denominado *Oneg*, **y que se denomina** *Nega*. **Y cuando la hacen entrar allí, abren** sus bocas **y dicen:** «**Amó la maldición, y ésta le sobrevino; y no deseó la bendición, y ella se alejó de él**» (Salmos 109:17). O sea, lo contrario de lo que le hubieran dicho en el caso en que hubiese honrado al Shabat como es debido. Y está escrito: **«El acreedor se apoderará de todo lo que tiene,** y extraños saquearán el producto de su esfuerzo. **No habrá quien le tenga piedad,** ni quien tenga compasión de sus huérfanos» (Salmos 109:11-12). **El Misericordioso** se apiade de nosotros y **nos salve** de esa humillación y de ese castigo.

Ahora bien, ¿por qué es tan grave el castigo por anular el deleite de Shabat, siendo éste básicamente un precepto rabínico? **Porque es el deleite de El Santo, Bendito Sea, y su** Presencia Divina –*Shejiná*–, que se denomina **Fe. Esas mesas del deleite del Shabat y los Plazos, y las Fiestas solemnes, todas ellas son la alegría de El Santo, Bendito Sea. Y por eso, todos los que se deleitan con el deleite del Shabat, y los Plazos, y las Fiestas solemnes,** se tornan merecedores de **esos cuatro** serafines **que están debajo de ese ser viviente** cuyo nombre se escribe con las letras hebreas: *tav–vav–mem–iud–alef–lamed*, **están junto al río Dinur y no dejan que se quemen con él todos esos que se deleitan con el deleite** del Shabat y con el deleite de los días festivos **como es debido.** Pues el río Dinur es un Infierno –*Guehenóm*– espiritual dispuesto para eliminar las manchas con las que se ensució el alma a través de los placeres de este mundo. Ya que a través de los castigos del Infierno el alma de la persona se purifica antes de entrar al Jardín del Edén. Y el deleite que tuvo en Shabat y los días festivos, contrarrestarán los placeres de los días mundanos, y a través de eso se le enfriará el río Dinur y su alma se purificará allí sin sentir el calor ni las quemaduras del fuego ardiente que hay allí. Pues los placeres de los días comunes encienden el fuego del río Dinur y avivan las llamas, mientras que los deleites del Shabat, lo enfrían.

Debajo de esos cuatro serafines **hay otros encargados que están fuera** de ese Palacio. Pero **se sabe** por sus señales **que pertenecen al flanco de este Palacio.** Pues ellos son ángeles poseedores de facultad de juicio. **Y ellos pregonan** a los ejecutores de los juicios **todos esos juicios, y todos esos decretos que fueron decretados en este Palacio** para que estén preparados y ejecuten el juicio.

Todos los asuntos del mundo **se juzgan aquí,** en este Palacio, **con excepción de tres asuntos que no fue otorgado permiso para que sean juzgados en este Palacio que se denomina** «Palacio de los **Méritos».** Y estos asuntos **son: hijos,** años de **vida, y** abundancia de **alimentos. Pues** esos asuntos **dependen del destino** supremo. **Pues de ese río que se proyecta y sale** enviando la abundancia al exterior, es decir, el Iesod del aspecto masculino inferior –*Zeir Anpín*– del Mundo de la Emanación –*Atzilut*–, **de allí depende la vida de lo Alto.** Es decir, la vida está enraizada en la Jojmá del Mundo de la Emanación –*Atzilut*– y se proyecta en los entes de lo bajo a través de Iesod del Mundo de la Emanación –*Atzilut*–. **Y de allí dependen los alimentos,** los cuales están enraizados en la Keter, **Y de allí dependen los hijos,** los cuales están enraizados en el aspecto femenino superior –*Ima*–. **Pues esos tres** asuntos **salen de allí,** del Iesod del aspecto masculino inferior –*Zeir Anpín*–, **y** de allí **se proyectan y emanan hacia lo bajo. Y por eso todos** los asuntos **dependen de este Palacio, con excepción de estos tres asuntos** mencionados.

Resulta que **la persona, cuando está enferma, en su cama, es juzgada aquí, y todos los demás juicios del mundo** son juzgados aquí, en este Palacio. **Y si dijeras: si cuando** la persona **está (253a) enferma, en su cama,** se la juzga para determinar si vivirá o morirá, siendo así, **si es juzgada para vida, se le otorgará** vida, ¿y cómo habéis dicho anteriormente que la vida depende del Destino supremo?

La respuesta no es **sino** ésta: **cuando** la persona **es juzgada aquí para la vida,** determinándose que sanará de su enfermedad y vivirá, **entonces se le proyecta vida de lo Alto,** del Destino supremo, **y le es otorgada.** Y allí se determina cuántos años más vivirá. Y lo mismo ocurre con los alimentos y los hijos. **Bienaventurada la parte de los justos que conocen los senderos de la Torá, y se vuelven merecedores a través de ella de la vida eterna** en el Mundo Venidero. **Sobre ellos está escrito: «Y tu pueblo, todos ellos son justos, para siempre heredarán la Tierra;** renuevos de mi plantío, obra de mis manos, para glorificarme» (Isaías 60:21).

QUINTO PALACIO, DENOMINADO: «PALACIO DEL AMOR –JESED–»

Quinto Palacio de los siete Palacios del aspecto masculino inferior –*Zeir Anpín*–, del Mundo de la Creación –*Briá*–: **este Palacio está dispuesto para irradiar luminosidad a esos** cuatro Palacios **inferiores. Y este Palacio está dispuesto para irradiar luminosidad según el misterio de la Fe.** O sea, según el misterio de la unificación cósmica que se consigue a través del recitado del Shemá de la mañana, la cual se despierta en este Palacio y que sucede en el Mundo de la Emanación –*Atzilut*– que se denomina «Fe».

Hay una entrada en este Palacio y un encargado sobre ella, es decir, a cargo de ella. **Y ese encargado, su nombre es** el que se escribe con las letras hebreas: *samej–nun–iud–guimel–vav–reish–iud–hei.* Su nombre comparte raíz con la expresión hebrea *sanegoria,* que significa «defensa». **Este encargado está en esta entrada para**

enseñar méritos en defensa de los Hijos **de Israel.** Y a través de ello despierta el amor supremo –el Jesed– del Mundo de la Emanación – *Atzilut–*, para influenciar amor y bondad en este Palacio. Y así consigue desnivelar el platillo de la balanza hacia el lado de los méritos, cuando se juzga en lo bajo, en el Palacio de los Méritos. **Y por eso es llamado así,** *samej–nun–iud–guimel–vav–reish–iud–hei,* **pues está a cargo de todas las bondades** y los méritos **de los** Hijos **de Israel, para llevar la defensa de ellos ante el Amo de ellos, y** para que **no ejerza dominio sobre ellos el Otro Lado** *–Sitra Ajra–* evitando que los acuse.

En este Palacio está dispuesto **un espíritu incluido de cuatro** irradiaciones de luminosidad, o sea, cuatro tonalidades diferentes. **Pues este espíritu está incluido de cuatro tonalidades: blanco, negro, verde, y rojo.** Y estas cuatro tonalidades están asociadas al misterio de los cuatro tipos de conducción: la conducción a través del Jesed –bondad–, la conducción a través de Guevurá –rigor–, la conducción a través de Tiferet, y la conducción a través de Maljut. Asimismo, estas cuatro tonalidades están asociadas al misterio de las cuatro letras del Tetragrama, y al misterio de las cuatro letras de la palabra hebrea *ahava,* que significa «amor». **Y este espíritu está incluido de todos** los tipos de conducción. **Y es llamado** con un nombre que se escribe con estas letras hebreas: *samej–vav–reish–iud–hei.* Este espíritu **es el ministro que está sobre todas las legiones** de los Palacios **inferiores. Y todos están debajo de él,** y se conducen según su voluntad, y reciben la abundancia únicamente a través de él. **Y ellos están** designados **bajo su mano,** es decir, son designados en sus cargos y permanecen subordinados a él.

Éste es el espíritu que cierra y abre los depósitos de abundancia de este Palacio. Pues **todas las llaves supremas, todas ellas fueron entregadas en manos de él** para que diera abundancia y todo lo necesario a los que aman a El Eterno, los cuales están enraizados en este Palacio. **Tres veces al día,** en los tiempos del recitado de las plegarias, **todas las legiones inferiores, todas ellas se incluyen en él y están debajo de él, y se nutren de él. Y éste** espíritu **está** dispuesto **con todos los misterios del Amo de él** para entregarlos a los que aman a El Eterno. **Y todos los secretos recónditos supremos, todos ellos son entregados en sus manos,** es decir, en poder de él.

Este espíritu cuyo nombre se escribe con las letras hebreas: *samej–vav–reish–iud–hei,* **es llamado** también por el nombre que se escribe con las letras hebreas: ***alef–hei–bet–hei.*** Y este nombre comparte raíz con la palabra «*ahava*», que significa «Amor». Y por eso este Palacio se denomina «Palacio del Amor». **Pues aquí,** en este Palacio, **están guardados todos los misterios de los misterios, para quien necesite apegarse a él. Y a esto se refiere lo que está escrito: «Allí te daré mis amores»** (Cantar de los Cantares 7:13). Es decir, aquí asciende el amor de la Congregación de Israel a El Santo, Bendito Sea, para despertarlo y para que haga descender abundancia a lo bajo.

Este espíritu cuyo nombre se escribe con las letras hebreas: *samej–vav–reish–iud–hei,* **guarda todas las guardas de lo Alto.** Es decir, guarda todas las bondades que descienden a este Palacio provenientes del Jesed –bondad– del aspecto masculino inferior –*Zeir Anpín*– del Mundo de la Emanación –*Atzilut*–. **Y éste** espíritu **se llama «Guardián de Israel»** (Salmos 121:4). Pues guarda las bondades que descienden aquí provenientes del aspecto masculino inferior –*Zeir Anpín*– que se denomina Israel. Y se denomina **«Guardián del Pacto»** (Nehemías 9:32). Pues las bondades descienden aquí a través de Iesod, del aspecto masculino inferior –*Zeir Anpín*– que se denomina «Pacto». Y este espíritu los guarda para que no salgan hacia los entes impuros denominados *jitzonim*. **Pues aquí se encuentra la guarda de todos los** depósitos **recónditos supremos** de las bondades. **Y por eso los** depósitos **recónditos** supremos de las bondades **del Amo de él, están guardados en él. De este** espíritu **salen caminos y senderos** que se dirigen **a todos esos** Palacios **de lo bajo,** llevándoles las bondades de este Palacio para que se nutran todos los que están en los Palacios inferiores, pues todos se nutren de la bondad, **para que** a través de la bondad **se despierte en ellos el espíritu del Amor.**

Esas cuatro tonalidades que hay en él, en este espíritu cuyo nombre se escribe con las letras hebreas: *samej–vav–reish–iud–hei,* las cuales están asociadas al misterio de las cuatro letras del Tetragrama, **se incluyen éstas en éstas. Y cuando desean incluirse, ésta golpea**

en ésta según el misterio de la unión intrínseca íntima, lo cual ocurre con todas las letras, **y sale de todas ellas un ser viviente cuyo nombre** se escribe con las letras hebreas: *zain–hei–reish*. Su nombre comparte raíz con la palabra «zohar», que significa «resplandor». **Y en relación con este ser viviente está escrito: «Éste era el ser viviente que vi en el río Quebar»** (Ezequiel 10:15).

De este Palacio salen todos los espíritus sagrados, las almas sagradas, **que existen** y se mantienen **con existencia** a través **de los besos supremos** provenientes del Palacio de la Voluntad. **Pues de esos besos** cósmicos **sale un aire** y abundancia **espiritual para la existencia del alma** existencial denominada *nefesh*, **para** nutrir a **todas esas almas supremas que fueron otorgadas a los seres humanos.**

Y a esto se refiere el misterio de lo que está escrito: «Él te afligió y te hizo pasar hambre, luego Él te alimentó con el maná que tú no conocías y que no conocían tus antepasados, para hacerte saber que no sólo del pan vive el hombre, sino que **de todo lo que emana de la boca de El Eterno vive el hombre»** (Deuteronomio 8:3). Esta cita bíblica alude al misterio de la unión cósmica suprema a través de los besos provenientes de la boca de El Eterno; y a través de la abundancia que sale de allí, vive el hombre. **Pues en este Palacio están todas las almas y todos los espíritus que en el futuro descenderían a las personas desde el día de la creación del mundo. Y por eso este Palacio toma todas esas almas que salen de ese río que se proyecta y fluye,** que es el Iesod del aspecto masculino inferior –*Zeir Anpín*– del Mundo de la Emanación –*Atzilut*–. **Y por eso este Palacio jamás está vacío.** Pues todo el tiempo que este río tiene almas en su interior, el hijo de David no viene a redimir al mundo. Y después de que acaben de descender todas las almas al mundo, inmediatamente se despertará la Redención y este Palacio se llenará de almas nuevas.

Y desde el día en que el Templo Sagrado fue destruido no entraron aquí otras almas, es decir, almas nuevas. **Y cuando acaben** de descender al mundo todas **éstas** almas viejas que se encuentran en el interior de este Palacio, entonces **el Palacio estará vacío, y será**

recordado en lo Alto. Y entonces vendrá el rey Mesías, y se despertará este Palacio del Amor **de lo Alto, y se despertará el Palacio** de los Méritos **de lo bajo.**

Y en relación con el misterio de este Palacio está escrito: «Tus dos pechos, como gemelos de gacela» (Cantar de los Cantares 4:5). Se alude a las dos luminarias que hay en este Palacio, y se producen con el vínculo del espíritu cuyo nombre se escribe con las letras hebreas: *alef–hei–bet–hei*, y este nombre comparte raíz con la palabra «*ahava*», que significa «Amor», y el ser viviente cuyo nombre se escribe con las letras hebreas: *zain–hei–reish*, cuyo nombre comparte raíz con la palabra «*zohar*», que significa «resplandor». **Pues en este Palacio, ese espíritu** cuyo nombre se escribe con las letras hebreas: *alef–he–bet–hei*, **como hemos dicho** anteriormente, **y ese ser viviente** cuyo nombre se escribe con las letras hebreas: *zain–hei–reish*, **sacan** y generan **dos irradiaciones de luminosidad incluidas ésta en ésta,** y unidas ésta con ésta. **Y** esas irradiaciones de luminosidad **se denominan El Shadai.** Pues esas irradiaciones de luminosidad **se denominan Shadai,** según el misterio de lo que está escrito: «Tus dos pechos –*shadaij*–» (Cantar de los Cantares 4:5), **y** junto con el nombre de El Santo, Bendito Sea, **«*El*»,** que se escribe con las letras *alef–lamed*, y proviene del Palacio de los Méritos que está **debajo,** donde hay un espíritu cuyo nombre se escribe con las letras hebreas: *zain–kaf–vav–tav–alef–lamed*. **Y se unen *iud–hei–vav–hei*, y entran éste en éste,** incluyéndose uno en el otro, **y en conjunto se denominan El Shadai.** ¿Y por qué razón estas irradiaciones de luminosidad se denominan Shadai? **Porque salieron de la inclusión de éstas** dos irradiaciones de luminosidad mencionadas, la del espíritu cuyo nombre se escribe con las letras hebreas: *alef–hei–bet–hei*, con la de ese ser viviente cuyo nombre se escribe con las letras hebreas: *zain–hei–reish*. Pues estas irradiaciones de luminosidad están asociadas al misterio de los pechos que nutren a los entes de lo bajo con abundancia.

Y este Nombre de El Santo, Bendito Sea, **«*El*»,** que proviene **del flanco de la derecha** del Palacio de los Méritos, **toma de este lugar todas las bondades** apropiadas para convertirse en nutriente y alimento de vitalidad, y las proyecta a lo bajo. **Pues esas** bondades **es-**

tán dispuestas **para nutrir a** los entes cósmicos de **ese Palacio de lo bajo, que se denomina** el Palacio de los **Méritos, por el nombre de ese espíritu** que está a cargo de ese Palacio, **tal como hemos dicho** anteriormente. **Este** Nombre de El Santo, Bendito Sea, **Shadai, nutre a todos esos** espíritus **de lo bajo,** de estos Palacios, **y a todos los** encargados **de afuera,** los cuales están fuera de los Palacios, y **que están** vinculados con ese flanco de la santidad y son **de este flanco, los cuales se denominan: «Estacas del Tabernáculo», tal como ya ha sido** estudiado y **establecido por nosotros. Y por eso** esta irradiación de luminosidad **se denomina Shadai, porque provee de nutriente a todos los entes de lo bajo, tal como recibe del flanco de la derecha,** o sea, el flanco del Jesed –bondad– del aspecto masculino inferior –*Zeir Anpín*–.

De aquí, del ser viviente supremo, **salen esas irradiaciones de luminosidad que se denominan: «el filo de la espada giratoria»,** como está escrito: «Y al expulsar al hombre, Él colocó al Este del Jardín del Edén los querubines y el filo de la espada giratoria para custodiar el camino que conduce al Árbol de la Vida» (Génesis 3:24). **Pues** giran y **se transforman en varias tonalidades. Y ya ha sido** estudiado y **establecido por nosotros que estos** entes cósmicos **despiertan el juicio con** el mandato de lo Alto, cumpliendo **una misión de lo Alto, y están en el mundo (253b)** a través **del flanco de la izquierda,** es decir, el flanco de Guevurá –rigor–, por intermedio de la cual se ejecutan los juicios en el mundo.

Cuando este espíritu denominado Shadai **se separa** del espíritu denominado *El,* este espíritu golpea en este otro **para sacar irradiaciones de luminosidad a todos los flancos,** hacia el flanco de la derecha, el del Jesed –bondad–, y hacia el flanco de la izquierda, el de Guevurá –rigor–. Es decir, ocurre **como** con **esos pechos que emanan leche a todo flanco** a través del Nombre de El Santo, Bendito Sea, Shadai. **Así también** sucede con este espíritu, ya que **de este espíritu salen** irradiaciones de luminosidad **a todo flanco. Y sacan otro ser viviente** en el que prevalece el flanco de la izquierda, **el cual está a cargo de esas** irradiaciones de luminosidad **denominadas: «el filo de la espada giratoria».**

Y el nombre de este ser viviente es el que se escribe con las letras hebreas: **shin–bet–ain.** Su nombre comparte raíz con la palabra «*soba*», que significa «saciedad». **Y éste** ser viviente **está a cargo del mundo cuando se decreta hambruna en el mundo, y es juzgado con él** –con el hambre, es decir, sobreviene hambruna–. **Entonces este ser viviente es designado sobre el mundo** para protegerlo de dos espíritus impuros. **Y saca espíritu de nutriente a todos esos poseedores de fe, para que no mueran de hambre, y sacia los corazones de ellos.** Es decir, el ser viviente bendice lo que comen las personas poseedoras de fe, para que lo poco nutra mucho. **Pues cuando el hambre ejerce dominio en el mundo, del Otro Lado** –*Sitra Ajra*– **salen dos espíritus impuros y sus nombres son** los que se escriben con las letras hebreas: *shin–vav–dalet,* que comparte raíz con la palabra «*shod*», que significa «saqueo», y *kaf–pei–nun,* que comparte raíz con la palabra «*kafan*», que significa «hambruna». **Y a esto se refiere el misterio** de lo que está escrito: **«Del saqueo y del hambre te reirás** –pues si bien vendrán, a ti no te tocarán» (Job 5:22). **Pues estos** espíritus **están en el mundo y acusan a las personas. Uno,** cuyo nombre se escribe con las letras hebreas: *shin–vav–dalet,* **envía hambruna y los mata** a los seres humanos. **Y uno,** cuyo nombre se escribe con las letras hebreas: *kaf–pei–nun,* **hace que las personas coman y no se sacien.** Es decir, les envía una enfermedad que les provoca estar siempre hambrientos, sin saciarse jamás. **Pues este espíritu malo ejerce dominio en el mundo.** Y ese ser viviente denominado El Shadai protege a las personas de esos dos espíritus del Otro Lado –*Sitra Ajra*–.

Este ser viviente cuyo nombre se escribe con las letras hebreas: *zain–hei–vav,* incluido con el espíritu del Amor, **saca un destello** que se transforma en un ángel, **el cual sale con el destellado de dos destellos, tal como hemos dicho** anteriormente, o sea, las dos irradiaciones de luminosidad de la Espada Giratoria. Pues las dos irradiaciones de luminosidad de la Espada Giratoria se denominan así porque giran y **se transforman en varias tonalidades** y adoptan varios tipos de conducción, tal como hemos dicho anteriormente. **Y este destellado se denomina «Serafines».** ¿Por qué razón se denomina así, en plu-

253b

ral? Porque incluye numerosos serafines. Y se llama Serafines porque es fuerte como los serafines. **Y éste** ser viviente **aferra a los serafines y los hace arder, renovándolos** y fortaleciéndolos con su fuego. Pues a causa de sus giros y transformaciones de tonalidades se debilitan, pero a través del fuego de este ser viviente se fortalecen.

En este Palacio hay dos encargados que son las dos irradiaciones de luminosidad incluidas ésta en ésta, y que unidas *ésta con ésta*, se denominan, en conjunto, El Shadai. Estas son **irradiaciones de luminosidad que están sobre millares y miríadas de miríadas** de ángeles **que se denominan «Granadas»,** los cuales son ángeles del aspecto masculino inferior –*Zeir Anpín*–. **Y todos están** unidos **con amor. Y estos son los** ángeles **que** despiertan y **llevan el amor de** los Hijos de **Israel de lo bajo, y lo hacen ascender a El Santo, Bendito Sea, en lo Alto. Y todos** esos ángeles **despiertan amor y están con amor. Y cuando se despierta el amor de lo bajo a lo Alto, y de lo Alto a lo bajo, entonces el Palacio se colma de numerosos bienes, de numerosas bondades, de numerosas misericordias. Y entonces el amor** de los Hijos de Israel **de lo bajo, se incluye con el Amor supremo** de El Santo, Bendito Sea, **y se apegan** *iud–hei–vav–hei.*

De aquí salen dos encargados, y ambos **se denominan «Amor», igual al nombre de este Palacio. Y ellos están** dispuestos **para inspeccionar a todos los que unifican la unificación del Amo de ellos con amor. Y ellos,** estos encargados, **ascienden y testifican en lo Alto.**

Y todos esos que hacen bondad en el mundo, esas bondades ascienden y entran dentro de este Palacio y se coronan allí. Pues reciben de la irradiación de luminosidad proveniente del Jesed –bondad–, para coronar con ella a la Presencia Divina –*Shejiná*–. **Y ascienden para coronarse con el Amor supremo,** pues reciben abundancia e irradiación de luminosidad del Jesed –bondad–, del aspecto masculino inferior –*Zeir Anpín*–, del Mundo de la Emanación –*Atzilut*–. **Y a esto se refiere lo que está escrito: «Porque grande es tu bondad, por sobre los Cielos»** (Salmos 108:5). Es decir, el Palacio del Amor de la Bondad se expande y crece a través del ente cósmico denominado Biná, que está por encima de Tiferet, que se denomina «Cielos». **En relación con este Palacio está escrito: «Las muchas aguas no pueden apagar el amor, ni lo arrasarán los ríos»** (Cantar de los Cantares 8:7).

SEXTO PALACIO, DENOMINADO: «PALACIO DE LA VOLUNTAD –TIFERET–»

Sexto Palacio de los siete Palacios del aspecto masculino inferior –*Zeir Anpín*–, del Mundo de la Creación –*Briá*–: **éste es el Palacio que se denomina: «Palacio de la Voluntad», que es** *Ratzón* en lengua hebrea, y **Raavá,** en lengua aramea. Pues este Palacio está asociado con el misterio de Tiferet, que se encuentra en la alineación central del árbol sefirótico, y Tiferet está vinculada con el Daat que se conecta con el Keter, ya que todas estas sefirot están en la misma alineación. Y el Keter se denomina *Ratzón*, o sea, Voluntad en hebreo, y también se denomina *Raavá*, o sea, Voluntad en arameo. Por esta razón también este Palacio se denomina *Ratzón* y *Raavá*. **Pues se denomina: «lo que emana de la boca de El Eterno»,** como está escrito: «Él te afligió y te hizo pasar hambre, luego Él te alimentó con el maná que tú no conocías y que no conocían tus antepasados, para hacerte saber que no sólo del pan vive el hombre, sino que de todo lo que emana de la boca de El Eterno vive el hombre» (Deuteronomio 8:3). Es decir, el espíritu cuyo nombre se escribe con las letras *reish–zain–iud–alef–lamed*, es el ente cósmico vinculado con el interior de este Palacio, y se denomina: «lo que emana de la boca de El Eterno». Y por eso se dijo: «Para hacerte saber que no sólo del pan vive el hombre, sino que de todo lo que emana de la boca de El Eterno vive el hombre» (Deuteronomio 8:3). Pues de aquí sale la vida para vivificar y dar existencia a las almas. Y este Palacio es **la alegría del apego de todo.** Pues a través de la Voluntad de este Palacio se genera Alegría de apego con El Santo, Bendito Sea. **Y aquí se encuentra la Voluntad de las Voluntades,** pues aquí se revela la irradiación de luminosidad del Anciano Sagrado –*Atika Kadisha*–, que se denomina: Voluntad de todas las Voluntades. Y este Palacio está vinculado **con el misterio de lo que está escrito: «Tus labios como hilo de grana»** (Cantar de los Cantares 4:3). Pues aquí se encuentra aludido el misterio de los besos que se forman a través de los labios rojos. Aquí reciben misericordia y **voluntad todas las almas que salen** del interior **de** este Palacio que se denomina: **«lo que emana de la boca de El Eterno».**

Este Palacio se llama así, **el Palacio de la Voluntad, porque están aquí** todas las plegarias, las cuales ascienden a este Palacio y se satisfacen **todas las peticiones y todas las solicitudes del mundo.** Sin embargo en el Palacio que está debajo, el Palacio de los Méritos, allí se juzgan las plegarias que llegan para determinar si son merecedoras o no de ser recibidas. ¿Por qué en este Palacio de la Voluntad se satisfacen todos *las peticiones* y todas las solicitudes del mundo? **Porque** en él ilumina la irradiación de luminosidad de **la Voluntad de todas las Voluntades,** la irradiación de luminosidad del Anciano Sagrado –*Atika Kadisha*– **cuando se encuentran** aquí presentes **los besos** asociados al misterio de la unión íntima de Jacob con Raquel. **A esto se refiere el misterio de lo que está escrito: «Entonces Iaacov (Jacob) besó a Rajel (Raquel);** y alzó su voz, y lloró» (Génesis 19:11). Se alude aquí al misterio de los besos de este Palacio. **Y entonces, cuando éste besa a éste, entonces se denomina** a ese momento: **«Momento de Voluntad». Pues** en ese momento y a raíz de la unión íntima a través de los besos **se encuentra la completitud.** Pues la completitud se logra a través de la inclusión de este grado con este otro grado, es decir, la inclusión de grados dentro de grados. **Y** entonces **todos los rostros** de las sefirot **irradian luminosidad,** tanto en el Mundo de la Emanación –*Atzilut*–, como en el Mundo de la Creación –*Briá*–. **Y cuando las plegarias ascienden, entonces ese es «Momento de Voluntad», el cual se encuentra** y surge allí por las plegarias, las cuales provocan la unión. **Y a esto se refiere lo que está escrito: «En cuanto a mí, que mi plegaria a Ti, El Eterno, sea en un tiempo de voluntad»** (Salmos 69:14). Ya **que es** el momento de **la unión de** *iud–hei–vav–hei,* Jacob con Raquel, a través de los besos.

En este Palacio hay seis entradas: cuatro entradas a los cuatro flancos del mundo, en correspondencia con el misterio de la conducción del Jesed –bondad–, la conducción de Guevurá –rigor–, la conducción de Tiferet, y la conducción de Maljut, **y una arriba,** en correspondencia con el misterio de la conducción de Netzaj, **y una abajo,** en correspondencia con el misterio de la conducción de Hod. **En esas puertas fue designado un espíritu que es el ministro de todos los encargados que están** dispuestos **en todas esas entradas, a** cargo de las mismas. **Y el nombre de él,** de este agente que está a cargo de los demás encargados de las seis entradas de este Palacio, **es** el que se escribe con las letras hebreas: *reish–zain–iud–alef–lamed.* La primera parte de su nombre comparte raíz con la palabra *razim,* que significa «misterios». Y el final de su nombre indica un Nombre de El Santo, Bendito Sea, el Nombre «Él». Este encargado es el ente cósmico vinculado con el interior de este Palacio, y se denomina: «lo que emana de la boca de El Eterno». Además, él ejerce dominio sobre todo lo que hay en este Palacio. **Y él fue designado para estar a cargo de todos esos misterios supremos.** Pues quien profundiza en la Torá, atrae de lo Alto una irradiación de luminosidad oculta que se proyecta a través del Palacio de este encargado cuyo nombre se escribe con las letras hebreas: *reish–zain–iud–alef–lamed.* Y él abre las puertas de los portales de los misterios en lo bajo, y renueva las explicaciones de los misterios de la Torá. Y estos misterios son apropiados para ser **pronunciados** y transmitidos oralmente, **de boca en boca.** Y a esto se refiere el misterio de lo que está escrito: «Boca a boca hablo Yo con él, en una visión clara y no con acertijos; la imagen de El Eterno contempla él. ¿Por qué no temisteis hablar sobre Mi servidor, Moshé (Moisés)?» (Números 12:8). Pues **se besan** *iud–hei–vav–hei,* ya que se entregan este a este los secretos de la Torá en forma oculta, **con el amor del amor,** es decir, a través de un gran amor. Y asimismo estos misterios provocan la unión a través de los besos cósmicos con amor del aspecto masculino inferior –*Zeir Anpín*– con el aspecto femenino inferior –Maljut–.

Estos portales de este Palacio **no están** dispuestos **para ser revelados,** pues la raíz de la Voluntad está vinculada con la sefirá suprema y oculta denominada Keter. Por eso estos portales no se abren sino únicamente con la fortificación de la Voluntad suprema. **Pero cuando los portales** estos **se abren** con la fortificación de la Voluntad suprema, **entonces** lo **saben todos los** otros **Palacios** por la irradiación de luminosidad que los ilumina. **Y todos esos espíritus** que son el interior de los Palacios. **Y todos esos campamentos** de ángeles que se concatenan a partir de ellos. **Pues** la extraordinaria irradiación de luminosidad que se proyecta manifiesta que **he aquí los portales de la Voluntad** suprema que **se han abierto.** Es decir, todos los portales se abren a través de la irradiación de luminosidad del Anciano Sagrado –*Atika Kadisha*– que se proyecta al aspecto masculino inferior –*Zeir Anpín*–, y de él la irradiación de luminosidad se proyecta al aspecto femenino inferior –Maljut–. Y de allí la irradiación de luminosidad se proyecta hasta este Palacio, y entonces se revela en el mundo la Voluntad de El Santo, Bendito Sea, de beneficiar a sus criaturas. **Y no entran por esos portales** del Palacio de la Voluntad **sino** únicamente **las plegarias** que fueron pronunciadas **con voluntad** e integridad de corazón. Y lo mismo ocurre con quien **alaba** a El Santo, Bendito Sea, **con voluntad,** o se ocupa de la Torá con voluntad, dirigiendo su corazón a los misterios recónditos inaprensibles. Y lo mismo ocurre con aquellos que poseen **almas sagradas supremas** que salieron del mundo al fallecer los cuerpos en los que estaban **con voluntad** de apegarse a El Santo, Bendito Sea; también entran en este Palacio.

Éste Palacio **es el Palacio de Moshé,** y se apegaba en este lugar a la Presencia Divina –*Shejiná*– cuando profetizaba. **En este Palacio se reunió el alma de Moshé** al fallecer y salir de su cuerpo, **con amor.** Y él murió a través de un beso de El Santo, Bendito Sea, apegándose su alma a la Presencia Divina –*Shejiná*–. A esto se refiere el misterio de lo que está escrito: «Y Moshé (Moisés), servidor de El Eterno, murió allí, en la tierra de Moab, por la boca de El Eterno» (Deuteronomio 34:5). **Y** éste es el misterio de **los besos,** pues al fallecer Moshé provocó la unión a través **de los besos,** tal como lo hacía en vida.

En relación con **este Palacio** está dicho: «El sonido del *shofar* se hizo más y más fuerte; **Moshé (Moisés) hablaba y Dios** –Elokim–

le respondía con una voz» (Éxodo 19:19). «Moshé» se refiere al aspecto masculino inferior –*Zeir Anpín*–, pues él estaba enraizado en ese ente cósmico. Y él alababa a la Presencia Divina –*Shejiná*–, la cual está aludida en la expresión «Elokim». Es decir, en este versículo se alude al aspecto masculino inferior –*Zeir Anpín*– y a la Presencia Divina –*Shejiná*–. Y esa unión se producía **cuando** estos entes cósmicos **se apegaban a través de** los besos, es decir, **besos con besos, *iud–hei–vav–hei*. (254a) Y a esto se refiere lo que está escrito: «¡Si me besara con besos de su boca** –*pihu*–!» (Cantar de los Cantares 1:2). En el original hebreo no está escrito «su boca –*piv*–», sino «*pihu*». Fue agregada una letra *hei*. ¿Cuál es la razón? Para aludir al ente cósmico denominado Biná, que está asociado con el misterio de la letra *hei* suprema. Pues **no hay besos de alegría y amor** que provengan del flanco del ente cósmico denominado Biná, **sino cuando** el aspecto masculino inferior –*Zeir Anpín*–, y el aspecto femenino inferior –Maljut–, **se apegan *iud–hei–vav–hei*,** con el poder proveniente del ente cósmico denominado Biná, apegándose **boca con boca, espíritu con espíritu. Pues entonces ellos están saciados, *iud–hei–vav–hei*, con todo tipo de deleites** provenientes del flanco de Jojmá, **y con la alegría** proveniente del flanco de Biná, y a través **de la irradiación de luminosidad suprema** proveniente del flanco de Keter.

Ven y **observa:** está escrito: «El sonido del *shofar* se hizo más y más fuerte; **Moshé (Moisés) hablaba** y Dios –Elokim– le respondía con una voz» (Éxodo 19:19). «Moshé» se refiere al aspecto masculino inferior –*Zeir Anpín*–, y él hablaba pronunciando alabanzas de la Presencia Divina –*Shejiná*–, **como está escrito: «He aquí que tú eres hermosa, compañera mía;** he aquí que tú eres hermosa» (Cantar de los Cantares 4:1). **Y está escrito: «Tus labios como hilo de grana»** (Cantar de los Cantares 4:3). He aquí que en esta declaración se alude a la unión a través de los besos, los cuales se dan con los labios, y este misterio está vinculado con este Palacio. Y está escrito a continuación en el versículo antes mencionado: **«y Dios –Elokim– le respondía con una voz»** (Éxodo 19:19). Es decir, el aspecto femenino inferior –Maljut–, que se denomina «Dios –Elokim–», le respondía con una voz a las alabanzas, **como está escrito: «He aquí que**

tú eres hermoso, amado mío, y además, agradable» (Cantar de los Cantares 1:16). **Y está escrito: «Sus labios, como rosas que destilan mirra perfumada»** (Cantar de los Cantares 5:13).

En lo que respecta a **ese espíritu** cuyo nombre se escribe con las letras *reish–zain–iud–alef–lamed*, el cual es el ente cósmico vinculado con el interior de este Palacio y se denomina: «lo que emana de la boca de El Eterno», **fueron entregados en sus manos todos los misterios de esas almas supremas.** Es decir, le fueron entregados los secretos de las vestimentas en las que se invisten las almas sagradas supremas y los misterios de esas almas **que se despertaron con el deseo** de amar a El Santo, Bendito Sea, el Amo de ellas, y entregarse completamente por Él, **con el amor de lo Alto y lo bajo como uno.** Es decir, se refiere a las almas que se despertaron con el amor supremo proveniente del Jesed –bondad– del aspecto masculino inferior –*Zeir Anpín*–, y con el amor de lo bajo proveniente del Jesed –bondad– del aspecto femenino inferior –Maljut–, uniéndose en ellas estos dos tipos de amor como uno. **Esas almas supremas, eran, por ejemplo, las de Rabí Akiva y sus compañeros,** los mártires que fueron asesinados para santificar el Nombre de El Eterno. Considérese que en el Talmud se narra acerca de Rabí Akiva, que era peinado con peines de acero y sabía que moriría pronto a raíz de esa cruel tortura, y mientras era torturado recibía el yugo celestial recitando el Shemá, declarando: «Escucha, Israel: El Eterno es nuestro Dios, El Eterno es Uno» (Deuteronomio 6:4). Y se extendía en el final del versículo, recitando dilatadamente la palabra «Uno», para que su alma saliera en la palabra Uno (*véase* Talmud, tratado de Berajot 61b; y *véase* el Volumen Zohar II, 119a). Se aprecia el inmenso deseo de Rabí Akiva de apegarse a El Santo, Bendito Sea, entregándose completamente por Él, con el amor de lo Alto y lo bajo como uno. **Por tanto esas** almas, debido a su gran santidad, **no era necesario que se acercaran para sumergirse en el río Dinur,** para purificarse antes de vestirse con las vestimentas de irradiación de luminosidad suprema. Estas almas inmediatamente después de llegar a los Cielos se vistieron con vestimentas sagradas y entraron al Jardín del Edén de lo Alto. Y no ocurre con ellas **como** con **las demás almas que necesitan sumer-**

girse allí y pasar por el medio de las aguas centelleantes del río Dinur. **Y esto ya ha sido** estudiado y **establecido por nosotros.**

Ven y **observa: ese espíritu** cuyo nombre se escribe con las letras *reish–zain–iud–alef–lamed*, **sacó doce irradiaciones de luminosidad,** es decir, generó doce ángeles, los cuales llevan el Trono del aspecto femenino inferior –Maljut–. Estos son los ángeles de Argamán, es decir, Uriel, Refael, Gabriel, Mijael, y Nuriel, que en realidad son cuatro, pues Uriel con Nuriel están asociados al misterio del Jesed –bondad– y la Guevurá –rigor– del Tiferet. Y cada uno de estos cuatro ángeles, hay dos que los secundan, he aquí doce. Y esta disposición está asociada al misterio de las banderas de los Hijos de Israel; ya que había cuatro banderas dispuestas a los cuatro flancos llevadas por el líder de una tribu, y dos que secundaban a cada una de ellas, como está escrito: «La bandera del campamento de Reuben (Rubén) se ubicará hacia el sur, según sus legiones, y el líder de los hijos de Reuben (Rubén) es Elitzur, hijo de Shedeur (...) Los que acampan junto a él son: la tribu de Shimón (Simeón), y el líder de los hijos de Shimón (Simeón) es Shelumiel, hijo de Tzurishadai (...)» (Números 2:10-15). **Y todos están** dispuestos **según misterios** intrínsecos supremos, **debajo de este espíritu,** es decir, subordinados a él. Pues **en los cuatro flancos del mundo hay cuatro irradiaciones de luminosidad supremas que ejercen dominio en los cuatro flancos.** Esas irradiaciones de luminosidad aluden a los cuatro ángeles de Argamán que son los líderes de los campamentos que ejercen dominio en los cuatro extremos del mundo, en correspondencia con los cuatro tipos de conducciones: la conducción a través del Jesed –bondad–, la conducción a través de Guevurá –rigor–, la conducción a través de Tiferet, y la conducción a través de Maljut.

En el flanco Sur hay una irradiación de luminosidad suprema, o sea, el ángel Mijael con sus dos ángeles que lo asisten. Este flanco está **a la derecha de todo el mundo** y se vincula con el misterio del Jesed –bondad–. Y todas las bondades que se encuentran en los Palacios que están debajo de este Palacio provienen de allí. **Pues** a partir **de ella,** el Jesed –bondad–, los Hijos de **Israel comenzaron a unirse al misterio de la fe,** como está escrito: «Aquel día, El Eterno salvó a Israel de la mano de Egipto, e Israel vio a los egipcios muertos en la costa del mar. Israel vio la gran mano que El Eterno infligió sobre Egipto; y el pueblo temió a El Eterno y tuvieron fe en El Eterno y en Moshé (Moisés), Su siervo» (Éxodo 14:30-31). **Y éste es Mijael, el ministro de las legiones de la irradiación de luminosidad suprema.** Pues él está a la cabeza para recibir la irradiación de luminosidad del Jesed –bondad– antes que todos los demás ángeles. Y desciende por el flanco Sur, donde está la irradiación de luminosidad del Jesed –bondad– suprema, y de allí se expande a todos los demás Palacios inferiores para endulzar los juicios que hay en ellos. **Pues allí,** en el flanco Sur, **la irradiación de luminosidad** del Jesed –bondad– **está** dispuesta **con su** mayor **poder.**

Este ángel **Mijael,** el cual está vinculado con el misterio de **la irradiación de luminosidad de la derecha, es el gran tutor de** los Hijos de **Israel.** Él siempre los defiende en lo Alto. **Pues cuando el Otro Lado** –*Sitra Ajra*–, o sea, el ente cósmico maligno llamado Samael, **se levanta para desviar** y acusar **a** los Hijos de **Israel, Mijael argumenta contra él, y presenta la defensa a favor de** los Hijos de **Israel.** Pues el ángel Mijael reúne todas las buenas acciones de los Hijos de Israel, y todos los méritos de ellos, desde que existen, y los dispone ante El Santo, Bendito Sea, defendiendo con estos argumentos a los Hijos de Israel contra las acusaciones presentadas por Samael, del Otro Lado –*Sitra Ajra*–.

Entonces ocurre que la derecha, el flanco del Jesed –bondad–, desnivela para bien, **y** los Hijos de Israel **se salvan de esa acusación,** y no son entregados en las manos del Otro Lado –*Sitra Ajra*–. Y en lo que respecta a los pecados de los Hijos de Israel, El Santo, Bendito Sea, los purifica de otro modo, a través de castigos provenientes del flanco Norte, como será explicado más adelante. Y así los Hijos de Israel se salvan del enemigo de ellos, pues **el** ente cósmico maligno llamado Samael **es** la cabeza **de los enemigos** de los Hijos **de Israel.** Esto es así **con excepción del tiempo en que Jerusalén fue destruida,** e igualmente el Templo Sagrado que se encontraba en su interior. **Pues entonces prevalecieron los pecados, y Mijael no pudo con el Otro Lado** –*Sitra Ajra*–, es decir, no logró contrarrestar las acusaciones de Samael. **Pues los argumentos de Mijael eran quebranto para** los Hijos de **Israel. Y entonces volvió atrás su derecha ante el enemigo.** Es decir, la derecha concordó con el juicio.

En el flanco Norte hay otra irradiación de luminosidad, la cual está dispuesta **para tomar el juicio** sentenciado por el Tribunal **en el cuarto Palacio,** que es el Palacio de los Méritos. **Y** ese ángel, que es el ángel Gabriel, y que está vinculado con el misterio de la irradiación de luminosidad mencionada, **entrega** la sentencia **al encargado de la entrada. Pues en esa entrada hay otros encargados, los cuales son del flanco de la impureza. Y ellos aguardan a ese encarga-do para tomar de él** la sentencia de **el juicio. Y en ciertas ocasio-nes esa irradiación de luminosidad del flanco Norte hace juicio** y juzga con misericordia, **y no lo entrega en manos del Otro Lado** –*Sitra Ajra*–. **Pues todos los juicios que son hechos por él, tienen curación** a través de la misericordia aplicada a ese juicio. **Y El Santo, Bendito Sea, hace bondad con esos lugares** sobre los cuales Ga-briel está a cargo de ellos.

Pues el ángel **Gabriel es esa irradiación de luminosidad del flanco Norte. Y en todo lugar en el que él golpea, se posa la bon-dad. Pues Gabriel está incluido de dos flancos, y ambos están in-cluidos en él.** Estos dos flancos son: el Jesed –bondad– y la Guevurá –rigor–. **Y por eso él golpea y** asimismo **la curación está con él. A** este flanco está vinculado **el misterio de lo que está escrito: «De-bes saber en tu corazón que así como un padre castiga a su hijo, así El Eterno, tu Dios, te castiga»** (Deuteronomio 8:5). **Y estos son castigos con amor, los cuales están incluidos de este flanco y de este** otro **flanco,** es decir, del flanco del Jesed –bondad– y del flanco de Guevurá –rigor–.

En el flanco Este hay otra irradiación de luminosidad, la cual está dispuesta **para** ocuparse de **todo asunto de curación. Y para traer ante su Amo todos** los méritos de **los** enfermos **que están des-esperanzados en sus camas.** Entonces ese ángel, que es el ángel Re-fael, y está vinculado con el misterio de la irradiación de luminosidad mencionada, trae los méritos de esas personas ante El Santo, Bendito Sea. **Y** hace esto porque él tiene facultad **para acercar el tiempo y los**

plazos finales de esas enfermedades que culminaron su misión.
Pues fue decretado que tal persona enfermará hasta el día Zutano,
pero aún está pendiente la curación a través del medicamento Mengano por medio de la persona Zutana (*véase* Talmud, tratado de Avodá
Zara 55a). **Y** este ángel, Refael, **rodea el mundo todo día y día, para
completar la curación** de los enfermos con la voluntad de El Santo,
Bendito Sea, **con** el consentimiento y **la ordenanza del Amo de él,**
y no a través de medicamentos o tiempo de recuperación. **Y esa irradiación de luminosidad, su nombre es Refael. Y aunque sea que
ya ha sido estudiado** y establecido **por nosotros** lo concerniente al
ángel Refael **en relación con otro flanco,** el del Oeste, aun así esto
que hemos dicho ahora no es una contradicción. Pues el Oeste es un
misionario del Sur, el Norte, y el Este. Es importante considerar que
el Oeste está vinculado con el misterio del aspecto femenino inferior –Maljut–, que conduce al mundo según las fuerzas que recibió: el
Jesed –bondad– y la Guevurá –rigor–. Y a esas fuerzas de conducción
las recibe de Tiferet, que está asociado con el misterio del Este. Por
eso lo principal en lo que respecta a las curaciones y la vida está vinculado con el flanco Este.

Y éste ángel, Refael, **está aferrado a este flanco y a este** otro
flanco. Es decir, **al flanco de** el ángel **Mijael,** o sea, al flanco del
Jesed –bondad–, **y al flanco de**l ángel **Gabriel,** o sea, el flanco Norte, que es el flanco de Guevurá –rigor–. Pues Refael está situado cósmicamente en el flanco de Maljut, cuyo lugar está detrás del flanco
Oeste, y por eso incluye al Jesed –bondad– y a la Guevurá –rigor–,
estando de este modo en la alineación central. Sin embargo en ciertas
ocasiones se considera como si estuviera en el Este, para realizar las
acciones vinculadas con las curaciones.

Y éste ángel, Refael, **es** el **encargado** designado para intervenir
**cuándo se juzga a la persona en el cuarto Palacio para vida. En-
tonces él le anticipa la curación** para que permanezca con vida. **Y
esta curación sale con dificultad,** es decir, la persona se cura con
dificultad. **Pues** la curación **sale de dos flancos,** del flanco del Jesed
–bondad– y del flanco de Guevurá –rigor–. **Y esta dificultad** mencionada **viene del flanco de la izquierda,** el del juicio. Pues el atributo

del juicio, que está en la alineación de la izquierda, impide la curación que proviene del otro flanco, el de la derecha. **Y la curación proviene del flanco de la derecha,** que es el flanco del Jesed –bondad– **y, por eso, cuando le llega la curación a ese enfermo, viene a él con mucha dificultad.**

Y así es ciertamente, que Refael es **del flanco Oeste. Y aunque sea que** antes **dijimos que Refael es del flanco Este,** en verdad se refiere al flanco Oeste, tal como lo hemos explicado anteriormente; **y** esto **ya ha sido** estudiado y **establecido** por los sabios quienes revelaron **que** en verdad **es el flanco Oeste.** Pues el Oeste es un delegado del Sur, el Norte, y el Este, tal como hemos dicho anteriormente. Pues **las curaciones y la vida no vienen sino del flanco Este,** que es el flanco de Tiferet, el cual está vinculado con el misterio del Árbol de la Vida. Y Refael es el encargado de las curaciones, y por esa razón atribuimos la ubicación de este ángel también al flanco Este. **Pues de allí se proyecta la vida a lo bajo.**

Y en este flanco hay una irradiación de luminosidad, un ángel, **y su nombre es** el que se escribe con las letras hebreas: *nun–vav–reish–iud–alef–lamed.* Esto es así cuando recibe la energía cósmica del flanco del juicio, **y** cuando recibe la energía cósmica del flanco del Jesed –bondad– su nombre entonces **es** el que se escribe con las letras hebreas: *alef–vav–reish–iud–alef–lamed.* **Y éste** ángel **está incluido de todos** los tres ángeles anteriores. Pues siempre el cuarto está incluido de los tres anteriores, tal como ocurre con el Maljut, que está incluida del Jesed –bondad–, la Guevurá –rigor–, y el Tiferet. **Y este ángel es el delegado de todos,** o sea, el que lleva a cabo la acción proveniente de los tres primeros ángeles. **Y tienen tres flancos** –grados–, los de los tres primeros ángeles. **Pero son** considerados solamente **dos, pues cada uno de ellos está incluido con su compañero.** Ya que Gabriel está incluido con Mijael, he aquí un grado; y el Este y el Oeste, que corresponden con el grado de Tiferet y el Maljut, a veces están incluidos mutuamente; he aquí dos grados.

(254b) Pues estos cuatro ángeles mencionados, **que son los cuatro fundamentos inferiores,** es decir, el Jesed –bondad–, la Guevurá –rigor–, el Tiferet, y el Maljut, del Mundo de la Creación –*Briá*–,

254b

están enraizados en lo Alto, en el Mundo de la Emanación –*Atzilut*–. Es decir, los cuatro ángeles mencionados del Mundo de la Creación –*Briá*– provienen **de esos cuatro fundamentos del mundo,** es decir, el Jesed –bondad–, la Guevurá –rigor–, el Tiferet, y el Maljut, del Mundo de la Emanación –*Atzilut*–. Ellos son **superiores a todos** los fundamentos del mundo. **Y dado que todos se vinculan *iud–hei–vav–hei,*** por eso **se insinuó** esto **en el versículo, y se dijo: «Al huerto de los nogales descendí para ver»** (Cantar de los Cantares 6:11). Pues la nuez tiene cuatro partes que se denominan *mojin*, es decir, facultades cognitivas cósmicas. Y las mismas están asociadas al misterio del Jesed –bondad–, la Guevurá –rigor–, el Tiferet, y el Maljut, las cuales están unidas *ésta con ésta* en el centro. O sea, se indica a modo de insinuación que cada uno está vinculado e incluido con su compañero.

Estas cuatro irradiaciones de luminosidad supremas que son los ángeles de Argamán, es decir, Uriel, Refael, Gabriel, Mijael, y Nuriel, están asociados al misterio de grandes seres vivientes, y **hay debajo de ellas otras ocho** irradiaciones de luminosidad asociados al misterio de los seres vivientes pequeños. Pues con cada uno de estos cuatro ángeles hay otros dos ángeles. **Y éstas son las doce irradiaciones de luminosidad que están debajo de ese espíritu mencionado** anteriormente, es decir, el espíritu cuyo nombre se escribe con las letras *reish–zain–iud–alef–lamed*. Es decir, estas doce irradiaciones de luminosidad dependen de él. **Y este espíritu está sobre ellas con completitud, para que haya completitud,** para que ésta exista en las doce irradiaciones de luminosidad, **y todos conforman una completitud** íntegra para llevar la Carroza del aspecto femenino inferior –Maljut–. **Y cuando se dividen todos** los doce ángeles mencionados **son** divididos de modo tal que se ubican **tres en cada flanco** de la Carroza.

Esos cuatro ángeles que llevan y **sostienen** la Carroza del aspecto femenino inferior –Maljut– están asociados al misterio de los cuatro fundamentos de conducción en forma general, y **están** dispuestos **para hacer ascender y unificar este Palacio** de Tiferet del aspecto masculino inferior –*Zeir Anpín*–, del Mundo de la Creación –*Briá*–

con el aspecto femenino inferior –Maljut– del Mundo de la Emanación –*Atzilut*–, que descendió allí, **en lo Alto, en el lugar denominado «Cielos»,** o sea, el Tiferet del Mundo de la Emanación –*Atzilut*–. Esto es así **para unir como uno** al aspecto masculino inferior –*Zeir Anpín*– con el aspecto femenino inferior –Maljut–, *iud–hei–vav–hei,* según el misterio de la unión **a través de** los **besos** cósmicos.

Debajo de estos ángeles: Uriel, Refael, Gabriel, Mijael, y Nuriel, **hay numerosos grados sobre grados,** es decir, campamentos de ángeles, **y todos salen de ellos** y cada uno es ministro de su campamento. Pues **de esos fundamentos inferiores,** los ángeles: Uriel, Refael, Gabriel, Mijael, y Nuriel, salen muchos campamentos de ángeles; **de ellos, del flanco del** fundamento **agua,** o sea, del ángel Mijael, vinculado con el flanco del Jesed –bondad–; **y de ellos, del flanco del** fundamento **fuego,** o sea, del ángel Gabriel, vinculado con el flanco de Guevurá –rigor–; **y de ellos, del flanco del** fundamento **aire,** o sea, del ángel Refael, vinculado con el flanco de Tiferet; **y de ellos, del flanco del** fundamento **tierra,** o sea, del ángel Uriel, vinculado con el flanco de Maljut.

Parecido a esto hemos estudiado: cuatro entraron al vergel –Pardés– (Talmud, tratado de Jaguigá 14b). Es decir, sus almas ascendieron a los Palacios del Mundo de la Formación –*Ietzirá*– a través de un Nombre de El Santo, Bendito Sea. **Y todos eligieron** ascender a **este lugar,** el del Árbol del Conocimiento del Bien y del Mal, **a esos cuatro fundamentos** que se encuentran en el Árbol del Conocimiento del Bien y del Mal, y los cuales están incluidos de bien y mal. **Y cada uno y uno se vinculó con su lugar** donde estaba enraizado, es decir, el sitio al que estaba aferrada su alma. **Éste,** Elisha, se vinculó **con el flanco del fuego, y éste,** Rabí Akiva, se vinculó **con el flanco del agua, y éste,** el hijo de Zoma, se vinculó **con el flanco del aire, y éste,** el hijo de Azai, se vinculó **con el flanco de la tierra. Y todos se ahogaron en los fundamentos de ellos, en los que entraron, con excepción de ese piadoso íntegro,** Rabí Akiva, **el cual vino** por medio **del flanco de la derecha y ascendió a lo Alto.** O sea, ascendió por el lugar al cual no se adhiere el Otro Lado –*Sitra Ajra*–; y ascendió grado tras grado y se apegó a la derecha, al Palacio

254b

del Amor del Mundo de la Creación –*Briá*–. Y después ascendió más aún, al Jesed –bondad– del Mundo de la Emanación –*Atzilut*–.

Y cuando llegó a ese lugar que se denomina Palacio del Amor del Mundo de la Creación –*Briá*–, **se apegó a él con voluntad de corazón,** pues en ese lugar debe despertarse con amor completo e íntegro. **Dijo: «A este Palacio hay que apegarlo con el Palacio de lo Alto, con gran amor».** Es decir, dijo: «A este Palacio del amor del Mundo de la Creación –*Briá*– hay que hacerlo ascender y unirlo con el Palacio de arriba, que se denomina Palacio del Gran Amor, que está asociado con el misterio del Jesed –bondad– del Mundo de la Emanación –*Atzilut*–». Y agregó: **«Entonces se completará el misterio de la Fe».** Es decir, de este modo se provocará la unión del aspecto masculino inferior –*Zeir Anpín*– con el aspecto femenino inferior –Maljut– del Mundo de la Emanación –*Atzilut*–. **Y él ascendió y completó el Amor Menor con el Gran Amor.** Es decir, ascendió y vinculó el Amor Menor asociado con el misterio del Jesed –bondad– del aspecto femenino inferior –Maljut–, con el Gran Amor asociado con el misterio del Jesed –bondad– del aspecto masculino inferior –*Zeir Anpín*– del Mundo de la Emanación –*Atzilut*–, **como es debido. Y por eso** Rabí Akiva **murió con amor,** a través de un beso. **Y su alma salió en** medio del recitado de **este versículo: «Amarás** a El Eterno, tu Dios, con todo tu corazón, con toda tu alma y con todos tus recursos» (Deuteronomio 6:5). (*Véase* Talmud, tratado de Berajot 61b) **¡Bienaventurada su parte!**

En cuanto a Rabí Akiva, él ascendió directamente, sin detenerse ni mirar, pero **todos esos otros** tres que ascendieron al Pardés se detuvieron en medio del ascenso y observaron, cosa que no debían hacer pues había cortezas impuras, las cuales están asociadas al mal, y **descendieron a lo bajo, cada uno y uno** a los cuatro fundamentos que se encuentran en el Árbol del Conocimiento del Bien y del Mal, los cuales están incluidos de bien y mal. **Y fueron castigados con** la parte mala de **ese fundamento que desciende a lo bajo,** al Otro Lado –*Sitra Ajra*–.

Elisha descendió a lo bajo por el flanco de la izquierda que es el flanco del **fuego.** Es decir, descendió a lo bajo para investigar acerca del Árbol del Conocimiento del Bien y del Mal, por el lado vinculado con la Guevurá –rigor– del Mundo de la Formación –*Ietzirá*–, a través del flanco de la izquierda que está asociado con el misterio del fundamento fuego. Y en verdad debía hacer ascender a ese grado a lo Alto, al Mundo de la Emanación –*Atzilut*–, y entonces hubiera provocado la rectificación de manera apropiada. Pero él se apegó allí, a la Guevurá –rigor– del Otro Lado –*Sitra Ajra*–, y a través de ello causó separación entre el fuego de Guevurá –rigor– del aspecto femenino inferior –Maljut–, y el fuego de Guevurá –rigor– del aspecto masculino inferior –*Zeir Anpín*–. Y tampoco ascendió el fuego de Guevurá –rigor– del ángel Metatrón a lo Alto, al aspecto femenino inferior –Maljut– del Mundo de la Emanación –*Atzilut*–, para enseñar que es una ramificación suya. Sino que dijo que la conducción se realiza a través del ángel Metatrón mismo. Y a través de esto «cortó las Plantaciones» y salió del conjunto de los Hijos de Israel. **Y así fue como descendió con él,** con el flanco del mal, **y no ascendió** de allí. **Y se encontró con ese Otro Lado** –*Sitra Ajra*– **que se denomina «otro dios». Y se impidió de él el arrepentimiento y fue confundido por haberse apegado a él. Y por eso se lo llamó** a Elisha por el nombre: **«***Ajer* –Otro–**». Y** esto **ya ha sido** estudiado y establecido **por nosotros.**

El hijo de Azai descendió para investigar **por el fundamento** –Iesod– **de la tierra,** vinculado con el misterio de Maljut del Mundo de la Formación –*Ietzirá*–, el cual está incluido de bien y mal; y debía hacerlo ascender al Mundo de la Emanación –*Atzilut*– para rectificarlo como es debido. Y entonces hubiera permanecido con vida. **Y** él llegó hasta allí, al lugar que está **antes de llegar a la tierra ardiente,** es decir, al Otro Lado –*Sitra Ajra*– que se asemeja a la tierra ardiente y quemada, que no produce frutos, la cual es el residuo de la tierra de la santidad. Y a esto se refiere el misterio de lo que está escrito: «El azufre y la sal, una conflagración de toda la Tierra, no puede sembrarse y no puede brotar, y no crecerá en ella pasto; como el cataclismo de Sodoma y Gomorra, Admá y Tzevoim, que El Eterno trastornó en Su ira y Su furia» (Deuteronomio 29:22). **Pues** el residuo de la tierra de la santidad **llega a ese Otro Lado** –*Sitra Ajra*– para que reciba nutriente y vitalidad, y no es este un mal completo. Y el hijo de Azai llegó hasta allí, pero no llegó hasta el Otro Lado –*Sitra Ajra*– mismo.

Y ocurrió que **él,** el hijo de Azai, **se ahogó en esa tierra** del Mundo de la Formación –*Ietzirá*–, pues no podía salir de allí con su capacidad cognitiva. **Y murió.** Pues la muerte está vinculada con el misterio del fundamento tierra, como está escrito: «Con el sudor de tu frente comerás el pan hasta que retornes a la tierra, de la que fuiste tomado; pues tú eres polvo y al polvo retornarás» (Génesis 3:19). **Y a esto se refiere** el misterio de **lo que está escrito: «Preciada es a los ojos de El Eterno la muerte de sus piadosos»** (Salmos 116:15). Pues el hijo de Azai murió sin hijos y era piadoso (*véase* Talmud, tratado de Berajot 57b).

El hijo de Zoma descendió para investigar **por el fundamento** –Iesod– **del aire,** vinculado con el misterio de Tiferet del Mundo de la Formación –*Ietzirá*–; y debía hacerlo ascender al Mundo de la Emanación –*Atzilut*– para rectificarlo como es debido. **Y se topó con otro espíritu que llegaba del flanco impuro que se denomina «Encuentro del mal** –*pega ra*–**»** (*véase* I Reyes 5:18). Es decir, no es un mal absoluto sino que el Otro Lado –*Sitra Ajra*– recibe de él la vitalidad. Y en cuanto a lo que dijimos, que este espíritu no es un mal absoluto, se debe a que nutre al Otro Lado –*Sitra Ajra*–, topándose con el mal solamente. **Y por eso** el hijo de Zoma **se topó con él y no se asentó en él** el espíritu de sabiduría. Ésta es la razón por la que resultó dañado.

Y todos los tres sabios mencionados **no se salvaron del castigo. Y a esto se refiere lo que dijo Salomón: «Hay vanidad que se hace sobre la tierra: que hay justos a quienes sucede como si hicieran obras de malvados,** y hay malvados a quienes acontece como si hicieran obras de justos; digo que esto también es vanidad» (Eclesiastés 8:14). Es decir, hay veces en que los justos son castigados con castigos propicios para ser aplicados a los malvados. Y este versículo está vinculado con el misterio de los tres sabios mencionados, **pues estos** tres sabios **descendieron** para investigar **por estos grados,** los del Árbol de la Sabiduría del Bien y del Mal, y pasaron por el lugar de las cortezas impuras denominadas *klipot*, y miraron en el lugar en el que estaba prohibido observar. Ésta es la razón por la que fueron castigados.

Ven y **observa: ya que Rabí Akiva ascendió a lo Alto,** al Palacio del Amor, **como es debido,** por eso **entró en paz y salió en paz.** Por tal razón **David formuló una pregunta** a El Santo, Bendito Sea, **y no le fue explicada** la respuesta, sino que le fue otorgada una respuesta a modo de insinuación solamente. **Como está escrito: «Seré de los muertos por tu mano, El Eterno, de los muertos de ancianidad, cuya porción** está reservada **para la vida** eterna; y tu bien oculto sacie sus vientres, sacie a sus hijos, y aun dejarán para sus descendientes» (Salmos 17:14). La explicación es ésta: lo que está escrito: «Seré de los muertos por tu mano» se refiere a la pregunta de David, quien **se sorprendió** y preguntó **por qué** los diez sabios que fueron matados por la santidad del Nombre de El Santo, Bendito Sea, **fueron matados por asesinos mundanos.** Era propicio que mueran por Su mano, a través de un beso. Y la sorpresa de David no culminó ahí, pues también dijo: «de los muertos de ancianidad –*jeled*–», y se refirió a esos **justos y** hombres **merecedores que no cometieron pecado como para ser castigados** de ese modo. ¿Cómo es posible que hayan muerto a manos de hombres mundanos –*jeled*–? Eran hombres propicios, cuya parte estaba asociada a la Vida. Y se refirió en especial a Rabí Akiva, quien estaba aferrado a la Vida, ya que había entrado en paz y había salido en paz. Y las respuestas correspondientes a estas preguntas están insinuadas en el mismo versículo, como se explicará más adelante.

Ven y **observa** lo que está escrito: **«Seré de los muertos por tu mano, El Eterno»** se refiere a esos justos que eran apropiados para morir a través de un beso de El Santo, Bendito Sea. Y lo que está escrito a continuación: **«de los muertos de ancianidad** –*jeled*–**»** se refiere al cuerpo interior, que es la vestimenta del alma de ellos, que estaba hecha con el grado del Árbol del Conocimiento del Bien y del Mal, pues ejerció dominio sobre ellos el Otro Lado –*Sitra Ajra*– que se denomina «*Jeled*». Ya que el Otro Lado –*Sitra Ajra*– está asociado con el misterio de la escoria –*julda*– que está sobre el oro. Y ellos murieron a través de él. Pero **«su porción** estaba reservada **para la**

vida», pues a través de esto se depuraron y ascendieron según el misterio de las aguas femeninas y aguas masculinas hasta el aspecto masculino superior –*Aba*– y el aspecto femenino superior –*Ima*–, los cuales se denominan Vida.

Ahora bien, **aquí,** en este versículo, **hay dos flancos,** es decir, dos asuntos. Uno, lo que está escrito: **«tu mano, El Eterno», y** el segundo: *«jeled».* Lo que está escrito: **«tu mano, El Eterno» se refiere a El Santo, Bendito Sea,** o sea, la Presencia Divina –*Shejiná*–. **Pues el alma** de cada uno de los diez sabios que murieron **entró en Él.** Y lo que está escrito: **«de los muertos de ancianidad** –*jeled*–**» se refiere al Otro Lado** –*Sitra Ajra*–. **Pues ejerció dominio sobre los cuerpos de ellos** ya que murieron a través del Otro Lado –*Sitra Ajra*– para ser depurados, tal como hemos dicho anteriormente. ¿Y de dónde se sabe que el Otro Lado –*Sitra Ajra*– se denomina *Jeled?* **Como está escrito: «Ya no veré más hombre con los moradores de Jadel»** (Isaías 38:11). La expresión *Jadel* se escribe con las mismas letras que *Jaled,* y alude al Otro Lado –*Sitra Ajra*–. Es decir, El Santo, Bendito Sea, no mirará más a los hombres que moren con el Otro Lado –*Sitra Ajra*–.

Ven y **observa:** los diez sabios que fueron asesinados para santificar el Nombre de El Santo, Bendito Sea, debían morir de ese modo, porque **las almas de estos** hombres ascendieron a lo Alto **para completar el Espíritu Sagrado** del aspecto femenino superior –*Ima*–. Esto fue así **para que sean diez los espíritus** sagrados que asciendan **de lo bajo, como es debido.** Y debían ascender para llevar las aguas femeninas del aspecto femenino superior –*Ima*– desde lo bajo, de entre las cortezas impuras denominadas *klipot,* a lo Alto, al aspecto femenino superior –*Ima*– del Mundo de la Emanación –*Atzilut*–. **Y el cuerpo de ellos debía ser entregado al reino malvado** a través del asesinato. Pues por medio de eso ascendieron las aguas femeninas de entre las cortezas impuras, las cuales eran aguas que pertenecían al aspecto femenino inferior –Maljut– del Mundo de la Emanación –*Atzilut*–. Y de los cuerpos de ellos **cada uno tomó su parte.** Es decir, la santidad tomó la parte buena, y el Otro Lado –*Sitra Ajra*– tomó la parte mala, **según el misterio de las ofrendas.** Ya que los sacerdotes se concentraban en el momento de ofrecer las ofrendas hacían ascender las aguas femeninas a través de esa concentración, según el misterio de sus almas a lo Alto. Y del cuerpo del animal ofrendado se otorgaba una parte también al Otro Lado –*Sitra Ajra*–.

Y ven y **observa: la cabeza del comienzo de la fe,** es decir, la cabeza del comienzo de los aspectos cósmicos denominados *partzufim* del Mundo de la Emanación –*Atzilut*–, que se denomina Fe, y está asociada al misterio del *Arij Anpin,* **dentro de su pensamiento,** o sea, la facultad cognitiva cósmica oculta, **golpeó** según el misterio de la unión intrínseca de Guevurá –rigor– del Anciano de Días –*Atik Iomin*–, **en** el centelleo poderoso que se denomina ***Botzina Dekardinuta,*** que se inviste en la facultad cognitiva cósmica oculta. **Y** a través de eso **hizo ascender dentro del pensamiento** supremo todas las depuraciones de los siete reyes cananeos mencionados al comienzo del Génesis. Y allí se depuraron las partículas cósmicas correspondientes a la rectificación de los *partzufim* del aspecto masculino superior –*Aba*–, y el aspecto femenino superior –*Ima*–. **Y** después el pensamiento, o sea, la facultad cognitiva cósmica oculta, **sacó** los **centelleos** que no eran necesarios para la rectificación de los aspectos cósmicos denominados *partzufim* del aspecto masculino superior –*Aba*– y el aspecto femenino superior –*Ima*–. Pues de todos estos centelleos quedaban residuos. Y **a esos centelleos los arrojó a los trescientos veinte flancos** y fueron recibidos por el aspecto femenino superior –*Ima*–. **Y** después, el aspecto femenino superior –*Ima*– **depuró el residuo dentro del pensamiento.** Es decir, el aspecto femenino superior –*Ima*– depuró los residuos que quedaron de la depuración del pensamiento supremo, la facultad cognitiva cósmica. **Y se depuraron** en el aspecto femenino superior –*Ima*– todos los centelleos correspondientes a la rectificación del aspecto masculino inferior –*Zeir Anpín*– y el aspecto femenino inferior –Maljut–.

Así también ocurrió con estos, los diez sabios asesinados. **Con ellos se completó quien debía** completarse. Pues al ser asesinados, sus almas hicieron ascender las aguas femeninas al ente cósmico denominado Biná, y sus cuerpos hicieron ascender las aguas femeninas al aspecto femenino inferior –Maljut–. Y a través de esto se completaron el ente cósmico denominado Biná y el aspecto femenino inferior

–Maljut–. **Ciertamente que así ascendió al pensamiento** supremo. Es decir, ciertamente que las depuraciones mencionadas ascendieron al pensamiento supremo para depurarse. **Y todo (255a) fue como debía ser. La alegría,** o sea, la santidad, estaba **de este lado, y la tristeza,** o sea, el Otro Lado –*Sitra Ajra*–, estaba **de este** otro **lado,** pues ejerció dominio sobre los cuerpos sagrados.

Ya que se dijo que la alegría está vinculada con el flanco de la santidad se mencionará una enseñanza asociada a este tema: **está escrito: «Y alabé yo a la alegría; que no tiene el hombre bien debajo del Sol sino la comida, la bebida, y la alegría; y que** –la alegría– **lo acompañe en su esfuerzo los días de su vida que Dios le concede debajo del Sol»** (Eclesiastés 8:15). Lo que está escrito: **«Y alabé yo a la alegría»,** ¿que se aprende de esto? **¿Acaso el rey Salomón alababa esto,** la alegría por los placeres mundanos?

La respuesta no es **sino** ésta: lo que está escrito: **«Y alabé yo a la alegría»** no **se refiere a la alegría** por los placeres de este mundo sino a la alegría **del Rey sagrado cuando ejerce dominio en el Día de Reposo y los días festivos.** Pues en esos momentos hay alegría en lo Alto, y debe comerse, beberse y alegrarse en lo bajo. **Pues de todas las buenas obras que la persona realiza, no hay bien para la persona debajo del Sol sino** el que sobreviene por **comer y beber** en el Día de Reposo y los días festivos, **y mostrar la alegría de ese tiempo.** Pues la alegría del Día de Reposo y los días festivos se proyecta a todos los Hijos de Israel, cada uno según su nivel. Por eso debe alegrarse en esos días **para tener una parte en el Mundo Venidero.**

A continuación está escrito en el versículo: **«y que lo acompañe en su esfuerzo** los días de su vida que Dios le concede debajo del Sol» (Eclesiastés 8:15). **¿Quién** lo acompañará? La respuesta no es sino ésta: **se refiere a El Santo, Bendito Sea,** es decir, **Él lo acompañará e irá con él para llevarlo al Mundo Venidero.**

Otro modo de interpretar el **asunto:** está escrito en el versículo: **«y que lo acompañe** –*ilvenu*– en su esfuerzo los días de su vida que Dios le concede debajo del Sol» (Eclesiastés 8:15). La expresión *ilvenu* significa «acompañar» y también «prestar». **¿Quién es** el ente cósmico aquí aludido? La respuesta no es sino ésta: **se refiere a esa persona que come, y bebe, y se alegra** en honor del Día de Reposo y los días festivos. Entonces, **todo lo que sacó** –el dinero que invirtió– **para comer y beber, él lo presta a El Santo, Bendito Sea, en calidad de préstamo.** Pues las comidas de los Días de Reposo y los Días Festivos son comidas de El Santo, Bendito Sea, y quien adquiere alimentos y bebidas para celebrarlas, es como si los adquiriera por Él. Por eso se considera como si la persona prestara ese dinero invertido a El Santo, Bendito Sea. **Y Él le dará** a esa persona una recompensa apropiada, **duplicándole el doble de todo lo que sacó** –invirtió– **por esto:** lo necesario para las comidas de los Días de Reposo y los Días Festivos.

En estos dos asuntos la persona presta a El Santo, Bendito Sea: cuando se apiada de un necesitado **y cuando saca** –invierte– lo necesario **para** preparar las comidas de **los Días de Reposo y los Plazos** de El Santo, Bendito Sea, o sea, los Días Festivos. **Pues en todo** lo relacionado con estos asuntos **se considera como si hubiera prestado a El Santo, Bendito Sea, como está dicho: «El que da al pobre presta a El Eterno, y el bien que ha hecho se lo pagará»** (Proverbios 19:17). «El que da al pobre» se considera como si al hacerlo prestara a El Eterno, «y el bien que ha hecho», invirtiendo lo necesario para preparar las comidas de los Días de Reposo y los Días Festivos, Él «se lo pagará» devolviéndole mucho más de lo que invirtió.

Y por eso, ésta, la santidad, **es alegría, y éste,** el Otro Lado –*Sitra Ajra*–, **es tristeza. Ésta,** la santidad, **es vida, y éste,** el Otro Lado –*Sitra Ajra*–, **es muerte. Ésta,** la santidad, **es bien, y éste,** el Otro Lado –*Sitra Ajra*–, **es mal. Ésta,** la santidad, **es Jardín del Edén, y éste,** el Otro Lado –*Sitra Ajra*–, **es Infierno. Y todo** lo relacionado con **éste,** el Otro Lado –*Sitra Ajra*–, **es inverso a** lo relacionado con **ésta,** la santidad.

Y en cuanto a los diez sabios mencionados anteriormente que fueron asesinados por la santidad del Nombre de El Santo, Bendito Sea, a manos del gobierno perverso, **por eso los cuerpos de ellos estaban con tristeza,** porque había ejercido dominio sobre ellos el Otro Lado –*Sitra Ajra*–. **Y el alma de ellos estaba con alegría,** pues había ascendido a lo Alto y se había apegado a la Presencia Divina –*Shejiná*–. **Y cuando fueron asesinados esos diez** hombres **denominados los diez mártires del reino, fue** con la intervención **del Otro Lado** –*Sitra Ajra*–. **Y entonces completaron otro lugar de la santidad.** Pues hicieron ascender aguas femeninas al aspecto femenino inferior –Maljut–, tal como hemos dicho anteriormente. **Y por eso** esos justos no murieron a causa de los pecados de ellos sino porque era un decreto de lo Alto, y **todo está revelado ante El Santo, Bendito Sea.** Ya que debían morir para rectificar los mundos supremos, y por eso se volvieron merecedores de una gran recompensa. **Y todo se hizo correctamente, como debía ser.**

Seguidamente se explicarán más detalles del Palacio de la Voluntad: **en este Palacio están esos doce** ángeles anteriormente mencionados, **estos cuatro** ángeles de Argamán, es decir, Uriel, Refael, Gabriel, Mijael, y Nuriel **están en lo Alto, y** hay otros **ocho** ángeles **con ellos. Pues cada uno** de los cuatro ángeles de Argamán **toma con él dos** ángeles más, disponiéndose en un orden **como el orden de los doce estandartes** de las tribus de los Hijos de Israel en el Desierto. **Y así ocurre** también **con el orden de lo bajo,** el de los ángeles del Mundo de la Creación –*Briá*–, **hasta el final de todos los grados.**

En este Palacio entran todas las plegarias y todas las voluntades de las alabanzas que se pronunciaron con amor, las cuales habían ascendido al Palacio del Amor. **Y cuando entran en este Palacio** de la Voluntad, **todos** los justos que oran apropiadamente **se apegan a El Santo, Bendito Sea,** según el misterio del apego de espíritu. Pues quien ora a El Santo, Bendito Sea, con amor, se apega a Él con amor. **Y cada día,** en el momento del recitado de las plegarias, **y en todo momento en que** asciende el alma sagrada y provoca **la unión a través de los besos, ese es el tiempo en que El Santo, Bendito Sea, se regodea con las almas de los justos. ¿Y cuál es el regodeo** de El Santo, Bendito Sea, con las almas de los justos? Es el regodeo de la unión íntima, **pues se despiertan esos Besos** a través del ascenso de las aguas femeninas. **Y** si bien todos los Palacios se incluyen en el Palacio de la Voluntad para despertar la unión a través de los Besos, de todos modos, **esos** justos **se adelantan a** despertar **ese deleite** de la unión a través de los Besos. Pues el grado de ellos está por encima de los Palacios. **Y a esto se refiere lo que está escrito: «Entonces te deleitarás en El Eterno;** y Yo te haré subir sobre las alturas de la tierra, y te daré a comer la heredad de Jacob tu padre; porque la boca de El Eterno lo ha manifestado» (Isaías 58:14). **Y esto ya ha sido** estudiado y **establecido por nosotros.**

A continuación se explicarán los detalles de los seis Palacios que se encuentran dentro del Palacio de la Voluntad, los cuales son el origen de los Palacios inferiores (*véase* Arizal, Etz Hajaim). **Este Palacio es la generalidad de todos los Palacios inferiores: todos están incluidos en este Palacio.**

El **primer Palacio** es el que corresponde con el denominado «Embaldosado de Zafiro», **pues allí está ese espíritu que hemos mencionado,** cuyo nombre se escribe con las letras *reish–zain–iud–alef–lamed*, que es el ente cósmico vinculado con el interior de este Palacio de la Voluntad, y se denomina: «lo que emana de la boca de El Eterno». **Y** también están allí **todos los seres vivientes de él,** o sea, los doce seres vivientes sagrados de este Palacio. Todos están en el primer Palacio del Palacio de la Voluntad.

Este Palacio **se sostiene con dos columnas por el flanco Este.** Esas columnas son dos ángeles que están asociados al misterio del Jesed –bondad– y la Guevurá –rigor–, o sea, el flanco de la derecha y el flanco de la izquierda que hay en el flanco Este. Y se sostiene **con dos columnas por el flanco Sur, y con dos columnas por el flanco Oeste, y con dos columnas por el flanco Norte. Y** estas columnas **son** en total **ocho, y se denominan Estacas del Tabernáculo.** Pues esos ángeles descienden a lo bajo y permanecen enclavados en el mundo inferior como estacas, y hacen ascender el despertar de los entes inferiores a lo Alto. **Y ellos están fuera** del Palacio.

Cuando el Rey supremo viene para unirse con el aspecto femenino inferior –Maljut–, **esas Estacas viajan** cósmicamente **y se extirpan** y desatan **de sus lugares esas cuerdas** que están aferradas a ellas. Y esto está vinculado con el misterio del viaje cósmico del Tabernáculo supremo a través de los seres vivientes, para hacer ascender a la Presencia Divina –*Shejiná*– al Rey supremo, para que se concrete la unión. Esto tiene similitud con el Tabernáculo de lo bajo: extirpaban las estacas y desataban las cuerdas que las unían. Y estos eran los sostenes del Tabernáculo, como está escrito: «Las estacas del Tabernáculo, las estacas del Patio y sus cuerdas» (Éxodo 35:18). Y las cuerdas **son** los **otros ocho** ángeles, ya que cada estaca tiene una cuerda, **con excepción de esas** ocho **estacas mencionadas. Y este primer espíritu que está en este** primer **Palacio** del Palacio de la Voluntad, cuyo nombre se escribe con las letras *reish–zain–iud–alef–lamed*, **se adelanta y entra y se incluye dentro del espíritu del segundo** Palacio del Palacio de la Voluntad. O sea, de un modo parecido a como ocurre con los Palacios inferiores.

Esas dos columnas asociadas al misterio de Tiferet **del flanco Este, son** dos ángeles, tal como hemos dicho anteriormente, y el nombre de uno de ellos se escribe con las letras hebreas: *kuf–reish–ain–iud–alef–lamed*, **el cual está a cargo de doce mil encargados, los cuales en su totalidad se denominan «Estacas del Tabernáculo»** y están fuera del Palacio, tal como las estacas del Tabernáculo que estaban fuera del Tabernáculo. **Éste** ángel está **a la derecha** del extremo Este. **Y a la izquierda** del extremo Este hay un ángel cuyo nombre se escribe con las letras hebreas: *shin–mem–ain–iud–alef–lamed*, **el cual está a cargo de otros doce mil encargados, los cuales en su totalidad se denominan «Estacas del Tabernáculo», como hemos dicho** anteriormente, y están fuera del Palacio, tal como las estacas del Tabernáculo que estaban fuera del Tabernáculo.

Éstas son **las columnas designadas en el flanco Sur: una** de ellas es el ángel cuyo nombre se escribe con las letras hebreas: *samej–ain–dalet–iud–alef–lamed*, **y una** de ellas es el ángel cuyo nombre se escribe con las letras hebreas: *samej–tet–reish–iud–alef–lamed*. **Cada uno y uno está a cargo de otros doce mil encargados. A estos no los deponen de sus dominios jamás.**

Todos estos ángeles del flanco Este y el flanco Sur **están a cargo de la existencia del mundo.** Es decir, están dispuestos para controlar la existencia y el cumplimiento del pacto entre el hombre y la mujer, para que se casen y formen una familia. Pues este Palacio corresponde con el primer Palacio denominado «Embaldosado de

Zafiro», o sea, el Palacio del Iesod y el Maljut, y estos entes cósmicos están asociados al misterio del hombre y la mujer. **Ellos son quienes pesan con balanza a los varones y a las mujeres para** comprobar la aptitud de ellos y saber si es apropiado **que se casen** *iud–hei–vav–hei.* **Estos** ángeles **se denominan Balanzas. Y a esto se refiere lo que está escrito: «Para ascender en la balanza»** (Salmos 62:10). Es decir, se asciende al hombre y a la mujer a una balanza para pesarlos con el fin de saber si son apropiados para unirse *iud–hei–vav–hei.* **Y no son** los ángeles **acerca de los cuales está escrito: «Tendréis balanzas correctas** *–moznei tzedek–,* pesos correctos, medidas secas correctas y medidas líquidas correctas; Yo soy El Eterno, vuestro Dios, Quien os sacó de la tierra de Egipto» (Levítico 19:36), **como hemos dicho** anteriormente en relación con el cuarto Palacio, que es el Palacio de los Méritos.

Todos esos hombres y mujeres **que se pesan,** *iud–hei–vav–hei* con una balanza para medir la naturaleza de ellos y sus méritos, **y** resulta que **éste no pesa más que éste,** en ese caso **ascienden y se unen como uno** formando una pareja. **Y éste es** el misterio de **la unión (255b) del hombre con la mujer como uno. Y a esto se refiere** el misterio de lo que está escrito: **«Para ascender en la balanza»** (Salmos 62:10). Pues se los hace ascender a una balanza y se los mide para comprobar que su peso es similar y que son aptos para unirse uno con el otro. **Y esto es así aunque sea que en** ciertas **ocasiones hay una ayuda en el asunto,** la cual proviene del flanco de la misericordia, **y ascienden y se unen** *iud–hei–vav–hei* **como uno,** aunque según la medición realizada **ésta pesa más que éste.** Es decir, aunque uno tiene más méritos que el otro. **Y esto ya ha sido** estudiado y **establecido por nosotros.** Pues ya dijimos que esto ocurre sólo en pocas ocasiones y no es un modo fijo y constante de conducción. Y dado que en este primer Palacio denominado Embaldosado de Zafiro del Palacio de la Voluntad, se unen las almas antes de descender al mundo, por eso, en este Palacio, que es la raíz del primer Palacio denominado «Embaldosado de Zafiro», se encuentra la raíz de la unión de las almas. Y por tal razón fuera de este Palacio se encuentran los ángeles denominados Estacas, que unen los cuerpos según sus acciones.

255b

Éstas son **las columnas** designadas **en el flanco Norte:** una de ellas es el ángel cuyo nombre se escribe con las letras hebreas: *pei–tav–jet–iud–alef–lamed,* y una de ellas es el ángel cuyo nombre se escribe con las letras hebreas: *ain–tet–reish–iud–alef–lamed.* **Y cada uno y uno de ellos están a cargo de otros doce mil encargados. Y** también **ellos son** denominados **«Estacas del Tabernáculo», tal como esos otros que hemos mencionado** anteriormente.

Esos encargados, que son las otras dos columnas designadas **en el flanco Oeste,** uno de ellos es el ángel cuyo nombre se escribe con las letras hebreas: *pei–dalet–tav–iud–alef–lamed,* y uno de ellos es el ángel cuyo nombre se escribe con las letras hebreas: *tav–vav–mem–iud–hei–alef–lamed.* Estos dos ángeles están vinculados con el atributo de la misericordia y desean las uniones que se realizan en el flanco Este y Sur, y cuando se producen divorcios ellos lloran, tal como se explicará más adelante. **Y cada uno y uno de ellos están a cargo de otros doce mil encargados. Y todos ellos son** denominados **«Estacas del Tabernáculo», tal como hemos mencionado** anteriormente.

Esos cuatro ángeles del flanco Norte y Oeste **derraman lágrimas por todos esos que divorcian a su primer mujer. Pues esas siete bendiciones que le fueron otorgadas** en el Palio Nupcial, **fueron quitadas y no se cumplieron en ella, pues fue divorciada, y el marido con su mujer no se apegaron como uno. Y por eso todos derraman lágrimas, pues** consideran que **el divorcio** de la mujer de lo bajo **muestra a esas siete bendiciones, como apartándose de otro lugar** que es la Presencia Divina *–Shejiná–.* **Entonces, en ese momento sale una voz y dice** para aplacar a los ángeles: «Así dijo El Eterno: **¿cuál es de la carta de divorcio de vuestra madre, con la cual yo la envié?»** (Isaías 50:1). Pues el aspecto femenino inferior –Maljut– de lo Alto no es divorciada a través de las cartas de divorcio de los entes inferiores.

El **segundo Palacio que hemos mencionado** del Palacio de la Voluntad, es el que corresponde con el segundo Palacio denominado «Esencia del Cielo», **el cual incluye** en su interior **al primer Palacio para unirse con él. Y todos esos seres vivientes** del primer

Palacio se incluyen en el segundo Palacio. **Asimismo tiene ocho columnas, como el primero. Y todas ellas** están a cargo de numerosos encargados, pues **cada una y una de ellas está a cargo de otros doce mil encargados, como las primeras** columnas, las del primer Palacio, **tal como hemos dicho** anteriormente.

Pues este Palacio se sostiene con **dos columnas por el flanco Este, dos columnas por el flanco Sur, y dos columnas por el flanco Norte, y dos columnas por el flanco Oeste.** Estas columnas mencionadas son ángeles, tal como hemos dicho anteriormente.

Esas dos columnas del flanco Este, es decir, los encargados que son las otras dos columnas designadas en el flanco Este, uno de ellos es el ángel cuyo nombre se escribe con las letras hebreas: *iud–hei–dalet–nun–iud–alef–lamed,* y uno de ellos es el ángel cuyo nombre se escribe con las letras hebreas: *guimel–zain–vav–reish–iud–hei.* **Cada uno de ellos** está a cargo de otros **doce mil encargados. Y todos ellos son** denominados **«Estacas».**

Esas dos columnas del flanco Sur, es decir, los encargados que son designados en el flanco Sur, uno de ellos, es el ángel cuyo nombre se escribe con las letras hebreas: *alef–hei–reish–iud–alef–lamed,* y uno de ellos es el ángel cuyo nombre se escribe con las letras hebreas: *bet–reish–hei–iud–alef–lamed.* **Cada uno y uno de ellos** están a cargo de otros **doce mil encargados, como los primeros.**

Esos cuatro **encargados,** los del flanco Este y Sur, **están a cargo del asiento de la mujer parturienta,** cuando alumbra. Ellos decretan la cantidad exacta de gritos y contracciones que tendrá la mujer hasta que de a luz. **Y ellos toman esas voces de las mujeres** en el momento de dar a luz, que son voces de plegarias y pedidos, y también de dolor y sufrimiento, **y las colocan ante este Palacio. Y cuando el Otro Lado** –*Sitra Ajra*– **viene para acusar en ese momento** del alumbramiento, **que es un momento de peligro, se levantan estos** ángeles, **y hacen entrar esas voces,** trayéndolas **al encargado de la entrada. Y ese Otro Lado** –*Sitra Ajra*– **no puede acusar. Y en ciertas ocasiones** debido a los pecados de la mujer, **el Otro Lado** –*Sitra Ajra*– **se adelanta, entra y acusa, y puede dañarla.**

Esas dos columnas del flanco Norte, es decir, los encargados que son las otras dos columnas designadas en el flanco Norte, uno de ellos es el ángel cuyo nombre se escribe con las letras hebreas: *jet–lamed–jet–lamed–iud–alef–lamed,* y uno de ellos es el ángel cuyo nombre se escribe con las letras hebreas: *kuf–reish–samej–pei–iud–hei–alef–lamed.* **Cada uno de estos encargados está a cargo de otros doce mil encargados.**

Esas dos columnas del flanco Oeste, es decir, los encargados que son designados en el flanco Oeste, uno de ellos es el ángel cuyo nombre se escribe con las letras hebreas: *samej–vav–guimel–dalet–iud–hei,* y uno de ellos es el ángel cuyo nombre se escribe con las letras hebreas: *guimel–dalet–reish–iud–hei.* **Y** cada uno de **estos** encargados **están a cargo de otros doce mil** encargados.

Y esos cuatro **encargados,** los del flanco Norte y Oeste, **están a cargo de la sangre del pacto** de la circuncisión, **cuando** el recién nacido **es circuncidado al octavo día. Y esos** encargados **toman esa sangre y la colocan ante este Palacio. Y cuando el furor** del juicio **se despierta en el mundo** a través del Otro Lado –*Sitra Ajra*–, en ese momento **El Santo, Bendito Sea, repara en ese sangre** para apiadarse del mundo **y no se otorga permiso al Otro Lado** –*Sitra Ajra*– **para entrar allí,** a este Palacio, y acusar.

Ven y **observa** la razón por la que se circuncida a los ocho días: **cuando ese ser humano es circuncidado a los ocho días, entonces se posa sobre él el Shabat** vinculado con el misterio del aspecto femenino inferior, **el Maljut sagrado,** pues el aspecto femenino inferior –Maljut– se denomina Shabat, y está asociado con el misterio de la circuncisión. Y a través del cumplimiento del pacto de la circuncisión, el aspecto femenino inferior –Maljut– se fortifica para apartar a los entes impuros denominados *jitzonim* y a la cubierta denominada *orlá,* que es la parte de los entes impuros denominados *jitzonim.* Y por cuanto que se les da una parte, inmediatamente los entes impuros denominados *jitzonim* se separan de la santidad, yéndose a disfrutar de su presa. Y los ángeles citados mencionan este asunto en lo Alto para someter a los entes impuros, con el fin de que no entren a este Palacio y despierten el juicio. Pues cuando **se corta esa cubierta** que recubre el glande, denominada *orlá*, **y se la arroja fuera, entonces se levanta ese Otro Lado** *–Sitra Ajra–*, **y ve que esa es su parte de esta ofrenda,** es decir, ve que se le concede una parte del precepto de la circuncisión y **entonces se quiebra** su poder, **y no puede ejercer dominio para acusar sobre ella. Y asciende y se convierte en defensor de** los Hijos de **Israel ante El Santo, Bendito Sea.**

El **tercer Palacio** del Palacio de la Voluntad, es el que corresponde con el tercer Palacio denominado «*Noga*». **Este Palacio está** dispuesto **para incluir y unir con él a ese segundo Palacio. Y a ese espíritu y todos esos seres vivientes que hay en él. Todos se incluyen y se unen** *iud–hei–vav–hei*. **Y** al incluirse y unirse **son** uno, ya que se convierten en **un espíritu que en él está incluido** lo de **éste en éste.** Pues el Palacio superior incluye todo lo que hay en los Palacios inferiores. **Asimismo tiene ocho columnas** dispuestas **a los cuatro flancos del mundo, y todas ellas se denominan «Estacas del Tabernáculo».**

Y ellos, estos ángeles, **están a cargo del aliento** que sale de las bocas **de los niños que se esfuerzan en** el estudio de **la Torá para hacer que se mantenga el mundo.** Tal como enseñaron los sabios talmudistas: el mundo no se mantiene sino por el aliento de las bocas de los niños que proviene de las casas de estudio de sus maestros (Talmud, tratado de Shabat 119b). Pues este Palacio está asociado con el misterio del Palacio de Netzaj, que está vinculada con la medida de los que se abocan al estudio de la Torá de El Santo, Bendito Sea. Y los niños pequeños, con su estudio, se convierten en Carroza de ellos. Por eso aquí se despierta el aliento que sale de las bocas de los niños pequeños que estudian la Torá, los cuales, con su estudio, provocan que el mundo se mantenga. **Y ellos,** esos ángeles, **toman ese aliento y lo hacen ascender a lo Alto. Y todo aliento y aliento de esos niños que se esfuerzan en la Torá para que el mundo se mantenga, se forma de él un espíritu,** el cual es un ángel. **Y ese espíritu asciende a lo Alto y se corona con la corona de la santidad, y se lo designa Guardián del Mundo. Y así** ocurre **con todos** los espíritus creados a partir del aliento de los niños pequeños que estudian la Torá.

Esas dos columnas que están en el flanco Norte, es decir, los encargados que son las otras dos columnas designadas en el flanco Norte, uno de ellos es el ángel cuyo nombre se escribe con las letras hebreas: *ain–zain–pei–iud–alef–lamed,* y uno de ellos es el ángel cuyo nombre se escribe con las letras hebreas: *kuf–tet–tet–reish–iud–hei–alef–lamed.* **Y cada uno y uno** de estos encargados **están a cargo de otros (256a) doce mil encargados, como hemos dicho** anteriormente.

Esas dos columnas que están en el flanco Oeste, es decir, los encargados que son las otras dos columnas designadas en el flanco Oeste, uno de ellos es el ángel cuyo nombre se escribe con las letras hebreas: *ain–samej–samej–nun–iud–hei,* y uno de ellos es el ángel cuyo nombre se escribe con las letras hebreas: *alef–dalet–iud–reish–iud–reish–iud–hei.* **Y cada uno y uno** de estos encargados **están a cargo de otros doce mil encargados, como hemos dicho** anteriormente.

Ellos son los encargados de pregonar en todos los Firmamentos por todos los que apartan a sus hijos del estudio **de la Torá.** Es decir, los que apartan a sus hijos del estudio de la Torá en forma definitiva, disminuyendo el poder del aliento de los niños que estudian la Torá, el cual mantiene el mundo. Aunque esto no es así con quien aparta a su hijo del estudio de la Torá en forma pasajera, momentánea, por una causa determinada, ya que en ese caso este hombre disminuye el poder del aliento proveniente de su hijo pero no pregonan por él en los Firmamentos.

Entonces, cuando ocurre lo mencionado, que un padre apartó a su hijo del estudio de la Torá definitivamente, **salen todos esos encargados y pregonan y dicen: ¡ay de Zutano que apartó a su hijo de la Torá!** Pues se le considera como si hubiera destruido el mundo. **¡Ay de él, pues se ha perdido de** las bondades de **este mundo y del Mundo Venidero!** Pues con su actitud disminuyó el misterio de la unión cósmica suprema que se produce con el aliento de los niños que estudian la Torá.

El **cuarto Palacio** del Palacio de la Voluntad es el que corresponde con el cuarto Palacio denominado «Palacio de los Méritos». **Este Pa-**

lacio es un Palacio que está dispuesto **con más guardia.** Pues está vinculado con el misterio de Guevurá –rigor– y el juicio que se fortifica en él, y por eso requiere de muchos guardias. **Este Palacio es rodeado por treinta y dos Estacas supremas,** que son ángeles supremos provenientes del flanco de los treinta y dos senderos de Jojmá. **Y hay otros quinientos mil** ángeles **que son encargados debajo de estos.** Estos quinientos mil encargados provienen del flanco de los cincuenta portales de Biná. **Y hay otros cuatro** ángeles **supremos** dispuestos **sobre todos.** Estos cuatro ángeles supremos provienen del flanco de Keter, donde están las cuatro letras del Nombre de El Santo, Bendito Sea, el Tetragrama. **Y todos ellos son Estacas de este Palacio. Estos son los** nombres de estos **cuatro** ángeles supremos: el nombre de uno de ellos, el primero, se escribe con las letras hebreas: *jet–samej–dalet–iud–hei–alef–lamed;* el nombre de uno de ellos, el segundo, se escribe con las letras hebreas: *kuf–samej–iud–reish–iud–hei;* el nombre de uno de ellos, el tercero, se escribe con las letras hebreas: *kuf–dalet–vav–mem–iud–hei;* el nombre de uno de ellos, el cuarto, se escribe con las letras hebreas: *dalet–hei–reish–iud–alef–lamed.* **Estos cuatro** encargados supremos **están a cargo de todos** los demás; **y todos los demás son encargados que están debajo de ellos,** es decir, subordinados a sus órdenes.

Y después de que la sentencia fuera legislada en el Palacio de los Méritos, **a través de esos cuatro** ángeles **se sabe** la sentencia de **el juicio para ejecutarlo en el mundo. Y en relación con ellos,** esos cuatro ángeles, **está escrito: «Y preguntan la palabra de los** –ángeles– **sagrados»** (Daniel 4:14). **Pues todos los demás legionarios encargados de** ejecutar **el juicio en el mundo se aproximan a esos cuatro** ángeles **para preguntarles cómo fue sentenciado el juicio** que debe ser ejecutado **en el mundo.** Y le preguntan como ejecutarlo. Pues están **todos los juicios que** las resoluciones de los mismos aun **no fueron dados en escritos.** Esto es así para que los imputados puedan arrepentirse y rectificarse, y los ángeles puedan endulzarlos con el poder de la irradiación de luminosidad proveniente del Keter, que anula el juicio con la Voluntad suprema **para que el mundo se mantenga.** Ésta es la razón por la que estos ángeles endulzan

256a

el juicio. Sin embargo, los juicios cuyas resoluciones fueron dadas por escrito y los mismos han sido sellados, no hay posibilidad de endulzarlos. **Y por eso todos vienen a preguntar** lo tocante a la sentencia de lo Alto. **Y a raíz de eso todos ellos,** todos los encargados, **están a cargo de esto:** endulzar los juicios.

En cuanto a **esos otros treinta y dos** encargados denominados «Estacas supremas», que son ángeles supremos provenientes del flanco de los treinta y dos senderos de Jojmá, **están a cargo de todos esos que se ocupan de** el estudio de **la Torá siempre, y no cesan de día ni de noche.** Pues la constancia en el estudio de la Torá está vinculada con el misterio de la fuente de Jojmá que emana abundancia continuamente, siempre, y no cesa jamás. Y a través del poder de la Torá ellos pueden anular el juicio. **Y esos otros** encargados, **todos ellos están debajo de estos. Ellos están a cargo de los que establecen momentos** fijos y **sabidos para** el estudio de **la Torá.** Pues el fijar y establecer tiempos definidos para el estudio de la Torá está vinculado con la Biná, donde se encuentra el misterio de los tiempos. Y estos ángeles están a cargo de la misión de asistir a los que fijan momentos para el estudio de la Torá, proveyéndoles de todos los recursos necesarios para que estén libres y puedan abocarse a su estudio. **Y por eso todos ellos están a cargo de esto. Y** asimismo **todos** están a cargo **de castigar a todos los que pueden esforzarse en** el estudio de **la Torá y no se esfuerzan.**

El **quinto Palacio** del Palacio de la Voluntad es el que corresponde con el quinto Palacio denominado «Palacio del Amor». **En este Palacio hay trescientos sesenta y cinco encargados, como la cuenta de los días del año.** Y cada uno de estos encargados está a cargo de una gran legión de ángeles. En cuanto a su origen, es la Biná, la fuente de la alegría; por eso ellos están a cargo de alegrar los corazones de los Hijos de Israel de modo que sean una Carroza para la Biná. **Y por sobre ellos hay cuatro columnas supremas que** son ángeles que **están sobre todos. Estos son** los nombres de estos cuatro ángeles supremos: el nombre de uno de ellos, el primero, se escribe con las letras hebreas: *kuf–reish–shin–iud–hei–alef–lamed;* el nombre de uno de ellos, el segundo, se escribe con las letras hebreas: *samej–*

reish–tet–iud–hei–alef–lamed; el nombre de uno de ellos, el tercero, se escribe con las letras hebreas: *ain–samej–iud–reish–iud–hei;*
el nombre de uno de ellos, el cuarto, se escribe con las letras hebreas:
kuf–dalet–mem–iud–alef–alef. **Estos cuatro** encargados supremos
están a cargo de todos los demás; **y todos los demás son encargados que están debajo de ellos,** es decir, subordinados a sus órdenes.
Y ellos, estos ángeles, **se denominan Estacas de este Palacio.**

Ellos, estos ángeles, **están a cargo de alegrar al mundo cuando
las almas se agregan la víspera,** es decir, cada víspera del Día de
Reposo. **Y ella,** el alma adicional **sale** de lo Alto; y **cuando ella sale,
ellos,** esos ángeles, **salen con ella,** para purificar los corazones de los
Hijos de Israel con el fin de que sean un Trono apropiado para que se
pose sobre ellos el incremento de alma, el alma adicional del Día de
Reposo. **Y** por esa razón **quitan de** los Hijos de **Israel toda tristeza**
y aflicción. **Y** quitan de los Hijos de Israel **toda fatiga,** la cual les sobrevino a raíz del esfuerzo realizado en los días hábiles de la semana
al realizar su labor. **Y** también quitan de los Hijos de Israel **toda angustia del alma,** la cual impide la alegría del alma. **Y** asimismo quitan **todo el enojo del mundo,** pues el enojo y la irritación impiden
la alegría del Shabat. **Y ellos,** estos ángeles, **alegran el mundo.** Pues
alegran los corazones de los Hijos de Israel para que reciban la santidad del Día de Reposo con alegría. Además debe considerarse que el
alma está enraizada en la Biná, y como hemos dicho anteriormente,
la fuente de la alegría es la Biná y por eso el alma no se posa sino en
un lugar donde hay alegría. Y ya que en este Palacio, que es el Palacio
del Amor, se despierta el amor de los Hijos de Israel por el Padre de
ellos que está en los Cielos, El Santo, Bendito Sea, para que ese amor
no se aparte de ellos, se debe estar alegre durante la recepción del Día
de Reposo. De ese modo la persona será un Trono apropiado para el
alma adicional que viene en ese día sagrado, el Día de Reposo, para
posarse sobre ella.

Todos esos trescientos sesenta y cinco encargados **que están debajo de esos cuatro** ángeles denominados «Columnas», **todos fueron designados para quitar el juicio de esos poseedores de juicio**
que fueron juzgados por algún motivo, para que puedan alegrarse

en el Día de Reposo. Y dado que esos ángeles están enraizados en la Biná, ascienden esos juicios a ese lugar y los endulzan. Y por esta razón estos ángeles apartan el juicio **de esos** pecadores **que son aturdidos** y castigados **en el Infierno** –*Gehenom*–, intercediendo **para que sea quitado el juicio de ellos** con la entrada del Día de Reposo. Pues estos ángeles enraizados en la Biná atraen de allí el poder para enfriar el fuego del Infierno –*Gehenom*–. **Y por eso todas esas Estacas, todas ellas están alegres;** y esto es así **porque** esos ángeles **salieron** de allí, de la Biná, que es la fuente **de la alegría. Y todos los Palacios** inferiores **están dispuestos para** ascender y recibir abundancia, y **coronarse en lo Alto, tal como ya ha sido** estudiado y **dicho.**

El **sexto Palacio** del Palacio de la Voluntad general es el que corresponde con el sexto Palacio denominado «Palacio de lo Voluntad» particular y específico. **Este Palacio es un Palacio que está** dispuesto **sobre todos los Palacios inferiores** de este Palacio de la Voluntad particular, tal como el Palacio de la Voluntad general que está sobre todos los demás Palacios que se ubican debajo de él. **En éste** Palacio **hay cien encargados, los cuales están fuera** del Palacio, y **que se denominan Estacas, como esos otros** de los demás Palacios. **Y son cien** ángeles los que están dispuestos **en el flanco de la derecha** del Palacio, **y otros cien** ángeles están dispuestos **en el flanco de la izquierda** del Palacio.

Hay **dos encargados supremos** dispuestos **en el flanco de la derecha,** los cuales están a cargo de los cien ángeles ubicados en el flanco de la derecha del Palacio. Y hay **otros dos encargados supremos** dispuestos **en el flanco de la izquierda,** los cuales están a cargo de los cien ángeles que están ubicados en el flanco de la izquierda del Palacio. **Estos son los** nombres de estos dos ángeles supremos del flanco **de la derecha:** el nombre de uno de ellos, el primero, se escribe con las letras hebreas: *mem–lamed–kaf–iud–alef–lamed;* y el nombre de uno de ellos, el segundo, se escribe con las letras hebreas: *shin–mem–ain–iud–hei–alef–lamed.* **Estos son los nombres de estos** dos ángeles supremos del flanco **de la izquierda:** el nombre de uno de ellos, el primero, se escribe con las letras hebreas: *mem–samej–*

reish–samej–nun–iud–hei; y el nombre de uno de ellos, el segundo, se escribe con las letras hebreas: *tzadik–pei–tzadik–pei–iud–hei.* **Éstas son las** cuatro **Estacas supremas de la derecha y la izquierda.** Y como hay doscientos ángeles dispuestos en el flanco de la derecha y en el flanco de la izquierda, y los encargados son cuatro, resulta que cada uno está a cargo de cincuenta ángeles.

Y estos ángeles **están** dispuestos y **preparados en el mundo** para entrar en acción **cuando llega el tiempo de un justo de abandonar el mundo. Y** es necesario que esos ángeles intervengan, pues **le fue otorgado permiso al Otro Lado** *–Sitra Ajra–,* que es el Ángel de la Muerte, de quitarlo del mundo y desea hacerlo sufrir al tomar su alma.

Esos cuatro ángeles **están** dispuestos **para presentarse allí para que su alma salga a través de un Beso, y no sufra del dominio ejercido por el Otro Lado** *–Sitra Ajra–.* **Bienaventurados esos justos en este mundo y en el Mundo Venidero. Pues el Amo de ellos les anticipa el** ejercicio del **dominio** de esos cuatro ángeles **para que estén protegidos** de los entes dañadores **en este mundo y en el Mundo Venidero.**

A partir **de este Palacio,** el Palacio de la Voluntad, **comienzan todos los misterios y todos los grados, supremos e inferiores.** Los misterios representan lo que hay en el interior de los Palacios, y los grados representan lo que hay en el exterior de los Palacios. En cuanto a los misterios y los grados supremos, están vinculados con el Mundo de la Emanación *–Atzilut–,* mientras que los misterios y los grados inferiores están vinculados con los mundos inferiores: el Mundo de la Creación *–Briá–,* el Mundo de la Formación *–Ietzirá–,* y el Mundo de la Acción *–Asiá–.* Y estos misterios y grados están dispuestos **para unirse** como uno a través del *Ein Sof,* cuya emanación cósmica se expande en ellos **para que todo, lo de lo Alto y lo de lo bajo, esté completo.** Y esta completitud es necesaria **para que todos sean uno y conformen una unión** intrínseca, **para que el Nombre de El Santo, Bendito Sea, sea unificado como es debido.** Y el Nombre de El Santo, Bendito Sea, el Tetragrama, se escribe con cuatro letras, las cuales corresponden con el misterio de los cuatro mundos: el Mundo de la Emanación –*Atzilut*–, el Mundo de la Creación –*Briá*–, el Mundo de la Formación –*Ietzirá*– y el Mundo de la Acción –*Asiá*–, los cuales deben ser rectificados y unidos como uno. **Y** esto es necesario **para** alcanzar **la completitud, para que la irradiación de luminosidad suprema** de lo Alto **sea proyectada a lo bajo.** Es decir, para que sea proyectada a través del Mundo de la Emanación –*Atzilut*– a los mundos inferiores. **Y la irradiación de luminosidad de las Luminarias,** o sea, las sefirot, iluminarán **como uno, no separándose ésta de ésta. Y entonces se atrae y se proyecta** la abundancia de **Quien se proyecta,** es decir, El Infinito –*Ein Sof*–, **el cual no se lo conoce,** pues es completamente oculto, **y** su lugar **no se revela** a ningún aspecto cósmico del mundo. **Y** esto es así **para que** a través de la abundancia de la Luz proveniente de El Infinito –*Ein Sof*–, los mundos cósmicos **se acerquen (256b) y se unan** *iud–hei–vav–hei,* es decir, el Mundo de la Emanación –*Atzilut*– con los mundos inferiores: el Mundo de la Creación –*Briá*–, el Mundo de la Formación –*Ietzirá*–, y el Mundo de la Acción –*Asiá*–, **para que todos estén unidos con una unión íntegra** y completa, **como es debido.**

Bienaventurada la parte de quien conoce los misterios del Amo de él, para conocerlo como es debido. Pues ellos comen su parte en este mundo y en el Mundo Venidero. Pues estas personas saben atraer la abundancia a través de los conductos apropiados, y por eso la parte de ellos les llega en primer lugar, a la cabeza. **Y a esto se refiere** el misterio de **lo que está escrito: «He aquí que mis siervos comerán»** (Isaías 65:13). Es decir, comerán la parte que les corresponde.

Bienaventurados esos justos que se esfuerzan en la Torá día y noche para comprender sus misterios recónditos. **Pues ellos conocen los caminos de El Santo, Bendito Sea, y saben unificar la unión sagrada como es debido. Pues todo el que sabe unir el** misterio del **Nombre sagrado con integridad, como es debido, bienaventurado es él en este mundo y en el Mundo Venidero.**

A continuación se explicarán más detalles del Palacio de la Voluntad, que está asociado con el misterio de Tiferet, y por eso se denomina a todo aspecto cósmico, como así a todas las proyecciones de los *mojin,* es decir, las facultades cognitivas cósmicas, que están asociados con este Palacio, con el denominativo «espíritus».

Los vínculos de todos esos Palacios del Mundo de la Creación –*Briá*– **se unen aquí,** en el Palacio de la Voluntad. Pues en el Palacio de la Voluntad hay **un espíritu que está** dispuesto **para** ascender y **recibir un espíritu de abajo,** del Palacio del Amor. Y ese espíritu del Palacio del Amor es Raquel. **Y este espíritu** mencionado **que está arriba,** en el Palacio de la Voluntad, **está** dispuesto **para recibir un espíritu supremo,** es decir, la irradiación de luminosidad de los *mojin,* o sea, las facultades cognitivas cósmicas del aspecto femenino superior –*Ima*–. **Pues todos los espíritus** vinculados con el misterio de los seis extremos del aspecto masculino inferior –*Zeir Anpín*– **están** enraizados **en él.** ¿Y quién es el espíritu que se encuentra en el Palacio de la Voluntad? **Éste es Jacob, el cual es el espíritu central de todos los espíritus,** que son los seis extremos. **Y él toma este sexto Palacio,** el Palacio de la Voluntad, y ejerce dominio en él **a través** del misterio **de los Besos,** con Raquel, **para unir espíritu con espíritu.** Es decir, para unir el espíritu de lo bajo de Raquel que, como dijimos, está en el Palacio inferior, o sea, el Palacio del Amor, con el espíritu supremo de Jacob, que está en el Palacio superior, o sea, el Palacio de la Voluntad. **Y todo Beso es** otorgado **para unir espíritu con espíritu,** es decir, para unir el espíritu **de lo bajo** de Raquel **con el** espíritu **supremo** de Jacob. **Y con esos Besos asciende el espíritu de lo bajo para unirse con el espíritu de lo Alto. Y cuando** estos espíritus **se apegan espíritu con espíritu** a través del misterio de los Besos, **entonces un espíritu supremo oculto,** el cual está asociado con el misterio de la irradiación de luminosidad de los *mojin,* es decir, las facultades cognitivas cósmicas del aspecto femenino superior –*Ima*–, que descendieron al aspecto masculino inferior –*Zeir Anpín*– a través del recitado del Shemá, **se posa sobre este espíritu central,** o sea, Jacob. **Y hasta que** Jacob **no se despierta para apegarse espíritu con espíritu** a través del misterio de los Besos, **el espíritu supremo** oculto **no se posa sobre el espíritu central.**

Y este misterio ocurre **cuando** los espíritus de Jacob y Raquel **se unen espíritu con espíritu, y entonces los Besos comienzan a**

unir a Jacob y Raquel. **Y después se despiertan los demás miembros con el deseo** de provocar la unión inferior. **Y este espíritu** de Jacob **se une con éste** espíritu de Raquel con gran apego. **Y entonces todos los miembros** de Jacob y Raquel **se despiertan** para unirse *iud–hei–vav–hei,* **para unirse miembro con miembro,** según el misterio de la unión inferior.

Y si dijeras: ¿quién despierta la unión en primer lugar, **los miembros inferiores** de Raquel **o los miembros supremos** de Jacob? La respuesta no es sino ésta: **los miembros inferiores** de Raquel **se despiertan siempre con respecto a los** miembros **supremos** de Jacob a través del ascenso de las aguas femeninas.

Y a esto se refiere el misterio de lo que está escrito: «A la mujer le dijo: aumentaré en gran medida tu sufrimiento y tu preñez; con dolor parirás a tus hijos; desearás a tu marido y él te dominará» (Génesis 3:16). Pues antes de una unión se deben hacer ascender aguas femeninas. Pues **quien está en medio de la oscuridad, siempre desea** estar **con luz.** Lo mismo sucede con Raquel, que está en medio de la oscuridad: siempre desea ascender a Jacob, pues con él está la luz. Por tal razón, **la llamarada negra de lo bajo,** Raquel, **se despierta siempre con respecto a la llamarada blanca de lo Alto** para ascender a ella, a la llamarada de Jacob, **para apegarse a él y estar debajo de él,** según el misterio de la unión. **Y a esto se refiere el misterio** de lo que está escrito: **«Dios** —Elokim—, **no guardes silencio; no calles, oh, Poderoso, ni estés silente»** (Salmos 83:2). Se refiere a lo que los Hijos de Israel dicen a Raquel, asociada al misterio del denominativo «Dios —Elokim—», pues ellos le dicen: «No estés silente, despierta la unión intrínseca a través de cánticos y alabanzas».

Cuando Jacob toma este sexto Palacio, el Palacio de la Voluntad, y ejerce dominio en él a través del misterio de los Besos, con Raquel, para unir espíritu con espíritu, **entonces** ambos, Jacob y Raquel, **se denominan por el Nombre sagrado supremo íntegro,** el cual se escribe con las letras hebreas: *vav–iud–hei–vav–hei.* Pues Jacob está asociado con el misterio de la letra *vav,* la cual corresponde con el atributo de la misericordia. Y Raquel se denomina aquí *iud–hei–vav–hei,* o sea, con las letras del Tetragrama, el Nombre de El Santo, Bendito Sea. Pues cuando estaba abajo, según el misterio de un punto pequeño, no tenía asignado ningún Nombre; y ahora que ascendió a Jacob y se edificó íntegramente convirtiéndose en un aspecto cósmico denominado *partzuf* completo, por eso se denomina: *iud–hei–vav–hei*. Y entonces todos los Palacios del Mundo de la Creación –*Briá*– se unen por esta unión de Jacob y Raquel.

Ahora bien, **y si dijeras:** el Nombre de El Santo, Bendito Sea, que se escribe con las letras hebreas: *vav–iud–hei–vav–hei*, **es** un Nombre **completo,** dotado **de** toda completitud, siendo el Nombre más completo de **todos** los Nombres de El Santo, Bendito Sea. Si dices y supones esto, te diré que **no es así.** ¿Por qué? La respuesta no es sino ésta: **cuando se completan** e incluyen **todos los Palacios estos con estos,** es decir, los Palacios del Mundo de la Creación –*Briá*–, con los Palacios del Mundo de la Formación –*Ietzirá*– y el Mundo de la Acción –*Asiá*–, ascienden y se unen todos con los Palacios del Mundo de la Emanación –*Atzilut*–, y **entonces todos** los Palacios **se denominan** en conjunto **por el Nombre completo «El Eterno Dios».** Pues los Palacios de los mundos inferiores: el Mundo de la Creación –*Briá*–, el Mundo de la Formación –*Ietzirá*–, y el Mundo de la Acción –*Asiá*–, se denominan «Dios –Elokim–»; y los Palacios del Mundo de la Emanación –*Atzilut*– se denominan: «El Eterno», o sea, el Nombre de El Santo, Bendito Sea, que se escribe con las letras hebreas: *iud–hei–vav–hei*. **Y éste es el Nombre completo** de El Santo, Bendito Sea, el más completo **de todos.** Pues estos dos nombres de El Santo, Bendito Sea, incluyen todos los Palacios de todos los mundos: los Palacios del Mundo de la Emanación –*Atzilut*–, los Palacios del Mundo de la Creación –*Briá*–, los Palacios del Mundo de la Formación –*Ietzirá*– y los Palacios del Mundo de la Acción –*Asiá*–. Y por eso a estos dos Nombres de El Santo, Bendito Sea, se los denomina «Nombre completo». **Y hasta que no se unen** *iud–hei–vav–hei,* **Palacios con Palacios, no se denominan según este Nombre íntegro. Y cuando se unen como uno, estos con estos, se completa todo, lo de lo Alto y lo de lo bajo. Y la irradiación de luminosidad de lo Alto,** o sea, la Biná, que se proyecta **de lo Alto,** del Mundo de la Emanación –*Atzilut*–, **desciende y se posa sobre todo.** Es decir, desciende

256b

a través del aspecto masculino inferior –*Zeir Anpín*–, y se posa sobre Jacob y Raquel, que están en el Palacio de la Voluntad del Mundo de la Creación –*Briá*–. **Y se unen todos como uno, para ser todos uno.**

Y el misterio del asunto vinculado con el misterio del Nombre sagrado supremo íntegro, que se escribe con las letras hebreas: *vav–iud–hei–vav–hei*, **es éste: Jacob tomó cuatro mujeres,** como está escrito: «Y Labán reunió a toda la gente del lugar e hizo un banquete. Y al anochecer tomó a su hija Lea y se la llevó a él; y él se allegó a ella» (Génesis 29: 22-23). Además está escrito: «Y, a la mañana, he aquí que era Lea. Y le dijo a Labán: ¿qué es esto que me has hecho?, ¿acaso no fue por Rajel (Raquel) que trabajé para ti?, ¿por qué me has engañado?. Dijo Labán: eso no se acostumbra en nuestro lugar, entregar a la menor antes que a la mayor. Completa la semana de ésta, y te será dada también la otra por el trabajo que habrás de hacer para mí siete años más. Iaacov (Jacob) así lo hizo y completó la semana de ella; y él le dio a su hija Rajel (Raquel) por mujer» (Génesis 29: 25-27). Asimismo está escrito: «Le dio a su sirvienta Bilá por mujer y Iaacov (Jacob) se allegó a ella» (Génesis 30:4). Y está escrito: «Cuando Lea vio que había dejado de dar a luz, tomó a su sirvienta Zilpá y se la dio a Iaacov (Jacob) por mujer» (Génesis 30:9). He aquí que Jacob tomó cuatro mujeres **y las incluyó dentro de él.** Es decir, incluyó las almas de ellas en el Palacio de la Voluntad del Mundo de la Creación –*Briá*–, ya que él estaba allí. **Y** esto requiere esclarecimiento **aunque sea que a este asunto ya lo hemos** estudiado y **establecido según otro misterio,** pues ya dijimos **que él,** Jacob, **está entre dos mundos.** Es decir, que Jacob, vinculado con el misterio del aspecto masculino inferior –*Zeir Anpín*–, del Mundo de la Emanación –*Atzilut*–, está entre dos mundos, que son Biná y Maljut, asociados al misterio de Lea y Raquel. Pero aún debe esclarecerse el misterio de las cuatro mujeres de Jacob. **Y el misterio de todo** este asunto es el siguiente: el aspecto masculino inferior –*Zeir Anpín*–, del Mundo de la Emanación –*Atzilut*–, tiene dos mujeres, Lea y Raquel, pero **cuando Jacob** desciende al Mundo de la Creación –*Briá*– y **toma este Palacio, el sexto,** que es el Palacio de la Voluntad, **toma e incluye en su interior a todas esas cuatro mujeres,** que son **cuatro ángeles,** Uriel, Refael, Gabriel, Mijael, y Nuriel. Y estos ángeles son en realidad cuatro, pues Uriel con Nuriel están asociados al misterio del Jesed –bondad– y la Guevurá –rigor– del Tiferet. **Y todos se apegan a este Palacio. Pues éstas** mujeres **son los cuatro cursos de agua** mencionados en el Génesis, **como está escrito:** «Del Edén surge un río que riega el jardín, **y de allí se divide y se transforma en cuatro cursos de agua** –*rashin*–» (Génesis 2:10). La expresión *rashin* significa literalmente «cabezas». **Esos «cuatro cursos de agua** –*rashin*–» **son las cuatro mujeres que tomó Jacob** cuando descendió al Mundo de la Creación –*Briá*–, **y tomó este Palacio,** el Palacio de la Voluntad del Mundo de la Creación –*Briá*–. **Y entonces este Palacio fue llamado** por el Nombre de El Santo, Bendito Sea, que se escribe con las letras hebreas: ***vav–iud–hei–vav–hei.*** Pues las cuatro letras del Tetragrama aluden a las cuatro mujeres, y los cuatro ángeles mencionados que están asociados al misterio de los cuatro tipos de conducción que provienen del Jesed –bondad–, la Guevurá –rigor–, el Tiferet, y el Maljut; y la letra *vav* está vinculada con el misterio de Jacob en este Palacio. O sea, **cuando** la conducción **es para bien, como está dicho: «Y El Eterno iba delante de ellos, de día** en una columna de nube, para guiarlos por el camino, y de noche en una columna de fuego, para iluminarlos, para que pudieran marchar de día y de noche» (Éxodo 13:21). «Y El Eterno», en el original hebreo está escrito con las letras hebreas: *vav–iud–hei–vav–hei.* Y en ese momento la conducción era para bien. Y está escrito: **«Y El Eterno dijo: ¿Habré de ocultarle a Abraham** lo que hago, ahora que Abraham ciertamente ha de convertirse en una gran y poderosa nación, y todas las naciones del mundo se bendecirán en él?» (Génesis 18:17-18). También aquí «Y El Eterno», en el original hebreo está escrito con las letras hebreas: *vav–iud–hei–vav–hei.* Y también aquí la conducción era para bien, pues cuando Jacob se une en este Palacio, proyecta bondad y misericordia a este mundo.

Y cuando Isaac, vinculado con el misterio de Guevurá –rigor–, del aspecto masculino inferior –*Zeir Anpín*–, del Mundo de la Emanación –*Atzilut*–, se une con el Palacio del Tribunal, el cual se denomina el Palacio de los Méritos, que está vinculado con el misterio de Guevurá –rigor– del Mundo de la Creación –*Briá*–, entonces todo se denomina

256b

«Y El Eterno» que, tal como dijimos, en el original hebreo está escrito con las letras hebreas: *vav–iud–hei–vav–hei*. Y todo se denomina así según el misterio de Guevurá –rigor– y el juicio, que predominan para castigar a los malvados, como está dicho: «Y el Eterno hizo que lloviera azufre y fuego sobre Sodoma y Gomorra, de El Eterno, de los Cielos (Génesis 19:24). «Y El Eterno», también aquí en el original hebreo está escrito con las letras hebreas: *vav–iud–hei–vav–hei*. Pues el castigo sobrevino a través del atributo del rigor y el juicio. Y todo este asunto está vinculado con un misterio íntimo, como debe ser.

Y cuando Jacob toma este Palacio de la Voluntad, y se une con Raquel, **entonces todo se denomina «Voluntad de Paz».** Pues la Voluntad suprema se expande y provoca la Paz en todos los grados. **Y éste es el Momento de Voluntad.** Es decir, el aspecto femenino inferior –Maljut–, que se denomina Momento –*et*–, se une con Jacob en el Palacio de la Voluntad.

Y de aquí, del Palacio de la Voluntad **en adelante,** hacia arriba, **comienzan los** seis **Palacios** particulares del Palacio de la Voluntad, **para** ascender, **unirlos y vincularlos estos con estos,** es decir, con los seis Palacios particulares del Palacio del Lugar Santísimo del Templo Sagrado denominado *Kodesh Hakodashim*. **Y** esto es así **aunque sea que hemos estudiado** que del Palacio del Amor, el cual está vinculado con el misterio del flanco Sur, comienza la inclusión con el Palacio de la Voluntad, el cual está vinculado con el misterio del flanco Este. **Y todo es** un mismo misterio, unido **como uno.** Pues únicamente después de que el Palacio del Amor se incluye con el Palacio de la Voluntad, recién en ese momento el Palacio de la Voluntad, con todos los Palacios que hay en él, se incluye en el Palacio denominado Lugar Santísimo del Templo Sagrado –*Kodesh Hakodashim*–. Y también **aquí,** en el Palacio denominado Lugar Santísimo del Templo Sagrado –*Kodesh Hakodashim*–, **hay** vínculo del **espíritu** de Jacob **con** el **espíritu** de Raquel, **los cuales se unen como uno** a través del misterio de los Besos.

A continuación se explicará el vínculo de las sefirot con los Palacios, y el orden del descenso de la abundancia, comenzándose por el Palacio del Amor. **Pues de aquí,** del Palacio del Amor del Mundo de la Creación –*Briá*–, **comienza Abraham,** que está asociado con el misterio del Jesed –bondad– del aspecto masculino inferior –*Zeir Anpín*–, del Mundo de la Emanación –*Atzilut*–, **que es** el flanco de **la derecha, y se denomina Gran Amor,** a proyectar la abundancia, **como hemos dicho** anteriormente. **Y él toma el Palacio que se denomina** Palacio del **Amor,** el cual está asociado con el misterio del Jesed –bondad– del Mundo de la Creación –*Briá*–, y ejerce influencia en él. **A esto se refiere** lo que está escrito: **«Los pechos eran apropiados»** (Ezequiel 16:7). «Tus pechos» está escrito con las letras hebreas *shin–dalet–iud–mem*, que aluden a los Nombres de El Santo, Bendito Sea, que se escriben con las letras *shin–dalet–iud*, que se vinculan con el misterio de la abundancia. Y en esta declaración se indica que esos Nombres de El Santo, Bendito Sea, son apropiados para proyectar abundancia desde el Palacio del Amor. **Y** esos Nombres **se colman de todo lo bueno** del Jesed –bondad–, del Mundo de la Emanación –*Atzilut*–, **para nutrir de aquí a todos** los entes de lo bajo. **Y cuando «los pechos eran apropiados»,** es decir, cuando los Nombres de El Santo, Bendito Sea, que se escriben con las letras *shin–dalet–iud*, que se vinculan con el misterio de la abundancia, se rectifican, y **se colman** de abundancia **del interior de la misericordia,** o sea, el Jesed –bondad– **suprema,** del aspecto masculino inferior –*Zeir Anpín*– del Mundo de la Emanación –*Atzilut*– que se asocia con el misterio del Nombre de El Santo, Bendito Sea, Él, **entonces este Palacio se denomina El Shadai, como hemos dicho** anteriormente.

Y de éste Palacio del Amor y la Bondad **se nutrió todo (257a) el mundo cuando fue creado. Pues cuando fue creado el mundo no podía mantenerse firmemente, y no estaba firme,** pues no había hombre para trabajar la tierra y tampoco había Torá y méritos en el mundo. **Hasta que se reveló este Palacio,** el Palacio del Amor del Mundo de la Creación –*Briá*–, **que tomó Abraham.** Y a través de él atrajo y proyectó la abundancia del Jesed –bondad– del Mundo de la Emanación –*Atzilut*–, a través de su gran bondad. **Y cuando se reveló Abraham en este Palacio, entonces** El Santo, Bendito Sea, **dijo al mundo: «Suficiente –*Dai*–».** Es decir, **he aquí que hay suficiente** abundancia **para nutrir con ella al mundo** a través del Nombre de

El Santo, Bendito Sea, Shadai, **y que se mantenga** a través del Nombre de El Santo, Bendito Sea, Él. **Y por eso** el Palacio del Amor **se llama El Shadai.** Es decir, el Palacio del Amor se denomina **El Shadai,** porque hay en él suficiente abundancia **para todo** el mundo, **para alimentarse de él y nutrirse de él.**

Ven y **observa: este Palacio,** el Palacio del Amor, **en el futuro El Santo, Bendito Sea, lo colmará y lo rectificará para el Mundo Venidero.** Lo colmará del flanco del Jesed –bondad– y lo rectificará del flanco de Guevurá –rigor–, **como está escrito: «Para que os nutráis y os saciéis de los pechos de sus consuelos; para que bebáis, y os deleitéis con el resplandor de su gloria»** (Isaías 66:11). Lo que está escrito: **«los pechos** –*shod*– **de sus consuelos»,** alude al Nombre de El Santo, Bendito Sea, Shadai, y lo que está escrito: **«con el resplandor de su gloria»,** alude al Nombre de El Santo, Bendito Sea. **Todo** esto que hemos mencionado **está en este Palacio,** el Palacio del Amor.

Y en relación con ese tiempo está escrito: «Y ella dijo: **¿Quién** –Mi– **es el Que le dijo a Abraham, Sara dará de mamar a hijos?** ¡Pues le he dado un hijo en su ancianidad!» (Génesis 21:7). La expresión Mi, se refiere al ente cósmico denominado Biná, que es quien habló a Abraham, vinculado con el misterio del Jesed –bondad– del Mundo de la Emanación –*Atzilut*–, para otorgar abundancia en este Palacio del Amor, del Mundo de la Creación –*Briá*–, a través del aspecto femenino inferior –Maljut–. Y entonces el aspecto femenino inferior –Maljut–, que se denomina Sara, amamanta –nutre– y colma a este Palacio con la abundancia del Jesed –bondad–. Y de aquí se proyecta a los demás Palacios. **Pues el amamantado** –el nutrido– y la abundancia **dependen del Jesed** –bondad–, o sea, el atributo con el que está vinculado **Abraham.** O sea, después de que el Jesed –bondad–, del aspecto masculino inferior –*Zeir Anpín*– otorga influencia de abundancia a este Palacio del Amor, se nutren de él los demás Palacios.

A continuación se explica lo concerniente al Palacio de los Méritos, que es el Palacio de Guevurá –rigor– del Palacio de la Voluntad del Mundo de la Creación –*Briá*–: **Isaac es** el patriarca aferrado a la Guevurá –rigor–, que está en el flanco de **la izquierda de El Santo, Bendito Sea,** o sea, el aspecto masculino inferior –*Zeir Anpín*– del Mundo de la Emanación –*Atzilut*–. Éste es el **lugar del cual se despiertan todos los juicios del mundo, y** está vinculado con **el** misterio del **brazo izquierdo** que está unido al cuerpo, o sea, el Tiferet. Aquí se encuentra **el comienzo de todos los juicios, y todos los juicios se despiertan de allí. Éste,** la Guevurá –rigor–, del Mundo de la Emanación –*Atzilut*–, **toma y envía** los asuntos **al Palacio denominado** Palacio de los **Méritos,** vinculado con el misterio de Guevurá –rigor– del Mundo de la Creación –*Briá*–, **para unir juicio con juicio.** Es decir, para unir los juicios del Mundo de la Emanación –*Atzilut*– con los juicios del Mundo de la Creación –*Briá*–. **Y** hace esto **para que todos** los juicios **sean** parte de **un solo vínculo. Pues éste,** la Guevurá –rigor– del Mundo de la Emanación –*Atzilut*–, **es el juicio de lo Alto, y los grabados de los juicios** del Palacio de los Méritos del Mundo de la Creación –*Briá*– **están** enraizados **allí.**

Y aquí, en el Palacio de los Méritos, **se encuentra grabado el Nombre sagrado** de El Santo, Bendito Sea, **denominado Elokim,** el cual señala juicio y rigor. **Pues hay Dios** –Elokim– **de Vida, que está en lo Alto, en lo Alto, y es oculto de todo,** y por eso nadie puede aprehenderlo cognitivamente. Y está enraizado en el ente cósmico denominado Biná que es la raíz de todos los juicios. Pero allí aún son dulces, y proyectan vida. **Y hay Dios** –Elokim– **que es el Tribunal de lo Alto,** y es este un Nombre de El Santo, Bendito Sea, asociado con el misterio de Guevurá –rigor– del aspecto masculino inferior –*Zeir Anpín*–. **Y** hay allí **Dios** –Elokim– **que es el Tribunal de lo bajo,** y está vinculado con el misterio del aspecto femenino inferior –Maljut– del Mundo de la Emanación –*Atzilut*–.

A esto se refiere lo que está escrito: «Ciertamente hay Elokim que juzgan en la Tierra» (Salmos 58:12). La declaración «juzgan» está en plural. Indica que hay varios jueces denominados Elokim que juzgan en la Tierra. Se refiere al Juez, **Elokim, supremo,** asociado con el misterio **de Elokim de Vida,** o sea, el ente cósmico denominado Biná. Este ente cósmico **incluye a estos** entes **de lo bajo** vinculados con la Guevurá –rigor–, o sea, la Guevurá –rigor– del aspecto masculino inferior –*Zeir Anpín*–, y la Guevurá –rigor– del aspecto femenino inferior –Maljut–, pues en él –Biná– se encuentran enraizados todos los juicios. **Y todo es uno.** Es decir, todos los juicios son uno. Y en el Palacio de los Méritos del Mundo de la Creación –*Briá*– se unen todos los juicios supremos.

En este Palacio se despierta Isaac para ejecutar el juicio, ya que está asociado con el misterio de Guevurá –rigor– del aspecto masculino inferior –*Zeir Anpín*– del Mundo de la Emanación –*Atzilut*–. Pues estando en el Mundo de la Emanación –*Atzilut*– el juicio no se ejecuta. **Y todas las setenta y dos irradiaciones de luminosidad se incluyen con él.** Es decir, los setenta y dos miembros del Sanhedrín. **Pues a través de ellos se sentencian todos los juicios del mundo de lo bajo.** Y si bien hay otros tribunales, este es el Tribunal principal, **como está escrito: «Se decretaba por la palabra de los** –ángeles denominados– ***irin»*** (Daniel 4:14). Los ángeles denominados *irin* eran los jueces del Sanhedrín. **¿Y por qué se denominan «*irin*»?** La respuesta no es sino ésta: **porque todos estaban** vinculados **con esta ciudad** –*ir*–. Es decir, con el aspecto femenino inferior –Maljut–, que se denomina «*Ir*», como está dicho: **«En la ciudad de El Eterno de los Ejércitos, la ciudad de nuestro Dios** –*Elokeinu*–**»** (Salmos 48:9). Pues el aspecto femenino inferior –Maljut– es la ciudad –*ir*–, de Netzaj, el Hod, y el Iesod, del aspecto masculino inferior –*Zeir Anpín*–, que se denominan: «El Eterno de los Ejércitos». Y además el aspecto femenino inferior –Maljut– es la ciudad –*ir*– de Guevurá –rigor– que se denomina: «nuestro Dios –*Elokeinu*–». Por esta razón, estos ángeles denominados «*ir*» son considerados muy importantes.

Todos esos Palacios de lo Alto, cada uno y uno se denomina «*Ir*». Y se debe a los ángeles que hay en su interior, los cuales están vinculados con el aspecto femenino inferior –Maljut–, que se denomina «*Ir*». **Como está dicho: «He aquí que un** –un ángel– **despierto** –*ir*– **y santo** –descendió del Cielo–**»** (Daniel 4:10). **Y se refiere a los** ángeles denominados *irin;* **ya que ellos están en el interior del Palacio** de los Méritos, **pues existen con** el poder de *Ir,* es decir, su existencia está sujeta al aspecto femenino inferior –Maljut–, **y por eso se denominan *irim*.** Pues a través del aspecto femenino inferior

–Maljut–, que se denomina «*Ir*», se proyecta a ellos el poder del juicio de Guevurá –rigor– del aspecto masculino inferior –*Zeir Anpín*– del Mundo de la Emanación –*Atzilut*–.

Este Palacio de Guevurá –rigor– del Mundo de la Creación –*Briá*–, **está incluido en** la Guevurá –rigor– del aspecto masculino inferior –*Zeir Anpín*– del Mundo de la Emanación –*Atzilut*–, que se denomina **Isaac. Y todo está en el Palacio** del Amor **de Abraham.** Es decir, el Palacio de Guevurá –rigor– del Mundo de la Creación –*Briá*–, en cuyo interior está la Guevurá –rigor– del Mundo de la Emanación –*Atzilut*–, se incluye en el Palacio del Amor de Abraham. **Pues la derecha se incluye en la izquierda.** Es decir, el Jesed –bondad– que está en la alineación de la derecha, incluye en su interior a la Guevurá –rigor– que está en la alineación de la izquierda.

Y ven y **observa: cada uno y uno incluye a su compañero,** o sea, el Jesed –bondad– incluye en su interior a la Guevurá –rigor–, y la Guevurá –rigor– incluye en su interior a el Jesed –bondad–. **Y esto ya ha sido** estudiado y **establecido por nosotros,** pues ya hemos dicho **que por eso Abraham maniató a Isaac** para ofrendarlo sobre el Altar por ordenanza de El Santo, Bendito Sea, **para que se incluya en él el juicio.** Es decir, El Santo, Bendito Sea, ordenó esto para que se incluya el rigor del juicio de Isaac en el Jesed –bondad– de Abraham. Y esto fue así **para que se encuentre la izquierda** –Guevurá– **incluida en la derecha** –Jesed–, **y para que la derecha ejerza dominio sobre la izquierda.**

Y por eso El Santo, Bendito Sea, le ordenó a Abraham ofrecer a su hijo al juicio, para que Isaac sea Carroza de Guevurá –rigor– del aspecto masculino inferior –*Zeir Anpín*–. Pues hasta que Isaac no fuera atado para ser ofrendado sobre el Altar, no era Carroza de Guevurá –rigor–. **Y** El Santo, Bendito Sea, quiso **que prevalezca sobre él** el Jesed –bondad–, **y** por eso El Santo, Bendito Sea, **no ordenó a Isaac** que se ofreciera él mismo como ofrenda. Pues si El Santo, Bendito Sea, hubiera ordenado a Isaac que se ofreciera él mismo como ofrenda, se hubiera llenado de crueldad y se hubiera convertido en Carroza de Guevurá –rigor– con gran fuerza. Por eso El Santo, Bendito Sea, no ordenó **sino a Abraham** para que atara y ofreciera a Isaac. Y a tra-

257a

vés de esto Isaac se incluyó en el Jesed –bondad– pues oyó de boca de su padre que sería atado y ofrendado por medio de él, y Abraham se incluyó en la Guevurá –rigor– a través de actuar con crueldad con su hijo, atándolo para ofrendarlo sobre el Altar. **Y por eso éste,** Abraham, **se encuentra** vinculado también **con el juicio, y éste,** Isaac, **se encuentra** vinculado también **con la bondad. Y todo es uno. Y** esto es así porque **se incluyeron éste en éste. Y así,** de modo similar, **se incluyeron los Palacios inferiores con los superiores.** Es decir, los Palacios vinculados con la Guevurá –rigor–, se incluyeron con los Palacios vinculados con el Jesed –bondad–.

A continuación se explicará lo concerniente al juicio severo y el juicio leve. Pues cuando el aspecto masculino inferior –*Zeir Anpín*– del Mundo de la Emanación –*Atzilut*– desciende a través del nivel de Guevurá –rigor– que hay en él, al Palacio de los Méritos del Mundo de la Creación –*Briá*– se denomina Isaac, vinculado con el misterio del juicio severo. Y también se denomina «juicio». Y cuando el aspecto femenino inferior –Maljut– desciende a este Palacio se denomina «Méritos», por el nombre de este Palacio, y se asocia al misterio del juicio leve. Y el aspecto masculino inferior –*Zeir Anpín*–, se une con el aspecto femenino inferior –Maljut–, aquí, y a través de la unión que se produce la Guevurá –rigor– severa del aspecto masculino inferior –*Zeir Anpín*– se endulza, y se denomina «Juicio con Mérito».

Pues **cuando Isaac,** que está vinculado con el misterio de Guevurá –rigor– del aspecto masculino inferior –*Zeir Anpín*– del Mundo de la Emanación –*Atzilut*–, **tomó este Palacio,** o sea, el Palacio de los Méritos del Mundo de la Creación –*Briá*–, y descendió aquí para juzgar, **entonces todo era para bien**, es decir, se juzgaba por medio de **Juicio con Mérito.** Ya que el juicio era endulzado por el mérito a través de la unión de Guevurá –rigor– del aspecto masculino inferior –*Zeir Anpín*– con el aspecto femenino inferior –Maljut– que se encontraba aquí.

Y por eso, la persona que juzga para resolver **un juicio debe considerar el juicio con mérito. Pues éste es un misterio supremo que es la completitud del juicio,** que cual alude a la unión del aspecto masculino inferior –*Zeir Anpín*–, asociado con el misterio de

Guevurá –rigor– de él, que se une con el aspecto femenino inferior –Maljut– que descendió a este Palacio. **Pues no hay completitud del juicio sino con el mérito. Pues** la presencia de **éste sin** la presencia de **éste, no es** considerada **completitud.** Ya que todo el tiempo que existe separación entre el aspecto masculino inferior –*Zeir Anpín*– y el aspecto femenino inferior –Maljut–, no hay completitud. Y **el juicio con el mérito** representa la **completitud de la fe,** pues provoca la unión del aspecto masculino inferior –*Zeir Anpín*– con el aspecto femenino inferior –Maljut– en el Mundo de la Creación –*Briá*–, **como en lo Alto** en el Mundo de la Emanación –*Atzilut*–.

En el Día de Rosh Hashaná, cuando el juicio se despierta en el mundo, los Hijos **de Israel de lo bajo deben despertar la misericordia** de la Biná, que se denomina cuerno –*shofar*–, **a través de** hacer sonar **el *shofar*,** para hacer prevalecer el Jesed –bondad–, sobre la Guevurá –rigor–. Y también para hacer prevalecer el Jesed –bondad–, en el Palacio del Amor del Mundo de la Creación –*Briá*–, sobre la Guevurá –rigor– del Palacio de los Méritos. O sea, **tal como el misterio supremo** que se produce en lo Alto, donde se atraen y proyectan los *mojin*, es decir, las facultades cognitivas cósmicas, del ente cósmico denominado Biná, al aspecto masculino inferior –*Zeir Anpín*– a través del sonido del *shofar*. **Y esto ya ha sido** estudiado y **establecido por nosotros. Y** ya hemos dicho que a través de hacer sonar el *shofar* **debemos unir el juicio** y vincularlo **en dirección del mérito** que se despierta sobre los Hijos de Israel. **Pues cuando el juicio está con el mérito, todo está unido con una unión** íntima. Es decir, la Guevurá –rigor– del aspecto masculino inferior –*Zeir Anpín*– con el aspecto femenino inferior –Maljut–, juntos, concuerdan con el juicio endulzado. **Y los** juicios **de lo Alto** del aspecto masculino inferior –*Zeir Anpín*–, **y los** juicios **de lo bajo** del aspecto femenino inferior –Maljut–, **están** en paz, **completos,** y endulzados. **Y entonces** se cumple lo que está escrito: **«El inculpador refrenó su boca»** (Job 5:16). «El inculpador» es la *klipá*. **Pues** cuando el juicio fue endulzado, el Otro Lado –*Sitra Ajra*– **no tiene permiso de desviar y acusar en el mundo. Y entonces todo está unido con una unión** íntima, **como es debido. Y el juicio sin mérito no es** considerado **juicio.**

Pues cuando el juicio y el mérito están separados, cada uno por su lado, en ese caso la *klipá* tiene parte de él y puede acusar y completar el juicio contra los Hijos de Israel.

Y éste es el misterio del asunto: **pues** los Hijos de **Israel tienen juicio con mérito.** Pues todas sus acciones están orientadas a endulzar las fuerzas de Guevurá –rigor– con las fuerzas del Jesed –bondad–, y provocar la unión suprema del aspecto masculino inferior –*Zeir Anpín*– con el aspecto femenino inferior –Maljut–. **Pero las demás naciones no tienen juicio con mérito** pues todas sus acciones están orientadas en dirección de los entes impuros denominados *jitzonim*, pues ellos se nutren de la separación de los atributos. **Y por eso nosotros tenemos prohibido ordenar nuestros juicios ante los juzgados de las naciones,** incluso en el caso en que ellos juzguen como nosotros, según nuestras leyes. Pues a través de eso provocamos la separación de los atributos en lo Alto. **Pues ellos no tienen parte en nuestro flanco de la fe, como está escrito: «No ha hecho así con ninguna otra de las naciones; y en cuanto a sus juicios, no los conocieron;** alabad a Dios» (Salmos 147:20). Pues no tiene relación con ellos el hecho de saber como endulzar el juicio con los méritos.

Y del flanco de los Hijos de **Israel, todo el que juzga el juicio y no incluye con él el mérito, éste es un pecador. Pues disminuyó el misterio de la fe, y se inclinó a sí mismo hacia ese** Otro **Lado** –*Sitra Ajra*– **en el que hay juicio sin mérito.**

Y ven y **observa: cuando los** jueces **del Sanhedrín se incorporaban en lo bajo para juzgar juicios de penas capitales, debían abrir** el juicio **con mérito, para incluir el mérito con el juicio. Y además, ellos se llamaban** jueces **por el** poder del **tribunal** del Palacio **de los Méritos.** Pues los jueces del Sanhedrín de lo bajo están enraizados en el Palacio de los Méritos del Mundo de la Creación –*Briá*–, y se parecen a los setenta y dos ángeles que juzgan al mundo en el Palacio de los Méritos. **Y por eso se esforzaban en abrir** el juicio **con mérito.**

Y comenzaban el juicio **con un mérito** a través **del** más **pequeño** del Sanhedrín, que corresponde al misterio del aspecto femenino inferior –Maljut– y el Palacio de los Méritos que está abajo. **Y después se completaba el juicio con el** más **grande** del Sanhedrín, el cual corresponde al misterio de Guevurá –rigor– del aspecto masculino inferior –*Zeir Anpín*– del Mundo de la Emanación –*Atzilut*–. Esto era así **para que el mérito esté incluido en el juicio.** Y **éste,** el más grande del Sanhedrín, estaba enraizado **en lo Alto,** el aspecto masculino inferior –*Zeir Anpín*– del Mundo de la Emanación –*Atzilut*–, **y este,** el más pequeño del Sanhedrín, estaba enraizado **en lo bajo,** el aspecto femenino inferior –Maljut–. Pues **el juicio con el mérito es la completitud del juicio. Y** si está presente **éste sin** la presencia de **éste, no es** considerada **completitud.**

Y por eso Isaac (257b) y Rebeca eran dos personas que estaban unidas **como uno. Pues éste,** Isaac, estaba asociado con el misterio del **juicio, y ésta,** Rebeca, estaba asociada al misterio del **mérito.** Y a través de la unión de ambos el juicio se endulzó y se transformó en misericordia. Esto fue así **para que haya completitud** íntegra, **como uno. Bienaventurada la porción de** los Hijos de **Israel, pues El Santo, Bendito Sea, les dio una Torá completa.** Pues la Torá está completa con la sabiduría Divina para entender a través de la misma el misterio de los mundos supremos, **para andar por el Sendero de la Verdad, como en lo Alto.**

Ven y **observa: pues ellos,** los jueces del Sanhedrín, **no juzgaban juicios** sujetos a pena capital **sino con méritos. Y ellos observaban los méritos** del imputado **al comienzo,** como enseñaron los sabios talmudistas: se abre con méritos al comienzo (Talmud, tratado de Sanhedrín 32a). Y hacían esto **para que se incluya** *iud–hei–vav–hei,* es decir, para que el juicio se incluya con el mérito. **Y los** jueces **del Sanhedrín lograban invertir con méritos en el** momento del **juicio, para incluir todo como uno, para que no ejerza dominio el Otro Lado** –*Sitra Ajra*–. **Pues cuando el mérito no se encuentra** presente, **el Otro Lado** –*Sitra Ajra*– **se encuentra** presente, **el cual se denomina «culpa»** y desea inculpar a todos. **Y** el Otro Lado –*Sitra Ajra*– **se une al juicio y prevalece; y éste es el juicio con culpa.**

Y por eso, en el día de Rosh Hashaná, que es el Día del Juicio, y todos los acusadores están dispuestos para acusar, **se debe unir el**

257b

mérito con el juicio y endulzarlo para **que no prevalezca** el Otro Lado *–Sitra Ajra–* denominado **«culpa». Y por eso necesitamos mérito con juicio, para que estén** juntos, **como uno, pues** este **es** un asunto íntegro y **completo. Pues cuando el Otro Lado** *–Sitra Ajra–* **ejerce dominio** y pretende hacer el juicio en lo bajo e inculpar, en ese caso el juicio **no es** íntegro y **completo sino** que es ejecutado **por el acusador,** quien intenta prevalecer **con la acusación** que desea imponer. **Y** la acusación del Otro Lado *–Sitra Ajra–* **es** expuesta **para** procurar que las personas sean juzgadas con **los cuatro** tipos de **muerte** con los que condena el tribunal. **Y cuando ese flanco** de la santidad, **que es el mérito, ejerce dominio,** entonces **todo es** íntegro y **completo.** Pues ejercen dominio **la paz, y la verdad, la bondad y la misericordia.** Y estos cuatro atributos están dispuestos en contraposición con las cuatro cortezas impuras de las cuales provienen los cuatro tipos de muerte con los que condena el tribunal.

Y cuando el Otro Lado *–Sitra Ajra–* **se une al juicio, ejerce dominio con** su **acusación** para interceder en **esos** juicios sujetos a **los cuatro** tipos de **muerte con los que condena el tribunal: lapidación, quemado, decapitado, estrangulado. Todos** estos tipos de muerte **son** determinados **con el dominio de la acusación del mal,** es decir, a través del dominio de los entes impuros denominados *jitzonim* que acusan para dañar y hacer el mal. Pues todos estos tipos de muerte se llevan a cabo con la acción de las cuatro cortezas impuras.

Lapidado, porque el Otro Lado *–Sitra Ajra–* **es «piedra para golpear»** (Isaías 8:14). **Quemado, porque el** Otro Lado *–Sitra Ajra–* **es «roca de tropiezo»** (Ibíd.). Ya que la misma es poderosa como el **fuego poderoso. Decapitado,** a través de la espada del Otro Lado *–Sitra Ajra–*. **A esto se refiere** lo que está escrito: «Embriagaré Mis flechas con sangre, y **Mi espada devorará la carne,** a causa de la sangre del cadáver y del cautivo, a causa de las antiguas depredaciones del enemigo» (Deuteronomio 32:42). **«Devorará la carne», ciertamente. Pues** el Otro Lado *–Sitra Ajra–* **ejerce dominio sobre la carne** de la persona, y no sobre su alma. **Estrangulado,** se lleva a cabo a través de la *klipá* inferior, la cual está asociada al grado de «otros dioses».

Pues ella es un ente vinculado con la maldición de Dios, como está escrito: «Su cuerpo no permanecerá en el árbol toda la noche, sino que ciertamente lo enterrarás ese día, pues la persona en este estado es como si la **maldición de Dios** está colgada, y no impurificarás tu Tierra, que te da El Eterno, tu Dios, como herencia» (Deuteronomio 21:23). **Ésta es la *klipá* que ejerce dominio sobre el estrangulado y el ahorcado. Y esto ya ha sido** estudiado y **establecido por nosotros,** pues ya hemos dicho que esto es así **para que no quede** del estrangulado **sino solamente la carne. Y esa** corteza impura denominada **«maldición de Dios» ejerce dominio en su carne. Y** esa corteza impura denominada *klipá* **se denomina «bilis oscura»** en contraposición con el aspecto femenino inferior —Maljut— de la santidad, que es negra y bella. **Y por eso éste** flanco, el del bien, o sea, el de la santidad, está dispuesto **para** hacer siempre **el bien, y éste** otro flanco, el del mal, o sea, el del Otro Lado —*Sitra Ajra*—, está dispuesto **para** hacer siempre **el mal.**

Y los Hijos de **Israel, en quienes está el misterio de la fe, necesitan cuidarse** de los pecados **para que ejerza dominio el flanco de la fe,** que es el flanco de la santidad. Ya que este flanco ejerce dominio a través de la santidad de los Hijos de Israel. **Y no deben dar lugar al Otro Lado** —*Sitra Ajra*— **para que ejerza dominio.** Ya que al pecar, los Hijos de Israel dan lugar al Otro Lado —*Sitra Ajra*— para que ejerza dominio. **Bienaventurados ellos,** los Hijos de Israel, **en este mundo y en el Mundo Venidero. Acerca de ellos está escrito: «Y tu pueblo, todos ellos son justos,** para siempre heredarán la Tierra; renuevos de mi plantío, obra de mis manos, para glorificarme» (Isaías 60:21).

A continuación se explicará lo concerniente a los Palacios denominados: «Esencia del Cielo» y «Noga». **Los profetas, que son** dos **flancos supremos,** pues están vinculados con el misterio del Netzaj y el Hod del aspecto masculino inferior —*Zeir Anpín*— del Mundo de la Emanación —*Atzilut*—, son las **dos piernas que sostienen a la Torá sagrada,** o sea, al Tiferet del aspecto masculino inferior —*Zeir Anpín*— que está vinculada con el misterio de la Torá escrita. **Ellas,** el Netzaj y el Hod del Mundo de la Emanación —*Atzilut*—, **toman el Palacio** de

257b

Netzaj del Mundo de la Creación –*Briá*– que incluye en su interior al Hod del Mundo de la Creación –*Briá*–, en el cual están incluidos **dos espíritus: *Noga* y *Zohar*.** Es decir, la profecía que desciende del Netzaj y del Hod del Mundo de la Emanación –*Atzilut*– se proyecta por el Palacio de Noga del Mundo de la Creación –*Briá*–, y de allí los profetas reciben la profecía. **Y esos** dos espíritus **son dos piernas en lo bajo,** o sea, el Netzaj y el Hod del Mundo de la Creación –*Briá*–. Y están dispuestos **para sostener a esos Palacios de lo Alto,** los asociados al misterio del Netzaj y el Hod del aspecto femenino inferior –Maljut– del Mundo de la Emanación –*Atzilut*–, **que se denominan** «Torá oral». Pues así **como hay sostenes para la Torá,** o sea, el Tiferet del Mundo de la Emanación –*Atzilut*–, **que es la Torá escrita,** siendo esos sostenes el Netzaj y el Hod que están debajo, **así** también **hay sostenes que sostienen a la Torá, que es la Torá oral,** asociada al misterio del aspecto femenino inferior –Maljut–. Y esos sostenes son el Netzaj y el Hod del Mundo de la Creación –*Briá*– que están debajo de ella. **Y se incluyen *iud–hei–vav–hei*.** Es decir, el Netzaj y el Hod del aspecto masculino inferior –*Zeir Anpín*– del Mundo de la Emanación –*Atzilut*–, se incluyen en el Netzaj y el Hod del aspecto femenino inferior –Maljut– del Mundo de la Emanación –*Atzilut*–. Y el Netzaj y el Hod del aspecto femenino inferior –Maljut– del Mundo de la Emanación –*Atzilut*– se incluyen en el Netzaj y en el Hod del Mundo de la Creación –*Briá*–.

Entonces, esos dos sostenes de lo bajo, el Netzaj y el Hod del Mundo de la Creación –*Briá*–, **cuando se unen con esos** Palacios **supremos** de Netzaj y el Hod del aspecto femenino inferior –Maljut– del Mundo de la Emanación –*Atzilut*–, ocurre que **se graba en ellos un flanco** –un grado– **de la profecía. ¿Y cuál es** ese grado? El flanco –grado– de profecía denominado «*Maré* –visión–». La expresión *Maré* significa literalmente «espejo» e indica que refleja la profecía, ya **que es como la profecía. Y todos esos poseedores** de facultad **de Visión, la captan de aquí,** de Netzaj y de Hod del Mundo de la Creación –*Briá*–. Pues **en lo Alto,** en el lugar de Netzaj y de Hod del aspecto masculino inferior –*Zeir Anpín*– del Mundo de la Emanación –*Atzilut*–, se encuentra enraizada la **profecía.** En tanto que **aquí,** en el lugar de Netzaj y de Hod del Mundo de la Creación *–Briá–*, se encuentra enraizada la **Visión** *–Maré–*.

Y por eso éste es como éste, es decir, el Netzaj y el Hod del Mundo de la Creación *–Briá–* son similares al Netzaj y al Hod del Mundo de la Emanación *–Atzilut–*. **Y éste es como éste,** es decir, el Netzaj y el Hod del Mundo de la Emanación *–Atzilut–* son similares al Netzaj y al Hod del Mundo de la Creación *–Briá–*. Pues así como las sefirot mencionadas del Mundo de la Emanación *–Atzilut–* sostienen a la Torá escrita, del mismo modo las sefirot mencionadas del Mundo de la Creación *–Briá–* sostienen a la Torá oral. **Y cuando** el Netzaj y el Hod del Mundo de la Emanación *–Atzilut–* **se unen *ésta con ésta,* entonces ejerce dominio sobre ese lugar y se graba** allí **el Nombre sagrado** de El Santo, Bendito Sea, **denominado *Tzevaot.*** Y de allí irradia luminosidad al Netzaj y al Hod del Mundo de la Creación *–Briá–*. **Pues todas las legiones sagradas** de los ángeles que están a cargo de la Visión, **todas están aquí. Y todos ellos se denominan según el flanco de la profecía.** Y también **la visión y el sueño son** parte **del flanco de la profecía** aunque no son profecía concretamente.

Y esto es así **aunque sea que ya hemos dicho que este Nombre** sagrado de El Santo, Bendito Sea, se posa **dentro de la señal del pacto sagrado** asociado con el misterio de Iesod. Y si es así, ¿cómo habéis dicho que se posa sobre el Netzaj, y el Hod?

La respuesta no es sino ésta: **porque todas las legiones** de ángeles **salen de esta señal,** o sea, de Iesod. Y **con todo eso, esas piernas,** la sefirá de Netzaj y la sefirá de Hod, **que están fuera** del cuerpo, son quienes preparan la simiente sagrada de la cual salen las legiones. **Por eso se las llama por este nombre,** Tzevaot.

Y éstas emanaciones cósmicas, Netzaj y Hod del Mundo de la Creación *–Briá–*, **se denominan *Baraitei,*** que significa «exteriores», pues están fuera del Mundo de la Emanación *–Atzilut–*. **Pues la Baraita está fuera de la Mishná,** que es el aspecto femenino inferior *–Maljut–* del Mundo de la Emanación *–Atzilut–*. **La Mishná está dentro con respecto a la Baraita,** y la Baraita explica a la Mishná. **Y** el Netzaj y el Hod **se denominan «piernas»,** ya **que son casas exte-**

riores. **Y son similares a lo Alto,** la sefirá Netzaj y Hod del Mundo de la Emanación –*Atzilut*–, que están fuera del cuerpo del aspecto cósmico denominado partzuf.

La Mishná es el secreto que está dentro, en el aspecto femenino inferior –Maljut– del Mundo de la Emanación –*Atzilut*–. **Pues allí se aprenden los principios de todo,** es decir, allí está enraizada la Torá oral. **Y por eso** los sabios denominados **Tanaitas,** que son los sabios de la Mishná, están vinculados con el aspecto femenino inferior –Maljut– del Mundo de la Emanación –*Atzilut*–.

Y este misterio está vinculado con lo que los Hijos de Israel dicen al aspecto masculino inferior –*Zeir Anpín*–, como está escrito: **«Te llevaría, te traería a casa de mi madre; tú me enseñarías»** (Cantar de los Cantares 8:2). «Te llevaría» alude a la atracción de los *mojin*, es decir, las facultades cognitivas cósmicas supremos, del aspecto masculino superior –*Aba*–, y el aspecto femenino superior –*Ima*–; y después «te traería a casa de mi madre; tú me enseñarías». Lo que está escrito: **«A casa de mi madre» se refiere al Lugar Santísimo** del Templo Sagrado denominado *Kodesh Hakodashim*. Es decir, se refiere a la sefirá de Iesod del aspecto femenino inferior –Maljut– que se denomina Lugar Santísimo del Templo Sagrado: *Kodesh Hakodashim*. Es decir: «Provocaré en ti que te unas al aspecto femenino inferior –Maljut–». Y entonces **«tú me enseñarías»: se refiere al misterio de la Mishná,** vinculada con el misterio del aspecto femenino inferior –Maljut–. **Pues cuando entra este río** vinculado con el misterio de Iesod del aspecto masculino inferior –*Zeir Anpín*–, **que fluye y sale** de la sefirá de Tiferet, **en ese Lugar Santísimo** del Templo Sagrado, el *Kodesh Hakodashim*, vinculado con el misterio de la sefirá de Iesod del aspecto femenino inferior –Maljut–, o sea, cuando se produce el misterio de la unión, en relación con ese momento está escrito: **«tú me enseñarías».** Es decir: concededme abundancia proveniente de las facultades cognitivas cósmicas para comprender la Mishná, que es la Torá oral. **Y éste es el misterio por el cual** el aspecto femenino inferior –Maljut– **se denomina Mishná,** que literalmente significa «segundo», debido a que es el complemento de la Torá escrita. Pues el aspecto femenino inferior –Maljut– secunda al aspecto masculino inferior –*Zeir Anpín*– que está asociado con el misterio de la Torá escrita. **Como está dicho:** «Ocurrirá que cuando se siente en el trono de su reinado, escribirá para sí mismo **dos copias** –*Mishne*– **de esta Torá** en un libro, de ante los sacerdotes, los levitas» (Deuteronomio 17:18). Alude al aspecto femenino inferior –Maljut–, que se denomina Mishná, o sea, la Torá oral, que secunda y complementa a la Torá escrita. Pero **cuando** la Mishná, o sea, el aspecto femenino inferior –Maljut–, **se proyecta fuera,** al Mundo de la Creación –*Briá*–, **se denomina Baraita,** siendo las *Baraitot* el medio para comprender la Mishná. Y en cuanto a **las dos piernas,** el Netzaj y el Hod del Mundo de la Creación –*Briá*–, **ellas** se denominan *Baraitei* ya que son exteriores.

Hay aquí **un misterio de misterios que no fue dado** permiso **para revelarlo** a aquellos que no lo merezcan. **Pues no se han de entregar los misterios** recónditos **sino únicamente a los sabios supremos. Ay si** los misterios les **son revelados** a los que no son aptos, **y ay si** los misterios **no** les **son revelados** a los que son aptos. Pues los sabios aptos para recibirlos pueden hacer con esos misterios maravillas, rectificando los mundos supremos. **Pues éste es un misterio de los misterios supremos con el que El Santo, Bendito Sea, conduce el mundo.**

El primer Templo Sagrado estaba asociado con el misterio de Raquel, que era el aspecto femenino del aspecto masculino inferior –*Zeir Anpín*–, y ese Templo **estuvo en pie en días del rey Salomón.** Es decir, Raquel, el aspecto femenino inferior, estuvo junto con el aspecto masculino inferior –*Zeir Anpín*– en ese tiempo, **en correspondencia con el mundo Supremo,** el Mundo de la Creación –*Briá*–. O sea, estuvo con el aspecto masculino inferior –*Zeir Anpín*–, cara con cara, con su estructura completa, en correspondencia con la sefirá de Netzaj, la sefirá de Hod, y la sefirá de Iesod del aspecto femenino superior –*Ima*–, que están dentro del aspecto masculino inferior –*Zeir Anpín*–. Por eso se considera como si estuviera frente al Mundo Supremo. **Y ella se denomina Primer Templo** Sagrado, **y** entonces la sefirá de Iesod del aspecto masculino inferior –*Zeir Anpín*–, que se denomina **«todo», cumple su función** y alcanza la unión **en**

257b - 258a

el Lugar Santísimo del Templo Sagrado denominado *Kodesh Hako-dashim*, que está asociado con el misterio de Iesod del aspecto femenino inferior –Maljut–. Y ese es **el lugar en el que cumple su función** y se unen **el Sol (258a) con la Luna.** Es decir, ese es el lugar en el que se unen el aspecto masculino inferior –*Zeir Anpín*–, que se denomina Sol, con el aspecto femenino inferior –Maljut–, que se denomina Luna. Y todo el tiempo que el primer Templo Sagrado estuvo en pie había una unión íntima entre el aspecto masculino inferior –*Zeir Anpín*– y el aspecto femenino inferior –Maljut– con completitud absoluta. **Y los misterios supremos** asociados al misterio de los *mojin*, es decir, las facultades cognitivas cósmicas sagradas del aspecto masculino inferior –*Zeir Anpín*– y el aspecto femenino inferior –Maljut–, **todos estaban** dispuestos y se proyectaban **con completitud.** Pues siempre se hallaban con el aspecto masculino inferior –*Zeir Anpín*– y el aspecto femenino inferior –Maljut– las facultades cognitivas cósmicas de *gadlut* del aspecto masculino superior –*Aba*– y el aspecto femenino superior –*Ima*–, sin ninguna interrupción. **Y el mundo estaba con completitud.** Es decir, el aspecto femenino inferior –Maljut– estaba junto con el aspecto masculino inferior –*Zeir Anpín*–, con completitud, en una unión permanente, cara con cara.

Y después las faltas cometidas **provocaron** que el primer Templo Sagrado fuera destruido, **y los misterios fueron atraídos,** es decir, anulados, apartándose las facultades cognitivas cósmicas del aspecto masculino inferior –*Zeir Anpín*– y el aspecto femenino inferior –Maljut–. **Y fueron desplazados del Lugar Santísimo** del Templo Sagrado denominado *Kodesh Hakodashim*, **al exterior.** Es decir, por cuanto que los *mojin*, es decir, las facultades cognitivas cósmicas, se apartaron, se anuló la unión continua de la sefirá de Iesod del aspecto femenino inferior –Maljut–, que se denomina Lugar Santísimo del Templo Sagrado, *Kodesh Hakodashim*. Y entonces el aspecto femenino inferior –Maljut– descendió detrás de la sefirá de Netzaj, la de Hod, y la de Iesod del aspecto masculino inferior –*Zeir Anpín*–, y los Hijos de Israel fueron desplazados del Mundo de la Emanación –*Atzilut*– al Mundo de la Creación –*Briá*–, siendo enviado al exilio.

Cuando los Hijos de Israel **fueron desplazados a** el grado de **los pies** en el exilio, **entonces estuvieron afuera,** asociados al misterio de la sefirá de Netzaj, y la sefirá de Hod del Mundo de la Creación –*Briá*–, **que se denominan «casas exteriores».** Y de allí recibieron la influencia proveniente de lo Alto. **Y necesitaron las *baraitot*.** Es decir, los estudios explicativos de la Mishná.

Durante el tiempo de **el segundo Templo Sagrado,** los Hijos de Israel que estaban en Babilonia **estuvieron en casas exteriores, en** el grado de **los pies.** Y el aspecto femenino inferior –Maljut– volvió a estar con el aspecto masculino inferior –*Zeir Anpín*–, cara con cara, en correspondencia con los pies, que son la sefirá de Netzaj y la sefirá de Hod del aspecto masculino inferior –*Zeir Anpín*–. **Y** esto provocó que sólo una parte **de ellos,** de los Hijos de Israel, **volvieran** del exilio babilónico a la Tierra de Israel, pero muchos permanecieron en Babilonia. Y el aspecto masculino inferior –*Zeir Anpín*–, y el aspecto femenino inferior –Maljut– **reposaron en el Lugar Santísimo** del Templo Sagrado denominado *Kodesh Hakodashim*, según el misterio de la unión cara con cara. **Y el** aspecto femenino inferior –Maljut– **era el** ente cósmico que se denominaba **segundo Templo** Sagrado. **Y esos otros** que se quedaron en Babilonia, **permanecieron con la Baraita, fuera, en la casa de los pies.** O sea, recibían la abundancia de la sefirá de Netzaj y la sefirá de Hod del Mundo de la Creación –*Briá*–, que estaban fuera del Mundo de la Emanación –*Atzilut*–, y no se nutrían de la sefirá de Iesod del aspecto femenino inferior –Maljut– del Mundo de la Emanación –*Atzilut*–, asociada al misterio del Lugar Santísimo del Templo Sagrado denominado *Kodesh Hakodashim*. Pero los Hijos de Israel que volvieron a la Tierra de Israel se nutrían de Iesod del aspecto femenino inferior –Maljut– del Mundo de la Emanación –*Atzilut*–. Y además, los Hijos de Israel que volvieron a la Tierra de Israel estudiaban el orden de la conducción de la Mishná, o sea, la Torá oral vinculada con el aspecto femenino inferior –Maljut–. **Y se comportaban según ella,** la Torá oral. **Y a esto se refiere el misterio de lo que está escrito: «Porque de Sión saldrá la Torá»** (Isaías 2:3). Es decir, de Iesod del aspecto femenino inferior –Maljut–, que se denomina Sión, que es donde está enrai-

258a

zada toda la Torá oral: de allí salía la enseñanza para todos los Hijos de Israel.

Y después aconteció que las faltas cometidas **provocaron** el declive. Pues si bien es cierto que el segundo Templo Sagrado aún estaba en pie, el aspecto femenino inferior –Maljut– estaba unido cara con cara, solamente a través de la sefirá de Netzaj, la sefirá de Hod, y la sefirá de Iesod del aspecto masculino inferior –*Zeir Anpín*– que están fuera del cuerpo. Y la corteza impura denominada *klipá* tiene poder para aferrarse y nutrirse de allí. Por eso **fue quitado el** poder de **gobierno del** aspecto femenino inferior –Maljut– que se denomina **segundo Templo** Sagrado. Por eso hubo varias guerras. Y la razón era **porque el gobierno de él,** el aspecto femenino inferior –Maljut–, **no era** en el segundo Templo Sagrado **como en el primer Templo** Sagrado. Pues entonces el aspecto masculino inferior –*Zeir Anpín*– y el aspecto femenino inferior –Maljut– estaban cara con cara, y eran iguales en su estatura, y por eso la corteza impura denominada *klipá* no podía acusar contra los Hijos de Israel; **pues había paz en él siempre.** Es decir, la mayoría del tiempo que estuvo en pie el primer Templo Sagrado los Hijos de Israel tuvieron paz. **Pues el Rey que la paz es de él, siempre estaba en su interior.** Es decir, el aspecto masculino inferior –*Zeir Anpín*– y el aspecto femenino inferior –Maljut–, estaban siempre juntos, cara con cara. **Y por eso había en él paz.**

Sin embargo, en tiempos de **el segundo Templo Sagrado,** el aspecto femenino inferior –Maljut– estaba unido cara con cara solamente a través de la sefirá de Netzaj, la de Hod, y la sefirá de Iesod, del aspecto masculino inferior –*Zeir Anpín*– que están fuera del cuerpo, y por eso **no había en él paz así** como en el primero. **Pues** la corteza impura de *klipá* tenía poder para aferrarse y nutrirse de allí, y **la cubierta** –*orlá*– **acusaba contra él continuamente,** en especial en la guerra con los griegos. **Y por eso los sacerdotes** jashmonaitas que provenían de los *jasadim,* **estaban preparados para acusar** y enfrentarse **a esa cubierta** –*orlá*–. **Y para ellos era necesario el asunto, para acusar con ella y proteger al segundo Templo** Sagrado. Es decir, los sacerdotes podían atraer las fuerzas de la sefirá de Jesed –bondad– y anular el adherido de la corteza impura denominada *klipá* al aspecto femenino inferior –Maljut–, que se denominaba: segundo Templo Sagrado. **Y todo era** realizado **según los misterios** intrínsecos supremos, **como es debido.**

Después, las faltas cometidas **provocaron** que el segundo Templo Sagrado fuera destruido **y ejerció dominio esa** corteza impura de *klipá* denominada **cubierta** –*orlá*–, en la Tierra de Israel. **Y** los Hijos de Israel **fueron desplazados fuera del segundo Templo** Sagrado, es decir, fueron enviados al exilio. **Y descendieron de allí,** de su grado asociado al Mundo de la Emanación –*Atzilut*–, **a los confines de las piernas, a lo bajo,** es decir, a las primeras secciones de la sefirá de Netzaj, y la sefirá de Hod, del Mundo de la Creación –*Briá*– que se denominan «pies». Y después descendieron más aun **hasta que se posaron abajo, en los pies** de la corteza impura denominada *klipá*.

Y cuando los Hijos de Israel **residen en los pies** de las cortezas impuras denominadas *klipot*, depuran y rescatan de allí a todos los destellos sagrados. **Entonces,** cuando se depuren y rescaten de allí todos los destellos sagrados, o sea, cuando se complete esa depuración y venga el Mesías, se cumplirá lo que está escrito: **«Y se levantarán sus pies en ese día»** (Sacarías 14:4). Es decir, los pies de la Presencia Divina –*Shejiná*– ascenderán a lo Alto, situándose arriba de los pies de las cortezas impuras. Entonces se afirmarán los pies de la santidad pues ya se habrán depurado los destellos sagrados, habiéndoselos quitado a todos de entre los pies de la corteza impura de *klipá*. **Y el mundo se comportará en todo** asunto **según el misterio supremo,** con el dominio de la Presencia Divina –*Shejiná*–, **como es debido. Y aunque** los Hijos de Israel **fueron desplazados** al exilio, la Presencia Divina –*Shejiná*– **no los abandonó,** ya que fue con ellos al exilio. **Y** los Hijos de Israel **siempre se aferraron a ella.** Y cuando la Presencia Divina –*Shejiná*– descendió entre las cortezas impuras denominadas *klipot*, los Hijos de Israel descendieron con ella; y cuando la Presencia Divina –*Shejiná*– ascienda, pronto en nuestros días, los Hijos de Israel ascenderán con ella.

Y quien conoce los misterios de **la medida** de la estructura suprema **y mide** las medidas supremas **con la línea de medición** correspondiente, **y mide el ancho de la expansión de los muslos,**

los cuales están asociados al misterio de Netzaj, y la sefirá de Hod, **hasta** el extremo de los dedos de **los pies,** y conoce la medida de ellos, entonces conoce también la medida de los muslos y los pies del Hombre de la corteza impura denominada *klipá*. Pues según la medida de ellos en lo Alto, en el flanco de la santidad, así, en la misma proporción, ocurre en lo bajo con la corteza impura denominada *klipá*. Y ese hombre **puede saber la medida de la proyección del exilio,** es decir, su duración. Pues debajo de los pies el Otro Lado –*Sitra Ajra*– no tiene poder de adherencia. **Y éste es un misterio** dispuesto **entre los que cosechan los campos supremos.** Es decir, los sabios conocedores de los misterios de la cábala que cosechan los misterios del aspecto femenino inferior –Maljut–, que se denomina «Campo supremo». **Y todo** lo vinculado con este asunto **es un misterio supremo.**

Y por eso todas las enseñanzas explicativas de la Mishná que son exteriores, denominadas *baraitot*, **y todos los** sabios de la época de la Mishná y las *baraitot*, denominados **tanaitas, y todos los** sabios de la época del Talmud, denominados **amoraitas, están** dispuestos y enraizados **en los lugares de ellos como es debido.** Es decir, **estos** sabios de la época de la Mishná, denominados tanaitas, **están** enraizados **dentro,** en el aspecto femenino inferior –Maljut– del Mundo de la Emanación –*Atzilut*–; **y estos** sabios denominados tanaitas, que compusieron las baraitot, **están** dispuestos y enraizados **fuera, en los contornos** –*jamukei*– **de los muslos,** que son las secciones supremas de Netzaj y la sefirá de Hod del Mundo de la Creación –*Briá*–. **Y esos** sabios de la época del Talmud, denominados amoraitas **están** dispuestos y enraizados **debajo de los muslos,** es decir, en las secciones medias y bajas de la sefirá de Netzaj y la sefirá de Hod del Mundo de la Creación –*Briá*–. **Y con todos ellos** el aspecto femenino inferior –Maljut– **se denomina Torá oral. Y con todos ellos descendieron los** Hijos **de Israel y fueron exiliados.** Pues la Torá descendió al exilio de la Mishná a la Baraita y de allí a los grados más bajos **y a todos los** sabios denominados amoraitas, y de allí a los grados de sabios denominados saboraitas, y de allí a los grados de sabios denominados *gueonim*, y de allí a los grados de sabios denominados *mefar-*

shim –exégetas–, y de allí a los grados de sabios denominados *poskim* –legisladores–.

Y entonces, cuando culmine el exilio a lo largo de la línea de tiempo asociada al misterio de **los pies,** es decir, cuando las almas que se encuentran asociadas a los talones del hombre de la corteza impura denominada *klipá*, sean depuradas a través de los pies de la Presencia Divina –*Shejiná*–, **entonces** se cumplirá lo que está escrito: **«Y se levantarán sus pies en ese día»** (Zacarías 14:4). Es decir, los pies de la Presencia Divina –*Shejiná*– ascenderán a lo Alto, situándose arriba de los pies de las cortezas impuras denominadas *klipot*. Entonces se afirmarán los pies de la santidad, pues ya se habrán depurado los destellos sagrados, habiéndoselos quitado a todos de entre los pies de la corteza impura. **Y** cuando eso ocurra **será eliminado del mundo ese espíritu de impureza** denominado *«orlá»*, **y los** Hijos **de Israel volverán a ejercer dominio ellos solos,** con el poder del dominio de la Presencia Divina –*Shejiná*–, **como es debido.** Y no ejercerán más dominio los ministros de las naciones. **Pues esa** corteza impura denominada *«orlá»* **los hizo descender a lo bajo,** al exilio, **hasta ahora.** Pues todo sometimiento de los Hijos de Israel, y el dominio que ejercieron sobre ellos las naciones, fue a través de la fortificación y el prevalecido de las cortezas impuras. **Y de aquí en adelante, que esa** corteza impura denominada *orlá* **estará cortada y eliminada del mundo, entonces** se cumplirá lo que está escrito: **«Así Israel habitará segura, solitaria, a semejanza** –*ein*– **de Iaacov** (Jacob), en una tierra de granos y vino; hasta de sus cielos goteará el rocío» (Deuteronomio 33:28). La expresión *ein* significa literalmente «ojo». **Con ese ojo de Jacob,** es decir, a través del poder de dominio de la Presencia Divina –*Shejiná*–, que es el ojo del aspecto masculino inferior –*Zeir Anpín*–, que se denomina Jacob. **Y no habrá acusador sobre ellos. Bienaventurada la parte de** los Hijos de **Israel en este mundo y en el Mundo Venidero.**

A continuación se explicarán misterios interiores del Palacio denominado Embaldosado de Zafiro, que es el primer Palacio: **José el justo, es la columna del mundo** y está asociado con el misterio de Iesod del aspecto masculino inferior –*Zeir Anpín*– del Mundo de la

Emanación –*Atzilut*–. **Él tomó en su dominio a este Palacio oculto y recóndito** denominado Embaldosado de Zafiro, el cual es el Palacio de la sefirá de Iesod del aspecto masculino inferior –*Zeir Anpín*– del Mundo de la Creación –*Briá*–. Y todo grado vinculado con la sefirá de Iesod debe estar oculto y recóndito por el honor supremo. Por eso se dijo que es un Palacio oculto y recóndito. **Y en su dominio se encuentra** también **el séptimo Palacio,** o sea, el asociado con el misterio del aspecto femenino inferior –Maljut–, que es la pareja del aspecto masculino inferior –*Zeir Anpín*– del Mundo de la Emanación –*Atzilut*–. **Y aunque hemos dicho que el Palacio** denominado **Embaldosado de Zafiro, está en su dominio,** es decir, en el dominio de la sefirá de Iesod, y surgiría de esta aseveración que el aspecto femenino inferior –Maljut– del Mundo de la Emanación –*Atzilut*– no está en su dominio, ha de saberse que no es así. Pues **así es** ciertamente, **que a través de ella,** la sefirá de Iesod, **se rectifica** también el aspecto femenino inferior –Maljut– del Mundo de la Emanación –*Atzilut*–.

Y todo esto es así en relación con la sefirá de Iesod del aspecto masculino inferior –*Zeir Anpín*– del Mundo de la Emanación –*Atzilut*–, **pero ven** y **observa: los profetas** anteriormente **mencionados,** es decir, la sefirá de Netzaj y la sefirá de Hod del Mundo de la Emanación –*Atzilut*–, **cuando se unen en lo bajo,** con la sefirá de Netzaj y la sefirá de Hod del Mundo de la Creación –*Briá*–, ocurre que **dos grados se separan de ellos.** Esos grados son **la visión y el sueño. Y** ambos grados **están en las piernas.** Pues **en los contornos** –*jamukei*– de los muslos, que son las secciones supremas de la sefirá de Netzaj y la sefirá de Hod del Mundo de la Creación –*Briá*–, **está la visión,** y de allí reciben la profecía los poseedores de facultad de visión. **Y** allí se encuentra también **esa** profecía **que se denomina profecía pequeña. De los contornos** –*jamukei*– de los muslos, **y hacia abajo está el sueño,** y de allí, de las secciones medias e inferiores de Netzaj y la sefirá de Hod del Mundo de la Creación –*Briá*–, reciben la profecía los poseedores de facultad de sueño. **Hasta que** los pies del Mundo de la Emanación –*Atzilut*–, que son las secciones inferiores de la sefirá de Netzaj y la sefirá de Hod del Mundo de la Emanación

–Atzilut–, **llegan con los pies** del Mundo de la Creación *–Briá–,* que son la sefirá de Netzaj y la sefirá de Hod del Mundo de la Creación *–Briá–.* **Y allí,** debajo de la sefirá de Netzaj y la sefirá de Hod del Mundo de la Creación *–Briá–,* **está el Palacio inferior,** que es el Palacio de la sefirá de Iesod, **y se denomina Embaldosado de Zafiro,** como está escrito: «Tuvieron una visión del Dios de Israel, y bajo Sus pies había como un embaldosado de zafiro, y era como la esencia del cielo en pureza» (Éxodo 24:10). El «embaldosado de zafiro» se refiere al primer Palacio, el inferior.

Todas las piernas, que son las secciones supremas de la sefirá de Netzaj y la sefirá de Hod del Mundo de la Emanación *–Atzilut–,* se incluyen **con las piernas** del Mundo de la Creación *–Briá–* **para completarse uno con uno,** estos con estos. **Y todos ellos son grados de profecía, pues** las irradiaciones de luminosidad de la profecía **salen de allí,** de la sefirá de Netzaj y la sefirá de Hod del Mundo de la Emanación *–Atzilut–,* **y se posan sobre ese lugar,** que son las secciones supremas de la sefirá de Netzaj y la sefirá de Hod del Mundo de la Creación *–Briá–,* **y se forma de ellas una visión y** después **se posan sobre ese lugar,** el de las secciones medias e inferiores de la sefirá de Netzaj y la sefirá de Hod del Mundo de la Creación *–Briá–,* **y se forma de ellas un sueño.**

José, el justo, que está asociado con el misterio de la sefirá de Iesod del aspecto masculino inferior *–Zeir Anpín–* del Mundo de la Emanación *–Atzilut–,* **está completo con todas** las irradiaciones de luminosidad de la profecía, y **él las toma a todas** para enviarlas a lo bajo. **Pues todo se rectifica por él, y todas** las sefirot supremas **desean** la rectificación **con deseo** vehemente **por él,** pues por él se concreta la unión del aspecto masculino inferior *–Zeir Anpín–* con el aspecto femenino inferior *–Maljut–.*

Ven y **observa: cuando José, el justo, está dispuesto para rectificar todos** los mundos, o sea, al aspecto femenino inferior *–Maljut–,* a través del cual se rectifican todos los mundos, **entonces él toma todo.** Es decir, toma primeramente a todas las emanaciones de la sefirá de Jesed –bondad– y la sefirá de Guevurá –rigor– y de la sefirá de Iesod del aspecto femenino superior *–Ima–.* **Y cuando** José, que

258a

está asociado con el misterio del Iesod del aspecto masculino inferior –*Zeir Anpín*– del Mundo de la Emanación –*Atzilut*–, **se une con** el aspecto femenino inferior –Maljut–, que es **el Palacio de él, entonces se despiertan todas** las sefirot del aspecto masculino inferior –*Zeir Anpín*– y el aspecto femenino inferior –Maljut–, **para coger deseo** y **voluntad** para la unión. Esto es así tanto para **las** sefirot **supremas**, que son las sefirot del aspecto masculino inferior –*Zeir Anpín*–, **y** asimismo para **las** sefirot **inferiores** que son las sefirot del aspecto femenino inferior –Maljut–. **Y** entonces **todas** las sefirot del aspecto masculino inferior –*Zeir Anpín*– y las del aspecto femenino inferior –Maljut– **están con una voluntad** única, **y una completitud** perfecta. Pues el aspecto femenino inferior –Maljut– hace ascender las aguas femeninas y el aspecto masculino inferior –*Zeir Anpín*– hace descender las aguas masculinas. Esto es así para **que los de lo Alto,** los aspectos cósmicos denominados *partzufim* supremos del Mundo de la Emanación –*Atzilut*–, **y los de lo bajo,** los aspectos cósmicos denominados *partzufim* de los mundos inferiores: el Mundo de la Creación –*Briá*–, el Mundo de la Formación –*Ietzirá*–, y el Mundo de la Acción –*Asiá*–, que ascendieron al Mundo de la Emanación –*Atzilut*– con una voluntad única, **estén** unidos **con una voluntad** única, **como es debido. Y** entonces **todos ellos, los** Palacios **de** los mundos de **lo bajo están** unidos íntimamente **con él,** incluidos en el Mundo de la Emanación –*Atzilut*–. Y esto es así por el poder de Iesod, que se une con su aspecto femenino. **Y a esto se refiere lo que está escrito: «El justo es el fundamento –Iesod– del mundo»** (Proverbios 10:25). **Y sobre este fundamento se mantiene este mundo,** es decir, el aspecto femenino inferior –Maljut–, y los mundos inferiores: el Mundo de la Creación –*Briá*–, el Mundo de la Formación –*Ietzirá*–, y el Mundo de la Acción –*Asiá*– que ascendieron al Mundo de la Emanación –*Atzilut*–.

Este Palacio denominado **Embaldosado de Zafiro,** que es el primer Palacio asociado con el misterio de la sefirá de Iesod del Mundo de la Creación –*Briá*–, **no se mantiene en existencia,** sino **hasta que José el justo,** o sea, la sefirá de Iesod del Mundo de la Emanación –*Atzilut*–, **se rectifica** a través de Jesed –bondad–, y la sefirá de

Guevurá –rigor–, que descienden a él, de Iesod, del aspecto femenino superior –*Ima*–, y allí los rigores se endulzan con las bondades. Y entonces desciende la irradiación de luminosidad de él a la sefirá de Iesod del Mundo de la Creación –*Briá*–. **Y cuando él,** el ente cósmico asociado con el misterio de Iesod del aspecto masculino inferior –*Zeir Anpín*–, **se rectifica, todo** lo que hay debajo **se rectifica.**

Éste, el ente cósmico asociado con el misterio de Iesod del aspecto masculino inferior –*Zeir Anpín*– **es el fundamento de toda la edificación** del aspecto cósmico denominado *partzuf* del aspecto femenino inferior. Esto es así a través del ascenso del rigor endulzado, el cual asciende de Iesod, del aspecto masculino inferior –*Zeir Anpín*– y se sitúa en la sefirá de Daat del aspecto femenino inferior. **Y a esto se refiere lo que está escrito: «El Eterno Dios, con el costado** que había tomado del hombre, construyó una mujer y la llevó ante el hombre» (Génesis 2:22). Pues «El Eterno» es un Nombre de El Santo, Bendito Sea, asociado con el misterio de la corona de Jesed –bondad–, y «Dios» es un Nombre de El Santo, Bendito Sea, asociado con el misterio de la corona de Guevurá –rigor–, y ambas emanaciones edificaron «el costado», que es el aspecto femenino inferior –Maljut–. Pues a través de estas dos emanaciones se edificó el aspecto cósmico denominado *partzuf* del aspecto femenino inferior –Maljut–. Por eso está escrito: «El Eterno Dios, con el costado que había tomado del hombre, construyó una mujer y la llevó ante el hombre» (Génesis 2:22), **y no está escrito:** «El Eterno Dios, con el costado que había tomado del hombre, **hizo** una mujer y la llevó ante el hombre», **y no está escrito:** «El Eterno Dios, con el costado que había tomado del hombre, **creó** una mujer [...]». Pues la formación y la creación se realizó a través del aspecto masculino superior –*Aba*– y el aspecto femenino superior –*Ima*–. Por eso está escrito: «El Eterno Dios, con el costado que había tomado del hombre, construyó [...]», **porque ésta** edificación del aspecto femenino **está** dispuesta **sobre el fundamento,** la sefirá de Iesod. **Y después de que el fundamento,** la sefirá de Iesod, **se rectificó** a través de Jesed –bondad– y la sefirá de Guevurá –rigor–, entonces **todo se edificó (258b) sobre él. Y por eso todos se mantienen** en existencia **con este** fundamento, la sefirá de Iesod. **Y esto ya ha sido** estudiado y **establecido por nosotros** como es debido.

Otra explicación: **ven** y **observa: está escrito: «El Eterno Dios, con el costado** que había tomado del hombre, construyó una mujer y la llevó ante el hombre» (Génesis 2:22). **Pues** el aspecto femenino inferior **estaba** unido al aspecto masculino inferior –*Zeir Anpín*– por medio **del flanco de atrás,** espalda con espalda, **y** el aspecto femenino superior –*Ima*–, con la inclusión del aspecto masculino superior –*Aba*–, **lo rectificó** al aspecto femenino inferior, **para que estuviera cara con cara,** y no espalda con espalda. Es decir, la sefirá de Netzaj, la sefirá de Hod, y la sefirá de Iesod del aspecto femenino superior –*Ima*–, en cuyo interior estaban la sefirá de Netzaj, la sefirá de Hod, y la sefirá de Iesod del aspecto masculino superior –*Aba*–, se invistieron en el aspecto femenino inferior, y se produjo la separación. Y a través de eso el aspecto masculino inferior –*Zeir Anpín*– y el aspecto femenino inferior –Maljut–, estuvieron frente a frente, cara con cara. **Y así lo hemos** estudiado y **establecido** en otro lugar. Y a esto se refiere el misterio de lo que está escrito:

«El Eterno Dios, con el costado que había tomado del hombre, construyó una mujer y la llevó ante el hombre» (Génesis 2:22). «El Eterno Dios» se refiere al aspecto masculino superior –*Aba*– y al aspecto femenino superior –*Ima*–, y «el costado» se refiere al aspecto femenino inferior –Maljut–.

Antes bien, ahora explicaremos de modo diferente lo que está escrito: «El Eterno Dios, con el costado que había tomado del hombre, **construyó** –*vaiven*– una mujer y la llevó ante el hombre». Pues la expresión *vaiven* significa «construir», y también «entender», y ahora abriremos el asunto según la segunda acepción. Es decir, el aspecto masculino inferior –*Zeir Anpín*–, según el misterio de Jesed –bondad–, y la sefirá de Guevurá –rigor–, de él, que están asociadas al misterio íntimo de los Nombres de El Santo, Bendito Sea: «El Eterno Dios», **observó** y meditó cósmicamente, **para ascenderlo** al aspecto femenino inferior –Maljut– y provocar que esté con él cara con cara, teniendo ambos una estructura de iguales proporciones **con ese grado con el que el Mundo supremo mora en él.** Es decir, con el grado del aspecto femenino superior –*Ima*– que se denomina Mundo supremo. Resulta que el aspecto masculino inferior –*Zeir Anpín*– quiso que las estructuras de él y el aspecto femenino inferior –Maljut– estén igualadas, y estén cara con cara, tal como están igualadas las estructuras del aspecto masculino superior –*Aba*– y el aspecto femenino superior –*Ima*–, que están cara con cara. Y el aspecto masculino inferior –*Zeir Anpín*– deseó hacer esto **para que éste** ente cósmico, el aspecto femenino inferior –Maljut–, **sea como éste** ente cósmico, el aspecto femenino superior –*Ima*–, es decir, para que el aspecto femenino inferior –Maljut– sea similar al aspecto femenino superior –*Ima*–.

Además, «El Eterno Dios, con el costado que había tomado del hombre, **construyó** –*vaiven*– [...]», enseña que el aspecto masculino inferior –*Zeir Anpín*– **observó** y meditó **en el flanco de él,** su pecho, que de allí se transmitía su irradiación de luminosidad al aspecto femenino, el cual estaba detrás de él, **y rectificó y orientó todos sus extremos.** Es decir, el aspecto masculino inferior –*Zeir Anpín*–, a través de Jesed –bondad– y la sefirá de Guevurá –rigor– de Iesod, rectificó todos los seis extremos del aspecto femenino inferior, para que estén orientados en dirección de los seis extremos de él. E hizo esto para que el aspecto femenino inferior sea apropiado **para** recibir **la efusión de la simiente,** según el misterio de la unión cara con cara, **y** para que pueda recibir la **irrigación** de las aguas de la bondad **y engendrar** almas sagradas. Y también el aspecto masculino inferior –*Zeir Anpín*– hizo esto **para que** el aspecto femenino inferior **tuviera todo lo que necesitase. Y después «la llevó** ante el hombre». Es decir, el aspecto femenino inferior –Maljut– fue llevado junto al aspecto masculino inferior –*Zeir Anpín*–, que se denomina «hombre», para que se uniera con ella cara con cara.

Ahora bien, **¿con qué** fue realizada toda la rectificación mencionada del aspecto femenino inferior –Maljut–? La respuesta no es sino ésta: **con ese justo,** la sefirá de Iesod, del aspecto masculino inferior –*Zeir Anpín*–, que irradió en el aspecto femenino inferior –Maljut– todas las irradiaciones de luminosidad necesarias para la rectificación, **como está escrito: «Y con esto** –*ze*–, **la doncella venía al rey»**

258b

(Ester 2:13). Es decir, con la sefirá de Iesod, que se denomina «ze», la doncella, que es el aspecto femenino inferior –Maljut–, venía al rey. O sea, el aspecto femenino inferior –Maljut– ascendía del Mundo de la Creación –Briá– al Mundo de la Emanación –Atzilut–, para unirse con el aspecto masculino inferior –Zeir Anpín–, cara con cara. **Pues este** fundamento, la sefirá de Iesod, **le atraía** al aspecto femenino inferior –Maljut–, **todo,** es decir, todas las irradiaciones de luminosidad que necesitaba **para ascender** del Mundo de la Creación –Briá– al Mundo de la Emanación –Atzilut–, **para coronarse con completitud.**

A continuación se explicarán más detalles del sexto Palacio, el Palacio de la Voluntad: **aquí,** en el Palacio de la Voluntad, los Hijos de Israel reciben poder **para** fortalecerse y **abstenerse de todos los pecados,** y también **aquí** reciben poder **para** fortalecerse y **abstenerse de todas las malas codicias** del mundo, **lo que no es así con ese sexto Palacio del Otro Lado** –Sitra Ajra–. **Pues allí** se encuentra el despertar de **todas las malas codicias** del mundo, y los pecados. **Y** también se encuentra allí el despertar de **todos los malos flancos de las malas codicias de los deleites de este mundo. Y cuando en este mundo** las personas **se comportan con ellos,** yendo tras sus codicias y deseos, entonces **las personas tropiezan con ellos para ese Mundo,** el Mundo Venidero. Pues el mal instinto desvía a la persona a partir de lo permitido, los placeres y deleites mundanos, llevándola a lo prohibido. **Pues** las personas **ven cuántos deleites y placeres** hay en el mundo, **de los cuales el cuerpo tiene provecho de ellos, y se conduce con ellos, y yerran detrás de ellos. A esto se refiere lo que está escrito: «Y la mujer percibió que el árbol era bueno como alimento,** y que era un deleite para los ojos, y que el árbol era deseable como un medio para alcanzar la sabiduría, y ella tomó de su fruto y comió; y también le dio a su marido junto a ella y él comió» (Génesis 3:6). Resulta que la mujer percibió que el árbol era bueno como alimento, y que era un deleite para los ojos, y a través de ello tropezó con el pecado. **Pues todos los deleites y todos los placeres del mundo dependen de él,** el Árbol de la sabiduría del bien y el mal.

Y por eso, similar a esto, hay cosas que el cuerpo tiene provecho de ellas, las cuales están permitidas por la ley, **y entran en el**

cuerpo y no en el alma. Pues son simples codicias mundanas, las cuales son innecesarias. **Y hay cosas que el alma tiene provecho de ellas y no el cuerpo.** Por ejemplo el estudio de la Torá o la realización de actos de bondad. Y hay cosas de las cuales el cuerpo y el alma tienen provecho de ellas como uno, tales como las comidas de Shabat y los días festivos. **Y por eso los grados** de la santidad y el Otro Lado *–Sitra Ajra–* **están separados éste de éste. Bienaventurados esos justos que toman el sendero recto y se abstienen de ese flanco** del Otro Lado *–Sitra Ajra–*, **y se apegan al flanco de la santidad.**

En este Palacio, el Palacio de la Voluntad, **están incluidos todos los demás Nombres de todos esos Palacios de lo bajo,** pues todos están incluidos en él. Ahora bien: **dos son los Nombres que incluyen el resto de los Nombres,** todos **los demás.** Esos Nombres son: «El Eterno Dios» y «El Eterno de las Legiones». **Uno** de los Nombres incluye a los demás **cuando se une lo Alto con lo bajo,** es decir, el Mundo de la Emanación *–Atzilut–* con los mundos inferiores: el Mundo de la Creación *–Briá–*, el Mundo de la Formación *–Ietzirá–*, **y** el Mundo de la Acción *–Asiá–*, que ascienden a él, ocurre que **Jacob toma su Palacio.** Es decir, Jacob se vincula íntimamente con Raquel en la última bendición de la plegaria matutina de las dieciocho bendiciones, denominada Amidá, o sea, en la bendición denominada «*Sim Shalom*», **con** el misterio de la unión a través de **esos Besos** cósmicos, **según el misterio supremo. Entonces se incluyen** en el Mundo de la Emanación *–Atzilut–* **todos los demás nombres** de los demás mundos: el Mundo de la Creación *–Briá–*, el Mundo de la Formación *–Ietzirá–*. **Y** todos los mundos inferiores en el momento de la inclusión **se denominan «El Eterno Dios».** Pues «El Eterno» está asociado con el misterio del Mundo de la Emanación *–Atzilut–*, y «Dios» está asociado con el misterio de los mundos inferiores: el Mundo de la Creación *–Briá–*, el Mundo de la Formación *–Ietzirá–*. **Y éste** Nombre de El Santo, Bendito Sea, **se denomina Nombre completo, como ya ha sido** estudiado y **establecido por nosotros.**

Y uno de los Nombres de El Santo, Bendito Sea, incluye a los demás **cuando se une el fundamento del mundo con el Palacio de él,** es decir, la sefirá de Iesod del aspecto masculino inferior *–Zeir Anpín–*

258b

del Mundo de la Emanación –*Atzilut*–, con su Palacio, que es el aspecto femenino inferior –Maljut–, según el misterio de la unión inferior. **Y** cuando eso ocurre **todas** las diez sefirot del aspecto masculino inferior –*Zeir Anpín*– **se despiertan con amor y lo desean** al fundamento, o sea, a la sefirá de Iesod, para unirse **con él. Y todas se incluyen en él,** pues todas las emanaciones cósmicas disfrutan de la unión, y todas vierten en la sefirá de Iesod la simiente sagrada que se proyecta de los *mojin*, es decir, las facultades cognitivas cósmicas a través de la médula espinal. **Entonces se incluyen** en la sefirá de Iesod **todos los demás nombres** de todas las sefirot. **Y** la sefirá de Iesod **se denomina «El Eterno de las Legiones».** «El Eterno», por su propia esencia, por sí mismo; «de las Legiones», por la inclusión de todas las emanaciones cósmicas. **Y este** Nombre de El Santo, Bendito Sea, **se denomina Nombre completo, y** aun así **no es** tan **completo como ese otro** Nombre de El Santo, Bendito Sea, «El Eterno Dios».

¿Qué diferencia hay **entre éste** Nombre de El Santo, Bendito Sea, «El Eterno de las Legiones» **y éste** otro Nombre de El Santo, Bendito Sea, «El Eterno Dios»? La respuesta no es sino ésta: con **éste** Nombre, «El Eterno de las Legiones», **el** ente cósmico **supremo,** el aspecto masculino inferior –*Zeir Anpín*–, **ejerce dominio en el** ente cósmico **inferior,** el aspecto femenino inferior –Maljut–, **cuerpo con cuerpo, como hemos dicho** anteriormente. Es decir, el aspecto masculino inferior –*Zeir Anpín*– ejerce dominio sobre el aspecto femenino inferior –Maljut–, pues el aspecto femenino inferior –Maljut– recibe del aspecto masculino inferior –*Zeir Anpín*– todo lo que necesita. **Y éste** otro Nombre de El Santo, Bendito Sea, «El Eterno Dios», **ejerce dominio desde el lugar del final del cuerpo, y hacia abajo.** Es decir, desde Iesod del aspecto masculino inferior –*Zeir Anpín*– hacia abajo, **en esos Palacios** del Mundo de la Creación –*Briá*–, **y todo lo que hay debajo.** Es decir, los Palacios del Mundo de la Formación –*Ietzirá*– y el Mundo de la Acción –*Asiá*–, que se incluyen en el Mundo de la Creación –*Briá*–.

Y éste es el misterio del primer Templo Sagrado, el cual está asociado con el misterio del aspecto femenino superior –*Ima*–, que cuando se une con el aspecto masculino superior –*Aba*– ambos se denominan «El Eterno Dios». **Y** éste es el misterio **del segundo Templo** Sagrado, el cual está asociado con el misterio del aspecto femenino inferior –Maljut–, que cuando se une en lo bajo con la sefirá de Netzaj, la sefirá de Hod y la sefirá de Iesod del aspecto masculino inferior –*Zeir Anpín*–, ambos, el aspecto masculino inferior –*Zeir Anpín*– y el aspecto femenino inferior –Maljut–, se denominan «El Eterno de las Legiones». **Y por eso,** ya que en este Palacio hay un Nombre completo, por tal razón **este Palacio** de la Voluntad **incluye a todos los nombres de lo bajo,** es decir, a los Palacios de lo bajo con todos sus nombres, **como ya ha sido** estudiado y **establecido por nosotros. Y por eso estos Nombres,** «El Eterno Dios», **éste asciende y éste desciende. Bienaventurados los justos que conocen los Senderos de la Torá.**

Este fundamento, la sefirá de Iesod del aspecto masculino inferior –*Zeir Anpín*– del Mundo de la Emanación –*Atzilut*–, **se rectifica con dos flancos,** es decir, a través de dos modos. **Uno,** un modo, **rectificando todos demás** los Palacios **de lo bajo** del Mundo de la Creación –*Briá*–, el Mundo de la Formación –*Ietzirá*–, y el Mundo de la Acción –*Asiá*–. **Y uno,** otro modo, **rectificando el séptimo Palacio,** es decir, el aspecto femenino inferior –Maljut–. **Y se rectifican** *iud–hei–vav–hei,* **para estar** todos unidos **con una voluntad** única, **como es debido.**

Hasta aquí el misterio de **la unificación de los dos flancos,** o sea, los dos modos, **el de lo Alto y el de lo bajo, para unificar** todos los mundos **como uno, con completitud, para ir por un camino recto,** y no confundirse. **Bienaventurada la parte de quien sabe unificar la unificación** como es debido, **y ordenar el orden de la fe,** o sea, quien conoce el misterio de la unificación de los aspectos cósmicos denominados *partzufim* del Mundo de la Emanación –*Atzilut*– **para andar por un camino recto. Bienaventurado es él en este mundo y en el Mundo Venidero.**

Y a esto se refiere lo que está escrito: «La bondad y la verdad se encontraron; la justicia y la paz se besaron» (Salmos 85:11). **Y entonces: «La verdad brotará de la tierra, y la justicia mirará desde los cielos. El Eterno también dará el bien, y nuestra tierra dará**

258b

su fruto» (Salmos 85:12-13). «La bondad» se refiere a la sefirá de Jesed –bondad– del aspecto masculino inferior –*Zeir Anpín*–, asociada al misterio del flanco de la derecha. «Y la verdad» se refiere a la sefirá de Tiferet. Y ambos se encuentran y se unen según el misterio del abrazo cósmico. «La justicia» se refiere al aspecto femenino inferior –Maljut–». Y «la paz» se refiere al aspecto masculino inferior –*Zeir Anpín*–, y ambos entes se unen a través de los Besos cósmicos. Y entonces «la verdad brotará de la tierra» se refiere a la tierra suprema, el ente cósmico denominado Biná. Es decir, el aspecto masculino inferior –*Zeir Anpín*–, que se denomina «verdad», recibirá los *mojin*, o sea, las facultades cognitivas cósmicas de grandeza del aspecto femenino superior –*Ima*–, que es el ente cósmico denominado Biná. «Y la justicia», o sea, el aspecto femenino inferior –Maljut–, «mirará desde los cielos», es decir, el aspecto masculino inferior –*Zeir Anpín*–. Por eso, debido a la unión concretada, «El Eterno también dará el bien», es decir, mucha abundancia, «y nuestra tierra dará su fruto», es decir, el aspecto femenino inferior –Maljut– dará de esa abundancia recibida a sus hijos, los Hijos de Israel.

SÉPTIMO PALACIO DENOMINADO: «KODESH HAKODASHIM»

Séptimo Palacio de los siete Palacios del aspecto masculino inferior –*Zeir Anpín*– del Mundo de la Creación –*Briá*–: **éste es el Palacio más interior de todos los Palacios.** Pues este Palacio está vinculado con el misterio de los *mojin*, es decir, las facultades cognitivas cósmicas, que son interiores, y por esa razón **este Palacio es oculto, y no hay en él ningún aspecto concreto,** pues los *mojin* están asociados al misterio del alma. **Y no tiene cuerpo en absoluto.** Pues los recipientes de Jojmá, la sefirá de Biná y la sefirá de Daat, se forman con el ascenso de los recipientes de Jesed –bondad–, la sefirá de Guevurá –rigor– y la sefirá de Tiferet. Y **aquí** la sefirá de Daat **es oculta dentro de un misterio de misterios.**

Éste es un Palacio que contiene el **misterio** supremo de lo Alto. **Pues es el lugar para entrar allí, por todos esos conductos de lo Alto, al espíritu de todos los espíritus,** o sea, la irradiación de luminosidad de Iesod del aspecto masculino superior *–Aba–* que es **la voluntad de todas las voluntades.** Pues en la sefirá de Iesod del aspecto masculino superior *–Aba–* se incluye también la irradiación de luminosidad de Keter, que es la voluntad de todas las voluntades. Y las irradiaciones de luminosidad de Iesod del aspecto masculino superior *–Aba–*, descienden **para unir** en este lugar a **todos como uno.** Es decir, para unir a Jacob con Raquel, según el misterio de la unión cara con cara. Y esta irradiación de luminosidad es **el Espíritu de Vida de éste** Palacio. Y es la irradiación de luminosidad que une a Jacob con Raquel según el misterio de la unión cara con cara, **para que todos,** Jacob con Raquel, **sean** parte de **una rectificación** completa e íntegra.

Este Palacio se denomina: *Beit Kodesh Hakodashim,* o sea, el Lugar Santísimo del Templo Sagrado. Y **es el lugar** dispuesto **para recibir a esta alma suprema denominada así,** *Kodesh Hakodashim,* la cual es una irradiación de luminosidad dispuesta **para despertar al Mundo Venidero,** o sea, el ente cósmico denominado Biná, **con respecto a él,** este Palacio denominado *Kodesh Hakodashim.* Y este Palacio del Mundo de la Creación *–Briá–* no se llama *Kodesh Hakodashim* por sí mismo, sino porque recibe las irradiaciones de luminosidad del *Kodesh Hakodashim* del Mundo de la Emanación *–Atzilut–*.

Este mundo de la Creación *–Briá–* **se denomina «mundo** *–olam–*».** La expresión *olam,* además de significar «mundo», significa también «ascenso». Es decir, es **un mundo para ascender. Pues el mundo inferior,** compuesto por el Mundo de la Acción *–Asiá–* y el Mundo de la Formación *–Ietzirá–*, **asciende al mundo superior,** el Mundo de la Creación *–Briá–*. **Y** este mundo se incluye y **se esconde en su interior, y se oculta en él. Y el** mundo **revelado,** o sea, el compuesto por el Mundo de la Acción *–Asiá–* y el Mundo de la Formación *–Ietzirá–*, se oculta **con** la **ocultación** del Mundo de la Creación *–Briá–*, que es oculto.

258b - 259a

Otra enseñanza relacionada: este mundo de la Creación –*Briá*– se denomina **«mundo** –*olam*–**» porque asciende con todos los** Palacios del Mundo de la Acción –*Asiá*– y el Mundo de la Formación –*Ietzirá*–, **(259a) que se aproximaron a él,** y ascendieron a él, **y se ocultaron dentro de la ocultación suprema,** o sea, el Lugar Santísimo denominado *Kodesh Hakodashim*.

Ahora bien, el ascenso del Mundo de la Acción –*Asiá*– y el Mundo de la Formación –*Ietzirá*–, al Mundo de la Creación –*Briá*–, está asociado con el misterio del aspecto masculino inferior –*Zeir Anpín*– y el aspecto femenino inferior –Maljut–, la pareja cósmica de la generalidad del Mundo de la Emanación –*Atzilut*–, el Mundo de la Creación –*Briá*–, el Mundo de la Formación –*Ietzirá*– y el Mundo de la Acción –*Asiá*–, que ascienden según el misterio de las aguas femeninas al Mundo de la Creación –*Briá*– que está asociado con el misterio del aspecto femenino superior –*Ima*–, para provocar la unión del aspecto masculino superior –*Aba*– y el aspecto femenino superior –*Ima*– del Mundo de la Creación –*Briá*–. Esto es así para otorgar *mojin*, es decir, las facultades cognitivas cósmicas, al aspecto masculino inferior –*Zeir Anpín*– y el aspecto femenino inferior –Maljut–, la pareja cósmica, del Mundo de la Creación –*Briá*–.

El mundo de la Creación –*Briá*– se denomina **«mundo** –*olam*–**» porque** el Palacio denominado *Kodesh Hakodashim* que incluye en su interior al aspecto masculino superior –*Aba*– y al aspecto femenino superior –*Ima*–, y también al ente cósmico oculto denominado *Arij Anpin* del Mundo de la Creación –*Briá*–, **asciende y se oculta con la voluntad suprema** según el misterio del ascenso de las aguas femeninas, **dentro de lo oculto de todo lo oculto,** es decir, dentro del Anciano de Días –*Atik Iomin*– del Mundo de la Creación –*Briá*–. **Pues** este ente cósmico **no es conocido en absoluto** por nadie, **y no se revela, y no hay quien lo conozca.** E incluso el ente cósmico oculto denominado *Arij Anpin* del Mundo de la Creación –*Briá*– no conoce los misterios del Anciano de Días –*Atik Iomin*–, ni puede aprehender sus asuntos.

Hay una cortina divisoria extendida en medio del Palacio denominado *Kodesh Hakodashim*, **la cual cubre lo oculto y recóndito,**

es decir, al Anciano de Días –*Atik Iomin*– y al ente cósmico oculto denominado *Arij Anpin*, los cuales están asociados al misterio de Keter del Mundo de la Creación –*Briá*–. Y la razón es para separar entre ellos y el aspecto masculino superior –*Aba*– y el aspecto femenino superior –*Ima*– del Mundo de la Creación –*Briá*–.

Asimismo hay **una cortina** divisoria **extendida en medio de la ocultación suprema para proteger** y ocultar **lo oculto.** Es decir, para ocultar al aspecto masculino superior –*Aba*– y al aspecto femenino superior –*Ima*–, que son ocultos. **Pues éste** Palacio **es oculto y recóndito,** asociado con el misterio de los *mojin*, es decir, las facultades cognitivas cósmicas, a diferencia de los demás Palacios que están asociados al misterio de los seis extremos. Por eso hay una cortina divisoria entre ellos, es decir, entre este Palacio y los demás Palacios.

En el interior de esta cortina que separa entre los seis Palacios inferiores y el Palacio supremo denominado *Kodesh Hakodashim*, **hay un lugar oculto y recóndito** donde están el aspecto masculino superior –*Aba*– y el aspecto femenino superior –*Ima*–, en el Palacio denominado *Kodesh Hakodashim*. Esto es así **para reunir en su interior el óleo supremo de la unción, que es el espíritu de vida.** O sea, la gota de la unión íntima que se proyecta del aspecto masculino superior –*Aba*– y el aspecto femenino superior –*Ima*– del Mundo de la Emanación –*Atzilut*–, investida en el aspecto masculino inferior –*Zeir Anpín*– y el aspecto femenino inferior –Maljut– del Mundo de la Emanación –*Atzilut*–. Y esa gota desciende y se reúne dentro del aspecto masculino superior –*Aba*– y el aspecto femenino superior –*Ima*– del Mundo de la Creación –*Briá*–. Y esa gota se denomina «espíritu de vida», porque es necesaria para la vida de los mundos. Y la proyección de la gota se produce **a través de ese río que se proyecta y sale,** el cual está asociado con el misterio de Iesod del aspecto masculino superior –*Aba*– del Mundo de la Emanación –*Atzilut*–, que se une íntimamente con el aspecto femenino superior –*Ima*–. **Y ese río se denomina Fuente del Pozo, pues sus aguas no cesan jamás.** Pues la unión entre el aspecto masculino superior –*Aba*– y el aspecto femenino superior –*Ima*–, es permanente.

259a

Y cuando éste fundamento, o sea, la sefirá de Iesod del aspecto masculino superior –*Aba*–, **entra** según el misterio de la unión en el aspecto femenino superior –*Ima*–, entonces **se proyecta todo ese óleo sagrado de lo Alto,** vinculado con el misterio de la gota **del lugar** sagrado, el **del *Kodesh Hakodashim*** del Mundo de la Emanación –*Atzilut*–. Entonces **la irradiación de luminosidad** de la gota **desciende y se dirige** al Mundo de la Creación –*Briá*– **a** través de Iesod del aspecto masculino superior –*Aba*–, y la sefirá de Iesod del aspecto femenino superior –*Ima*– y la sefirá de Iesod del aspecto masculino inferior –*Zeir Anpín*–, ya que **esos** entes cósmicos se denominan **«conductos».** Y entonces **éste** ente cósmico, el aspecto femenino inferior –Maljut– del Mundo de la Emanación –*Atzilut*–, **se llena de allí,** de Iesod, **como una mujer que se embaraza y se llena del hombre. También así ocurre con este Palacio: está siempre dispuesto para recibir, como una mujer que recibe del hombre.** Pues el Mundo de la Creación –*Briá*– está asociado al grado del aspecto femenino superior –*Ima*– que recibe la abundancia del aspecto masculino superior –*Aba*–, que a su vez está asociado al grado del Mundo de la Emanación –*Atzilut*–.

La recepción del Palacio denominado *Kodesh Hakodashim* incluye a **todos esos espíritus y almas sagrados que descenderán al mundo** para investirse en cuerpos de seres humanos. **Y** antes de descender al mundo **se detienen allí,** permaneciendo en ese lugar **todo el tiempo necesario** para que se complete la maduración de los frutos de las almas.

Ahora bien, después de la destrucción del Templo Sagrado, dejaron de descender almas nuevas al mundo, sino que **se demoran hasta la venida del rey Mesías.** Pues en este Palacio, denominado *Kodesh Hakodashim*, hay compartimientos pequeños en los cuales permanecen las almas nuevas hasta que se produzca la venida del rey Mesías. **Y** entonces, cuando eso ocurra, **todas esas almas y espíritus se nutrirán** de todo lo necesario para descender al mundo, **y vendrán** a este mundo. **Y el mundo se alegrará** y se renovará **como al comienzo,** antes del pecado de Adán, el primer hombre. **Y entonces El Santo, Bendito Sea, se alegrará como al comienzo, como está** dicho: «**El Eterno se alegrará con su obra**» (Salmos 104:31). Pues en ese momento se completará la finalidad de la obra de la creación y vendrán al mundo todas esas almas nuevas que están en el Palacio denominado *Kodesh Hakodashim*.

En este Palacio denominado *Kodesh Hakodashim* **están** dispuestos **los deleites y las delicias de los espíritus** y las almas nuevas que aguardan allí. Es decir, de ese lugar proviene el sustento y también la vitalidad existencial de ellos. **Y** en este Palacio se encuentra **el** misterio del **regodeo con el que El Santo, Bendito Sea, se regodea en el Jardín del Edén** a la medianoche. Pues en ese momento el aspecto femenino inferior –Maljut– del Mundo de la Emanación –*Atzilut*–, desciende al Palacio denominado *Kodesh Hakodashim* del Mundo de la Creación –*Briá*–, y este ente cósmico se regodea con las almas de los justos.

Aquí, en este Palacio, **se encuentran los deseos de todos** los Palacios inferiores **y los deleites de todos** los Palacios inferiores, **para que todos se unan como uno, y para que todos sean** parte de **un** solo **vínculo. Pues aquí todo está unido con una unión** íntima y única.

Pues cuando todos los miembros exteriores de los Palacios inferiores **se unen con los miembros** exteriores de los Palacios **supremos, cada uno y uno como es apropiado para él,** incluyéndose en el Palacio que está sobre él, entonces **no hay para ellos placer ni deleite fuera de la unión de este Palacio** denominado *Kodesh Hakodashim*. Pues **todo** lo relacionado con la abundancia y la energía cósmica existencial de ellos, **depende de aquí,** de este lugar.

Ahora bien, **cuando se produce la unión** de todos los espíritus y las almas, que son los miembros exteriores de los Palacios inferiores que se encuentran **aquí,** en el Palacio denominado *Kodesh Hakodashim*, del Mundo de la Creación –*Briá*–, en ese momento todos ascienden **para unificarse con una unificación** intrínseca en el Mundo de la Emanación –*Atzilut*–. **Entonces, todas las irradiaciones de luminosidad de los miembros,** es decir, lo exterior de los Palacios inferiores, **y todas las irradiaciones de luminosidad del interior de los Palacios, y todas las alegrías,** que son las irradiaciones de luminosidad provenientes del aspecto femenino superior –*Ima*–, **todos ellos irradian luminosidad y alegran** a todos los mundos desde lo Alto.

Bienaventurada la parte del que sabe ordenar los órdenes cósmicos con su concentración, **y** a través de eso logra **rectificar las rectificaciones de la completitud** de los mundos **como es debido. Él,** quien sabe esto y lo pone en práctica, **es amado de El Santo, Bendito Sea, en este mundo y en el Mundo Venidero. Y entonces,** a través de la concentración puesta en la plegaria, **todos los juicios y todos los malos decretos son eliminados y anulados del mundo.**

Este Palacio denominado *Kodesh Hakodashim* **es el Palacio del deleite,** pues aquí Raquel desea unirse a Jacob, y **es el Palacio de la fruición,** pues aquí Jacob desea unirse a Raquel. Éste **es el Palacio para el regodeo de los de lo Alto y los de lo bajo como uno.** Pues Jacob se regodea aquí con Raquel, uniéndose a través de la unión de los Besos cósmicos. **Y** Raquel **recibe** junto **con todos** los Palacios que están incluidos en ella **la irradiación de luminosidad de la Luminaria suprema,** que es la irradiación de luminosidad que surge de Iesod del aspecto masculino superior –*Aba*–, y sale a través de Iesod del aspecto femenino superior –*Ima*– que se denomina «Luminaria suprema», **que ilumina a todo** el Mundo de la Creación –*Briá*–. **Y** esto es así **para unir a** Jacob con Raquel, **como es debido, con una unificación** íntegra y **completa, con todas** las irradiaciones de luminosidad de Iesod del aspecto masculino superior –*Aba*–.

Y por eso este Palacio está dispuesto **con ocultación total, oculto de todos.** Pues éste es el lugar de la unión y debe producirse en secreto, para que los entes impuros denominados *jitzonim* no se nutran de la abundancia que surge de la unión. **Y aunque todos** los Palacios inferiores **están ocultos** en este Palacio denominado *Kodesh Hakodashim,* de todos modos **éste** Palacio **es más oculto y recóndito.** Esto es así **para ser el pacto existencial de todo.** Es decir, para que la irradiación de luminosidad de Iesod, del aspecto masculino superior –*Aba*–, provoque la unión de Jacob con Raquel, que están vinculados con el misterio de lo **masculino y** lo **femenino, para que se completen** a través de la unión.

Este Palacio se denomina: «Arca del Pacto» (Josué 3:11). Y se llama así por el aspecto femenino inferior –Maljut– del Mundo de la Emanación –*Atzilut*–, que desciende aquí y se vincula con el misterio del Arca, que es el Pacto, o sea, la sefirá de Iesod *entra* en él. **Pues** el aspecto femenino inferior –Maljut–, **es Amo de toda la Tierra,** ya que ejerce dominio sobre los entes de lo bajo, **debido a que ese** Palacio **es el lugar del que salen todas las almas del mundo.** Pues después de salir del aspecto femenino inferior –Maljut– del Mundo de la Emanación –*Atzilut*–, las almas descienden al Palacio denominado *Kodesh Hakodashim*, del Mundo de la Creación –*Briá*–. Y de ese lugar descienden al mundo inferior **para realizar la unificación en lo bajo,** es decir, para unificar la espiritualidad suprema con el materialismo de lo bajo. Esto es así **para atraer la Gloria de El Santo, Bendito Sea, de lo alto a lo bajo, y para otorgar** ese alma **al** cuerpo **justo** en este mundo. Es decir, para otorgar ese alma al cuerpo nacido con santidad, de un padre y una madre biológicos que se unieron íntimamente con santidad para procrear. Y un cuerpo nacido en esas circunstancias es propicio para ser el de un justo cuando crezca. **Pues** el alma **sale de un justo,** o sea, la sefirá de Iesod, del aspecto masculino inferior –*Zeir Anpín*–, **y entra en un justo,** el cuerpo de este mundo nacido con santidad. **Y después** de la muerte del justo, el alma **sale del justo y entra al lugar del que salió,** es decir, asciende al aspecto femenino inferior –Maljut–.

Este Arca del Pacto, o sea, el aspecto femenino inferior –Maljut– del Mundo de la Emanación –*Atzilut*–, **toma todo del Justo,** es decir, toma todas las almas de Iesod del aspecto masculino inferior –*Zeir Anpín*–, **y después salen de él,** del aspecto femenino inferior –Maljut–, **y entran en el justo en** el cuerpo de **lo bajo. Y después** las almas **salen del justo de lo bajo, y entran en esta Arca del Pacto,** o sea, el aspecto femenino inferior –Maljut–. Esto es así **para que todas las almas estén incluidas de lo Alto y de lo bajo,** es decir, del aspecto masculino inferior –*Zeir Anpín*–, y del aspecto femenino inferior –Maljut–, **para ser completas, de todos los flancos. Y esta Arca del Pacto toma esas almas de dos flancos del justo,** es decir, de dos grados del justo. Pues en primer lugar el aspecto femenino inferior

259a

–Maljut– recibe el alma del Justo supremo, según el misterio de las aguas masculinas, y después de la muerte del justo de lo bajo, el alma vuelve al aspecto femenino inferior –Maljut– a través del misterio de las aguas femeninas.

Ven y **observa: la Fuente del Pozo,** o sea, la sefirá de Iesod del aspecto masculino inferior –*Zeir Anpín*–, **no se separa del Pozo jamás.** Es decir, la sefirá de Iesod del aspecto masculino inferior –*Zeir Anpín*– nunca se separa del aspecto femenino inferior –Maljut–. Pues cuando el aspecto femenino inferior –Maljut– desciende al Palacio denominado *Kodesh Hakodashim* del Mundo de la Creación –*Briá*–, la irradiación de luminosidad de él, el Mundo de la Emanación –*Atzilut*–, desciende tras él, el aspecto femenino inferior –Maljut–. **Y por eso,** ya que el aspecto femenino inferior –Maljut– del Mundo de la Emanación –*Atzilut*–, del cual provienen todas las almas que descienden a este mundo, desciende a este Palacio, por tal razón **este lugar,** o sea, este Palacio, **es la refinería** espiritual **de todo.** O sea, la refinería de todas las almas, pues en este Palacio se refinan e incluyen de todos sus grados. Y las almas se convierten en **el sostén de todo el cuerpo.** Es decir, las almas se refinan en ese Palacio hasta que descienden a los cuerpos y los mantienen existencialmente. Esto es así **para que** la persona **sea** íntegra y **completa con todo, como es debido.** Es decir, para que esté completo con un cuerpo, una imagen y un alma.

Aquí, en este Palacio, **hay unificación y vínculo** íntimo, **como uno, para que sea lo Alto y lo bajo un** único **vínculo.** Es decir, para que Jacob y Raquel sean iguales, como uno, y se unan con un vínculo intrínseco en este lugar. Esto es así **para que todos los miembros** estén siempre unidos y **no se separen éste de éste, y se halle todo** frente a frente, **rostro con rostro,** con una unión íntima apropiada.

Y en relación con esto hemos estudiado: quien «utiliza su cama» por el flanco que está **detrás, debilita la rectificación de la observación cara con cara** (*véase* Talmud, tratado de Sanhedrín 58b). Pues ese es el orden de la unión de todos los aspectos cósmicos denominados *partzufim* supremos, rostro con rostro, **para irradiar luminosidad todos como uno, y para que se hallen todos** los entes cósmicos **rostro con rostro, con apego** íntimo, **como es**

debido. Como está dicho: «Por tanto, el hombre dejará a su padre y su madre **y se unirá con su mujer,** y se transformarán en una sola carne» (Génesis 2:24). **«Con su mujer» precisamente,** o sea, rostro con rostro, **y no detrás de su mujer.** Pues no respeta el orden de la unión suprema.

Hay dos tipos de unión en lo Alto. **Jacob está en lo Alto** según el misterio de la unión suprema a través de los Besos cósmicos. **José está en lo bajo** según el misterio de la unión inferior, fundamento con fundamento, o sea, la sefirá de Iesod con la sefirá de Iesod. Esto es así en relación con el misterio de las aguas masculinas, pero en relación con el misterio de las aguas femeninas **hay dos deseos. Uno es** el deseo de **este sexto Palacio,** el Palacio de la Voluntad, que es donde desciende Jacob. **Y uno es** el deseo de **este séptimo Palacio,** el Palacio denominado *Kodesh Hakodashim,* que es donde se une José. **La unión de lo Alto** se realiza **con esos Besos que toma Jacob; la unión de lo bajo** se realiza **con ese «servicio» que toma José.**

Ahora bien, ya que los deseos salen del flanco de las mujeres, por eso, **de estos dos flancos el Arca del Pacto toma (259b) el espíritu de vida.** Es decir, el aspecto femenino inferior –Maljut–, al descender al Mundo de la Creación –*Briá*–, recibe espíritu de vida para vivificar a los entes de lo bajo. **Del flanco de Jacob,** o sea, la sefirá de Tiferet, el aspecto femenino inferior –Maljut– **toma el espíritu de vida de lo Alto, el cual** es un espíritu que **se apega a él,** a Jacob, **a través** del misterio **de los Besos. Y** a través de esa unión por medio de los Besos **entra en él un espíritu de vida** y hace descender abundancia a los entes inferiores **para nutrirlos** a partir **de él.** Pero **del flanco de José,** o sea, la sefirá de Iesod, **que está en lo bajo, en el extremo del cuerpo** al que el aspecto femenino inferior –Maljut– se une **en este Palacio** denominado *Kodesh Hakodashim,* de allí el aspecto femenino inferior –Maljut– **toma espíritus y almas** que son espíritus de vida para los cuerpos de lo bajo. Esto es así **para verter** esas almas **en lo bajo,** en los cuerpos de los justos, **en este mundo.**

Esos dos flancos, asociados al misterio de Jacob y José, **se separan en dos flancos,** es decir, surgen de ellos dos tipos de influencias que se expanden a dos flancos. Del **flanco de Jacob,** al cual el aspecto femenino inferior –Maljut– se une a través de los Besos cósmicos, **se expande** la fuerza de la unión en lo bajo, **y le otorga fuerza para otorgar influencia con esos pechos** que están en el Palacio del Amor, **los cuales se llenan de ese espíritu de vida. Y nutre con ellos a esos ángeles sagrados** que surgieron de la unión a través de los Besos. **Pues ellos viven y se mantienen por siempre, y se mantienen en existencia** por ese nutriente.

Del **flanco de José,** al cual el aspecto femenino inferior –Maljut– se une a través de Iesod, es decir, Iesod con Iesod, **entra** un espíritu vivificante **con deseo** en el séptimo Palacio, el cual es recóndito y oculto. **Y otorga poder** en el interior. Es decir, el espíritu vivificante oculto tendrá poder de existir y generar existencia, y su poder descenderá a lo bajo, al cuerpo físico, para vivificarlo y mantenerlo. **Y** a esto se refiere lo que se dijo que **hace almas y espíritus** de justos **para descender a lo bajo, y para nutrir con ellos a los moradores del mundo.**

Y por eso existen estos dos flancos, los cuales son diferentes uno del otro. **Éste** vínculo a través de los Besos, **en lo Alto,** para engendrar almas de ángeles y nutrirlos y vivificarlos, **y éste** vínculo a través de Iesod, con la sefirá de Iesod, **en lo bajo,** para engendrar almas de los entes de lo bajo, y nutrirlos. **Éste** vínculo a través de los Besos **para nutrir** a los ángeles **en lo Alto, y éste** vínculo a través de Iesod, con la sefirá de Iesod, **para nutrir** a los entes inferiores **en lo bajo. Cada uno y uno como es apropiado para él. Y todo es un asunto** íntimo **y es un misterio** íntimo.

Y con todo eso, que el espíritu de vida desciende de Jacob asociado con el misterio de Tiferet, aun así, **José,** asociado con el misterio de Iesod, **nutre a todo el cuerpo.** Es decir, al aspecto femenino inferior –Maljut– que se denomina «cuerpo». Pues él es el conducto que comunica entre la sefirá de Tiferet y el aspecto femenino inferior –Maljut–, **y lo irriga** según el misterio de lo que está escrito: «Del Edén surge un río que riega el jardín, y de allí se divide y se transforma en cuatro cursos de agua» (Génesis 2:10). Y ésta no es abundancia de simiente sagrada para engendrar almas. **Y de este espíritu de vida** que está vinculado con el misterio de la abundancia nutricional, que se proyecta **de la unión** de Raquel **con Jacob,** según el misterio de los Besos, **desciende a lo bajo,** a la sefirá de Iesod. **Y con él,** con la sefirá de Iesod asociada al misterio de José, **se une este Arca del Pacto** que es el aspecto femenino inferior –Maljut–, y recibe la abundancia a través de él, **con la voluntad suprema. Y** entonces **ese espíritu de vida desciende** de Tiferet **a lo bajo, con ese apego de José** vinculado con el misterio de la unión de lo bajo, el de Iesod, con la sefirá de Iesod. Ya que de allí desciende la abundancia de nutriente al aspecto femenino inferior –Maljut– y los entes inferiores. **Y cuando todo se une como uno,** según la concatenación antes mencionada, entonces **se llenan esos pechos para nutrir a todos. Y por eso todo es uno.**

Bienaventurada la parte de esos que saben vincular los vínculos supremos, **y unificar las unificaciones** de lo Alto **con su plegaria, con voluntad de corazón, como es debido. Para unir** cada **miembro** del aspecto masculino inferior –*Zeir Anpín*– **con** cada **miembro** del aspecto femenino inferior –Maljut– en el momento de la unión inferior, y provocar la unificación **espíritu con espíritu, todo con una inclusión** íntima, **para que todo sea uno, como es debido.**

Ven y **observa:** el aspecto femenino inferior –Maljut– del Mundo de la Emanación –*Atzilut*–, desciende al Mundo de la Creación –*Briá*–, que es el mundo de la división, para ser alma de sus Palacios en el Palacio denominado *Kodesh Hakodashim*. Pues **este Palacio** denominado *Kodesh Hakodashim*, **cuando esos espíritus sagrados** de los Palacios inferiores, **y todos esos Palacios y carruajes** de ellos **se unen todos como uno, y están** unidos **con un vinculo** íntimo, dentro de él, **entonces,** en ese momento, el aspecto femenino inferior –Maljut– del Mundo de la Emanación –*Atzilut*– asociado con el misterio de **ese espíritu supremo que está sobre todos** los espíritus de todos los Palacios, **el cual es** un ente cósmico asociado con el misterio de **un punto** del Mundo de la Emanación –*Atzilut*–, **se oculta en ellos** en esos Palacios del *Kodesh Hakodashim*, **y no se revela, y se convierte en un espíritu oculto, similar a lo Alto. Y la señal que tienes** para reconocerlo **es la nuez.**

259b

La unión que establece el vínculo entre todos los aspectos cósmicos denominados *partzufim*, tal **como hemos dicho** anteriormente, **para unir** *iud–hei–vav–hei*, el aspecto masculino inferior *–Zeir Anpín–* con el aspecto femenino inferior –Maljut–, **para que todo esté completo, con completitud** íntima, **como uno,** es la unión que debe procurarse unificar, ya que esa es la unificación vinculada con el objetivo íntimo de la creación. Entonces el aspecto masculino inferior *–Zeir Anpín–* se completa con el aspecto femenino inferior –Maljut–, completándose uno con el otro a través de esta unión, y entonces el aspecto femenino inferior –Maljut– irradia luminosidad en todos los Palacios. Y todo se incluye en esta unificación: el Mundo de la Emanación *–Atzilut–*, el Mundo de la Creación *–Briá–*, el Mundo de la Formación *–Ietzirá–*, y el Mundo de la Acción *–Asiá–*.

Y esto ya ha sido estudiado y **establecido por nosotros.** Pues ya hemos dicho que **algo parecido a esto,** al vínculo de los Palacios supremos, a través de los cuales se vinculan todos los mundos, ocurre con **las ofrendas.** Pues con el ofrecimiento de las ofrendas **ascienden** las aguas femeninas **para unificar las unificaciones** del aspecto masculino inferior *–Zeir Anpín–* con el aspecto femenino inferior –Maljut–, y las de todos los aspectos cósmicos denominados *partzufim*, hasta el Infinito *–Ein Sof–*, **y para proveer** de nutriente **a cada uno y uno según lo que es apropiado para él, de ese humo que asciende** de la ofrenda. Pues ese humo está asociado con el misterio de las aguas femeninas, y a través de él descienden las aguas masculinas que contienen la abundancia para nutrir a todos los mundos como es debido. **Pues el sacerdote, que está** asociado con el misterio **de la derecha,** o sea, la sefirá de Jesed –bondad–, **con el vínculo de la unificación** y **con** la **voluntad** íntegra que pone en el momento de realizar la ofrenda, **y los levitas con sus cánticos,** provocan el ascenso de las aguas femeninas, y a través de ellos **se incluyen** *iud–hei–vav–hei*, **Palacio con Palacio, espíritu con espíritu, hasta que se unen en sus lugares los miembros** del aspecto masculino inferior *–Zeir Anpín–* **con los miembros** del aspecto femenino inferior –Maljut–, **para que todo esté incluido como uno, como corresponde.**

Y esto ya ha sido estudiado y **establecido por nosotros,** pues ya hemos dicho **que cuando se completa todo como uno, los miembros supremos** del aspecto masculino inferior –*Zeir Anpín*–, **con los inferiores,** los miembros del aspecto femenino inferior –Maljut–, unidos ascienden al aspecto masculino superior –*Aba*– a través del misterio de las aguas femeninas, y el aspecto femenino superior –*Ima*– y el aspecto masculino superior –*Aba*– y el aspecto femenino superior –*Ima*– ascienden al ente cósmico oculto denominado *Arij Anpin.* Y según ese mismo misterio, **entonces el alma suprema de todos,** el ente cósmico oculto denominado *Arij Anpin,* **se despierta** para hacer ascender aguas femeninas al Anciano de Días –*Atik Iomin*–. **Y** el ente cósmico oculto denominado *Arij Anpin* **entra en todos** los aspectos cósmicos denominados *partzufim,* según el misterio del alma, invistiéndose en ellos, **e irradia luminosidad en todos. Y** entonces **todos se bendicen, los de lo Alto,** es decir, el aspecto masculino superior –*Aba*–, y el aspecto femenino superior –*Ima*–, **y los de lo bajo,** o sea, el aspecto masculino inferior –*Zeir Anpín*–, y el aspecto femenino inferior –Maljut–. Todos reciben la abundancia del ente cósmico oculto denominado *Arij Anpin.*

Y ese ente cósmico oculto **que es** cognitivamente **inaprensible, y** no se sabe absolutamente nada de su esencia, o sea, el Anciano de Días –*Atik Iomin*–, el cual **no entra en la cuenta** de los cinco los aspectos cósmicos denominados *partzufim* del Mundo de la Emanación –*Atzilut*–, pues ni siquiera está aludido en el espinillo de la letra *iud,* **es una voluntad que no se puede aprehender jamás.** Y aun así se despierta para hacer ascender aguas femeninas a Adán Kadmón, el Primer Hombre. **Entonces todo asciende hasta el Infinito –***Ein Sof*–. Es decir, las aguas femeninas de todos los aspectos cósmicos denominados *partzufim,* con el Anciano de Días –*Atik Iomin*–, ascienden hasta el Infinito –*Ein Sof*–, o sea, Adán Kadmón, el Primer Hombre. **Y todo se une con un vínculo** íntimo. Ya que el Mundo de la Emanación –*Atzilut*– se vincula con Adám Kadmón, el Primer Hombre.

Y la voluntad asociada al misterio de las aguas femeninas **se perfuma en medio de** una **ocultación** absoluta. Y entonces **la irradiación de luminosidad del alma suprema asciende al interior** de

Adám Kadmón, el Primer Hombre, **e ilumina todo en medio de esa irradiación de luminosidad.** Pues esa irradiación de luminosidad **entra en el Pensamiento de la ocultación, que incluye todo. Y en el interior de la Voluntad del Pensamiento** se llena de **irradiación de luminosidad y se perfuma. Y** la irradiación de luminosidad **se impregna y** aun así **no se impregna** de un modo perceptible. **Y asciende al interior de la Voluntad del Pensamiento para impregnarse de ella. Y** cuando asciende, **la irradiación de luminosidad de lo bajo se impregna de él. Y así ocurre con todo** el ascenso de las aguas femeninas, **para** procurar **la unión** suprema, **y para colmarse, y para que todo sea bendecido como uno, como es debido.**

Y entonces todos los aspectos cósmicos denominados *partzufim* del Mundo de la Emanación –*Atzilut*– **se vinculan** *iud–hei–vav–hei,* **como hemos dicho** anteriormente en relación con el ascenso de las aguas femeninas. Pues en ese momento se vinculan **los Palacios** asociados al misterio de los entes masculinos **con los Palacios** asociados al misterio de los entes femeninos, **los de lo bajo con los de lo Alto,** o sea, según el **misterio de** la unión intrínseca de los entes cósmicos de género **masculino y femenino, como uno.** Y después, **las irradiaciones de luminosidad supremas** del aspecto masculino –*Aba*– y el aspecto femenino superior –*Ima*–, se vinculan **con las irradiaciones de luminosidad** de las dos irradiaciones cósmicas –mazalot– del ente cósmico oculto denominado *Arij Anpin,* **que están más ocultas** aún **y encubiertas en él. Y ese** ente cósmico **oculto** denominado *Arij Anpin,* **está incluido en** el Anciano de Días –*Atik Iomin*–, el ente cósmico **que es más oculto** aún. Este grado de ocultación se proyecta **hasta** lo oculto de lo oculto, hasta **que se halla todo** dispuesto **como es debido,** unido **con una unión** íntima.

Y por eso, ya que se deben unir todos los grados, **Moshé sabía ordenar el orden del Amo de él.** O sea, él sabía como ordenar todos los grados y los Palacios **más que todos los** demás **moradores del mundo,** incluso los patriarcas, que fueron quienes hicieron los fundamentos de las plegarias, pues Moshé era experto en vincular todos los grados supremos. Por eso, **cuando necesitaba extenderse** en la plegaria, él **se extendía,** hasta que El Santo, Bendito Sea, aceptaba su alabanza, y se unían todos los Palacios y los grados supremos. Y cuando necesitaba **abreviar,** debido a que los Palacios y los grados supremos se unían inmediatamente, **abreviaba.** Pues después de la unión se producía el vínculo íntimo, y no es correcto estar allí en ese momento. Por eso, inmediatamente después de producirse la unión, Moshé cesaba la plegaria. Esto es así tal **como ya ha sido** estudiado y **establecido por nosotros** en relación con la plegaria que elevó Moshé a El Santo, Bendito Sea, a causa de Miriam, como está escrito: «Moshé (Moisés) clamó ante El Eterno, diciendo: **te ruego, Dios, cúrala por favor»** (Números 12:13). Se observa que recitó una plegaria breve, pues su petición provocó la unión de los grados cósmicos supremos en forma inmediata.

Hemos estudiado en el Talmud: **quien se extiende en la plegaria y observa en la misma, finalmente le sobrevendrá dolor de corazón** (Talmud, tratado de Berajot 32b). **Y hemos estudiado** en ese mismo tratado talmúdico: **quien se extiende en la plegaria, se le prolongarán sus días** (Talmud, tratado de Berajot 54b). Y no hay contradicción en las enseñanzas, pues la primera se refiere a cuando se observa en ella, la plegaria, y la segunda enseñanza se refiere a cuando no se observa en ella, para ver si se cumple lo que pidió. **Y el misterio del asunto** es este: **quien se extiende en el lugar en el que debe abreviar, le sobrevendrá dolor de corazón. ¿Quién es** el ente cósmico al que se denomina **«corazón»?** El aspecto femenino inferior –Maljut–. **A esto se refiere lo que está escrito:** «Todos los días del afligido son malos; mas **el de buen corazón tiene un banquete continuo»** (Proverbios 15:15). Es decir, el aspecto femenino inferior –Maljut–, que se denomina «corazón», se alegra continuamente con los Hijos de Israel. Y la explicación es ésta: quien se extiende en la plegaria cuando la unión está preparada, provoca dolor a la Presencia Divina –*Shejiná*–, que es el aspecto femenino inferior –Maljut–, y se denomina «corazón», pues prevalecen en ella los juicios a raíz de la separación que él provocó. **Pues ese es un lugar en el que se debe abreviar y no extenderse en él,** ya que el objetivo de la plegaria es esforzarse en unir todos los Palacios y los grados, estos con estos, hasta el Mundo de la Emanación –*Atzilut*–, pues **todo debe es-**

tar dispuesto como es debido **en lo Alto** en el Mundo de la Emanación –*Atzilut*–. **Y** cuando todos los grados ascendieron a lo Alto, la unión se produce fácilmente y en forma inmediata, y **por eso no debe atraérselo** al aspecto femenino inferior –Maljut– solo, **sino que se lo debe unir con el vínculo de lo Alto,** el aspecto masculino inferior –*Zeir Anpín*–, **sin extenderse,** es decir, sin demoras. Esto es así **para que todo sea (260a) uno, con una unión** intrínseca. O sea, para que el aspecto masculino inferior –*Zeir Anpín*–, sea como uno con el aspecto femenino inferior –Maljut–. **Y ya que** la pareja cósmica **se unió como uno, entonces no se debe extender con prolongaciones** en la plegaria, **ni pedidos, con** peticiones de **pedidos.**

Y cuando se extiende con prolongaciones en la plegaria **en el lugar que se debe** prolongar, o sea, cuando la Presencia Divina –*Shejiná*– necesita una gran rectificación para incluirse en los Palacios de ella, del Mundo de la Creación –*Briá*–, para ascender al Mundo de la Emanación –*Atzilut*–, y también el aspecto masculino inferior –*Zeir Anpín*– necesita una gran rectificación para vincularse con el aspecto femenino inferior –Maljut–, o sea, la Presencia Divina –*Shejiná*–, a causa del gran daño provocado por los entes inferiores, entonces **El Santo, Bendito Sea, recibe su plegaria.** Pues esta persona que recita la plegaria actúa con bondad ante El Santo, Bendito Sea, para rectificar y vincular a la Presencia Divina –*Shejiná*– con lo Alto. **Y ésta es la Gloria de El Santo, Bendito Sea,** que se rectifique a la Presencia Divina –*Shejiná*–, y se provoque la unión suprema. **Pues la unión** que se provoca a través **de la plegaria,** extendiéndose en ella, **establece la conexión de los vínculos** de todos los mundos **y aumenta las bendiciones de lo Alto y lo bajo.**

Dentro de este Palacio denominado *Kodesh Hakodashim* **hay un punto oculto,** el aspecto femenino inferior –Maljut– del Mundo de la Emanación –*Atzilut*–. **Y este punto es un espíritu** en este Palacio denominado *Kodesh Hakodashim*, es decir, estando allí tiene el grado de espíritu **en correspondencia con otro espíritu supremo,** el aspecto masculino inferior –*Zeir Anpín*–, para unirse con él. **Y cuando están** dispuestos **espíritu con espíritu,** según el misterio de la unión intrínseca íntima, **entonces entra éste,** el aspecto masculino inferior –*Zeir Anpín*–, **en éste,** el aspecto femenino inferior –Maljut–, **y se convierten en uno, con un apego** intrínseco. **Y se acoplan *iud–hei–vav–hei*, para ser uno, tal como ese árbol que se injerta *iud–hei–vav–hei*, para que sean uno,** siendo ese injerto de una rama de un árbol de una **especie** injertada **con** su misma **especie.** Y lo mismo ocurre con el aspecto masculino inferior –*Zeir Anpín*– y el aspecto femenino inferior –Maljut–, que son de la misma especie, ya que ambos están enraizados en la santidad.

¡Ay de aquel que injerta una especie con otra especie! Es decir, la corteza impura denominada *klipá* con la santidad. **Tal como esos hijos de Aarón que quisieron injertar un árbol con otro que no era de su** misma **especie.** Como está escrito: «Tomaron los hijos de Aarón, Nadab y Abihu, cada uno su brasero, le pusieron fuego y colocaron encima incienso; y trajeron ante El Eterno un fuego extraño que Él no les había ordenado. Salió un fuego de ante El Eterno que los consumió y murieron ante El Eterno. Moshé (Moisés) le dijo a Aarón: de esto habló El Eterno, diciendo: seré santificado a través de los que están más cerca de Mí, así seré honrado ante todo el pueblo. Y Aarón se quedó en silencio» (Levítico 10:1-3). Esta declaración indica que los hijos de Aarón quisieron acercar el aspecto femenino de la corteza impura, denominada *klipá*, al aspecto femenino de la santidad. Y a esto se refiere el misterio de lo que está escrito: «y trajeron ante El Eterno un fuego extraño». Y por esa razón fueron castigados con la muerte a través del fuego.

Y quien injerta especie con su misma **especie,** provocando la unión del aspecto masculino inferior –*Zeir Anpín*– con el aspecto femenino inferior –Maljut–, **y sabe establecer los vínculos, uniendo vínculo con vínculo,** apropiadamente, y **Palacio con Palacio** como es debido, como así también **grado con grado, éste** hombre **tiene parte en el Mundo Venidero, como ya ha sido** estudiado y **establecido por nosotros.**

Y por eso, ésta es la completitud de todo, la unión del aspecto masculino inferior –*Zeir Anpín*–, con el aspecto femenino inferior –Maljut–. **Y cuando se completan *iud–hei–vav–hei*,** estando todos los mundos incluidos dentro de ellos, **y todo es uno, la obra que**

sale de esa completitud se denomina: «*Maasé Mercabá*», que literalmente significa: «la obra del injerto». Es decir, el alma de Adán, el primer hombre, y todas las almas de los Hijos de Israel, las cuales estaban incluidas en su alma, salieron del injerto –el acoplamiento intrínseco– del aspecto masculino inferior –*Zeir Anpín*– con el aspecto femenino inferior –Maljut–.

Y a esto se refiere el misterio de lo que está escrito: **«Y El Eterno Dios formó al hombre** de polvo de la tierra y le exhaló en sus fosas nasales el alma de vida; y el hombre se transformó en un ser vivo» (Génesis 2:7). **«El Eterno Dios» es el Nombre completo** de El Santo, Bendito Sea, donde «El Eterno» alude al aspecto masculino inferior –*Zeir Anpín*–, y «Dios» alude al aspecto femenino inferior –Maljut–. **Y el** alma de Adán, el primer **hombre, es la obra de este acoplamiento con que se acopló éste** ente cósmico **con éste** otro ente cósmico. Pues el alma de Adán, el primer hombre, era **la obra de la completitud de todo** el misterio del acoplamiento. **Y cuando se completaron *iud–hei–vav–hei*,** o sea, el aspecto masculino inferior –*Zeir Anpín*– con el aspecto femenino inferior –Maljut–, según el misterio de la unión íntima, **entonces,** en relación con esto fue dicho: **«El Eterno Dios», el Nombre completo** de El Santo, Bendito Sea. **Bienaventurado el que sabe unir los vínculos de la fe,** uniendo al aspecto masculino inferior –*Zeir Anpín*– con el aspecto femenino inferior –Maljut–, del Mundo de la Emanación –*Atzilut*–, **y** sabe establecer **la unión** intrínseca **como es debido.**

Ven y **observa: así como hay Nombres sagrados supremos unidos *iud–hei–vav–hei*,** señalando de este modo la unión del aspecto masculino inferior –*Zeir Anpín*– con el aspecto femenino inferior –Maljut–, **así** también ocurre con **el Nombre** sublime y majestuoso de El Santo, Bendito Sea, el Tetragrama, el cual está asociado con el misterio de la irradiación de luminosidad interior de Tiferet. Y este Nombre **se expande a lo Alto,** el ente cósmico denominado Biná, y **se expande a lo bajo,** el aspecto femenino inferior –Maljut– a través de una proyección cósmica. Pues **este Nombre está en lo Alto, este Nombre está en el centro, y este Nombre está en lo bajo,** de acuerdo con su proyección. Pero el origen esencial del Nombre **El**

Eterno –el Tetragrama–, **que es el misterio del Nombre sagrado** de El Santo, Bendito Sea, **es uno.** A esto se refiere el misterio de lo que está escrito: «En aquel día El Eterno será uno, y su nombre uno» (Zacarías 14:9).

El misterio de todo es éste: **el Mundo Supremo,** o sea, el ente cósmico denominado Biná, recibe la irradiación de luminosidad del aspecto masculino superior –*Aba*–. Ya que el ente cósmico denominado Biná recibe la irradiación de luminosidad del Nombre El Eterno, proveniente del aspecto masculino superior –*Aba*–, y esa irradiación de luminosidad es **oculta con** una **ocultación** íntima, y está investida **en él,** en el ente cósmico denominado Biná. Pues el aspecto masculino superior –*Aba*– **se asocia con él,** con el ente cósmico denominado Biná, y se une con él, **y son uno.** A partir de esta unión el Nombre El Eterno se refleja en el ente cósmico denominado Biná, y por esta razón se vincula a este Nombre de El Santo, Bendito Sea, con el ente cósmico denominado Biná. Asimismo, **el mundo de lo bajo,** el aspecto femenino inferior –Maljut–, también recibe la irradiación de luminosidad del Nombre El Eterno, **con la ocultación del** ente cósmico que se encuentra en el **centro,** es decir a través del aspecto masculino inferior –*Zeir Anpín*–. Pues el aspecto masculino inferior –*Zeir Anpín*–, está asociado con el misterio **del Carruaje sagrado supremo** del ente cósmico denominado Biná **que está sobre él,** el aspecto femenino inferior –Maljut–. **Y esto ya ha sido** estudiado y **establecido por nosotros.**

De este flanco de lo Alto, el que está sobre el aspecto masculino inferior –*Zeir Anpín*–, o sea, el flanco del ente cósmico denominado Biná, **salen cuatro Carrozas.** Las mismas están asociadas al misterio de Jesed –bondad–, la sefirá de Guevurá –rigor–, la sefirá de Tiferet, y la sefirá de Maljut del aspecto masculino inferior –*Zeir Anpín*– que conforman la Carroza del ente cósmico denominado Biná. **Y de este flanco** de lo bajo, el del aspecto femenino inferior –Maljut–, también **salen cuatro Carrozas.** Las mismas están asociadas al misterio de los ángeles denominados *Argamá"n*, es decir, Uriel, Refael, Gabriel, Mijael, y Nuriel, que conforman la Carroza del aspecto femenino inferior –Maljut–. **Pues cada una y una** de las Carrozas

del ente cósmico denominado Biná y del aspecto femenino inferior
–Maljut–, **se divide en cuatro** grados. **Y cuando se observa en los
grados** del ente cósmico denominado Biná, y el aspecto femenino inferior –Maljut–, se aprecia que los grados que salen de **cada Carroza**
de estos entes cósmicos **son cuatro.**

Y así ocurre también **con todos** los mundos inferiores: el Mundo
de la Creación –*Briá*–, el Mundo de la Formación –*Ietzirá*–, y el Mundo de la Acción –*Asiá*– están vinculados con el misterio de **cuatro,
cuatro,** grados. Y los mismos se nutren y ejercen dominio con el **misterio del Nombre sagrado** de El Santo, Bendito Sea, que se escribe
con las letras *alef–dalet–nun–iud.* Pues también en el Mundo de la
Creación –*Briá*–, el Mundo de la Formación –*Ietzirá*–, y el Mundo de
la Acción –*Asiá*–, las Carrozas incluyen cuatro grados, y se nutren
de las cuatro letras del Nombre sagrado de El Santo, Bendito Sea, que
se escribe con las letras *alef–dalet–nun–iud.* Y lo hacen **con esas Carrozas,** o sea, los cuatro ángeles denominados Ruedas que están en
el primer Palacio de la santidad, o sea, el Palacio denominado Embaldosado de Zafiro. **Pues** ellos **se levantan y viajan** cósmicamente
con este Nombre. Y ellos se denominan Montes de Cobre. O sea,
ellos mismos se denominan Montes, y otorgan influencia a la corteza
denominada *Klipát* Noga, que se denomina Cobre.

Pues hay Montes y hay Montes. Hay Montes supremos que
son los de Jesed –bondad–, la sefirá de Guevurá –rigor–, y la sefirá
de Tiferet, del aspecto masculino inferior –*Zeir Anpín*– del Mundo
de la Emanación –*Atzilut*–, **y hay Montes inferiores** que son los de
Jesed –bondad–, la sefirá de Guevurá –rigor–, y la sefirá de Tiferet
del aspecto femenino inferior –Maljut–. **Y están dispuestos en tres
flancos,** es decir, en tres alineaciones. Pues la sefirá de Jesed –bondad– está dispuesta en la alineación de la derecha, la sefirá de Guevurá –rigor– está dispuesta en la alineación de la izquierda, y la sefirá
de Tiferet está dispuesta en la alineación central. Y la sefirá de Jesed
–bondad–, la sefirá de Guevurá –rigor–, y la sefirá de Tiferet, del aspecto femenino inferior –Maljut–, **salen de** Jesed –bondad–, la sefirá
de Guevurá –rigor–, y la sefirá de Tiferet del aspecto masculino inferior –*Zeir Anpín*–, las cuales se denominan **oro, plata y cobre.** Pues

la plata está asociada al misterio de Jesed –bondad–, el oro está asociado con el misterio de Guevurá –rigor–, y el cobre está asociado con el misterio de Tiferet.

Asimismo **hay cobre en lo bajo,** que está asociado con el misterio de la corteza denominada *Klipá*t Noga del Mundo de la Creación –*Briá*–, que recibe el nutriente de las cuatro Ruedas antes mencionadas, las cuales están asociadas al misterio de las Carrozas que salen de las letras del Nombre de El Santo, Bendito Sea, antes mencionado. **Pues esas Carrozas que salen de** las cuatro letras del Nombre sagrado de El Santo, Bendito Sea, que se escribe con las letras *alef–dalet–nun–iud*, **que están en el primer Palacio, son las cuatro Carrozas que salen de esos dos espíritus** anteriormente mencionados: Es decir, el espíritu cuyo nombre se escribe con las letras hebreas *samej–tet–vav–tet–reish–iud–hei*, que se sitúa a la derecha del Palacio, y el espíritu cuyo nombre se escribe con las letras hebreas: *alef–dalet–iud–reish–iud–hei*, que se sitúa a la izquierda de este Palacio. Esos espíritus están **dentro del** Palacio denominado **Embaldosado de Zafiro,** pues están asociados al misterio del fundamento y la coronilla del aspecto masculino inferior –*Zeir Anpín*–, del Mundo de la Creación –*Briá*–, **como hemos dicho** anteriormente. **Esos dos espíritus que mencionamos allí,** en la descripción del Palacio denominado Embaldosado de Zafiro, (*véase* II Zohar 245b, 246a), **son** los **dos** espíritus **denominados Montes. Y son ellos los** denominados **Montes de Cobre.**

Pues **de esos dos espíritus denominados Montes de Cobre, salen esas cuatro Carrozas,** que son las cuatro Ruedas, **que funcionan con** las cuatro letras del Nombre sagrado de El Santo, Bendito Sea, que se escribe con las letras *alef–dalet–nun–iud*. **Pues** este Nombre de El Santo, Bendito Sea, **se introdujo** e incluyó **en** el ángel cuyo nombre se escribe con las letras hebreas *samej–nun–dalet–lamed–pei–vav–nun*, **que es el Ministro de Interior. Y todos ellos,** los ángeles asociados al misterio de las cuatro Ruedas, **son funcionarios,** y ejercen dominio **en el mundo,** estando **estos sobre estos.** Esto es así **según el misterio de los caballos y las carrozas.** Es decir, tal como los caballos, que son como una carroza de los seres humanos. Y a esto se refiere el misterio de lo que está escrito: «De nuevo alcé mis ojos y miré, y he aquí cuatro carrozas que salían de entre dos montes; y aquellos montes eran de cobre. En la primera carroza había caballos alazanes, en la segunda carroza había caballos negros. En la tercera carroza había caballos blancos, y en la cuarta carroza había caballos overos con manchas. Respondí entonces y dije al ángel que hablaba conmigo: mi Señor –*alef–dalet–nun–iud*–, ¿qué es esto? Y el ángel me respondió y me dijo: Éstos son los cuatro vientos de los Cielos, que salen después de presentarse delante de El Señor de toda la Tierra (Zacarías 6:1-5). **Pues hay Carroza que viaja con los caballos que** la guían, y **la hacen viajar.** Y lo mismo ocurre con esas cuatro Ruedas, tienen una Carroza debajo de ellas, que son otros ángeles, los cuales las hacen viajar cósmicamente de lugar en lugar.

Y este Nombre sagrado de El Santo, Bendito Sea, que se escribe con las letras *alef–dalet–nun–iud*, **está incluido en** el Nombre sublime de El Santo, Bendito Sea, el Tetragrama, que se escribe con las letras *iud–hei–vav–hei*, tal **como ya ha sido** estudiado y **establecido por nosotros.** Pues ya hemos dicho que el Nombre sagrado de El Santo, Bendito Sea, que se escribe con las letras *alef–dalet–nun–iud*, **está incluido en** el Nombre sublime de El Santo, Bendito Sea, el Tetragrama, que se escribe con las letras *iud–hei–vav–hei*, **y éste es** el misterio del Nombre de El Santo, Bendito Sea, formado con la intercalación de las letras de estos Nombres, pues las letras de ambos Nombres se unen en un solo Nombre, de esta forma: *iud–alef–hei–dalet–vav–nun–hei–iud*. **Y lo que surge de aquí ya ha sido** estudiado y **dicho.** Pues ya hemos dicho que el Nombre de El Santo, Bendito Sea, **Elokim, no se incluye con otro Nombre,** hasta anularse ante él. Es decir, no se incluye con el Nombre sublime de El Santo, Bendito Sea, el Tetragrama, que se escribe con las letras *iud–hei–vav–hei*, tal como ocurre con el Nombre sagrado de El Santo, Bendito Sea, que se escribe con las letras *alef–dalet–nun–iud*, y se anula ante él. Ya que el Nombre de El Santo, Bendito Sea, Elokim, aunque se intercala con el Nombre sublime de El Santo, Bendito Sea, el Tetragrama, que se escribe con las letras *iud–hei–vav–hei*, no se anula ante él. **Pues**

hay Elokim de Vida, que es el ente cósmico denominado Biná, **y** a partir **de éste** Nombre asociado con el misterio del ente cósmico denominado Biná, surge una irradiación que **se expande a varios flancos,** o sea, a la sefirá de Guevurá –rigor– del aspecto masculino inferior –*Zeir Anpín*–, y de allí al aspecto femenino inferior –Maljut–, y de allí a los ángeles. **Y** la proyección de su irradiación de luminosidad **no se reúne** ni deja de fluir, **sino que se expande** por todos los lugares. Por esta razón no se anula a otro Nombre, pues nutre a todos.

El Nombre de El Santo, Bendito Sea, **que incluye a todos los Nombres, es** el Nombre sublime de El Santo, Bendito Sea, el Tetragrama, que se escribe con las letras *iud–hei–vav–hei,* con sus letras expandidas, o sea: *iud–vav–dalet hei–alef, vav–alef–vav hei–alef.* Estas letras suman 45, y generan el Nombre de El Santo, Bendito Sea, denominado *Ma,* vinculado con el misterio de Jojmá. Este Nombre es la Fuente de todos los Nombres de El Santo, Bendito Sea, y de todas las fuerzas cósmicas, **según el misterio de las letras del Nombre sagrado** y sublime de El Santo, Bendito Sea, **asociadas** de diversas formas. **Pues a través de él, el** sumo **sacerdote sabía asociar con todos los flancos,** según todos los modos. Pues cuando el sumo sacerdote pronunciaba este Nombre sagrado, sus letras se asociaban automáticamente, de diversos modos, **hasta que los Nombres ascendían en varios flancos,** de diversos modos. Pues las letras de este Nombre se asocian **en cuarenta y dos formas,** es decir, grados. Ya que este Nombre se proyecta según tres niveles: en su forma simple, en forma expandida, y con la expansión de sus letras expandidas, en total cuarenta y dos letras. Esto es así **con la expansión del** Nombre sublime de El Santo, Bendito Sea, hasta el ente cósmico denominado Biná, que se denomina ***Botzina Dekardinuta,*** o sea, centelleo poderoso. Pues el Nombre sublime de El Santo, Bendito Sea, en su forma simple está asociado a la sefirá de Keter, en su forma expandida está asociado a la sefirá de Jojmá, con la expansión de sus letras expandidas, está asociado a la sefirá de Biná. Y la sefirá de Biná origina al ente cósmico denominado Biná. **Pues éste** ente cósmico denominado Biná, **incluye a todos los Nombres** de El Santo, Bendito Sea, vinculados con la sefirá de Keter y la sefirá de Jojmá.

260a - 260b

Y este Nombre de El Santo, Bendito Sea, **incluye todos los Nombres,** siendo esta la **señal** para recordarlo, la formada por las letras: *alef–he–iud–vav–lamed–dalet–iud–nun–mem.* **Con estas** nueve **letras se incluyen otras que se asocian** a las primeras formándose otros Nombres. **Y éstas** letras **salen y éstas** letras **entran,** para formar los demás Nombres.

Después, cuando el centelleo poderoso denominado *Botzina Dekardinuta,* **viaja** cósmicamente **y se expande,** entonces **las letras se asocian en su interior,** en el interior de este Nombre. Pues en este Nombre se encuentran los nombres de todas las emanaciones cósmicas denominadas sefirot. Pero hay Nombres que requieren que se les añada alguna letra, **y** en ese caso **las letras entran** para formar ese Nombre, **y** cuando se lo requiere **las letras salen, según el misterio de** ese Nombre que incluye **esas nueve letras. Y estos** misterios **son entregados a los sagrados supremos (260b), para que anden por el Sendero del misterio de las letras, para** que puedan **asociar las letras de los Nombres** sagrados de El Santo, Bendito Sea, **para** generar **la unificación** cósmica. **Tal como el** sumo **sacerdote, que sabía asociar los Nombres con letras grabadas,** pues conocía el origen de esas letras.

Está escrito: «Y observé, y he aquí venía del norte un viento tempestuoso, y una gran nube, y un fuego ardiente, y alrededor de él un resplandor, y en su interior había como la semejanza de *jashmal* –se refiere a la parte central de la llama que está limpia de humo– en medio del fuego. Y en medio de ella el aspecto de cuatro seres vivientes, y esta era la apariencia de ellos: tenían semejanza de hombre. Cada uno tenía cuatro rostros y cada uno de ellos tenía cuatro alas. Y los pies de ellos eran derechos, y la planta de sus pies como planta de pie de becerro; y centelleaban a manera de cobre bruñido. **Debajo de sus alas tenían manos de hombre** a sus cuatro lados; y sus rostros y sus alas por los cuatro lados» (Ezequiel 1:4-8). **Todos ellos tenían manos de hombre,** los cuatro seres vivientes. Y **esto ya ha sido** estudiado y establecido **por nosotros,** pues ya hemos dicho que **esos espíritus, y los seres vivientes, y las ruedas** –*ofanim*–, que son los espíritus y las almas del interior de los Palacios, **todos ellos tienen**

alas, y tienen manos debajo de sus alas, para recibir las plega-
rias, y para recibir los poseedores de arrepentimiento, es decir,
los arrepentidos. Y a esto se refiere el misterio de lo que está escrito:
«Debajo de sus alas tenían manos de hombre».

Otra explicación: está escrito: «Debajo de sus alas tenían **manos**
–iedei– **de hombre».** La expresión *iedei*, además de significar «manos», significa también «lugar», como está escrito: «Tendrás un lugar –*iad*– fuera del campamento y a él saldrás, fuera» (Deuteronomio
23:13). Por lo tanto, la declaración de Ezequiel **se refiere a los lugares**
y sitios dispuestos **para recibir a las personas con sus plegarias y**
pedidos. Y esos lugares son lugares cósmicos, es decir, Nombres sagrados, que son llaves **para abrir los portales** de los Palacios **para**
recibirlos. Y la plegaria es recitada **para unir y conectar los víncu-**
los de la pareja suprema de lo Alto. Es decir, para provocar la unión
del aspecto masculino inferior –*Zeir Anpín*–, con el aspecto femenino
inferior –Maljut–, del Mundo de la Emanación –*Atzilut*–. **Y** asimismo la plegaria es recitada y recibida para **hacer la voluntad de ellos,**
los que emiten las plegarias, a través de esto que ellos generaron.

Y esos lugares y sitios cósmicos **que se denominan «manos de**
hombre», los cuales están dispuestos **para** recibir las plegarias de **las**
personas, son esos Nombres sagrados que ejercen dominio en
cada grado y grado. Pues con ellos las personas entran junto con
sus plegarias y demandas por todos los portales de los Palacios
supremos, o sea, los portales de las plegarias. **Y con** el poder de **es-**
tos Nombres sagrados, **los** entes de **lo bajo,** las personas, **ejercen**
dominio en lo Alto, pudiendo entrar en los Palacios supremos. **Y a**
esto se refiere el misterio de lo que está escrito: **«Tus manos me hi-**
cieron y me prepararon» (Salmos 119:73). **Se refiere a los Nombres**
sagrados denominados «Manos».

Ahora bien, en la declaración que se refiere a la plaga de granizo que El Santo, Bendito Sea, envió contra Egipto, consta también
la expresión «mano», como está escrito: **«El Eterno le dijo a Moshé**
(Moisés): extiende tu mano en dirección **al cielo** y habrá granizo
en toda la tierra de Egipto, sobre el hombre y sobre el animal, y sobre toda hierba del campo en la tierra de Egipto» (Éxodo 9:22). Lite-

260b

ralmente está escrito: «Extiende tu mano sobre el Cielo». **¿Y acaso** es posible suponer algo así, **cómo podía extender su mano sobre el Cielo?** ¡Él estaba en la Tierra!

La respuesta no es sino ésta: lo que está escrito: «Extiende», significa, «baja –tu mano–», como está dicho: «Inclinó los Cielos, y descendió» (Salmos 18:10). Es decir, se refiere a la atracción de la abundancia de lo Alto a lo bajo. Y lo que está escrito: «tu mano», significa: «tu lugar», como hemos dicho anteriormente. Es decir, el lugar de tu grado en el interior del cual tú estás enraizado, o sea, el aspecto masculino inferior –*Zeir Anpín*–. Resulta que El Santo, Bendito Sea, le dijo a Moshé a través de la declaración: «Extiende tu mano –*nete et ia-deja*–», que atrajera la irradiación de luminosidad del aspecto masculino inferior –*Zeir Anpín*–, donde estaba enraizado, sobre los Cielos de este mundo, para que hicieran conforma a lo que él les ordenara. Y ésta atracción se realiza con el misterio del Nombre sagrado. Pues la fuerza de la concentración en la plegaria y los Nombres sagrados de El Santo, Bendito Sea, es muy poderosa. Y todos los mundos, los supremos y los inferiores, viajan cósmicamente y existen, con el misterio de los Nombres sagrados de El Santo, Bendito Sea. Y con ellos las personas ascienden a los Palacios supremos, y no hay quien les reproche por entrar a esos lugares supremos. Bienaventurados esos que saben ordenar la unificación del Amo de ellos como es debido, y andan por el Sendero de la Verdad, para no errar y desviarse del misterio de la fe. Es decir, para no equivocarse en el misterio de la unificación del aspecto masculino inferior –*Zeir Anpín*–, con el aspecto femenino inferior –Maljut–.

Ven y observa: en estos siete Palacios del aspecto masculino inferior –*Zeir Anpín*–, del Mundo de la Creación –*Briá*–, hay un misterio supremo vinculado con el Mundo de la Emanación –*Atzilut*–, que se denomina Fe. Pues todas las unificaciones que se realizan en el Mundo de la Emanación –*Atzilut*–, a través del ascenso de las aguas femeninas desde lo bajo, se realizan a través de estos Palacios. Y todos los seres vivientes y las Carrozas que se encuentran en estos Palacios, todos ellos son diferentes estos de estos. Pues cada uno está designado sobre un asunto diferente, y la necesidad suya es diferente. Esto es así para que se incluyan estos en estos para bien, para rectificación de ellos. Entonces todos se transforman en una Carroza completa e íntegra para recibir la irradiación de luminosidad suprema proveniente de lo Alto. Y la señal que tienes para recordarlo es ésta, como está escrito: «Y la doncella agradó a sus ojos, y halló gracia delante de él, por lo que hizo darle prontamente atuendos y raciones, y a las siete doncellas apropiadas para dar a ella de la casa del rey; cambiándola –*vaishanea*– a ella y a sus doncellas, para bien –dándoles de lo mejor– de la casa de las mujeres» (Ester 2:9). La expresión *vaishanea*, se refiere al aspecto femenino inferior –Maljut–, y «sus doncellas», se refiere a los siete Palacios mencionados. Y lo que está escrito: «para bien», indica que el cambio fue para bien, para que todos los Palacios estén unidos en un aspecto cósmico denominado *partzuf* completo. Pues con estos siete Palacios se alcanza la completitud de lo Alto, ya que a través de ellos ascienden las plegarias recitadas en el mundo de lo bajo, para proyectar a lo bajo la irradiación de luminosidad del Mundo de la Emanación –*Atzilut*–, que los vivifica a ellos, los Palacios mencionados, y a los mundos de lo bajo. Y esta completitud se concreta cuando los Palacios se completan e incluyen estos con estos, a través de nuestras plegarias. Y entonces entran en esos Palacios las plegarias y ***las peticiones*** de quien sabe ordenarlos para rectificarlos en lo Alto, como está dicho: «Y a las siete doncellas apropiadas para dar a ella de la casa del rey» (Ester 2:9). Las siete doncellas aluden a los siete Palacios del Mundo de la Creación –*Briá*–, que son otorgados al aspecto femenino inferior –Maljut–, del Mundo de la Emanación –*Atzilut*–, del aspecto masculino inferior –*Zeir Anpín*–, que es el Rey supremo.

A continuación se explicará lo concerniente a los siete Palacios en relación con su ubicación en la plegaria, para saber cómo concentrarse adecuadamente en estos asuntos interiores. Para ascender y entrar en **el primer Palacio,** denominado Embaldosado de Zafiro, se ha de concentrar sobre ese asunto en el comienzo de la bendición que declara: «[...] **Formador de la luz y Creador de la oscuridad».** Pues este Palacio está asociado con el misterio de **una irradiación de** luminosidad proveniente de **una piedra preciosa** que es la coronilla

260b

de Iesod, del aspecto masculino inferior –*Zeir Anpín*–, del Mundo de la Creación –*Briá*–. Y la irradiación de luminosidad de la piedra de **zafiro, que es una piedra preciosa,** o sea, la sefirá de Iesod, de él, **destella en dirección de dos flancos,** que son los dos grados de ese Palacio: Embaldosado y Zafiro. **Tal como ya ha sido** estudiado y **establecido por nosotros en relación con la derecha y la izquierda.** Es decir, la sefirá de Iesod, está a la derecha del Palacio, y la coronilla está a la izquierda del Palacio. Y estos entes cósmicos están vinculados con el misterio de **la luz y la oscuridad.**

Ahora bien, en la bendición que declara «Bendito eres Tú, El Eterno, nuestro Dios, Rey del Universo, Formador de la luz y Creador de la oscuridad [...]», se declara: **«Cuán inmensas son tus obras, El Eterno, a todas las has hecho con sabiduría** –jojmá–» (Salmos 104:24). **Se refiere a todos los** ángeles denominados *ofanim y galgalim,* que son los ángeles del primer Palacio, los cuales fueron hechos con sabiduría suprema. A esto se refiere lo que está escrito a continuación en el versículo y también se lo incluye en la oración mencionada: **«La Tierra está llena de tus adquisiciones [...]»** (Salmos 104:24).

Después se dice: **«El Rey, El Enaltecido solo desde entonces** –desde siempre–». **Se refiere al Nombre sagrado** de El Santo, Bendito Sea, formado con la intercalación de las letras de dos de sus Nombres, tal como ya hemos explicado, que se unen en un solo Nombre, de esta forma: *iud–alef–hei–dalet–vav–nun–hei–iud.* Este Nombre de El Santo, Bendito Sea, está vinculado con el primer Palacio, y tiene ocho letras, igual al valor numérico de la palabra *az,* que significa «entonces». Este Nombre contiene **la inclusión del Nombre sagrado completo,** formado **con dos Nombres** de El Santo, Bendito Sea, como ya lo hemos explicado. **Y éste** Nombre **asciende por el aire,** es decir, en la sefirá de Iesod, del Mundo de la Creación –*Briá*–, que se denomina «Aire». Y por eso se declara a continuación en la oración que comienza con la declaración: «Bendito eres Tú, [...] Formador de la luz y Creador de la oscuridad»: **«y se eleva desde los días del mundo** – desde siempre–». Pues ese Nombre de El Santo, Bendito Sea, se eleva hasta la sefirá de Iesod.

Para ascender y entrar en **el segundo Palacio,** denominado Esencia del Cielo, se ha de concentrar sobre ese asunto en otra parte de la bendición que declara: «[...] Formador de la luz y Creador de la oscuridad», en la declaración: **«Dios Bendito grande en conocimiento».** Lo que se recita a partir de esta declaración está ordenado alfabéticamente, respetándose todas las veintidós letras del alfabeto hebreo. Pues cada palabra comienza con una letra del alfabeto, hasta terminarlo completamente. Y esto se vincula con el misterio del ángel cuyo nombre se escribe con las letras hebreas: *alef–vav–reish–pei–nun–iud–alef–lamed,* que ejerce dominio en el segundo Palacio. Y es éste **un misterio que incluye las letras pequeñas del alfabeto,** o sea, las vinculadas con el misterio del aspecto femenino inferior –Maljut–. Es decir, las veintidós letras que constan al comienzo de estas palabras que se recitan, están asociadas a ese misterio. Pues este ángel tiene poder para hacer destellar veintidós irradiaciones de luminosidad vinculadas con el misterio de las veintidós letras pequeñas. Y **aquí esos** ángeles que **dicen: «Santo,** santo, santo, El Eterno de los ejércitos; toda la Tierra está llena de su gloria» (Isaías 6:3), y también: **«Bendita** sea la Gloria de El Eterno, desde su lugar» (Ezequiel 3:12). **Y aquí** los Hijos de Israel pronuncian **la santificación,** es decir: «Santo, santo, santo, El Eterno de los ejércitos; toda la Tierra está llena de su gloria» (Isaías 6:3), y también: **«Bendita sea la Gloria de El Eterno,** desde su lugar» (Ezequiel 3:12).

Para ascender y entrar en **el tercer Palacio,** denominado *Noga,* se ha de concentrar sobre ese asunto en otra parte de la misma bendición que se recita después de la santificación, cuando se declara: **«Al Dios Bendito, con gracia daré** –mi alabanza–». En esta declaración se encuentra el misterio de la sinagoga, el lugar de reunión para alabar al unísono a El Santo, Bendito Sea. Y los ángeles se convierten en compañeros de los Hijos de Israel en la plegaria.

Para ascender y entrar en **el cuarto Palacio,** denominado Palacio de los Méritos, se ha de concentrar sobre ese asunto en otra parte de la bendición que declara: «[...] Formador de la luz y Creador de la oscuridad», en la declaración: **«Que con su bondad renueva cada día, continuamente, la obra de la creación».** La razón es **porque aquí** viajan cósmicamente y **giran las irradiaciones de luminosidad y los juicios del mundo.** Pues en este Palacio está el Gran Tribunal que juzga a todas las personas del mundo. Por tanto **quien** es juzgado **para vida, se renueva como al comienzo.** Y esa es la razón por la que se declara: «Que con su bondad renueva cada día, continuamente, la obra de la creación», **para existir en el mundo con la irradiación de luminosidad de la derecha, la cual se denomina** *El –alef–lamed–*, **como hemos dicho** anteriormente. Pues en este Palacio hay un espíritu cuyo nombre se escribe con las letras hebreas: *zain–kaf–vav–tav–alef–lamed*, y él es quien ejerce dominio en este Palacio.

El **quinto Palacio** se denomina Palacio del Amor, pero asimismo a **este Palacio se** lo **denomina Amor Eterno.** Por eso, para ascender y entrar en el quinto Palacio, se ha de concentrar sobre ese asunto en la bendición que se recita a continuación de la bendición que declara: «[...] Formador de la luz y Creador de la oscuridad». Es decir, en la bendición que declara: **«Con amor eterno [...]».** **Y aquí es** el lugar de la plegaria **donde se atrae el amor del Palacio que se denomina** Palacio del **Amor** del Mundo de la Emanación –*Atzilut*–, o sea, la sefirá de Jesed –bondad–, del Mundo de la Emanación –*Atzilut*–. **Y a esto se refiere** lo que se dice en esta bendición: **«Con amor eterno nos has amado, El Eterno, Dios nuestro [...]».** Y esta emanación de amor se proyecta hasta el final de la bendición, cuando se declara: **«Bendito eres Tú, El Eterno, el que escoge a su pueblo Israel con amor».** Y se recitan estas **según el misterio** intrínseco **de** los Nombre de El Santo, Bendito Sea, **El Shadai,** que son los dos pechos que vierten la abundancia en este Palacio, el Palacio del Amor.

Para ascender y entrar en **el sexto Palacio,** denominado Palacio de la Voluntad, se ha de concentrar sobre ese asunto en la bendición que se recita inmediatamente a continuación del Shemá Israel. Pues las dos bendiciones anteriores que hemos mencionado se recitan antes del Shemá Israel, después se recita el Shemá Israel, y a continuación la bendición que declara: **«Verdadero y firme, y correcto, y existente [...]».** **Y debe** tenerse mucho cuidado de **no interrumpir entre estos Palacios** con palabras que no correspondan a las bendiciones mencionadas, y al Shemá Israel. Incluso entre párrafo y párrafo no se debe interrumpir, a menos que sea por un asunto de Shalom –un saludo–, el cual está vinculado con el misterio de Iesod, que vincula y une. **Pues con la proyección** de energía cósmica que se activa a través del ascenso **de la plegaria y la voluntad,** todos los Palacios **se vinculan como uno. Y se unen** *iud–hei–vav–hei,* **según el misterio de los Nombres sagrados que ejercen dominio en cada uno y uno** de los Palacios.

Para ascender y entrar en **el séptimo Palacio,** denominado Lugar Santísimo, *Kodesh Hakodashim,* hay que concentrarse sobre ese asunto en el versículo que se recita cuando se culmina la bendición «Verdadero y firme, y correcto, y existente [...]», previo a la plegaria de las dieciocho bendiciones, denominada Amidá, o sea: **«El Eterno, abre mis labios,** y mi boca pronunciará tu alabanza» (Salmos 51:17). Aquí hay encerrado un **misterio de misterios,** y por eso debe pronunciarse **en silencio, y no se debe oír la voz** al pronunciarlo. Pues aquí está encerrado el misterio de la unión a través de los Besos, que se realiza en silencio, como hemos explicado anteriormente. **Aquí** debe concentrarse absolutamente, con **la voluntad del corazón, para concentrarse** como es debido **y para ascender la voluntad de lo bajo a lo Alto, hasta el Infinito** *–Ein Sof–.* **Y para unir el séptimo** Palacio inferior **con el séptimo** Palacio supremo, es decir, **desde lo bajo a lo Alto,** desde el primer Palacio denominado Embaldosado de Zafiro que está abajo, hasta el Palacio denominado *Kodesh Hakodashim,* que está en lo Alto. **Y después** debe proyectarse la abundancia **de lo Alto a lo bajo, para proyectar las bendiciones a todos los mundos de la Fuente de la Vida,** es decir, el ente cósmico denominado Biná, **que es el séptimo** Palacio del Mundo de la Emanación *–Atzilut–,* de abajo hacia arriba, **a esa Presencia Divina** *–Shejiná–,* **que está en lo Alto,** arriba del Mundo de la Creación *–Briá–* . Es decir, se proyectan las bendiciones del ente cósmico denominado Biná, al aspecto femenino inferior –Maljut–, **con la voluntad del corazón, y con los ojos cerrados, con el misterio de las letras de los siete Nombres supremos sagrados** que hay en cada uno de los siete Palacios supremos, como se explicará a continuación.

(261a) Este séptimo Palacio supremo, o sea, el Palacio denominado *Kodesh Hakodashim,* que está asociado con el misterio de Biná, del aspecto masculino inferior *–Zeir Anpín–,* del Mundo de la Creación *–Briá–,* y también están incluidas en él la sefirá de Keter, y la sefirá de Jojmá, **que es la Fuente de la Vida** para los Palacios que están debajo, **es** el grado asociado con el misterio de **la primera bendición** de la plegaria de las dieciocho bendiciones, denominada Amidá. **Y este es el primer Palacio,** que es **el comienzo de todos** los Palacios del Mundo de la Creación *–Briá–,* **desde lo Alto a lo bajo. Y** este Palacio está dispuesto **para recibir** en su interior al Palacio denominado Embaldosado de Zafiro, que es **el séptimo** Palacio **inferior,** que asciende allí con todos los demás Palacios, **para unirse *iud-hei–vav–hei,*** hasta que todos los Palacios son uno, al unirse el **séptimo** Palacio inferior, denominado Embaldosado de Zafiro, **con** el **séptimo** superior, el Palacio denominado *Kodesh Hakodashim.* **Pues** a través **de éste** Palacio **de abajo,** asciende y **entra quien entra en el Palacio supremo.** Pues las depuraciones comienzan a ascender por el Palacio denominado Embaldosado de Zafiro.

Y éste es el misterio de la expresión **«Bendito»,** que es la palabra con la que se abre la plegaria de las dieciocho bendiciones, denominada Amidá: el aspecto femenino inferior –Maljut–, del Mundo de la Emanación *–Atzilut–,* **aumentó de todos ellos, los** mundos **inferiores.** Pues **se incluyó en los seres vivientes, los serafines, y las ruedas** *–ofanim–,* que son el interior de los tres mundos inferiores: el Mundo de la Creación *–Briá–,* el Mundo de la Formación *–Ietzirá–,* y el Mundo de la Acción *–Asiá–,* los cuales ascendieron al Mundo de la Emanación *–Atzilut–,* con el comienzo de la primera bendición de la plegaria de las dieciocho bendiciones, denominada Amidá, y se incluyeron en ella, el aspecto femenino inferior –Maljut–. **Y** también el aspecto femenino inferior –Maljut– se incluyó con el exterior de **todos ellos, los Palacios, y aumentó con el misterio del** Palacio denominado *Kodesh Hakodashim.* Pues todos estos **se posan en su interior,** en el interior del aspecto femenino inferior –Maljut–, del Mundo de la Emanación *–Atzilut–,* **con ocultación** recóndita. **Y entonces** el aspecto femenino inferior –Maljut–, **se denomina «Bendi-**

to *–Baruj–*», **con todos esos aumentos y bendiciones, y con todos los misterios que se completaron en ella** a través de los mundos inferiores: el Mundo de la Creación *–Briá–*, el Mundo de la Formación *–Ietzirá–*, y el Mundo de la Acción *–Asiá–*, los cuales ascendieron al Mundo de la Emanación *–Atzilut–*, y se incluyeron en ella.

La segunda palabra que se pronuncia en la plegaria de las dieciocho bendiciones, denominada Amidá es «**Tú** *–atá–*». Al pronunciarse esa palabra, debe concentrarse en el misterio de **la corona** con la que el aspecto femenino inferior –Maljut–, se corona, pues se corona **con las letras ocultas** y recónditas del ente cósmico denominado Biná, **que incluyen todas las veintidós letras del alfabeto** hebreo en forma general. **Y a esto se refiere** la declaración *atá*, que se escribe con las letras *alef, tav, he*, ya que *alef, tav,* son la primera y la última letras del alfabeto hebreo, o sea, se indica aquí desde *alef* hasta *tav*, que es todo el alfabeto, con las veintidós letras que lo integran. Y la letra he de la expresión *atá*, indica que el aspecto femenino inferior –Maljut–, que está asociado con el misterio de la letra *hei*, incluye todas las letras que recibió de lo Alto. Es decir, la letra *hei* de *atá*, indica **que las incluyó,** a todas las letras **de lo Alto, en esta *hei*,** o sea, el aspecto femenino inferior –Maljut–, **y las introdujo en su interior. Y ésta es** la concentración correspondiente a la expresión «**Tú** *–atá–*», en la que se debe concentrar la persona al pronunciarla.

Y cuando el aspecto femenino inferior –Maljut–, **está en su completitud, con esa irradiación de luminosidad que la aferra,** o sea, la sefirá de Iesod, que la aferra e irradia luminosidad en ella, entonces **asciende para coronarse en lo Alto,** con el aspecto masculino inferior *–Zeir Anpín–*. **Y a esto se refiere el misterio de lo que está escrito: «Y con esto la doncella vino al rey»** (Ester 2:13). Es decir, con el poder de la irradiación de luminosidad de Iesod, que se denomina «esto», la doncella, o sea, el aspecto femenino inferior –Maljut–, ascendió y fue al rey, es decir, el aspecto masculino inferior *–Zeir Anpín–*, según el misterio de la unión intrínseca. **Y entonces: «ciertamente** *–et–* **todo lo que solicite le será dado»** (Ibíd.). La expresión *et*, está escrita con una letra *alef* y una letra *tav*. Es decir, todas las letras del alfabeto, indicadas en la expresión *et*, le serán dadas del

261a

ente cósmico denominado Biná. **Y éste es el misterio de «Bendito eres Tú** –*Baruj Atá*–**».** Es decir, cuando el aspecto femenino inferior –Maljut–, se incluye con las letras veintidós del alfabeto, se denomina «Baruj». **Y** al recitar la plegaria de las dieciocho bendiciones, denominada Amidá **debe concentrarse en este misterio, y** también debe **vincularse la voluntad con este misterio.**

A continuación se pronuncia en la plegaria de las dieciocho bendiciones, denominada Amidá, la declaración **«El Eterno Dios nuestro».** Al pronunciarse esta declaración, debe concentrarse en que es **éste el** misterio del **vínculo y la unión del Rey supremo en lo Alto,** o sea, el ente cósmico denominado Biná, **con éste** ente cósmico de lo bajo, el aspecto femenino inferior –Maljut–. Pues el Nombre de El Santo, Bendito Sea, El Eterno, aquí mencionado, está asociado con el misterio del aspecto femenino inferior –Maljut–, que se vincula con el ente cósmico denominado Biná, que se denomina «Dios nuestro». O sea, **cuando la doncella,** el aspecto femenino inferior –Maljut–, **viene al rey,** el ente cósmico denominado Biná, entonces: **«Ciertamente** –*et*– **todo lo que solicite le será dado».** Es decir, recibe de Él las irradiaciones de luminosidad las veintidós letras del alfabeto.

A continuación se pronuncia en la plegaria de las dieciocho bendiciones, denominada Amidá, la declaración **«Y Dios de nuestros padres».** Al pronunciarse esta declaración, debe concentrarse en que es **éste el misterio de los Patriarcas,** los cuales están asociados al misterio de Jesed –bondad–, la sefirá de Guevurá –rigor–, y la sefirá de Tiferet, del aspecto masculino inferior –*Zeir Anpín*–. pues estas emanaciones cósmicas denominadas sefirot se denominan «nuestros padres». Y también están incluidas con ellas, la sefirá de Netzaj, la sefirá de Hod, y la sefirá de Iesod. Y también reciben mucha abundancia del ente cósmico denominado Biná, que se denomina «Dios», **para bendecirla,** al aspecto femenino inferior –Maljut–. **Y éste es el misterio** por el cual se menciona a continuación en la plegaria de las dieciocho bendiciones, denominada Amidá, la declaración: **«Dios de Abraham, Dios de Isaac, y Dios de Jacob».** Pues los tres Patriarcas están asociados al misterio de Jesed –bondad–, la sefirá de Guevurá –rigor–, y la sefirá de Tiferet, con su origen asociado al ente cósmico denominado Biná. Pues así **como esa doncella,** el aspecto femenino inferior –Maljut–, **no es dejada** ni olvidada por las siete doncellas **de lo bajo,** o sea, las doncellas del Mundo de la Creación –*Briá*–, las cuales están incluidas en ella, y jamás la abandonan, siendo ellas quien hacen ascender al aspecto femenino inferior –Maljut–, al Mundo de la Emanación –*Atzilut*–, **del mismo modo** el aspecto femenino inferior –Maljut–, **no es abandonada por los Patriarcas jamás.** Es decir, no es abandonada por la sefirá de Jesed –bondad–, la sefirá de Guevurá –rigor–, y la sefirá de Tiferet, estando siempre unida a ellas. **Pues ella,** el aspecto femenino inferior –Maljut–, **está aferrada a ellas, para cuidarlas** a estas emanaciones cósmicas denominadas sefirot asociadas al misterio de los Patriarcas, de la adherencia de los entes impuros denominados *jitzonim*. Pues el aspecto femenino inferior –Maljut–, está en el extremo del Mundo de la Emanación –*Atzilut*–, y los protege según el misterio del Guardián de Israel, **y** el aspecto femenino inferior –Maljut–, **los corona** a través de las aguas femeninas que les hace ascender.

Y para que cada uno de los Patriarcas, vinculado con las emanaciones cósmicas denominadas sefirot que corresponden con su misterio, **se bendiga de ella,** es decir, para que la sefirá de Jesed –bondad–, la sefirá de Guevurá –rigor–, y la sefirá de Tiferet, asociadas al misterio de Abraham, Isaac, y Jacob, se bendigan del ente cósmico denominado Biná, **debe recordárselo** al ente cósmico denominado Biná, con la declaración «Dios», **sobre cada una y una de ellas,** de estas sefirot, vinculadas con los Patriarcas. Es decir, debe pronunciarse la declaración: «Dios de Abraham, Dios de Isaac, y Dios de Jacob». Pues el ente cósmico denominado Biná es considerado Dios de Jesed –bondad–, la sefirá de Guevurá –rigor–, y la sefirá de Tiferet. **Y después** de que la sefirá de Jesed –bondad–, la sefirá de Guevurá –rigor–, y la sefirá de Tiferet, recibieron poder del ente cósmico denominado Biná, y pueden ascender a él, entonces **se reúnen todos ellos,** esos entes cósmicos, **con un vínculo** íntimo, **como uno, dentro del vientre del aspecto femenino superior** –*Ima*–, que es el ente cósmico denominado Biná. Es decir, estas emanaciones cósmicas denominadas sefirot ascienden y entran por la sefirá de Iesod, del ente cósmico

261a

denominado Biná, y llegan a él, **y se coronan** estando **con él.** Es decir, estas emanaciones cósmicas denominadas sefirot, reciben los *mojin*, es decir, las facultades cognitivas cósmicas, apropiados para ellas.

Después de declararse «Dios de Abraham, Dios de Isaac, y Dios de Jacob», se menciona en la plegaria de las dieciocho bendiciones, denominada Amidá la expresión **«El Poderoso** –*Hael*–». Y este Nombre de El Santo, Bendito Sea, también está vinculado con el misterio del ente cósmico denominado Biná. A continuación se declara en la plegaria de las dieciocho bendiciones, denominada Amidá: **«El Grande, El Valiente, y El Temible».** Estos tres atributos con que se ensalza El Santo, Bendito Sea, están asociados al misterio de Jesed –bondad–, la sefirá de Guevurá –rigor–, y la sefirá de Tiferet. **He aquí que todos ellos,** estos entes cósmicos, **ascienden a lo Alto,** al ente cósmico denominado Biná, **como uno.** Pues en un comienzo, cuando se declara: «Dios de Abraham, Dios de Isaac, y Dios de Jacob», se hace descender la irradiación de luminosidad del ente cósmico denominado Biná, de lo Alto a lo bajo, a la sefirá de Jesed –bondad–, la sefirá de Guevurá –rigor–, y la sefirá de Tiferet, con el fin de que estas emanaciones cósmicas tengan poder para ascender. **Y ahora** se los hace ascender **de lo bajo a lo Alto,** al ente cósmico denominado Biná, **para incluirlos,** a estos entes cósmicos, **con él,** con el ente cósmico denominado Biná. **Pues por cuanto que se dijo: «El Poderoso, El Grande, El Valiente, y El Temible»,** entonces **todos se incluyen con él,** con el ente cósmico denominado Biná, que se denomina «El Poderoso». **Y entonces** se declara en la plegaria de las dieciocho bendiciones, denominada Amidá: **«Poderoso supremo»,** en alusión al ente cósmico denominado Biná, y a continuación se declara inmediatamente: **«que hace bondad magnánimamente** –*gomel jasadim tobim*–». Pues el ente cósmico denominado Biná hace bondad magnánimamente con la sefirá de Jesed –bondad–, la sefirá de Guevurá –rigor–, y la sefirá de Tiferet, que ascendieron y entraron a su interior. A continuación se declara en la plegaria de las dieciocho bendiciones, denominada Amidá: **«Amo de todo** –*koné hakol*–», **se refiere a la inclusión de todo,** es decir, el ente cósmico denominado Biná, incluye en su interior a todas las emanaciones cósmicas que ascendieron a él, la sefirá de Jesed –bondad–, la sefirá de Guevurá –rigor–, y la sefirá de Tiferet.

A continuación se declara en la plegaria de las dieciocho bendiciones, denominada Amidá: **«Y recuerda las bondades de los Patriarcas».** Al pronunciarse esta declaración, es correcto concentrarse en que el ente cósmico denominado Biná, se acuerda de hacer bondad a la sefirá de Jesed –bondad–, la sefirá de Guevurá –rigor–, y la sefirá de Tiferet, que se denominan Patriarcas. Pues ellos, estos entes cósmicos, entraron en su vientre según el misterio del embarazo, y permanecieron en él el tiempo del embarazo. **Y allí fueron bendecidos,** y recibieron las bondades –*jasadim*–. **Y después** el ente cósmico denominado Biná **los liberó, y los sacó de su interior, bendecidos.**

Y después de declararse esto que hemos mencionado **en** la plegaria de las dieciocho bendiciones, denominada Amidá, se realiza **la prosternación,** y **cuando** se inclina **se dice: «Bendito eres Tú, El Eterno, Escudo de Abraham»,** y **aquí salen todos ellos,** los entes cósmicos mencionados, **con** el misterio de **la inclusión. Pues** del flanco **de la derecha,** el de la bondad, al que está asociada la bendición que declara: «Bendito eres Tú, El Eterno, Escudo de Abraham», **todos se bendicen como es debido.** Es decir, la sefirá de Jesed –bondad–, la sefirá de Guevurá –rigor–, y la sefirá de Tiferet, se bendicen como es debido.

Ven y **observa: este séptimo Palacio,** está asociado con el **misterio del Rey supremo,** el ente cósmico denominado Biná, del Mundo de la Emanación –*Atzilut*–. Y **en él se coronan los Patriarcas** asociados al misterio de Jesed –bondad–, la sefirá de Guevurá –rigor–, y la sefirá de Tiferet, **como hemos dicho** anteriormente. Es decir, reciben las facultades cognitivas cósmicas del ente cósmico denominado Biná. **Y se incluyeron en él cuando entraron en él, y hasta ahora estaban incluidos** en él, **y** en este momento el ente cósmico denominado Biná, asociado con el misterio de **este Palacio, debía sacarlos. Y cuando los saca, son bendecidos a causa de esa doncella,** el aspecto femenino inferior –Maljut–, que debe rectificarse. **Entonces ella,** el aspecto femenino inferior –Maljut–, **los aferra a través de todas esas bendiciones** que recibe de Jesed –bondad–, la sefirá de

Guevurá –rigor–, y la sefirá de Tiferet. **Y aunque sea que los Palacios** inferiores **ya se incluyeron con los Palacios** de lo Alto, y a través de esa inclusión recibieron la abundancia proveniente de lo Alto, aun así, **ahora se aferran con esas bendiciones como uno.** Es decir, cuando la sefirá de Jesed –bondad–, la sefirá de Guevurá –rigor–, y la sefirá de Tiferet, salen del ente cósmico denominado Biná, todos están aferrados junto con el aspecto femenino inferior –Maljut–, a través de esas bendiciones del ente cósmico denominado Biná. **Y al decirse: «Rey que ayuda, y salva, y protege** [...] Escudo de Abraham», **entonces** el ente cósmico denominado Biná **los sacó bendecidos** –a estos entes cósmicos.

Y éste, el ente cósmico denominado Biná, **es** el ente cósmico asociado con el misterio de **el séptimo Palacio, según el misterio del Nombre sagrado supremo** de El Santo, Bendito Sea, que se escribe con las letras hebreas *bet–vav–kaf–vav*. Y este Nombre es una acrónimo formado por las iniciales de las palabras: *«berajá vajesed koaj umishpat»,* es decir: «bendición y bondad, poder y juicio». «*Berajá* –bendición–» se refiere al aspecto femenino inferior –Maljut–, «*Vajesed* –bondad»», se refiere a la sefirá de Jesed –bondad–. «*Koaj* –poder–», se refiere a la sefirá de Guevurá –rigor–. «*Umishpat* –y juicio–», se refiere a la sefirá de Tiferet. Estas letras contienen **la inclusión de todo,** es decir, la sefirá de Jesed –bondad–, la sefirá de Guevurá –rigor–, la sefirá de Tiferet, y la sefirá de Maljut. **Y este misterio** del Nombre de El Santo, Bendito Sea, que se escribe con las letras hebreas *bet–vav–kaf–vav*, está asociado con el **misterio** del Nombre de El Santo, Bendito Sea, que se escribe con las letras hebreas *alef–hei–iud–hei.* Pues el Nombre de El Santo, Bendito Sea, que se escribe con las letras hebreas *bet–vav–kaf–vav*, surge de las letras que están después de las letras del Nombre de El Santo, Bendito Sea, que se escribe con las letras hebreas *alef–hei–iud–hei.* Pues después de *alef,* en el alfabeto hebreo se encuentra la letra *bet,* después de *hei,* en el alfabeto hebreo se encuentra la letra *vav,* después de *iud,* en el alfabeto hebreo se encuentra la letra *kaf,* y después de *hei,* en el alfabeto hebreo se encuentra la letra *vav.* Así se forma el Nombre de El Santo, Bendito Sea, que se escribe con las letras hebreas *bet–vav–kaf–vav*, el cual es **la generalidad de todo. Pues estas letras** *alef–hei–iud–hei* **sacaron a éstas** otras: *bet–vav–kaf–vav*, **que de ellas salió la generalidad de los Patriarcas,** es decir, la sefirá de Jesed –bondad–, la sefirá de Guevurá –rigor–, y la sefirá de Tiferet. **Y éste** ente cósmico, el aspecto femenino inferior –Maljut–, **que se denomina Bendición, se une con ellos.**

Dado que se dijo en la plegaria de las dieciocho bendiciones, denominada Amidá: **«Bendito eres Tú, El Eterno, Escudo de Abraham»,** que es cuando salieron la sefirá de Jesed –bondad–, la sefirá de Guevurá –rigor–, y la sefirá de Tiferet, del aspecto masculino inferior –*Zeir Anpín*–, del ente cósmico denominado Biná, y descendieron a lo bajo, a sus lugares, **entonces** el aspecto femenino inferior –Maljut–, que se denomina Escudo, **recibe de ellos las bendiciones.** Esto es así **según el misterio del quinto Palacio,** que es el Palacio **del Amor, el cual es** un Palacio asociado con el misterio del flanco **de la derecha,** que es el flanco de Jesed –bondad–. Es decir, el aspecto femenino inferior –Maljut–, recibe las bendiciones a través de Jesed –bondad– del aspecto masculino inferior –*Zeir Anpín*–, del Mundo de la Emanación –*Atzilut*–, que se denomina Abraham, para influenciarlas en el quinto Palacio, del Mundo de la Creación –*Briá*–. **Y el quinto** Palacio **debe ser vinculado con el amor** del Mundo de la Emanación –*Atzilut*–, es decir, de donde recibe las bendiciones, **de la derecha,** de Jesed –bondad–.

Y así deben ser bendecidos los Palacios del Mundo de la Creación –*Briá*–, en la bendición del los Patriarcas, **de lo Alto a lo bajo.** Es decir, **en un comienzo,** al iniciarse la bendición denominada «*Iotzer Or* –Formador de la luz–», **se incluye** el **Palacio** inferior **con el Palacio** supremo, que está sobre él, **como hemos dicho** anteriormente, en orden ascendente, de abajo hacia arriba. **Y ahora,** en la bendición de los Patriarcas, los Palacio **toman las bendiciones** a través del aspecto femenino inferior –Maljut–, del Mundo de la Emanación –*Atzilut*–, en orden descendente, de arriba hacia abajo. Es decir, el Palacio del Amor recibe las bendiciones en la bendición de los Patriarcas, y esta acción prosigue expandiéndose hasta que el Palacio inferior, denominado Embaldosado de Zafiro, recibe la bendición a través de la

261a

última bendición de la plegaria de las dieciocho bendiciones, denominada Amidá, o sea, la bendición «*Sim Shalom* —Pon paz—». Esto es así **para que resulte que estos,** los Palacios supremos, **reciban las bendiciones antes que estos,** los Palacios inferiores, o sea, en orden descendente. **Y aunque sea que** los Palacios **tomaron** la irradiación de luminosidad **al comienzo,** cuando se incluyeron en orden ascendente, de todos modos, **ya que las bendiciones se encuentran** dispuestas en la sefirá de Jesed —bondad—, es decir, provienen **del flanco de la derecha,** por eso ahora es necesario recibir otras bendiciones de allí. Pues **en el quinto Palacio** las bendiciones **comenzaron a aferrarse.** Pues este Palacio recibió las bendiciones en un comienzo de Jesed —bondad—, del Mundo de la Emanación —*Atzilut*—, a través del aspecto femenino inferior —Maljut—.

Y después deben proyectarse las bendiciones también a través **del flanco de la izquierda,** el de Guevurá —rigor—. Pues **según este misterio** se estableció la segunda bendición de la plegaria de las dieciocho bendiciones, denominada Amidá: **«Tú eres poderoso** por siempre mi Señor; Tú resucitas a los muertos, eres formidable para salvar. Haces que el viento sople y haces descender la lluvia. Sustentas a los seres vivientes con bondad; resucitas a los muertos con gran misericordia; sostienes a los que caen, curas a los enfermos, liberas a los atados, y cumples fielmente con —el voto establecido de resucitar en el futuro a— los que duermen en el polvo. ¡Quién es como Tú, Amo del poder! Rey que trae la muerte y concede la vida; y que hace germinar la salvación. ¿Quién se asemeja a Ti? Tú eres fidedigno para resucitar a los muertos. Bendito eres Tú, El Eterno, que resucita a los muertos». **Y éste es el vínculo** que se vincula aquí: **«Tú»,** en referencia al aspecto femenino inferior —Maljut—, asociada al misterio del juicio, **y «Poderoso** —*guivor*—», en referencia a la sefirá de Guevurá —rigor—, del aspecto masculino inferior —*Zeir Anpín*—. Es decir, **dos** grados de **juicios. Y ya que las bendiciones fueron proyectadas,** también a través de la bendición: «Tú eres poderoso por siempre mi Señor [...]», asociada al misterio de Guevurá —rigor—, entonces **se incluyó de misericordia,** y se endulzó. **Y por eso se encuentra en ese flanco** de Guevurá —rigor—, **todo junto,** pues se incluyó con la misericordia. Y entonces la sefirá de Guevurá –rigor– actúa con misericordia. **Y ésta es** la razón por la que se estableció que en esta bendición se dijera: «Sustentas a los seres vivientes con bondad; **resucitas a los muertos** con gran misericordia; **sostienes a los que caen, curas a los enfermos, [...].** Pues todas estas son acciones de misericordia.

Y ésta acción de misericordia **está** vinculada **con el Nombre sagrado que se denomina** *alef–kaf–dalet–tet–mem* –es decir, este Nombre se escribe con esas letras hebreas–. Y éste **es un misterio** asociado **con las letras del Nombre** de El Santo, Bendito Sea, Elokim, es decir, el Nombre de El Santo, Bendito Sea, que se escribe con las letras hebreas: *alef–lamed–hei–iud–mem.* Pues aplicando a las letras centrales del Nombre de El Santo, Bendito Sea, que se escribe con las letras hebreas: *alef–lamed–hei–iud–mem,* el sistema de intercambio de letras en forma descendente, y conservando las letras de los extremos tal como están, se obtiene el Nombre que se escribe con las letras hebreas: *alef–kaf–dalet–tet–mem.* Y este Nombre se completa de este modo **porque esas letras** del Nombre de El Santo, Bendito Sea, que se escribe con las letras hebreas: *alef–lamed–hei–iud–mem,* **ascienden para coronarse en lo Alto,** con el ente cósmico denominado Biná, para denominarse a través de ellas *Elokim Jaim,* es decir, Dios de Vida.

Y además, en el Nombre que se escribe con las letras hebreas: *alef–kaf–dalet–tet–mem,* **se disminuyen las letras** *lamed–hei–iud,* del Nombre de El Santo, Bendito Sea, que se escribe con las letras hebreas: *alef–lamed–hei–iud–mem,* cuyo valor numérico es igual a 45, convirtiéndose en las letras *kaf–dalet–tet,* cuyo valor numérico es igual a 33, **para aferrar** el juicio **con la disminución** a través de este Nombre. Pues es un Nombre asociado a la misericordia. **Y de aquí (261b),** de lo Alto, del ente cósmico denominado Biná, el Nombre que se escribe con las letras hebreas: *alef–kaf–dalet–tet–mem,* **se expande a lo bajo,** al Palacio de Guevurá –rigor–. Y se proyecta de este modo **para tomar de esas otras letras,** las letras hebreas: alef–kaf–dalet–tet–mem, un nombre de misericordia. **Y esto es así para ascender de esas letras al Nombre** de El Santo, Bendito Sea, que se escribe con las letras hebreas: *alef–lamed–hei–iud–mem,* que se encuentra en el Palacio de Guevurá –rigor–, para endulzarlo.

Dado que las letras *bet–vav–kaf–vav,* **fueron atraídas** a través de la bendición de los Patriarcas, y entraron **en el quinto** Palacio, que es el Palacio del Amor, **y** las letras del Nombre que se escribe con las letras hebreas: *alef–kaf–dalet–tet–mem,* fueron atraídas a través de la bendición «Tú eres Poderoso –Atá Guivor– [...]», y entraron **en el cuarto** Palacio, que es el Palacio de los Méritos, asociado con el misterio de Guevurá –rigor–, **de lo Alto,** del Mundo de la Emanación –*Atzilut*–, al Mundo de la Creación –*Briá*–, tal **como hemos dicho** anteriormente, por esa razón, el aspecto femenino inferior –Maljut–, **comienza** a recibir las bendiciones, y a **aferrar las bendiciones** de Tiferet, del Mundo de la Emanación –*Atzilut*–, en la bendición: «Tú eres santo y tu Nombre es santo, y santos te alaban cada día, por la eternidad. Bendito eres Tú, El Eterno, Dios Santo». Y la influencia se proyecta de Tiferet, del Mundo de la Creación –*Briá*–, que está **en el medio** de Jesed –bondad–, y la sefirá de Guevurá –rigor–, **el cual es** un ente cósmico vinculado con el misterio de **el sexto Palacio,** el Palacio de la Voluntad. **Y** la sefirá de Tiferet **aferra** y recibe **las bendiciones de este** flanco de él, el de Jesed –bondad–, **y de este** otro flanco de él, el de Guevurá –rigor–. **Y por eso** se estableció la bendición: **«Tú eres santo** y tu Nombre es santo, y santos te alaban cada día, por la eternidad. Bendito eres Tú, El Eterno, Dios Santo», la cual está asociada al misterio de Tiferet. Y entonces **se incluye «Tú eres santo».**

En esta bendición mencionada se declara: **«Y tu nombre es santo».** ¿Cuál es la razón? Pues **ya que se dijo: «Tú eres santo», ¿por qué se** dice: **«y tu Nombre es santo»?** ¿Qué se incrementa con esta declaración? Pues **a lo que se refiere el «Nombre», se refiere «Tú»,** ya que ambos son denominativos del aspecto femenino inferior –Maljut–. ¿Cuál es la razón de esta aparente redundancia? La respuesta no es sino ésta: **hemos estudiado en todo lugar en el que se encuentra el vínculo y la unión** de las emanaciones cósmicas denominadas sefirot, ésta con ésta, **se requiere santidad e incremento de santidad.** Es decir, se debe atraer santidad del flanco de Tiferet, e incremento de santidad, del flanco de Iesod. **Y ese incremento** de santidad **es importante, más** importante **que todo,** pues la unión se realiza principalmente a través de Iesod. **Y por eso en todas** las demás bendiciones de la plegaria de las dieciocho bendiciones, denominada Amidá, **está escrito: «Tú», y no más. Y aquí, en este lugar,** o sea, esta bendición, **se declara santidad e incremento de santidad.** Es decir: **«Tú eres santo»,** santidad, **«y tu Nombre es santo»,** incremento de santidad.

A continuación se dice en esta bendición: **«Y santos** te alaban **cada día,** por la eternidad». **Se refiere a los demás santos supremos,** los ángeles, **que están en cada Palacio y Palacio, que se santifican con ese incremento** de santidad que se proyecta a través de Iesod. **Pues la primera santidad** de Tiferet **es para ella,** el aspecto femenino inferior –Maljut–. **Y el incremento de santidad** que se proyecta a través de Iesod, **es para santificar** también a **todos esos otros** ángeles de cada Palacio y Palacio, **como hemos dicho.**

Y después de recitarse las palabras: «Tú eres santo y tu Nombre es santo, y santos te alaban cada día, por la eternidad», **toda la** abundancia **de lo Alto,** el ente cósmico denominado Biná, **y todos los Patriarcas,** que son la sefirá de Jesed –bondad–, la sefirá de Guevurá –rigor–, y la sefirá de Tiferet, **se unen con una unión** íntima, y se proyectan al aspecto femenino inferior –Maljut–. **Es decir,** se estableció culminar la bendición con la declaración: **«Bendito eres Tú, El Eterno, Dios** –El– **Santo»,** porque «Tú», se refiere al aspecto femenino inferior –Maljut–, que recibe de Tiferet, que es el Nombre de El Santo, Bendito Sea, el Tetragrama –El Eterno–, el cual incluye a la sefirá de Jesed –bondad–, y a la sefirá de Guevurá –rigor–, y recibe del ente cósmico denominado Biná, que se denomina «El Dios –*El*–». Resulta que **aquí todo es un vínculo** intrínseco. **Pues se dice: «Bendito eres Tú, El Eterno, Dios Santo»,** que incluye al ente cósmico denominado Biná, la sefirá de Jesed –bondad–, la sefirá de Guevurá –rigor–, la sefirá de Tiferet, y el aspecto femenino inferior –Maljut–. **Y por eso** el aspecto femenino inferior –Maljut–, **se denomina Vínculo y Lazo de todas las unificaciones** de las sefirot.

Bienaventurada la parte de quien sabe ordenar las alabanzas de su Amo en el lugar que se requiere. Hasta aquí, el final de la bendición «Tú eres Santo [...]», se proyecta **todo el apego** de Jesed –bondad–, la sefirá de Guevurá –rigor–, y la sefirá de Tiferet, con el aspecto femenino inferior –Maljut–. **Y las bendiciones, y la santidad,** ejercen influencia **como uno en los Patriarcas,** la sefirá de Jesed –bondad–, al sefirá denominada Guevurá –rigor–, y la sefirá de Tiferet, en las primeras tres bendiciones de la plegaria de las dieciocho bendiciones, denominada Amidá, y ellos influencian al aspecto femenino inferior –Maljut–.

De aquí en adelante, después de las tres primeras bendiciones de la plegaria de las dieciocho bendiciones, denominada Amidá, **están** dispuestos **las peticiones y las solicitudes,** en las doce bendiciones siguientes. Y **en un comienzo, lo que la persona necesita pedir** es sabiduría **para saber los asuntos** concernientes al servicio **de su Amo.** Y la persona debe pedir esto en un comienzo **para mostrar deseo vehemente hacia Él,** demostrando que desea conocer Su servicio, para realizarlo como es debido. **Y no debe apartarse de Él,** El Santo, Bendito Sea, pidiendo en la plegaria sólo asuntos materiales y mundanos. **Pues la persona debe asociarse con la santidad, en** la bendición: «Tú eres santo y tu Nombre es santo, y santos te alaban cada día, por la eternidad. Bendito eres Tú, El Eterno, Dios Santo», **pues el Nombre sagrado supremo** asociado con el misterio de Tiferet, **se corona en él. Y ese es un Nombre de** El Santo, Bendito Sea, que atrae **bendiciones** del flanco de la derecha, el de Jesed –bondad–, **y santidades** del flanco de la izquierda, el de Guevurá –rigor–. Y esto es así en el Mundo de la Emanación –*Atzilut*–, pero en la sefirá de Tiferet del Mundo de la Creación –*Briá*–, se encuentra el Nombre sagrado de El Santo, Bendito Sea, que se escribe con las letras hebreas: *kaf–vav–zain–vav,* el cual está asociado con el misterio **del Nombre sagrado** de El Santo, Bendito Sea, El Tetragrama, o sea, **El Eterno, el cual es sagrado con santidad** suprema. **Y esas letras** del Tetragrama, o sea, las letras *iud–he–vav–he,* **sacaron de ellas estas otras letras:** *kaf–vav–zain–vav.* Pues son las letras del alfabeto hebreo que constan detrás de las letras del Tetragrama en escala ascendente. Y **la unión de esos** dos Nombres, **es como la unión del aspecto masculino con el aspecto femenino.** Pues El Tetragrama está asociado con el misterio del aspecto masculino inferior –*Zeir Anpín*–, y el Nombre de El Santo, Bendito Sea, que se escribe con las letras hebreas: *kaf–vav–zain–vav*, está asociado con el misterio del aspecto femenino inferior –Maljut–. Y ambos Nombres se unen como uno. **Y esas** letras del Tetragrama son **sagradas supremas,** más que las de los demás Nombres de El Santo, Bendito Sea. Y esto está vinculado con el **misterio de la santidad** asociada al misterio de Tiferet, que se denomina Santo.

Esas otras letras, *kaf–vav–zain–vav*, **se denominan Tal** (*tet–lamed*). Y se refiere al **rocío** –*tal*– **del Cielo,** o sea, la abundancia proveniente de Tiferet, que se denomina «Cielo». Pues **el misterio de la cuenta de las letras** proviene **de él.** Ya que *tet–lamed*, está asociado con el misterio de la cuenta de las letras *kaf–vav–zain–vav*. Y la abundancia que sale de ellas se proyecta al aspecto femenino inferior –Maljut–. **Pues aquí, en lo bajo,** en el aspecto femenino inferior –Maljut–, **están todas las cosas sujetas a cuentas. Y no hay cuenta sino en relación con la Luna,** que está asociada al misterio del aspecto femenino inferior –Maljut–.

Y por eso, en la bendición «Tú eres santo y tu Nombre es santo, y santos te alaban cada día, por la eternidad. Bendito eres Tú, El Eterno, Dios Santo», la persona **se debe unir con la santidad de su Amo. y la persona no debe apartarse de Él,** de su santidad, pidiendo inmediatamente lo que terrenal que necesita. Y por eso, **cuando pide** lo que necesita, **el comienzo de su pedido debe pedir saber** cómo servir **a su Amo, para mostrar deseo vehemente hacia Él,** demostrando que desea conocer Su servicio, para realizarlo como es debido. **De aquí en adelante, se debe apartar poco a poco** de la santidad suprema, **y entonces pide sus pedidos, lo que necesita pedir.**

Y todas las peticiones deben solicitarse después de ordenar la plegaria según **el orden que hemos mencionado.** Es decir, después de pronunciar las tres primeras bendiciones de la plegaria de las dieciocho bendiciones, denominada Amidá. **Similar a esto, todos sus pedidos deben ser** expresados **con ruego ante El Amo de él.** Es decir, sabiendo que no merece le sea concedido lo que pide, sino que la concesión del pedido es por la gran generosidad de El Santo, Bendito

Sea, que otorga lo solicitado gratuitamente, aunque no se merezca. **Bienaventurada la parte de quien sabe ordenar este orden** de la plegaria de las dieciocho bendiciones, denominada Amidá, **para andar por un Sendero recto, como es debido.**

Ahora bien, **tal como el fuego se une con el agua, y el agua con el fuego,** que son los elementos asociados al misterio del interior de Jesed –bondad–, y la sefirá de Guevurá –rigor–, lo mismo sucede con los flancos del mundo. Pues **el sur** se une **con el norte, y el norte con el sur,** los cuales están asociados al misterio vinculado con el exterior de Jesed –bondad–, y la sefirá de Guevurá –rigor–. Y **el este** se une **con el oeste, y el oeste con el este,** los cuales están asociados al misterio vinculado con el exterior de Tiferet, y la sefirá de Maljut. Y el interior de estos flancos se denomina «viento» y «tierra». **Así también se vinculan todos** los aspectos cósmicos denominados *partzufim* **como uno. Y** a través de la inclusión de estos entes cósmicos uno con el otro, *iud–hei–vav–hei*, **se completa la unificación.**

Y todos esos que saben ordenar la plegaria apropiadamente, para incluir estos Palacios, estos con estos, haciendo ascender su alma con ellos, **para unirlos** *iud–hei–vav–hei* en lo Alto, **esta persona se une con ellos, y se acerca para unirse con ellos** a través de su alma. Entonces **solicita su petición, y** lo que pidió **le es concedido.** Pues tomará en primer lugar de las irradiaciones de luminosidad y la abundancia que descienden de lo Alto con la unificación que esta persona provocó a través de su plegaria. **Bienaventurada su parte en este mundo, y en el Mundo Venidero.**

Después de culminarse las peticiones, al completarse la bendición «Bendito eres Tú, El Eterno, [...] que oye la plegaria», **y** cuando **el cuerpo** del solicitante está íntegro y **completo en todos los flancos, con alegría de corazón,** pues confía en que lo que pidió le será otorgado, **y** esto es así porque **él pidió y culminó sus peticiones** en las doce oraciones intermedias de la plegaria de las dieciocho bendiciones, denominada Amidá, a continuación **vuelve a atraer bendiciones y alegría en lo bajo, según el misterio del tercer Palacio,** que es el Palacio de Noga, el cual está vinculado con el misterio de Netzaj. **Y a esto se refiere** lo que se declara a continuación en la plegaria de las dieciocho bendiciones, denominada Amidá: **«Complácete, El Eterno, Dios nuestro, con tu pueblo Israel [...]».** Y esta declaración está asociada al misterio del grado de Netzaj, del Mundo de la Emanación –*Atzilut*–. Y **ésta** bendición **está** asociada **con** el misterio de **los Escoltados de Honor,** denominados *Mamadot*. Estos Escoltados de Honor fueron establecidos sobre la base de lo que fue dicho en la sección de la Torá que se refiere al sacrificio continuo –*Tamid*–: «Ordena a los Hijos de Israel y diles: mi sacrificio ígneo [...] cuidad de ofrecer para mí en su tiempo». Se aprende de aquí que el ofrecimiento del Sacrificio Continuo de cada día es una ordenanza que recae sobre todo Israel; ¿Y cómo puede ser que el sacrificio de la persona sea ofrecido, y ella no se sitúa a su lado en el momento de ofrecerlo? Pero en un sacrificio público, como el Sacrificio Continuo –*Tamid*– o el Sacrificio Adicional –*Musaf*–, he aquí que es imposible que estén todos los Hijos de Israel de pie en el Atrio en el momento del sacrificio. Por esta razón los primeros profetas, David y Samuel, decretaron, veinticuatro guardias. Es decir, dividieron a los sacerdotes y a los levitas en veinticuatro guardias de sacerdocio y veinticuatro guardias de levitas, y así dividieron a los de Israel en veinticuatro Escoltas de Honor –*Maamadot*–. Por cada guardia había en Jerusalén un *Maamad* de sacerdotes, levitas e israelitas. O sea sacerdotes realizando el servicio, levitas entonando sus cantos y melodías, e Israel en sus *Maamadot*, ya que cada semana oficiaba en el Templo Sagrado una guardia diferente de sacerdotes y levitas. Y asimismo había un *Maamad* diferente de israelitas en el Atrio –*Azará*– como representantes de todo Israel, en el momento de ofrecerse los Sacrificios Públicos. Y Cuando llegaba el tiempo de la guardia para subir a Jerusalén, los sacerdotes y los levitas subían a Jerusalén para realizar el servicio y entonar cánticos, y los israelitas que estaban en esa guardia de esa semana, o sea, todos aquellos que no subieron a Jerusalén en el *Maamad*, ya que para la guardia de Israel no subían todos a Jerusalén, sino algunos, los hombres del *Maamad*, y los restantes, se congregaban en las sinagogas de sus ciudades y aumentaban en plegarias para que sean aceptados los sacrificios de Israel con buena voluntad (Mishná, tratado de Taanit 4:2–3, mefarshsei hamishná). Y la oración de la plegaria de las dieciocho bendiciones, denominada Amidá: «Complácete, El Eterno, Dios nuestro, con tu pueblo Israel [...]», es similar a lo que recitaban los hombres de los Escoltados de Honor, para que las ofrendas sean aceptadas en lo Alto. **Y éstas,** la sefirá de Netzaj, y la sefirá de Hod, que están incluidas en el misterio de esta bendición, **son las columnas del cuerpo,** sus sostenes. Pues estas emanaciones cósmicas sostienen –*maamidim*– a la sefirá de Tiferet, que está asociada al misterio del cuerpo. Y si bien esta bendición está asociada al misterio de Netzaj, es sabido que la sefirá de Netzaj, y la sefirá de Hod, están siempre juntas, incluidas una con la otra.

Pues **el comienzo del cuerpo en lo bajo son las dos piernas,** o sea, las primeras secciones de Netzaj, y la sefirá de Hod, que están debajo de Tiferet, vinculada con el misterio del cuerpo, **hasta llegar a las rodillas,** que son las secciones intermedias de Netzaj, y la sefirá de Hod. **Y éstas** secciones **están** asociadas **con el misterio de los** hombres que participaban de los **Escoltados de Honor** denominados Maamadot, **que estaban junto al sacrificio** ofrendado, y oraban para que el mismo sea aceptado de buena voluntad. Pues esos hombres estaban asociados al misterio de las secciones superiores de Netzaj, y la sefirá de Hod. **Y aquí,** en la oración de la plegaria de las dieciocho bendiciones, denominada Amidá: «Complácete, El Eterno, Dios nuestro, con tu pueblo Israel [...]», **se encuentra el misterio del comienzo de las dos piernas de lo Alto, hasta las rodillas.** Y estas secciones están asociadas al misterio de **la unión de los profetas.** Pues la profecía se proyecta a ellos de Netzaj, y la sefirá de Hod, del aspecto masculino inferior –*Zeir Anpín*–, del Mundo de la Emanación –*Atzilut*–. Y asimismo estas secciones mencionadas están asociadas al misterio de **las visiones,** pues las mismas se proyectan a los poseedores de facultad de visión de Netzaj, y la sefirá de Hod, del aspecto masculino inferior –*Zeir Anpín*–, del Mundo de la Creación –*Briá*–. Y estas emanaciones cósmicas denominadas sefirot, y las relaciones mencionadas, están dispuestas **según el misterio de las letras del Nombre sagrado que se denomina** –se escribe con las letras hebreas–: *hei–shin–tav–pei–alef,* **el cual está** vinculado **con el misterio del Nombre** de El Santo, Bendito Sea, **denominado** –se escribe con las letras hebreas–: *tzadik–bet–alef–vav–tav.* Pues cambiando estas letras por su correspondencia equivalente según el sistema de intercambio de letras en orden inverso, *At Bash,* surge el otro Nombre citado. **Este Nombre** de El Santo, Bendito Sea, que se escribe con las letras hebreas: *tzadik–bet–alef–vav–tav,* **asciende** a lo Alto y se encuentra en el Mundo de la Emanación –*Atzilut*–. **Y este Nombre** de El Santo, Bendito Sea, que se escribe con las letras hebreas: *hei–shin–tav–pei–alef,* **desciende** a lo bajo y se encuentra en el Mundo de la Creación –*Briá*–. **Éste** Nombre de El Santo, Bendito Sea, que se escribe con las letras hebreas: *tzadik–bet–alef–vav–tav,* que asciende a lo Alto y se encuentra en el Mundo de la Emanación –*Atzilut*–, está asociado con el misterio de los **profetas. Y éste** Nombre de El Santo, Bendito Sea, que se escribe con las letras hebreas: *hei–shin–tav–pei–alef,* y desciende a lo bajo y se encuentra en el Mundo de la Creación –*Briá*–, está asociado con el misterio de las **visiones.**

Y aquí, en la sefirá de Netzaj, y la sefirá de Hod, del Mundo de la Creación –*Briá*–, **hay un misterio supremo de las *Baraitot,*** o sea lo exterior, tal como la sefirá de Netzaj, y la sefirá de Hod, que están asociadas al misterio de las piernas, y están en el exterior del cuerpo, asociado con el misterio de Tiferet. **Y cuando la persona llega a** la unión y la inclinación de **las rodillas,** es decir, cuando se unen ambas rodillas, las cuales están asociadas al misterio de Netzaj, y la sefirá de Hod, en el final de la bendición: «Complácete, El Eterno, Dios nuestro, con tu pueblo Israel [...]», y en el comienzo de la bendición: «Reconocemos –*modim*– [...]», es decir, después de pronunciar la declaración: **«Bendito eres Tú, El Eterno, que retorna su Presencia Divina** –*Shejiná*– **a Tzión»,** y comienza con «*Modim* [...]», en ese momento debe inclinar sus rodillas, para vincular el Palacio de Netzaj, con el Palacio de Hod. **Y aquí,** en el final del Palacio de Netzaj, cuando se menciona la palabra «Tzión», que se asocia al misterio de Iesod, del aspecto femenino, **se vuelven las *baraitot,*** que están vinculadas con el misterio de Netzaj, y la sefirá de Hod, pasando **a *mishnaiot,*** que están vinculadas con el misterio de Iesod, del aspecto femenino. **Y** entonces, la sefirá de Netzaj, la sefirá de Hod, y la sefirá de Iesod, **son bendecidas como uno.**

262a

El segundo Palacio (262a) del orden **de lo bajo,** es decir, en orden ascendente, de abajo hacia arriba, el cual es el Palacio denominado Esencia del Cielo, y está vinculado con el misterio del aspecto masculino inferior –*Zeir Anpín*–, del Mundo de la Creación –*Briá*–, **que en él se depositaron las almas para ascender y mostrarse en visiones de sueño, corresponde con** el misterio de la bendición de la plegaria de las dieciocho bendiciones que se denomina «**Reconocemos** –*modim*–», la cual está asociada al misterio de Hod, del Mundo de la Emanación –*Atzilut*–. Aquí la persona **debe someterse** a sí mismo **con** el inclinado de **las rodillas.** Y también debe **reconocer** y agradecer **por las almas, tal como se declara** en esa bendición: **«por nuestras almas depositadas en ti»,** y la persona sigue recitando la bendición **hasta que llega** al final, a la declaración: **«Tu buen Nombre, y a Ti es grato agradecer»,** ya que en ese momento debe inclinar sus rodillas nuevamente.

Y éstas dos bendiciones: «Complácete, El Eterno, Dios nuestro, con tu pueblo Israel [...]», y «Reconocemos –*modim*– [...]», **están** dispuestas **según el misterio del Nombre sagrado denominado** –se escribe con las letras hebreas–: ***bet–mem–vav–kaf–nun.*** Al Nombre que se escribe con las letras hebreas *bet–mem*, hay que recordarlo en la bendición: «Complácete, El Eterno, Dios nuestro, con tu pueblo Israel [...]», y allí hay que concentrarse en él. Al Nombre que se escribe con las letras hebreas *bet–mem–vav–kaf–nun*, hay que recordarlo en la bendición: «Reconocemos –*modim*– [...]», y allí hay que concentrarse en él. Y **estos** Nombres **se denominan** así después de intercambiarse sus letras, según la escala ascendente, por las de los nombres de El Santo, Bendito Sea, que se escriben con las letras hebreas: ***alef– lamed alef–lamed–he–iud–mem.* Pues** la esencia de estos Nombres de El Santo, Bendito Sea, **es** algo que está asociado a **un misterio supremo.** Ya que estos Nombres están vinculados con el misterio de Netzaj, y la sefirá de Hod, del Mundo de la Emanación –*Atzilut*–. Y a esto se refiere el misterio de lo que está escrito: **«El Poderoso Dios, El Eterno sabe [...]»** (Josué 22:22). «El Poderoso», está escrito con las letras hebreas: *alef–lamed.* «Dios», está escrito con las letras hebreas: *alef–lamed–hei–iud–mem.* Y éste es el misterio íntimo encerrado en esta declaración: así como el Nombre de El Santo, Bendito Sea, El Eterno, está asociado con el misterio del Mundo de la Emanación –*Atzilut*–, lo mismo ocurre con los otros dos Nombres mencionados. Pues **la generalidad de** las letras de **estos** Nombres «El Poderoso», y «Dios», **son la generalidad de esas otras letras:** *bet–mem bet–mem–vav–kaf–nun*. Pues estas letras surgen a partir de las letras de ellos, según la escala ascendente.

Ahora bien, hemos dicho que el misterio de los sueños está asociado a la sefirá de Hod, del Mundo de la Creación –*Briá*–, pero esencialmente, están enraizados en la sefirá de Netzaj, y la sefirá de Hod. **Y aquí hay un misterio** interior que debe ser esclarecido. **Pues todas las piernas,** es decir, la sefirá de Netzaj, y la sefirá de Hod, del Mundo de la Creación –*Briá*–, **son bendecidas, y** de las rodillas hacia **abajo,** las dos secciones inferiores de Netzaj, y la sefirá de Hod, allí se encuentra enraizado **el misterio de los sueños.** Allí se encuentra **el misterio del lugar** dispuesto **para que las almas entren por él,** y de allí reciben las visiones nocturnas. **Y se debe atraer** la abundancia de lo Alto, proyectándola del Mundo de la Emanación –*Atzilut*–, al Mundo de la Creación –*Briá*–, **a través de esas** dos **bendiciones:** «Complácete, El Eterno, Dios nuestro, con tu pueblo Israel [...]», y «Reconocemos –*modim*– [...]», **para hallar sosiego en este mundo, y en el Mundo Venidero.**

El Palacio inferior de lo bajo es el Palacio denominado Embaldosado de Zafiro. El mismo está asociado con el misterio de Iesod, y la coronilla de Iesod, del aspecto masculino inferior –*Zeir Anpín*–, del Mundo de la Creación –*Briá*–. Y este Palacio corresponde con la bendición de la plegaria de las dieciocho bendiciones, denominada Amidá que comienza con las palabras: «**Pon Paz, bien, y bendición** [...] –*Sim Shalom* [...]–». Y la razón por la que este Palacio corresponde con el misterio de esta bendición, es porque la misma está vinculada con el misterio de Iesod, del aspecto masculino inferior –*Zeir Anpín*–, del Mundo de la Emanación –*Atzilut*–. Y todos esos asuntos manifestados en la bendición se proyectan de ese lugar. Y además, **aquí se encuentra** dispuesta y enraizada **la generalidad de la paz.** Pues aquí se proyecta la abundancia de **la Paz de lo Alto** que se encuentra en la sefirá de Iesod, del aspecto masculino inferior –*Zeir Anpín*–, del Mundo de la Emanación –*Atzilut*–, **y la paz de lo bajo,** que se encuentra en la sefirá de Iesod, del aspecto femenino inferior –Maljut–. Y la **paz** se expande **a todos los flancos,** a los seis confines: **paz en la cofradía de lo Alto,** o sea, la sefirá de Iesod, del Mundo de la Emanación –*Atzilut*–, **paz en la cofradía de lo bajo,** o sea, la sefirá de Iesod, del Mundo de la Creación –*Briá*–.

Ésta es la cofradía de lo bajo, la que se encuentra asociada al misterio del Palacio denominado Embaldosado de Zafiro. Y está unida **con una unión** íntima **a la cofradía de lo Alto,** del Mundo de la Emanación –*Atzilut*–. Pues aquí, en lo bajo se vierte la abundancia proveniente de Iesod, del aspecto masculino inferior –*Zeir Anpín*–, del Mundo de la Emanación –*Atzilut*–. Y a través de esto, el Mundo de la Emanación –*Atzilut*–, y el Mundo de la Creación –*Briá*–, se unen como uno. **Y de aquí** la emanación de abundancia, bien, y bendición, **se proyecta a todos esos** Palacios **inferiores** del Mundo de la Formación –*Ietzirá*–, y el Mundo de la Acción –*Asiá*–, y las legiones, **que están en el exterior,** debajo del Mundo de la Creación –*Briá*–.

Y aquí, en la bendición de la plegaria de las dieciocho bendiciones, denominada Amidá que comienza con las palabras: «Pon Paz, bien, y bendición [...]», **se incluye y se completa todo como uno, lo de lo Alto y lo de lo bajo.** Es decir, lo vinculado con el misterio del aspecto masculino inferior –*Zeir Anpín*–, y lo vinculado con el aspecto femenino inferior –Maljut–, que se completan **con una irradiación de luminosidad.** Pues estos entes cósmicos irradian luminosidad juntos, como uno, a través de las unificaciones provocadas con la pronunciación de esta bendición, y con la concentración puesta en el recitado de la misma. Y esto es así **para completar el Nombre** completo e **íntegro** de El Santo, Bendito Sea: **«El Eterno Dios». Pues este Nombre** de El Santo, Bendito Sea, **es completo a través de la inclusión de todos esos Palacios, y con todas esas irradiaciones de luminosidad supremas, para ser todos** los Palacios del Mundo de la Emanación –*Atzilut*–, y el Mundo de la Creación –*Briá*–, **uno,** incluidos como uno en el Mundo de la Emanación –*Atzilut*–.

Aquella persona que recitó la plegaria como es debido, y se concentró apropiadamente, **cuando solicita salir** de este Palacio denominado Embaldosado de Zafiro, para salir **fuera,** pronuncia la declaración: «El que hace la paz en sus Alturas –celestiales–, Él haga la paz sobre nosotros y sobre todo Israel». Y entonces **se ha de disponer a sí mismo como quien sale de la compañía del Rey** del Mundo de la Emanación –*Atzilut*–, **y del interior de su Palacio** del Mundo de la Creación –*Briá*–. **Y debe humillarse a sí mismo ante Él,** ante El Santo, Bendito Sea, y no debe considerar que es apropiado para esas unificaciones. **Pero debe alegrarse** de las bondades que le sobrevienen a raíz de la recepción de su plegaria. **Pues él es el primero para recibir la corona de la proyección de las bendiciones, que fluyen de la unificación de su Amo.** ya que quien provoca esa unificación, recibe las bendiciones y la abundancia de lo Alto en primer lugar. **Éste** hombre **es** denominado **«hijo** del Rey», pues es de los miembros **del Palacio del Rey,** por haber provocado la unificación de lo Alto.

Pues en ese momento en que la persona culminó la plegaria de las dieciocho bendiciones, denominada Amidá, y **sale de ante el Rey, y** lo hace después de que **vinculó todo con todos esos flancos** cósmicos, **con el vínculo de la unificación** del aspecto masculino inferior –*Zeir Anpín*–, y el aspecto femenino inferior –Maljut–, **y** provocó la proyección de **las bendiciones** del flanco de Jesed –bondad–, y la proyección de **la santidad** del flanco de Tiferet, **e incremento de santidad** del flanco de Iesod, entonces, **El Santo, Bendito Sea, convoca a** los miembros de **su cofradía de lo Alto,** que se unificaron por la plegaria de este hombre, **y les dice: escribid a este hombre Zutano,** como parte **de esos que se denominan «los que consideran su Nombre».**

¿Quiénes son esos que se denominan **«los que consideran su Nombre»? Aquellos que consideran** el misterio del Nombre **y se concentran en el misterio del Nombre,** cuando unen a los aspectos cósmicos denominados *partzufim*, del Mundo de la Emanación –*Atzilut*–, según el misterio del Nombre de El Santo, Bendito Sea, el Tetragrama. Y se concentran **para unir los Palacios** inferiores **con los Palacios** supremos, **y para establecer los vínculos** del Mundo de

262a

la Emanación *–Atzilut–*, con el Mundo de la Creación *–Briá–*. **Y para unirlos a todos** los Palacios **con una unión** intrínseca y absoluta, en el Palacio denominado *Kodesh Hakodashim*. **Y esos son** quienes se denominan **«los que consideran su Nombre», como está dicho:** «Entonces hablaron los temerosos de Dios, uno al otro, y atendió El Eterno y escuchó; y fue escrito un libro de recuerdos ante él, para los temeroso de Dios **y los que consideran Su Nombre»** (Malaquías 3:16). **Entonces se lo escribe** a su nombre en el Libro de Recuerdos, **y se lo graba** a su nombre, **y** su grado **se conoce en lo Alto.** Y cuando ora, se le abren las puertas de la plegaria. **Y se completa** su vestimenta espiritual **en lo Alto y en lo bajo.** Pues se completa la vestimenta de su alma en lo Alto, en el Jardín del Edén de lo Alto, y también la vestimenta de su espíritu en lo bajo, en el Jardín del Edén de lo bajo.

Y quien se acerca ante el Amo de él, y recita su plegaria, y no completa la unificación, sabiendo concentrarse apropiadamente, y siendo apropiado para hacerlo, pero no lo hace **y no considera el honor de su Amo, para establecer los vínculos** de los Palacios y los mundos, **como hemos dicho,** quitándose de encima de este modo el yugo de la concentración suprema, quien actúa así, **sería mejor si no hubiera sido creado. Y El Santo, Bendito Sea, dijo:** «Así ha dicho El Eterno: **Escribid** –lo que ocurrirá– **a este hombre privado de descendencia, hombre que no prosperará en todos sus días** de vida» (Jeremías 22:30).

Y acerca de él, este tipo de hombre, está escrito: **«Roba a su padre y a su madre»** (Proverbios 28:23). Pues este hombre roba a El Santo, Bendito Sea, y su Presencia Divina *–Shejiná–*. Pues es una persona apropiada para proyectar la atracción de la abundancia al aspecto masculino inferior *–Zeir Anpín–*, y el aspecto femenino inferior *–Maljut–*, a través su plegaria, y él impide esa proyección a raíz de su holgazanería, y por eso se denomina «ladrón».

Por lo tanto, **aquí,** en el Palacio del Embaldosado de Zafiro, **se completa todo, en lo Alto,** en el Mundo de la Emanación *–Atzilut–*, **y en lo bajo,** en el Mundo de la Creación *–Briá–*.

Éste es **el misterio del Nombre sagrado** que se escribe con las letras hebreas *mem–tzadik–pei–tzadik, mem–tzadik–pei–tzadik–*, que surgen de las cuatro letras del Tetragrama duplicado, convertidas según el sistema de intercambios inversos denominado *At Bash,* **que ejerce dominio en lo Alto,** en los dos extremos de la cabeza del ente cósmico oculto denominado *Arij Anpin.* Y ejercen influencia en las trece rectificaciones de la barba del ente cósmico oculto denominado *Arij Anpin,* que están vinculadas con el misterio de los trece atributos de misericordia mencionados en la cita bíblica que declara: «El Eterno pasó ante él y proclamó: El Eterno, El Eterno, **Dios, Compasivo y Clemente,** Lento para Enojarse y Generoso en benevolencia y verdad; Preserva la benevolencia por miles de generaciones, Perdona la iniquidad, el pecado intencionado, y el error, y Quien no absuelve a los que no se arrepienten, Rememora la iniquidad de los padres sobre los hijos y nietos, hasta la tercera y cuarta generación (Éxodo 34:6-7). Esta declaración se pronuncia después de culminarse la plegaria denominada Amidá, tras expresarse la confesión por los pecados denominada «Vidui».

Aquí, después de la plegaria de las dieciocho bendiciones, denominada Amidá, se establece vínculo con **el misterio de este Nombre sagrado** de El Santo, Bendito Sea, el Tetragrama, **para santificarse con sus letras con** la presencia de **diez** personas. Pues los trece atributos de misericordia, en los que se pronuncia dos veces seguidas el Tetragrama, deben ser pronunciados con la presencia de diez hombres. **Y otras letras,** las de los Nombres que se escriben con las letras hebreas *mem–tzadik–pei–tzadik, mem–tzadik–pei–tzadik–,* corresponden **con la santificación individual en la plegaria.** Es decir, si una persona individual desea pronunciar los trece atributos de misericordia, que en ellos se pronuncia dos veces seguidas el Tetragrama, ha de pronunciar esos Nombres con las letras hebreas *mem–tzadik–pei–tzadik, mem–tzadik–pei–tzadik–,* es decir, el Tetragrama convertido según el sistema denominado *At Bash.*

Después de culminar la plegaria de las dieciocho bendiciones, denominada Amidá, la persona **se pone de pie para confesar por sus pecados.** Y debe hacerlo de pie, pues la confesión debe realizarse en esa posición, de pie, **para que el Otro Lado** *–Sitra Ajra–* **no tenga en su boca un argumento, para acusarlo** a causa de sus pecados.

262a

Pues al confesarse y reconocer sus faltas, los pecados le son expiados. **Y se somete ante él, y se mantiene de pie para ser bendecido de la Casa del Rey.** Es decir, para recibir la abundancia que desciende a través de los trece atributos de misericordia. Ya que los mismos están vinculados al misterio de las trece fuentes de abundancia que se abren cuando se los menciona.

Y bienaventurada la parte de quien se santifica de este modo con la plegaria, como hemos dicho, y establece los vínculos de los Palacios estos con estos, **y se concentra en todo** lo que se debe concentrar en la plegaria, **como es debido, y no se desvía** a diestra ni a siniestra, o sea, ni **a la derecha ni a la izquierda.** Entonces, si hace esto, **su plegaria no vuelve vacía.** Y con el poder de la misericordia que atrajo con su plegaria, **El Santo, Bendito Sea, decreta, y él anula** el decreto, en caso de que sea un decreto que requiere ser endulzado.

A esto se refiere lo que está escrito: «Alégrense tu padre y tu madre, y conténtese la que te dio a luz» (Proverbios 23:25). «Tu padre», se refiere a El Santo, Bendito Sea, y «tu madre», se refiere a su Presencia Divina –*Shejiná*–. Y ellos están alegres con la unificación provocada por el hijo de ellos. Por eso, esta persona **tiene parte en este mundo y en el Mundo Venidero.**

Y después de atraerse todas las proyecciones de abundancia a través de las unificaciones realizadas, **está escrito** en relación con la Presencia Divina –*Shejiná*–: **«Se levanta aun de noche y da comida a su familia, y ración** –*jok*– **a sus criadas»** (Proverbios 31:15). ¿De dónde la Presencia Divina –*Shejiná*– da esta comida a su familia? **De esa abundancia de bendiciones** que recibió del flanco de Jesed –bondad–, a raíz de la unificación suprema, **y de la santidad** que recibió del flanco de Tiferet, **y del incremento de santidad que tomó** de Iesod. **Como está dicho:** «Biniamin (Benjamín) es lobo depredador; a la mañana devorará la presa **y a la noche repartirá el despojo»** (Génesis 49:27). Se refiere a la Presencia Divina –*Shejiná*–, **que reparte partes a todos, e incluso al Otro Lado** –*Sitra Ajra*–, **le da una parte para él solo,** y esa parte proviene de la hez y los sobrantes.

Y este misterio es un misterio para los hijos de la fe, o sea, los justos que tienen una alma proveniente del Mundo de la Emanación *–Atzilut–*, que se denomina «Fe». Pues **la parte del Otro Lado** *–Sitra Ajra–*, que es el flanco **impuro,** es la que surge de **todos esos pecados, y esas faltas de la persona con las que estableció los vínculos de la unificación, pues se confesó de ellos,** sus pecados, y **todos ellos se posan sobre el Otro Lado** *–Sitra Ajra–*. **Y ellos son la parte y la heredad del Otro Lado** *–Sitra Ajra–*, que es el flanco **impuro.**

(262b) Y si no se confesó por ellos, sus pecados, y no dio al Otro Lado *–Sitra Ajra–* la parte que le corresponde, **resulta que** el Otro Lado *–Sitra Ajra–*, **lo acusa,** despertando sobre él el rigor del juicio, **y puede** afectarlo **a él.** Resulta que la unificación realizada por esta persona que no confesó sus pecados no es íntegra, pues despertó a los entes impuros denominados *jitzonim*, y además, sus pecados no fueron expiados. **Y si se confesó por todos sus pecados,** y fueron expiados con esa confesión, en ese caso, **con esa plegaria** recitada, **establece los vínculos de la unificación** como es debido, **y se bendicen los de lo Alto y los de lo bajo.** Es decir, también el Otro Lado *–Sitra Ajra–*. **Y de esa plegaria** recibe **su parte el Otro Lado** *–Sitra Ajra–*, es decir, **todos esos pecados y faltas que** la persona **se confesó por ellos. Y** a través de esa confesión el Otro Lado *–Sitra Ajra–*, **toma su parte,** o sea, esos pecados y faltas.

Y este misterio está vinculado **con el** misterio del **macho cabrío, como está escrito:** «Cuando termine de expiar por el Santuario, la Tienda de la Reunión y el Altar, aproximará el macho cabrío vivo. Aarón apoyará sus dos manos sobre la cabeza del macho cabrío vivo **y confesará sobre él todas las iniquidades** de los Hijos de Israel, y todos sus pecados de rebelión entre todos sus pecados, y los colocará sobre la cabeza del macho cabrío y lo enviará con un hombre designado al desierto» (Levítico 16:20-21). **Y está escrito:** «El macho cabrío cargará sobre sí todas sus iniquidades hacia una tierra no habitada, y debe enviar al macho cabrío al desierto» (Levítico 16:22). **Ésta es la parte, la suerte, y la heredad de él,** del Otro Lado, denominado *Sitra Ajra*.

Y si esa persona vuelve a su suciedad, la de sus pecados anteriores, en ese caso **¡Ay de él! Pues a todos ellos,** los pecados, **los toma** nuevamente **de ese flanco,** el del Otro Lado –*Sitra Ajra*–, después de habérselos entregado. **Y dado que los toma de ese flanco por la fuerza de ese flanco,** el del Otro Lado –*Sitra Ajra*–, **entonces** el Otro Lado –*Sitra Ajra*– **le hace daño, y se convierte en su acusador, y lo acusa. Y cuando se confiesa por ellos, el Otro Lado** –*Sitra Ajra*–, **los toma, y son su parte y su heredad.**

Y este misterio también está asociado **con** el misterio de **los sacrificios.** Pues a través de la presentación de las ofrendas se unifican todos los aspectos cósmicos denominados *partzufim*, como con la plegaria. **Por eso se debe confesar sobre esa ofrenda** traída **por todas las faltas y los pecados, para otorgar la parte** correspondiente **a quien se debe otorgar,** al Otro Lado –*Sitra Ajra*–.

Considérese que **toda ofrenda,** o sea, todo sacrificio traído para ofrecer a El Santo, Bendito Sea, **corresponde a este flanco, a la parte de la santidad, y** toda **su voluntad** está vinculada **con la santidad, y a ese flanco,** el del Otro Lado –*Sitra Ajra*–, se le otorga **la parte de esos pecados y esas faltas, que le son otorgados con la confesión** realizada **sobre la carne de esa ofrenda.** Pues la carne física lleva todos los pecados a una tierra desierta, pues es la parte del Otro Lado –*Sitra Ajra*–, **como está escrito: «Si tu enemigo está hambriento, dale de comer pan,** y si está sediento, dale agua» (Proverbios 25:21). «Tu enemigo», se refiere al Otro Lado –*Sitra Ajra*–. «Pan», se refiere a la confesión. Y a continuación está escrito: **«Porque brasas esparces sobre su cabeza»** (Proverbios 25:22). **Y la señal que tienes** acerca de este asunto, es la que se encuentra en lo que está escrito acerca de Ester, que alude a la Presencia Divina –*Shejiná*–: «Si he hallado gracia ante los ojos del rey, y si place al rey otorgar mi petición y conceder mi solicitud, **que venga el rey con Hamán al banquete** que les prepararé; y mañana haré conforme a lo que el rey ha mandado» (Ester 5:8). Ester hizo esto para dar una parte a Hamán, y a través de ello se produjo su caída. **Bienaventurado el que conoce los Senderos de El** Santo, Bendito Sea, **para andar por el Sendero de la Verdad.**

Y todo el que no sabe ordenar la alabanza de su Amo, sería mejor si no hubiera sido creado. Pues se necesita que la plegaria sea íntegra en lo Alto, para generar la paz entre los aspectos cósmicos denominados *partzufim*, y eso se consigue a través de las unificaciones realizadas como es debido. Y la plegaria debe surgir de **dentro de un pensamiento** lleno de concentración apropiada, basada en los Nombres sagrados de El Santo, Bendito Sea, y se requiere asimismo **voluntad del corazón,** ya que estos dos asuntos, pensamiento y voluntad del corazón, están asociados al misterio de Jojmá, y la sefirá de Biná, o sea, el fundamento de los entes cósmicos denominado aspecto masculino superior –*Aba*–, y aspecto femenino superior –*Ima*–. Y estos dos vínculos están asociados al misterio de las letras *iud* y *hei* del Tetragrama. **Y** la plegaria debe ser pronunciada con **voz** silenciosa, de modo que se articulen las letras de las palabras, sin que el compañero las oiga. Y este asunto es sumamente importante, pues la voz está asociada al misterio del aspecto masculino inferior –*Zeir Anpín*–, que se vincula con el misterio de la letra *vav* del Tetragrama. **Y las** letras de las **palabras** de la plegaria deben ser pronunciadas **con** el movimiento de **los labios.** Y este asunto también es sumamente importante, pues está asociado con el misterio del aspecto femenino inferior –Maljut–, que se vincula con el misterio de la última letra he del Tetragrama. Y esto es así **para** generar **la completitud y el vínculo, y la unión** cósmica **de** todos los aspectos cósmicos denominados *partzufim* **lo Alto.**

Así como ocurre en lo Alto, en el Mundo de la Emanación –*Atzilut*–, o sea, **tal como sale la abundancia de lo Alto a lo bajo, así se requiere** que suceda en lo bajo, provocándose el ascenso **de lo bajo a lo Alto,** a través de las plegarias pronunciadas, **para establecer los vínculos** de todos los aspectos cósmicos denominados *partzufim,* **como es debido.**

Hay aquí un misterio intrínseco **para los compañeros, para que anden por un camino recto** al recitar sus oraciones. Este decir: **pensamiento, voluntad, voz, palabra,** tal como se explicó anteriormente. **Estos cuatro** asuntos **establecen los vínculos de todos ellos,** los cuatro aspectos cósmicos denominados *partzufim*: el aspecto masculino superior –*Aba*–, el aspecto femenino superior –*Ima*–, el aspecto masculino inferior –*Zeir Anpín*–, y el aspecto femenino inferior –Maljut–. Pues estos asuntos están dispuestos en correspondencia con esos entes cósmicos, y establecen la unión entre ellos.

Después de establecerse los vínculos de todos ellos, los Palacios de los mundos inferiores: el Mundo de la Creación –*Briá*–, el Mundo de la Formación –*Ietzirá*–, y el Mundo de la Acción –*Asiá*–, **como uno,** en el Palacio denominado *Kodesh Hakodashim,* entonces **todos ellos se convierten en un Carruaje, para que se pose sobre ellos la Presencia** Divina –*Shejiná*–. **Y todos ellos se convierten en cuatro columnas** del Trono, **para que** la Presencia Divina –*Shejiná*–, **se corone con ellas. Y la Presencia Divina** –*Shejiná*– **se apoya en ellas** para ascender y unirse con la sefirá de Tiferet, **a través de todos esos vínculos supremos.**

Ahora bien, **el pensamiento,** asociado con el misterio de Jojmá, –el aspecto masculino superior –*Aba*–, del Mundo de la Emanación –*Atzilut*–, **sacó** –produjo– **la voluntad,** asociada al misterio de Biná, –el aspecto femenino superior –*Ima*–. **La voluntad que salió del interior del pensamiento, sacó una voz audible,** el aspecto masculino inferior –*Zeir Anpín*–. **Y esa voz audible,** el aspecto masculino inferior –*Zeir Anpín*–, **asciende** junto con el aspecto femenino inferior –Maljut–, a lo Alto, al aspecto masculino superior –*Aba*–, y el aspecto femenino superior –*Ima*–, **para establecer vínculos de lo bajo a lo Alto,** es decir, **los** Palacios **de lo bajo** ascienden para establecer un vínculo íntimo **con los** Palacios **de lo Alto.**

Asimismo, **la voz** de la persona, al recitar la plegaria con la debida concentración, **establece vínculos** y une los aspectos cósmicos denominados *partzufim,* del Mundo de la Emanación –*Atzilut*–. **Y** además, con la plegaria de las dieciocho bendiciones, denominada Amidá, recitada **en silencio, se atraen las bendiciones de lo Alto a lo bajo.** Y también a través de ese medio **se sostienen las cuatro columnas,** los cuatro aspectos cósmicos denominados *partzufim*: el aspecto masculino superior –*Aba*–, el aspecto femenino superior –*Ima*–, el aspecto masculino inferior –*Zeir Anpín*–, y el aspecto femenino inferior –Maljut–, del Mundo de la Emanación –*Atzilut*–, vinculadas con el misterio de **pensamiento, voluntad, voz, palabra.** Pues el pensamiento está asociado con el misterio del aspecto masculino superior –*Aba*–, la voluntad está asociada al misterio del aspecto femenino superior –*Ima*–, la voz está asociada al misterio del aspecto masculino inferior –*Zeir Anpín*–, y la palabra está asociada al misterio del aspecto femenino inferior –Maljut–. Y lo principal del **sostén** se encuentra **en el final del vínculo,** o sea, en el aspecto femenino inferior –Maljut–, que es el final del vínculo de la unión. Pues es **el lugar en que todos se vinculan con él como uno, y todos se convierten en uno** asociándose **en una unión** intrínseca.

Bienaventurada la persona que establece los vínculos del Amo de él, y apoya los sostenes como es debido, y se concentra en todos estos asuntos que hemos mencionado. Bienaventurado él en este mundo, y en el Mundo Venidero. Hasta aquí se estudió lo concerniente al misterio de **la inclusión de los Palacios con el flanco de la santidad.**

Rabí Shimón abrió su enseñanza y para explicarla dijo este versículo: **«Ellos, como Adán, traspasaron el pacto»** (Oseas 6:7). Es decir, los Hijos de Israel traspasaron el pacto de El Eterno, como Adán, el primer hombre, que traspasó la orden de El Eterno cuando comió del Árbol de la Sabiduría. Y a continuación está escrito en el versículo: **«Allí se rebelaron contra Mí»** (Ibíd.). Se refiere a la Tierra de Israel, donde los Hijos de Israel se rebelaron contra El eterno, tal como Adán, el primer hombre, se rebeló contra El Eterno en el Jardín del Edén. Y Rabí Shimón se refirió a Adán, el primer hombre, dijo: **¿Quién descubrirá el polvo de tus ojos Adán, el primer hombre,** para que veas lo que has provocado comiendo del Árbol de la Sabiduría? **Pues El Santo, Bendito Sea, te ordenó una ordenanza,** como está escrito: «Y El Eterno Dios le ordenó al hombre, diciendo: «De todo árbol del jardín podrás comer; pero del Árbol del Conocimiento del Bien y del Mal, no comerás; pues el día que de él comas, ciertamente morirás» (Génesis 2:16-17), **y tú no lo pudiste cumplir, pues fuiste seducido con palabras de maldad.** Se refiere a las palabras de la serpiente, quien dijo que El Santo, Bendito Sea, comió del Árbol del Conocimiento del Bien y del Mal, y a través de ello creó el mundo.

262b

Pues esa serpiente mala te hizo descarriar, como está escrito: «La serpiente era más **astuta** que cualquier otro animal salvaje que El Eterno Dios había hecho. Ella le dijo a la mujer: ¿Acaso Dios dijo: no comeréis de ningún árbol del jardín?» (Génesis 3:1). **Y por eso, fuiste seducido** por ella y erraste **tras** el consejo de **ella, y provocaste la muerte a ti mismo, y a todas esas descendencias que salieron de ti.**

Ven y **observa: pues todo el que es seducido** por la serpiente y yerra **tras** el consejo de **la serpiente, y** a través de ese consejo la serpiente **desciende a él,** entonces **él,** ese hombre, **en un instante pierde** la santidad **por su causa,** cayendo en su red. A esto se refiere lo que se enseñó en el Talmud: Rabí Iehuda lloró y dijo: hay quien adquiere su Mundo –venidero– en varios años, y quién lo hace en sólo un instante (Talmud, tratado de Avodá Zará 17a). Y lo mismo sucede a la inversa, es posible perder en un instante lo que se adquiere en varios años. ¿De qué manera? Yendo detrás del consejo del Otro Lado –*Sitra Ajra*–.

Ven y **observa:** el rey **David** completó la rectificación de Adán, el primer hombre, ya que **era como una columna insertada en la fuente de aguas surgentes,** y aun así, **cuando fue desplazado a otra tierra,** al ser perseguido por Saúl, **y fue afligido, y a raíz de su aflicción fue desplazado de la Tierra Santa,** es decir, descendió de su grado supremo, asociado al aspecto femenino inferior –Maljut–, **aunque descendió de su grado, a un grado inferior,** o sea, fuera de la Tierra Santa, donde está la morada de los entes impuros denominados *jitzonim*, quienes se fortalecieron para inclinarlo al Otro Lado –*Sitra Ajra*–, aun así, David **se mantuvo firme, y no entró en el Otro Lado** –*Sitra Ajra*–, **y se cuidó de él.** Observad lo **que está escrito: «Ciertamente, vive El Eterno y vive tu alma** –le dijo David a Ionatan, el hijo de Saúl–, **que apenas hay un paso entre mí y la muerte»** (I Samuel 20:3). «La Muerte», se refiere al Otro Lado –*Sitra Ajra*–. **Pues él,** David, **descendió en sus grados, hasta que se encontraba en él esa medida,** o sea, un paso entre él y la muerte, es decir, entre él y el Otro Lado –*Sitra Ajra*–. Pero David se fortaleció y se mantuvo en su santidad, y a través de eso rectificó el pecado de Adán, el primer hombre. **Y** Rabí Shimón dijo: **Bienaventurada la parte de quien se cuida de ese flanco malo, y de todos los grados de ese flanco que se encuentran en el mundo.**

Pues el mal instinto tiene numerosos flancos y grados que se denominan: **Serpiente, Akalatón, Satán, Ángel (263a) de la Muerte, Mal Instinto. Y esto ya ha sido** estudiado y **establecido** por los sabios (*véase* Talmud, tratado de Suca 52a). **Pues aunque** al Mal Instinto **se lo llama con estos nombres,** los cuales están vinculados con su esencia, aun así, **tiene otros siete nombres: Satán, Impuro, Aborrecedor, Piedra de Tropiezo, Incircunciso, Mal, Furtivo.**

Esos siete nombres de él corresponden con los siete grados de sus Palacios, que todos ellos son del flanco de la impureza, como hemos dicho anteriormente. **Y** están dispuestos **en correspondencia con estos siete nombres.** Pues cada Palacio del Infierno se vincula con uno de los nombres del Mal Instinto. **Esos** Palacios se encuentran **en ese lugar denominado, con ellos, Infierno** *–Gehenom–*. Ese es **el lugar en el que se juzga a los pecadores del mundo, y estos son** los nombres de los compartimientos del Infierno: *Bor, Shajat, Duma, Tit Haiaven, Sheol, Tzalmavet, Eretz Tajtit.* **Todos estos siete compartimientos del Infierno,** están dispuestos **en correspondencia con esos siete nombres del Mal Instinto.**

Y esto ya ha sido estudiado y **establecido** por los sabios. Pues ya ha sido explicado **que así como hay grados y Palacios del flanco de la santidad, así también ocurre con el flanco de la impureza. Y todos ellos,** los grados y Palacios del flanco de la impureza, **se encuentran en el mundo, y ejercen dominio a través del flanco de la impureza.** Por eso **son siete Palacios, pues ellos están** dispuestos **en correspondencia con los siete nombres con los que se denomina al Mal Instinto. Y todos** los encargados de los Palacios **están** dispuestos **para juzgar e impurificar a esos pecadores del mundo, que se apegaron a ellos** con sus pecados, **y no cuidaron sus caminos de él,** el Otro Lado *–Sitra Ajra–*, **estando en este mundo.**

Pues quien viene a purificarse en ese mundo por el flanco de la pureza y la santidad, se lo purifica **con ese lugar que se denomina Misterio de la Fe.** Es decir, con los Palacios de la santidad. **Pues**

los grados de la santidad **son numerosos, y hay numerosos encargados, los cuales están** dispuestos, **todos ellos, para acercar a la persona al servicio de El Santo, Bendito Sea, y para purificarla** –a la persona–. **Y quien viene a impurificarse, se lo impurifica con ese Otro Lado** –*Sitra Ajra*–, **que es impuro. Pues hay numerosos grados, y numerosos encargados,** del Otro Lado –*Sitra Ajra*–, **los cuales están** dispuestos, **todos ellos, para impurificar a la persona.** Es decir, están dispuestos para impurificar **a quien se acerca a ellos, y se arrastra detrás de ese flanco malo.**

En relación con él está escrito: **«¿Qué hombre vivirá y no verá muerte? ¿Librará su alma** del poder del *Sheol* por siempre?» (Salmos 89:49). **¿Cuál fue el hombre que fue creado sobre el mundo y no verá la muerte?** Es decir, el Ángel de la Muerte, que es el mal instinto, **ese que todo el mundo se arrastra detrás de él. Pues en ese tiempo en el que la persona venga a rendir cuentas ante el Amo de él,** cuando fallezca, **antes de que salga de este mundo lo verá** al Ángel de la Muerte. **Y esto ya ha sido** estudiado y **establecido** por nosotros.

Y esos siete Palacios que son los siete compartimientos del Infierno, se denominan «Doce Lunas», es decir, doce meses. **Pues he aquí que así como del flanco de la fe hay doce Lunas de grados sagrados, así también hay en** relación con **el Otro Lado** –*Sitra Ajra*–, **hay doce Lunas con las que los pecadores son juzgados. Y las almas de ellos son juzgadas con ellas,** esas Lunas, o sea, esos meses. Pues el juicio de los malvados en el Infierno dura doce meses. **Bienaventurada la parte de los justos que impiden a sus pies de** ir tras **ellos,** los grados de la impureza, **en este mundo, y no se acercan a los portales de ellos, para salvarse de ellos en ese mundo,** el Mundo Supremo, para no ser juzgados en el Infierno.

A continuación se mencionarán los Palacios de la impureza. Pues como dijimos anteriormente, así como hay siete Palacios de la santidad, que son una vestimenta que recubre a las diez emanaciones cósmicas denominadas sefirot de la santidad, y un habitáculo que las contiene, lo mismo ocurre con el Otro Lado –*Sitra Ajra*–, hay asociados a este flanco impuro siete Palacios, que son una vestimenta y un habitáculo para los grados de la impureza.

PRIMER PALACIO, DENOMINADO: *«BOR»*

El primer Palacio del Otro Lado *–Sitra Ajra–*, está dispuesto en correspondencia con el Palacio de la santidad denominado Embaldosado de Zafiro; este Palacio **es el comienzo del flanco del Mal Instinto. Este** primer **Palacio** del Otro Lado *–Sitra Ajra–*, **se denomina** *Bor,* que literalmente significa pozo vacío. Y ocurre con él lo contrario que con el primer Palacio de la santidad denominado Embaldosado de Zafiro, el cual se denomina Manantial de Aguas Surgentes. Esto es así, porque este Palacio del Otro Lado *–Sitra Ajra–* está **vacío de todo** bien, como está escrito: «El pozo estaba vacío, y no había agua dentro de él» (Génesis 37:24). **Quien viene para entrar en él** al oír los consejos del Mal Instinto en vida, **no hay quien lo aferre** para evitar que caiga en su interior. Es decir, no hay quien lo defienda, enseñando méritos en su favor; o sea, no hay quien lo salve de caer en el Infierno. Por el contrario, **todos lo desplazan para que caiga** en el interior del Pozo, **para que no se levante.** En este Palacio **no hay en él quien lo apoye** –al que cae– **para bien.** O sea, todo lo contrario de lo que ocurre con el primer Palacio de la santidad, donde Iesod, de la santidad, apoya al aspecto femenino inferior –Maljut–; y por cuanto que este Palacio de la impureza está vinculado con el grado del aspecto femenino, no hay quien lo apoye para bien.

En este primer **Palacio** del Otro Lado *–Sitra Ajra–* **hay un encargado, cuyo** nombre es el que se escribe con las letras hebreas: *dalet–vav–mem–he.* **Y éste** encargado **está** situado **arriba,** en este lugar, **y abajo,** en el Infierno, donde entrega las almas a los dañadores. **Éste** encargado **es el que aferra al alma cuando es desplazada del** primer **Palacio de la santidad** a través del encargado que sirve allí, cuyo nombre se escribe con las letras hebreas: *tet–hei–reish–iud–alef–lamed.* Pues este encargado cuyo nombre se escribe con las letras hebreas: *tet–hei–reish–iud–alef–lamed,* **se sitúa junto al portal de ese** primer Palacio **del flanco de la santidad,** y cuando el alma se dispone a entrar allí, y observa que aún no reúne las condiciones para hacerlo, la desplaza fuera. Y cuando eso ocurre, inmediatamente el encargado del primer Palacio del Otro Lado *–Sitra Ajra–*, cuyo nombre es el que se escribe con las letras hebreas: *dalet–vav–mem–hei*, la toma. **Y por eso ese** encargado cuyo nombre se escribe con las letras hebreas: *dalet–vav–mem–hei*, **se sitúa allí, para tomar al alma,** y llevarla a los Palacios de la impureza. **Y numerosos demonios dañadores, poseedores** de facultad **de juicio, están con él.**

Y debajo de este encargado cuyo nombre se escribe con las letras hebreas: *dalet–vav–mem–hei,* **hay un encargado que tiene bajo** el mando **de él a millares y miríadas** de demonios destructores. **Y ese encargado, su** nombre **es** el que se escribe con las letras hebreas: *pei–tav–vav–tav.* Este nombre comparte raíz con la expresión lefatot, que significa «convencer». Pues **éste** encargado **está** dispuesto **para convencer a las personas** de que violen la Ley de El Santo, Bendito Sea, y cometan pecados, y salgan del dominio de la santidad. **Y éste** encargado **es el que mora junto a la persona, y la desvía** del sendero de la santidad, seduciéndola **para que mire y observe lo que no debe** mirar ni observar. Y seduce a la persona **con numerosos** tipos de **obscenidades, y numerosos** tipos de **impudicias,** de mujeres impúdicas o hechos obscenos, que despiertan a la persona a tener malos pensamientos. **Y todos los que están con él,** los millares y las miríadas de demonios dañadores, **todos están junto a él,** el hombre, **y van ante él, y lo obligan a desviar sus ojos para observar lo que no debe** observar.

Y ese **encargado,** cuyo nombre es el que se escribe con las letras hebreas: *pei–tav–vav–tav,* **es el mediador malo,** dispuesto **para** provocar que la persona haga **todas esas cosas malas.** Y después **ese** encargado **se coloca sobre el sepulcro cuando ese cuerpo** que se encuentra allí enterrado **es juzgado, y le quiebra sus ojos** en la tumba, **pues él los ha ganado,** y le pertenecen. Ya que ese ente dañino sedujo a la persona **cuando estaba en este mundo,** e hizo que observara cosas impuras con sus ojos, **y por eso son de él.** Ya que ese es el modo de proceder de la corteza impura denominada *klipá*, seducir a la persona en lo bajo para que peque, y una vez que lo consigue, asciende y acusa en lo Alto. Y después desciende y toma el alma de la persona. Y esa misma corteza impura denominada *klipá* que provocó el pecado en la persona, seduciéndola, es quien la castiga en el sepulcro, por haber oído su consejo. Tal como enseñaron los sabios talmudistas: él, ese mismo ente cósmico maligno, es el Satán, él es el Mal Instinto, él es el Ángel de la Muerte (Talmud, tratado de Baba Batra 16a).

Y en ese lugar, en el sepulcro, **el alma es juzgada hasta que en ese lugar denominado *Bor*,** que es el primer Palacio del Otro Lado –*Sitra Ajra*–. **Y en él,** en ese Palacio, **hay numerosas serpientes y** muchos **escorpiones.** Es decir, ángeles con el aspecto de esos seres vivientes. **Y todos ellos pican a ese (263b) alma, y la aferran, y la juzgan.**

En el interior de éste espíritu cuyo nombre se escribe con las letras hebreas: *pei–tav–vav–tav,* **hay otro espíritu impuro, que está sobre todos ellos,** los encargados. **Y éste** espíritu **está a cargo de todo este Palacio, y todos se comportan según** la conducción de **él. Y este** espíritu encargado de este Palacio, **su nombre es** el que se escribe con las letras hebreas: *guimel–mem–guimel–iud–mem–alef.* **Y éste** encargado **es rojo como la rosa,** indicándose a través de esta tonalidad el rigor del juicio con el que se asocia. **Él está** dispuesto **para hacer mal a las personas siempre.**

Pues cuando la plegaria de la persona es desplazada del primer Palacio de la santidad, o sea, el Palacio denominado Embaldosado de Zafiro, **y esa persona no se hizo merecedor,** es decir, no mereció que su plegaria fuera recibida con buena voluntad, entonces **ese espíritu** cuyo nombre se escribe con las letras hebreas: *guimel–mem–guimel–iud–mem–alef,* **se levanta,** y coge esa plegaria que fue desplazada. **Y asciende** con ella hasta el séptimo Palacio de la corteza impura denominada *klipá,* **y se asocia con un espíritu impuro supremo, que está sobre todos,** o sea, el mismísimo Satán. **Y acusa** sobre él, el que emitió esa plegaria, **en lo Alto, y recuerda los pecados de la persona ante El Santo, Bendito Sea,** proponiendo su condena. **Y la señal que tienes** de este asunto es esta: **«Y también el Satán vino entre ellos»** (Job 1:10). **Y no está escrito: «Y el Satán vino», sino: «Y también** –*gam*– el Satán vino». Se alude a ese espíritu cuyo nombre se escribe con las letras hebreas: *guimel–mem–guimel–iud–mem–alef,* el cual vino junto con el Satán.

Y de ese espíritu malo dependen muchos otros poseedores de facultad de **juicio, los cuales están a cargo de coger la mala pala-bra** –incluyéndose en esta generalidad las palabras hirientes y ofensi-vas –*lashón hará*–, **o la palabra deshonrosa que la persona sacó de su boca. Y** esos demonios cuidan esas palabras hasta que **después** esa misma persona **saca** de su boca **palabras sagradas** de Torá y ple-garia. Y entonces vienen esos demonios poseedores de facultad de juicio e impurifican las palabras de Torá y plegaria con esas palabras deshonrosas que esa persona emitió antes. **¡Ay de ellos! ¡Ay de sus vidas! Esas son las personas que provocan que esos otros** demo-nios **poseedores de** facultad de **juicio ejerzan dominio para dañar el lugar sagrado** de la Presencia Divina –*Shejiná*–. **¡Ay de ellos en este mundo, y ay de ellos en el Mundo Venidero!**

Pues esos espíritus impuros cogen esa palabra impura que la persona sacó de su boca, **y después, cuando la persona saca** de su boca **una palabra sagrada, esos espíritus impuros se adelantan, y toman esa palabra impura, e impurifican** con ella **esa palabra sa-grada. Y esta persona no se merece** que su plegaria y su Torá ascien-dan a lo Alto, **y es como si debilitara el poder sagrado** a través de eso.

Y por encima de todos **esos** encargados **hay un encargado cuyo nombre es** el que se escribe con las letras hebreas: *samej–pei–sa-mej–iud–reish–iud–tet–alef*. **Y hay numerosos** demonios **posee-dores de** facultad de **juicio con él,** este encargado mencionado, **so-bre ellos, que toman esas palabras malas** que la persona sacó de su boca. **Y también toman todas esas cosas que la persona arrojó con sus manos, cuando el enojo se posó en él. Pues entonces ese encargado** cuyo nombre se escribe con las letras hebreas: *samej–pei–samej–iud–reish–iud–tet–alef,* **toma ese objeto que la per-sona arrojó en su enojo, y asciende y dice** en lo Alto, fuera de los Palacios de la santidad: **«Ésta es la ofrenda de Zutano, que ofrendó a nuestro flanco».**

Pues todo flanco de sosiego es del flanco de la derecha y del flanco de la fe, y la santidad, **y todo flanco de enojo es del Otro Lado** –*Sitra Ajra*–, **el** flanco **del mal, el flanco impuro. Y por eso, todo el que arroja de sus manos algún objeto en** medio de **su**

enojo, todos esos entes impuros del Otro Lado –*Sitra Ajra*– **lo cogen a ese objeto que arrojó, y lo ascienden a lo Alto. Y es acercado** –ofrendado– **a ese flanco,** el Otro Lado –*Sitra Ajra*–, **y dicen: «Ésta es la ofrenda de Zutano».**

Y entonces un heraldo sale y **pregona en todos esos firmamentos, y dice: «Ay de Zutano, que se desvió detrás de un dios extraño, y sirvió a otro dios». Y el heraldo** sale y **pregona por segunda vez, y dice: «Ay de ellos, porque se apartaron de Mí»** (Oseas 7:13). Es decir, ellos se han apartado de El Santo, Bendito Sea.

Bienaventurada esa persona que se cuida de sus caminos, de los caminos del Otro Lado –*Sitra Ajra*–, **y no se aparta a derecha ni a izquierda, y** a raíz de eso **no caerá en el pozo profundo** del Infierno, **del cual no se puede ascender.**

El **segundo Palacio** del Otro Lado –*Sitra Ajra*–, está dispuesto en correspondencia con el segundo Palacio de la santidad, el cual se denomina Esencia del Cielo. **Este Palacio es más oscuro que el Palacio anterior.** Es decir, este Palacio es más impuro y allí los castigos son más severos. **Éste** Palacio **se denomina *Shajat*, en correspondencia con** el segundo **nombre** del Mal Instinto, **que se denomina Impuro. Pues el primer Palacio se denomina *Bor* en correspondencia con el** primer **nombre** del Mal Instinto, **que se denomina Satán. Y este Palacio se denomina *Shajat*, en correspondencia con el** segundo **nombre** del Mal Instinto, **que se denomina Impuro. En este Palacio hay tres entradas** dispuestas **en tres flancos.**

En la primera entrada de este Palacio **hay un encargado cuyo nombre es** el que se escribe con las letras hebreas: *ain–samej–tet–iud–reish–iud–alef*. **Y hay bajo** el mando **de él millares y miríadas de encargados. Y este** encargado **está** dispuesto **sobre todos esos que destruyen sus caminos, arrojando la simiente a tierra,** para castigarlos. Es decir, este encargado está dispuesto para castigar a aquellos que al comienzo mantienen relaciones maritales como es debido, pero arrojan la simiente a tierra. **O a los que sacan la simiente de un modo no habitual, o a todos esos que lo hacen con sus manos.**

Esos son los que no ven el rostro de la Presencia Divina –*Shejiná*– **en absoluto,** a menos que se arrepientan de lo que hicieron aun en vida. **Antes bien, ese encargado mencionado, el del flanco de la impureza, sale en ese momento, con millares y miríadas** de demonios dispuestos a dañar y castigar. **Todos ellos se reúnen junto a ese hombre y lo impurifican en este mundo. Y después, cuando sale su alma de él,** y sea va **de este mundo, ese encargado y todos los que están con él, impurifican a su alma. Y la aferran y la entran** por esa entrada mencionada, **para juzgarla** y castigarla **entre ellos.**

Y esos demonios **se denominan «Efusión de Semen en Ebullición». Pues todos ellos son poseedores de enojo e impureza. Todos ellos están sobre** el alma de **éste** hombre pecador, **pues todos ellos estuvieron sobre este hombre y se posaron sobre él, cuando se excitó a sí mismo, y se excitó para** provocar **este deseo. Y entonces toman ese deseo y esa simiente que arrojó a tierra, y se fortalecen con él** –este producto–. **Y lo toman** al producto, es decir, a las gotas de su alma que se despertaron a través de las gotas físicas, **y lo ascienden a lo Alto. Y provocan que este pacto** asociado con el misterio de Iesod, de lo Alto, **sea sometido por el flanco de la impureza.** Y a través de esto, los entes impuros denominados *jitzonim*, se nutren de la abundancia que surge de Iesod.

(264a) En la segunda entrada de este Palacio del Otro Lado –*Sitra Ajra*–, **hay otro encargado cuyo nombre es** el que se escribe con las letras hebreas: *tet–samej–kuf–iud–pei–hei*. **Y éste** encargado **está** dispuesto –para castigar– **sobre todos esos que dañaron sus caminos, los cuales no arrojaron su simiente sobre la tierra, sino que arrojaron su simiente en animales, o cometiendo graves pecados de la Torá, uniéndose** sexualmente **a sus parientes cercanos,** derramando en ellos –en esas mujeres que eran parientes cercanos de él– su simiente. **Este encargado, y los millares y miríadas** de demonios **que están con él, todos están sobre él para juzgarlo** y castigarlo, **tal como se dijo de esos otros** antes mencionados, los cuales son juzgados en la primera entrada de este Palacio.

Ven y **observa: este encargado tiene en su mano una Copa, la cual se denomina Copa del Aturdimiento, y Copa de su Ira,** como está escrito: «Despierta, despierta, levántate, Jerusalén, que bebiste de la mano de El Eterno la Copa de su ira; porque la Copa de aturdimiento bebiste hasta los sedimentos» (Isaías 51:17). **Y todos esos condenados a muerte por el Tribunal, que eran matados, o porque fueron castigados por estas faltas, todos fueron extirpados de esos flancos impuros, y no tienen parte con ellos, y** tampoco tienen parte **con esa Copa denominada Copa del Aturdimiento, a causa de otra Copa que bebieron al comienzo,** cuando fueron ajusticiados por el Tribunal. Pues a los condenados a muerte por el Tribunal, les daban de beber una copa de vino fuerte con productos que atontaban, para que no sufrieran cuando eran matados. Y dado que fueron matados por el Tribunal, sus pecados fueron expiados.

Y todos esos que no bebieron esa Copa del Tribunal para que a través de su muerte **se les erradique esta Copa del Aturdimiento,** esa persona pecadora, **después, cuando sale su alma de este mundo, ese encargado y todos los que están con él, la aferran** a ese alma, **y éste es el «Día amargo»** (Amos 10:8), de ese alma. **Y se sacia a ese alma a través de numerosos juicios, diferentes estos de estos.**

En este Palacio hay un espíritu, que todos esos encargados mencionados **están bajo** el mando **de él. Y éste** espíritu, **su nombre es** el que se escribe con las letras hebreas: *nun–iud–alef–tzadik–iud–reish–iud–alef–lamed*. **De este espíritu poderoso salen tres gotas amargas que caen de esa Copa del Aturdimiento. Una se denomina** por el nombre que se escribe con las letras hebreas *jet–tzadik–tzadik,* y este nombre está vinculado con el misterio de la cita bíblica que declara: «su boca será llena de ripio *–jatzatz–*» (Proverbios 20:17). La locución *«jatzatz»,* se escribe con las letras hebreas: *jet–tzadi–tzadi*. **Y una se denomina** por el nombre que se escribe con las letras hebreas *mem–reish, pei–mem–vav–tav,* y este nombre está vinculado con el misterio de la cita bíblica que declara: «Ciertamente es más amargo que la muerte *–mar mimavet–*» (Proverbios 20:17). La expresión *«mar mimavet»,* se escribe con las letras hebreas: *mem–reish, pe–mem–vav–tav*. **Y una se denomina** por el nombre que se escribe con las letras hebreas *kuf–vav–bet–ain–tav,* y este nombre está vinculado con el misterio de la cita bíblica que declara: «Despierta, despierta, levántate, Jerusalén, que bebiste de la mano de El Eterno la Copa de su ira; porque la Copa de aturdimiento bebiste hasta los sedimentos –*kubaat*–» (Isaías 51:17). La expresión «*kubaat*», se escribe con las letras hebreas: *kuf–vav–bet–ain–tav*. **Y esas tres gotas caen posteriormente de esa Copa en esa espada con la que** el Ángel de la Muerte **mata a las personas.** Y esto es así tal **como ya ha sido** estudiado y **establecido** por los sabios cabalistas.

En la tercera entrada de este Palacio del Otro Lado –*Sitra Ajra*–, **hay un encargado cuyo nombre es** el que se escribe con las letras hebreas: *samej–nun–guimel–dalet–iud–alef–lamed*. **Y este encargado está** dispuesto –para castigar– **sobre todos aquellos que entraron su pacto sagrado en otra mujer,** una mujer extraña. **Pues ella,** esa mujer, proviene **de ese flanco** del Otro Lado –*Sitra Ajra*–, el flanco **del dios extraño. Y todos esos que destruyen sus caminos con éste** pecado, **y mienten** y engañan **con la señal del pacto sagrado,** entonces **ese encargado y todos los encargados que están con él, todos ellos dibujan en su interior el dibujo de esas mujeres impuras, con las que se impurificó ese pacto sagrado. Y todas se graban ante el** pecador **cuando, cuando ese hombre se va del mundo, y posteriormente impurifican el espíritu de él,** ese pecador.

Y de este Palacio dependen todos los misterios de las brujerías para matar a la persona antes de que le llegue su momento de morir. **Y** asimismo dependen de este Palacio **todas las** ciencias de las **brujerías que las personas necesitan** saber para realizar sus hechizos, es decir, **esos que realizan brujerías para impurificarse con ellas, como el caso de Bilam, que hacía embrujos con sus brujerías, y en un comienzo se impurificaba con la impureza del semen en ebullición que arrojaba en un animal,** en su burra. Y entonces tenía éxito en sus brujerías. **Y por esta razón** que hace esto **es juzgado con eso, con ese semen en ebullición, como hemos dicho** anteriormente (*véase* Talmud, tratado de Guitin 57a). **Y por eso esta Palacio se denomina «Shajat»,** en correspondencia con el Mal Instinto, que se denomina **«Impuro».**

Y en este Palacio hay otro espíritu, que está designado encargado bajo el mando **de ese espíritu de arriba. Y éste** espíritu, **su**

nombre es el que se escribe con las letras hebreas: *samej–reish–tet–iud–alef.* **Y hay bajo** el mando **de él millares y miríadas** de demonios. **Y todos ellos están sujetos a ese asunto que sale con el espíritu de la persona en el sueño, del interior del flanco de la santidad.** Es decir, si el espíritu de la persona vio algo en el sueño vinculado con algún asunto verdadero, en el caso de no ser propicio para ello, vienen esos entes impuros denominados *jitzonim,* y se entremezclan con el sueño. Pues **ese espíritu impuro, y esos legionarios** impuros **que están con él,** o sea, los demonios poseedores de facultad de juicio, **todos ellos salen y se asocian con ese asunto** del sueño. **Y descienden con él,** con el sueño, **y se entremezclan con él, para debilitar ese asunto** verdadero **de él. y le hacen saber a la persona otras cosas,** o sea, **palabras de engaño,** entremezcladas **con las palabras verdaderas.**

Pues ese es el camino del engañador. Ya que si el engañador **no tomara una palabra verdadera, no podría disponer su engaño** apropiadamente, para que le crean. **Así también ocurre aquí con esos** demonios, **por cuanto que entremezclan** falsedad **con las palabras verdaderas** que esta persona vio en el sueño, **y las debilitan de él,** a esas palabras verdaderas, a continuación **le hacen saber otro asunto** que también es **verdadero para afirmar sus engaños.**

Después el asunto del sueño **se expande** a lo bajo, siendo entregado **en** manos de **esos** encargados **inferiores de lo bajo. Pues ellos no tienen** facultad de **existencia** y cumplimiento, **y** por eso **no dan existencia** y cumplimiento a las palabras que les fueron entregadas, correspondientes al sueño. **Y ellos,** esos encargados, **hacen conocer las palabras** del sueño **en diversos flancos,** a través **de diversos modos.**

De este Palacio salen dos espíritus, los cuales se transforman a veces en varones, y a veces en mujeres. Y ellos van y deambulan por el espacio del mundo. Y ellos sonríen a las personas en medio del sueño. Y se les aparecen a los hombres con aspecto de mujeres bellas en la visión del sueño, y provocan que tengan una efusión seminal. Pero no pueden ejercer dominio sobre todas las personas, sólo en los que se arrastran detrás de ellos, y atraen sobre

264a - 264b

ellos las cortezas impuras denominadas *klipot*, a través de sus acciones deshonrosas. A esto se refiere lo que fue enseñado: El hombre no debe pensar durante el día –en los asuntos que no debe pensar– para no tener una efusión seminal durante la noche (Talmud, tratado de Ketuvot 46a). **Y ellos, esos demonios malignos, toman** la fuerza d**el deseo del hombre,** y engendran a partir de él demonios y espíritus.

Así también ocurre con las mujeres, los demonios **se les aparecen como hombres** apuestos en medio del sueño, para incitarlas a la inmoralidad. **Y ellos,** esos demonios malignos, **se denominan: Mal y Llaga, como está dicho: «No te afligirá el mal, ni llaga se acercará a tu tienda»** (Salmos 91:10).

Y esos demonios malignos mencionados, Mal y Llaga, **se denominan espíritus inferiores en lo bajo, los cuales salen de la llama del fuego. Pues cuando viajan** cósmicamente **esos espíritus de lo Alto que están dentro de este Palacio, salen** con ellos **dos llamas de fuego. Y deambulan por el mundo, y se forman** a partir de ellas **esos dos espíritus, como hemos dicho. Y todos están** vinculados **con este flanco de la impureza. Bienaventurados esos justos que se abstienen de** entrar en contacto con **esos flancos, y se cuidan de ellos.**

Y a esto se refiere el misterio de **lo que está escrito (264b):** «Di a la sabiduría, tú eres mi hermana, **para cuidarte de la mujer extraña»** (Proverbios 7:5). Y esta mujer extraña señalada en el versículo es la vinculada con el misterio de la corteza impura denominada *klipá*.

TERCER PALACIO DEL OTRO LADO
–*SITRA AJRA*–: DUMA

El **tercer Palacio** de los Palacios del Otro Lado –*Sitra Ajra*–, es el que está dispuesto en contraposición con el tercer Palacio de la santidad, denominado *Noga*, asociado con el misterio de Netzaj, de la santidad. **Este Palacio es un Palacio oscuro y tenebroso, y no hay en él luz en absoluto. Y** este Palacio **es más oscuro que los anteriores,** es decir, su impureza es mayor, y los castigos allí son más severos. **Y éste** Palacio **se denomina *Duma*, en correspondencia con el nombre** del Mal Instinto, **que se denomina Aborrecedor. En este Palacio hay cuatro entradas: una está** dispuesta **en este flanco, y una está** dispuesta **en éste** otro **flanco, y así con los cuatro flancos.** Y junto a cada entrada hay un encargado.

Un encargado está junto a esta primera entrada, y este encargado está dispuesto **con esa** dura **severidad del rigor** que se despierta **en el mundo.** Resulta que **cuando el juicio se posa en el mundo, ese encargado que está junto a esa entrada, toma sus armas, y las dispone en esas entradas de la sinagoga** (*véase* Talmud, tratado de Babá Kama 60b). **Y el nombre de éste** encargado **es** el que se escribe con las letras hebreas: *samej–kuf–pei–vav–reish–tet–iud–alef.* **Y éste** encargado **es el** causante de todo **tropiezo** de las personas **del mundo. Y a esto se refiere lo que está escrito: «El camino de los malvados es como** −el de los que andan en medio de− **las tinieblas, no saben con qué tropiezan»** (Proverbios 4:19). Pues ellos tropiezan con sus pensamientos equívocos, y se desvían del camino de la verdad.

En ese momento en que él, este encargado, **ejerce dominio y el juicio se posa en el mundo,** o sea, cuando hay epidemia en la ciudad, **él se levanta para observar a quien anda solo por la feria. Y si se topa con él, puede hacerle daño, y perjudicar sus designios.**

Junto a la segunda entrada del tercer Palacio del Otro Lado −*Sitra Ajra*−, **está** dispuesto **un encargado** diferente, **otro** encargado. **Y él está** dispuesto fuera del tercer Palacio de la santidad **para tomar los papiros** que contienen la sentencia **del juicio.** Y el nombre de **este** encargado **es** el que se escribe con las letras hebreas: *samej–nun–guimel–dalet–iud–alef–lamed.* **Y hay bajo su mano,** es decir, a su cargo, **numerosos** demonios dañadores, **poseedores** de facultad **de juicio, que ejercen dominio** en el mundo, **los cuales están** dispuestos **para recibir esos papiros** que contienen la sentencia **del juicio. Y este** encargado **está junto a esta entrada. Y cuando toma el papiro** que contiene la sentencia **del juicio, desciende a lo bajo, a esas entradas tenebrosas de** los Palacios de **lo bajo, y** se dirige **a**

una entrada, la del Palacio **que se denomina** *Shajat,* **y a una entrada,** es decir, otra entrada, la del Palacio **que se denomina** *Bor.* **Pues ellos** son los dos Palacios que **están abajo. Y allí hay varios millares y varias miríadas de encargados que ejercen dominio en el mundo para ejecutar el juicio. Y** a través de ellos **se completa el juicio** según la sentencia que consta explícitamente **en ese papiro.**

Tercera entrada del tercer Palacio del Otro Lado –*Sitra Ajra*–: **en esta entrada hay otro encargado cuyo nombre es** el que se escribe con las letras hebreas *alef–nun–guimel–reish–iud–vav–nun.* **Y él está** dispuesto **sobre todas esas enfermedades malas, dolores, y afección ardorosa ardiente de los huesos,** para llevarlas a quien corresponde, a través de sus legiones. **Pues de él,** de este encargado, **salen muchos millares y muchas miríadas** de demonios dañadores, **los cuales están designados con él sobre todas esas enfermedades y dolores, como ya ha sido** estudiado y **dicho.**

Cuarta entrada del tercer Palacio del Otro Lado –*Sitra Ajra*–: **hay aquí un espíritu que fue creado con la disminución de la Luna,** en el día cuarto de los seis días de la Creación, cuando la Luna fue disminuida, tal como se indica en la cita que declara: «Y Dios hizo las dos grandes luminarias, la luminaria mayor para que domine el día, y la luminaria menor para que domine la noche, y las estrellas» (Génesis 1:16). **Y el nombre de él es** el que se escribe con las letras hebreas *alef–samej–kaf–reish–alef.* **Y él está** dispuesto **sobre la muerte de los niños,** para matarlos. **Y él se les aparece y juega con ellos,** sonriéndoles, **hasta que los mata** asfixiándolos. **Y se les aparece con aspecto de mujer,** con el aspecto de **la madre de la criatura, que lo** cría y **amamanta. Y juega con ellos,** sonriéndoles, **y los toma, y los mata.** Y el alma de la criatura es entregada al ángel cuyo nombre se escribe con las letras hebreas *ain–iud–reish–iud–alef–lamed,* que se encuentra en el tercer Palacio de la santidad.

En medio de este Palacio hay un espíritu, cuyo nombre es el que se escribe con las letras hebreas: *alef–guimel–iud–reish–iud–samej–vav–nun.* **Éste** espíritu **está a cargo de esos que mueren desde los trece años hasta los veinte años** de edad. Es decir, es el encargado de matarlos. Pues **éste** espíritu **es el matador de ellos,**

como ya ha sido estudiado y **establecido por nosotros. Y éste** espíritu actúa **con la compañía de esa serpiente,** que es el Ángel de la
Muerte, **como hemos dicho** anteriormente. **Y está con él, y va tras
suyo; y por eso el Ángel de la Muerte se denomina «muy bueno»,
como está escrito: «Y he aquí que era muy bueno»** (Génesis 1:31).
Y esto ya ha sido estudiado **y establecido por los nosotros.**

De aquí, de este Palacio del Otro Lado –*Sitra Ajra*–, **se expanden
y salen dos espíritus** cuyos nombres son los que se escriben con
las letras hebreas: *alef–pei y jet–mem–hei.* **Y estos** espíritus **están
a cargo de** castigar a **todo esos que oyeron** sentencia de **excomulgado de quien se ocupa en la Torá,** es decir, fueron excomulgados
por un erudito, **y se apoyan en él,** y en su bondad, confiando en
que anulará el decreto, **y no lo consideran** al excomulgado que les
fue aplicado, ni se preocupan por rectificar la acción pecaminosa que
causó su excomulgado. **Y asimismo,** ellos están a cargo de castigar **a
todos esos que se burlan de las palabras de la Torá o de las palabras de los sabios.**

De esos dos espíritus cuyos nombres son los que se escriben con
las letras hebreas: *alef–pei y jet–mem–hei,* **salen muchos millares
y numerosas miríadas** de demonios dañadores. **Y todos ellos salen
y se posan sobre las personas, sobre esos que se esfuerzan en la
Torá, o se ocupan en un asunto de un precepto, o van por el camino de un precepto,** es decir, para cumplir un precepto. Y se posan
sobre ellos **para que se entristezcan y no se alegren con él,** es decir,
con el estudio de la Torá o el cumplimiento del precepto. Pues debe
estudiarse y cumplirse los preceptos con alegría, como está escrito:
«Los preceptos de El Eterno son rectos, alegran el corazón» (Salmos
19:9). **Y de estos dos** espíritus **temió Moshé cuando los** Hijos **de
Israel pecaron, y** vio la transgresión de ellos cuando **descendió del
Monte,** advirtiendo que habían hecho un becerro de Oro, **como está
escrito:** «Entonces me postré ante El Eterno como la primera vez,
cuarenta días y cuarenta noches, pan no comí y agua no bebí, a causa
de todo vuestro pecado que cometisteis, de hacer lo que es malo a los
ojos de El Eterno, de hacerlo enojar; **pues temí de la ira y la ardiente cólera** –*af* y *jema*– que provocó a El Eterno contra vosotros para

destruiros; y El Eterno me escuchó también esa vez» (Deuteronomio 9:18-19). Las expresiones *af* y *jema,* se refieren a los dos espíritus antes mencionados (*véase* Talmud, tratado de Nedarim 32a).

Debajo de estos dos espíritus, es decir, a cargo de ellos, **hay un espíritu, que está** dispuesto **sobre todos esos poseedores de mala lengua,** o sea, esos habladores de palabras malas e hirientes –*lashon hara*–. **Pues cuando las personas se despiertan para hablar mal** de otros –*lashon hara*–, **o esa persona que se despierta para hablar mal** de otros –*lashon hara*–, **entonces se despierta ese espíritu malo e impuro de lo Alto, que el nombre de él es** el que se escribe con las letras hebreas: ***samej–kaf–samej–iud–kaf–alef.* Y él se posa sobre ese despertar del habla mala que las personas comenzaron** a pronunciar. **Y él,** ese espíritu, **asciende a lo Alto** para acusar. **Y provoca con ese despertar del habla mala, muerte, espada, y asesinatos en el mundo (265a). Ay de esos que despiertan ese flanco malo, y no cuidan sus bocas y sus lenguas, y no temen de esto,** de la prohibición de hablar palabras malas e hirientes –*lashon hara*–. **Y ellos no saben que del despertar de lo bajo depende el despertar de lo Alto, tanto para bien, tanto para mal.**

Ven y **observa: cuando este despertar del habla mala se despierta en lo bajo, entonces, esa serpiente** *Akalaton,* que es el aspecto femenino de la corteza impura denominada *klipá,* **eleva sus escamas,** es decir, sus legiones, **y las afirma para que estén erguidas,** en dirección de lo Alto, para acusar. **Y se despierta desde su cabeza hasta sus pies,** con todos sus grados. **Y cuando sus escamas,** o sea, sus legiones, **se elevan y se despiertan, entonces, todo su cuerpo se despierta.** Es decir, su aspecto cósmico denominado partzuf. **Esas escamas** mencionadas, **son sus legionarios exteriores,** los demonios **poseedores de facultad de juicio** de los entes impuros denominados *jitzonim,* **que están debajo de ella. Y todos ellos se despiertan y se aferran a esa palabra mala, y se despiertan junto a la serpiente** *Bariaj,* que es el aspecto masculino de la corteza impura denominada *klipá,* o sea, el ente cósmico maligno llamado Samael. **Entonces todo su cuerpo malo** –de la serpiente– **se despierta, desde su cabeza hasta sus pies.** Es decir, todas las fuerzas y las legiones del aspecto femenino y el aspecto masculino de la corteza impura denominada *klipá*, se despiertan para acusar a los Hijos de Israel, **en todos esos Palacios que hemos mencionado. Y todas esas escamas fijadas en la piel** de la serpiente **descienden a lo bajo. Y esa piel se desprende de ella, y desciende a lo bajo.** Es decir, todas sus fuerzas y sus legiones, se desprenden de ella, y descienden a lo bajo para ejecutar el juicio en el mundo. **Y su cuerpo asciende y se despierta para acusar en lo Alto.**

Ven y **observa: aunque sea que hay un tiempo fijo para toda serpiente del mundo para quitarse la piel,** es decir, para cambiar su piel, y ese tiempo es de siete años, aun así, la serpiente **no se quita** la piel **sino cuando se despiertan con palabras malas en lo bajo,** o sea, cuando se emiten palabras malas en lo bajo. **Y entonces,** después de que las serpientes de lo bajo se desprendieron de su piel, **se despierta esa serpiente mala en lo Alto, y se quita de ella su piel y sus escamas,** o sea, sus fuerzas y legiones. **Ésta,** la serpiente, **asciende** a lo Alto para acusar, **y éstas,** sus fuerzas y legiones, **descienden** a lo bajo, para ejecutar el juicio en el mundo. **Y es** muy **duro para ella ese desprendimiento de sus escamas con su piel, más que todo** otro sufrimiento. **¿Cuál es la razón? Porque** a través de esto **se aparta de su pareja. Pues si todas estuvieran unidas con una unión** íntima, **el mundo no las podría soportar.** Es decir, El Santo, Bendito Sea, vio que si el aspecto masculino de la corteza impura denominada *klipá*, no se separaba de su pareja, destruirían el mundo con el poder del habla mala de los entes de lo bajo. Por eso El Santo, Bendito Sea, provocó separación entre el aspecto masculino y el aspecto femenino de la corteza impura denominada *klipá*, para que el mundo tenga cierto grado de rectificación. **Y aun así, todo esto se produce por medio del despertar del habla mala en lo bajo.**

Y cuando las serpientes de lo bajo se desprenden de esa piel que recubre sus cuerpos una vez cada siete años, **entonces cada una y una emite una** gran **voz,** hasta que esa voz se expande desde un flanco del mundo al otro. **Y** esa voz **despierta a numerosas serpientes que están en ese lugar que se denomina** *Bor,* o sea, el primer Palacio de los Palacios del Otro Lado –*Sitra Ajra*–. **Pues allí hay mu**

chas serpientes, es decir, ángeles dañadores, demonios, con aspecto de serpientes. **Y todos ellos delatan para despertar a esa Gran Serpiente,** la Serpiente Primordial, **para que sea delatora** y acusa a los moradores **del mundo.**

Y todo esto se produce por medio del despertar del habla mala entre los seres humanos, **cuando se halla el despertar de él en lo bajo.**

Algo parecido a esto ocurre con quien se ocupa de la Torá. Pues, **muchos son los** ángeles **que se denominan Lengua Sagrada, los cuales se unen y despiertan el despertar en ese lugar que se denomina Lengua Sagrada.** Es decir, despiertan santidad en la Presencia Divina —*Shejiná*—, que se denomina Lengua Sagrada. Pues esa es **la lengua** que recibe las irradiaciones de luminosidad **de esa** sefirá denominada Jojmá, que es una emanación cósmica **sagrada de lo Alto. Y** a través de esos que se ocupan de la Torá en lo bajo, **numerosas** irradiaciones de luminosidad **sagradas, y numerosos** ángeles **sagrados, se despiertan de todos los flancos. Bienaventurada la parte de esos justos que** con su estudio de la Torá **provocan el despertar de los** aspectos cósmicos denominados *partzufim* **sagrados en lo Alto, y en lo bajo.** Pues de este modo se despierta la **santidad de lo Alto,** asociada al misterio del ente cósmico denominado Biná, **y santidad de lo bajo,** asociada al misterio del aspecto femenino inferior —Maljut—.

Y a esto se refiere el misterio de **lo que está escrito:** «Pues Yo soy El Eterno, vuestro Dios: **os santificaréis y seréis santos,** pues Yo soy Santo; y no impurificaréis vuestras almas por medio de ningún ser que se arrastra por el suelo» (Levítico 11:44). **«Os santificaréis», se refiere a las primeras aguas** de purificación de las manos (*véase* Talmud, tratado de Berajot 53b). Estas aguas aluden a la abundancia de las aguas masculinas provenientes del aspecto masculino inferior —*Zeir Anpín*—, que otorga al aspecto femenino inferior —Maljut—, dándole de lo que recibió del ente cósmico denominado Biná. **Y las mismas se denominan aguas supremas,** pues llevan la abundancia de los jasadim. A continuación está escrito: **«y seréis santos», se refiere a las aguas inferiores.** O sea, las aguas que se vinculan con el poder de las lluvias provenientes del aspecto femenino, y esas aguas están asociadas al misterio de las aguas femeninas. **Y se denominan «últimas aguas».** Pues el aspecto femenino inferior –Maljut–, las hace ascender al aspecto masculino inferior –*Zeir Anpín*–, provocando así la unión entre ambos. **Y** la abundancia de **alimento** que surge de la unión del aspecto masculino inferior –*Zeir Anpín*–, con el aspecto femenino inferior –Maljut–, surge **en el medio, entre las primeras aguas y las últimas aguas.** Es decir, entre las aguas masculinas y las aguas femeninas. **Y por eso el alimento no** sale **de las últimas aguas** solamente, asociadas al misterio de las aguas femeninas del aspecto femenino inferior –Maljut–, **sino de las primeras aguas,** asociadas al misterio de las aguas masculinas del aspecto masculino inferior –*Zeir Anpín*–.

Esta es la explicación: **las primeras aguas,** son la abundancia de los *jasadim* de las aguas masculinas que se proyectan al aspecto masculino inferior –*Zeir Anpín*–, **de lo Alto,** del ente cósmico denominado Biná, **pues el alimento depende de él. Y no** depende **de las últimas aguas** que están vinculadas con el misterio de las aguas femeninas que se proyectan del aspecto femenino inferior –Maljut–, sin la asociación de las aguas masculinas del aspecto masculino inferior –*Zeir Anpín*–. **Y el misterio de este asunto fue otorgado a los sagrados supremos. Bienaventurada la parte de ellos en este mundo y en el Mundo Venidero.**

El **cuarto Palacio** de los Palacios del Otro Lado –*Sitra Ajra*–, está dispuesto en contraposición con el cuarto Palacio de la santidad. **Este Palacio es el** Palacio **que se denomina *Jová*,** que significa Culpa. O sea, lo opuesto al cuarto Palacio de la santidad, que se denomina Palacio de los Méritos. **Y éste es** el lugar denominado **Lodo Cenagoso,** como está escrito: «Y me hizo ascender del pozo tenebroso, del lodo cenagoso» (Salmos 40:3). Y se llama así **en correspondencia con otro nombre** del Mal Instinto, **ya que se denomina** también: **Piedra de Tropiezo,** el cual es el cuarto nombre del Mal Instinto. **Y todo** el asunto **es uno. Éste** Palacio se denomina **Culpa porque allí están todas los culpas** –los pecados– **del mundo.** Es decir, este es el lugar en el cual **se desnivela** la balanza **hacia** el lado de **la culpabilidad.**

Pues cuando las personas pecan, todos esos demonios **legionarios** poseedores de facultad **de juicio toman esos pecados, y los dejan en este Palacio** del Otro Lado –*Sitra Ajra*– **que se denomina Culpa. Y** en cuanto a **todos los méritos** de los moradores **del mundo, todos los ángeles sagrados que están a cargo de los méritos del mundo, todos ellos toman esos méritos, y los colocan en el cuarto Palacio** de la santidad, **que se denomina** Palacio de los **Méritos. Y allí están los méritos de las personas. Y los pecados están en otro Palacio, que se denomina Culpa. Y** los pecados y los méritos **son pesados** juntos, **como uno, en el día de Rosh Hashaná.**

Pues Dios hizo esto en correspondencia con esto otro, y a esto se refiere el misterio de lo que está escrito: **«También esto en correspondencia con esto hizo Dios»** (Eclesiastés 7:14). Se refiere a los méritos y los pecados, para ser pesados juntos con una balanza en el día de Rosh Hashaná, con el fin de ver cual platillo desnivela. **Y después de que los méritos o los pecados desnivelaron,** tanto **a este lado,** el de los méritos, **o a éste** otro **lado,** el de los pecados, **así se determina la victoria** de la santidad o el Otro Lado –*Sitra Ajra*–. Pues si los pecados pesan más, se determina el triunfo del Otro Lado –*Sitra Ajra*–, pero si los méritos pesan más, se determina el triunfo de la santidad.

Y por eso, en el día de Rosh Hashaná, cuando se despiertan estos dos flancos, el del mérito y el de la culpa, y de ellos dependen la vida y la muerte, entonces, **si los méritos desnivelan a este lado que se denomina Méritos,** que es el flanco de la santidad, **esa persona será inscrita en ese flanco que se denomina Vida.**

(265b) Pues esos dos flancos están dispuestos **en ese día** de Rosh Hashaná, **éste de este lado, y éste de este lado.** Es decir, los méritos y la muerte están de este lado, el de la santidad, y las culpas –los pecados– y la muerte, están de este lado, el del Otro Lado –*Sitra Ajra*–. Ahora bien, **si esa persona mereció** vencer a los pecados con sus méritos, **y los méritos triunfaron,** desnivelando la balanza hacia su lado, **he aquí que esa persona será inscrita para vida. Pues se aferró a ese flanco sagrado que se denomina Méritos. Y la** medida de la **vida está aferrada a él,** a ese hombre, **y dice: «Éste es mío, y era mío». Y entonces este hombre es inscrito para vida.**

Y si los pecados triunfaron, desnivelando la balanza hacia su lado, entonces, **ese Otro Lado** –*Sitra Ajra*–, **que se denomina Culpa y Muerte, lo aferra** a ese hombre, **y dice: «Éste es mío, y era mío». Y entonces se escribe que ese hombre es suyo** –es decir, le pertenece–.

Y a esto se refiere lo que hemos estudiado: pues en este día de Rosh Hashaná la persona es inscrita para la vida o para la muerte (*véase* Talmud, tratado de Rosh Hashaná 16a). Es decir, **si es inscrito en el flanco de la santidad, es inscrito para la vida, y existirá allí, y se apegará a él,** a ese flanco; en cambio **si es inscrito en el flanco del Otro Lado** –*Sitra Ajra*–, **existirá en el flanco de la impureza y se aferrará a él. A esto se refiere** lo que se dijo: **tanto para vida, tanto para muerte. Y es atraído hacia ese flanco o hacia ese** otro **flanco.**

Todo el tiempo que el individuo **está** vinculado **con este flanco, el de la santidad, todas las santidades y todas las purezas se apegan a él. Si** esta persona **invoca** a El Santo, Bendito Sea, **El Santo, Bendito Sea, se sienta y lo escucha. En relación con él está escrito: «Me invocará, y Yo le responderé; Yo estaré con él en la angustia, lo protegeré y le daré honra. Lo saciaré de muchos días** –larga vida–, **y le mostraré mi salvación»** (Salmos 91:15).

Antes bien, **todo el tiempo que** el individuo **está** vinculado **con el Otro Lado** –*Sitra Ajra*–, que es el flanco de la **impureza,** entonces **todas las impurezas, y todos los pecados, y todos los males, se apegan a él.** Este hombre **invocará y no habrá quien lo escuche. Está alejado de El Santo, Bendito Sea. En relación con él está escrito: «La salvación está lejos de los malvados»** (Salmos 119:155). **Y está escrito: «Aun si aumentaren oración, no oiré»** (Isaías 1:15).

Este cuarto **Palacio** del Otro Lado –*Sitra Ajra*– **es el lugar de todos esos que se denominan «otros dioses». Pues se revelan de aquí,** y están enraizados en este Palacio. **Y ellos conforman todas esas** fuerzas impuras **que seducen a las personas para que se de-**

leiten con los placeres inmorales **de este mundo, para prostituir-se.** Pues los seducen **para que se deleiten con los placeres inmo-rales del mundo,** la prostitución. **Y los hacen arrastrar detrás de los placeres y las inmoralidades de este mundo, tal como hemos dicho.**

En este Palacio aparece un poderoso espíritu gobernante, que está sobre todos los demás espíritus de este Palacio. **Y éste** espíritu **se llama también:** *El.* Es decir, su nombre se escribe con las letras hebreas *alef–lamed,* tal **como** ese **otro** espíritu **del flanco de la santi-dad,** el que se encuentra en el cuarto Palacio del flanco de la santidad. Pero hay una diferencia evidente entra ambos, ya que **éste** espíritu de la impureza **es El Nejar,** o sea, dios extraño. **Y éste** espíritu está dispuesto **para seducir a las personas que se ocupan de la Torá o están en la sinagoga. Este espíritu severo la seduce** a la persona, **y** provoca **que piense** en **varios** asuntos, o sea, que tenga diversos **pensamientos. Y le dice: ¿Qué haces tú aquí?** Es decir, le introduce ese pensamiento en su mente. Y lo induce a pensar: **es mejor para ti ir con un grupo de personas que se vanaglorian con la gente, y con esos que van detrás de las mujeres bonitas, y se deleitan con los placeres del mundo.**

Dado que la persona fue seducida, y fue **tras él,** este pensamien-to que ingresó en su mente, **entonces todos ellos,** los espíritus ma-lignos, **deambulan y marchan, y van tras él. Y hay** que saber que son **muchos** los **otros** espíritus **que están debajo de él,** este espí-ritu gobernante. **Y todos ellos lo impurifican en este mundo** –al ser humano–, **y lo impurifican en ese Mundo,** el Mundo Venide-ro, impurificando su alma. Y esos espíritus se denominan: **Heces en Ebullición. Como está escrito: «Sal** –*tze*– **y dile»** (Isaías 30:22). La expresión *tze* comparte raíz con *tzoa,* que significa deyección. Y esos espíritus dicen a la persona: «Sal –*tze*– de la casa de estudios», y también: «Sal –*tze*– de la sinagoga». **Estos grados están** dispuestos **para impurificar siempre. Y lo que surge de aquí ya ha sido** estu-diado y **dicho.**

En medio de este Palacio hay otro espíritu cuyo nombre es el que se escribe con las letras hebreas: *nun–guimel–ain.* **Y de éste**

espíritu **sale otro espíritu cuyo nombre es** el que se escribe con las letras hebreas: *nun–guimel–ain, tzadik–reish–ain–tav*. **Y éste** espíritu **está** dispuesto **para impurificar siempre a todos esos que hablan palabras malas** –*lashon hara*–, impurificándolo **más de lo que se lo impurifica** en el tercer Palacio.

Este espíritu **supremo cuyo nombre es** el que se escribe con las letras hebreas: *nun–guimel–ain*, **está a cargo de todas las mesas de Shabat. Pues cuando entra el Shabat y** las mesas **no fueron ordenadas con los deleites de Shabat como es debido, y ellos,** los dueños de esas mesas, **desprecian el deleite del Shabat,** entonces ese deleite se convierte en afección. Pues deleite en hebreo se dice *oneg*, y las letras de esta palabra, invertidas, forman la expresión *nega*, que significa afección, y son las mismas letras que las del espíritu cuyo nombre se escribe con las letras hebreas: *nun–guimel–ain*. **Ese** espíritu cuyo nombre se escribe con las letras hebreas: *nun–guimel–ain*, **toma** el poder espiritual de **esas mesas que no están** ordenadas **con los deleites de Shabat, como hemos dicho, y cuando toma esas mesas, entonces todos esos legionarios** impuros **que están con él,** o sea, los demonios poseedores de facultad de juicio, **todos abren** con maldición **y dicen: «Amó la maldición, y ésta le sobrevino; y no deseó la bendición, y ella se alejó de él. Se vistió de maldición como de vestido,** y entró como agua en sus entrañas, y como aceite en sus huesos» (Salmos 109:17-18). **«Que el acreedor** –tienda lazo y– **se apodere de todo lo que tiene,** y extraños saqueen –el fruto de– su esfuerzo. **No tenga quien haga bondad con él,** ni haya quien tenga compasión de sus huérfanos» (Salmos 109:11-12).

Y esto ya ha sido estudiado y establecido **por nosotros.** Pues ya hemos dicho que **en esa noche de Shabat, cuando esas mesas son dadas a ese Otro Lado** –*Sitra Ajra*–, por no haber sido ordenadas con deleites para honrar al Shabat como es debido, **entonces ese flanco malo impuro se fortifica, y ese hombre es entregado a ese flanco. Ay de él, pues le fue disminuido del flanco de la santidad, que es el flanco de la fe, y es recordado con otro flanco, impuro.** Y **esto es parecido a todas esas comidas de los días festivos.** Deben prepararse las mesas con manjares y deleites para honrar a esos días festivos, y si no se lo hace, sucede lo mismo que con las mesas de Shabat que no fueron ordenadas como es debido.

Aquí, en este Palacio del Otro Lado –*Sitra Ajra*– **(266a)** se encuentra el misterio de **los hijos, la vida, y el alimento, invertido.** Es decir, la falta de hijos, la muerte, y la pérdida del sustento. **Y en ese otro Palacio sagrado,** que es el Palacio de los Méritos, **no están** sujetos a juicio **estos tres** asuntos. Pues los hijos, la vida, y el alimento, no dependen del juicio. **Y** esto es así porque **dependen de lo Alto,** de los dos *mazalot* supremos del misterio de la barba del ente cósmico oculto denominado *Arij Anpin*. **Antes bien,** ya que en relación con el Otro Lado –*Sitra Ajra*–, no hay rectificación de los pelos vinculados con los *mazalot*, por eso, **están aquí,** en el Palacio de la Culpa, **para mal. Pues cuando la persona llega a este Palacio,** a raíz de sus pecados, **he aquí** se encuentra con que **allí hay** ángeles dañinos, cuyo aspecto es de **bestias salvajes,** dispuestas **para eliminarlos,** a los que llegan a ese lugar. **Y allí** se juzga por la privación de **hijos cuando son pequeños.** Pues **de aquí sale** un espíritu malo **para ser designado acusador sobre ellos. Y he aquí que allí está** sujeto **el alimento,** ya que en ese lugar se juzga por ese asunto, **para quitarlo de ellos,** los que merecen **que** les sea quitado. Y aquí **todo está sujeto a la culpa,** ya que en este Palacio se culpa y se hace mal. **Y por eso este Palacio se denomina Culpa, como ya ha sido** estudiado y **dicho.**

Y de aquí sale un espíritu impuro cuyo nombre es el que se escribe con las letras hebreas: *alef–reish–iud–reish–iud–alef.* **Y muchos millares y numerosas miríadas** de demonios dañadores **están con él,** bajo su mando. **Y todos ellos se denominan por el nombre** que se escribe con las letras hebreas: *alef–vav–reish–reish–iud, iud–vav–mem.* **Como está escrito: «Maldigan** –la noche de mi nacimiento– **los que maldicen el día de ellos** –*orerei iom*–» (Job 3:8). La expresión «*orerei iom*», se escribe con las letras hebreas: *alef–vav–reish–reish–iud, iud–vav–mem.* **Y ese espíritu y todos los** ángeles dañinos **que están con él, todos ellos están** dispuestos **para tomar esa palabra de maldición con que la persona se maldice a sí misma en** medio de **su enojo. Y** con esas palabras que tomaron, **esos** espíritus **despiertan a esa serpiente que se denomina Leviatán,**

serpiente *Akalatón* (*véase* Isaías 2:7), que es el aspecto femenino de la corteza impura denominada *klipá*. Y hacen esto **para traer y despertar maldiciones sobre el mundo.**

A esto se refiere lo que está escrito: «Maldigan –la noche de mi nacimiento– **los que maldicen el día de ellos** *–orerei iom–*» (Job 3:8). Se refiere a los millares y miríadas de demonios dañadores que se denominan por el nombre que se escribe con las letras hebreas: *alef–vav–reish–reish–iud, iud–vav–mem.*

Y estos demonios dañadores que se denominan por el nombre que se escribe con las letras hebreas: *alef–vav–reish–reish–iud, iud–vav–mem,* **ejercen dominio sobre los momentos y las horas del día,** propicios para despertar las maldiciones. **Y ellos toman las palabras con que la persona se maldijo a sí misma, tanto en medio de enojo como con juramento.** Es decir, se refiere al caso en que para fortalecer su juramento, la persona dijo que le sobrevenga esto y esto, si su juramento no es verdad. **Y con esas palabras** de maldición, la persona **despierta a la serpiente** *Akalatón,* **que se denomina Leviatán,** y es el aspecto femenino de la corteza impura denominada *klipá,* **para mantenerlo** –a este ente cósmico–, dándole poder **para dañar en el mundo. Y por eso Job maldijo su día con su sufrimiento, y no su cuerpo,** para que no ejerciera dominio en él la maldición. Pero eso no lo ayudó, **como está escrito:** «Después de esto abrió Job su boca, **y maldijo su día»** (Job 3:1). Se aprecia que **en un comienzo** maldijo los días de su vida. **Y después,** a raíz de su maldición, provocó que esos espíritus se adhirieran a su cuerpo, como está escrito: **«Maldigan los que maldicen el día de ellos** *–orerei iom–*» (Job 3:8). La expresión «orerei iom», se escribe con las letras hebreas: *alef–vav–reish–reish–iud iud–vav–mem.* **El Misericordioso nos salve del Flanco Malo, y de su poder, y de todo asunto malo.**

El **quinto Palacio** del Otro Lado *–Sitra Ajra–,* está dispuesto en contraposición con el quinto Palacio de la santidad, el cual se denomina Palacio del Amor, y está vinculado con el misterio de Jesed –bondad–. **Este Palacio es un Palacio que se denomina** *Sheol,* **en correspondencia con ese** quinto **nombre** del Mal Instinto, **que se denomina Incircunciso. Y ya ha sido** estudiado y **establecido por**

nosotros, que éste es el misterio de la cubierta del prepucio –*orlá*–. Pues sucede lo contrario a lo que ocurre con la circuncisión, que se vincula con el misterio de Jesed –bondad–.

En este Palacio hay una entrada, y un espíritu **encargado junto a ella,** a cargo de la misma. **Y éste** espíritu **está a cargo de despertar acusación sobre el mundo siempre. Y el nombre de este espíritu es** el que se escribe con las letras hebreas: *alef–iud–bet–hei*. Y su nombre comparte raíz con la palabra *eibá*, que significa odio. O sea, lo contrario al quinto Palacio de la santidad, el cual se denomina Palacio del Amor. Esto es así **porque el nombre de esa entrada es** el que se escribe con las letras hebreas: *alef–iud–bet–hei*. Y como ya hemos dicho en otras ocasiones, el espíritu representa el interior del Palacio. Y por eso el nombre del espíritu es el mismo que el de la entrada de este Palacio. **Y la señal que tienes** para reconocerlo y recordarlo es esta: **«Pondré odio entre tú y la mujer,** y entre tu descendencia y su descendencia. Él te golpeará la cabeza y tú le golpearás el talón» (Génesis 3:15).

En este Palacio hay un espíritu que ejerce dominio sobre todo lo que hay en este Palacio. **Y el nombre de éste** espíritu **es** el que se escribe con las letras hebreas: *shin–vav–dalet–dalet*. Y su nombre comparte raíz con la palabra *shoded*, que significa saqueador. **Y en relación con él** está dicho: «Sus pies corren al mal, se apresuran para derramar la sangre inocente; sus pensamientos son pensamientos de iniquidad; **saqueo** –*shod*– **y quebranto** hay en sus caminos» (Isaías 59:7). O sea, todo lo contrario al quinto Palacio de la santidad, el Palacio del Amor, donde hay senos y pechos que hacen fluir la abundancia de ese Palacio. **Y éste** espíritu **es un saqueador** que está **en los montes altos,** y se ubica **en medio de las rocas y las colinas. De este Palacio se nutren** y reciben poder **todos esos saqueadores y los dañadores destructivos. Y de aquí salen todos esos que matan con espada y lanza, y van detrás de la llamarada flamígera de la espada giratoria,** es decir, detrás de los espíritus denominado así, **para destruirlo todo.**

De éste espíritu cuyo nombre se escribe con las letras hebreas: *shin–vav–dalet–dalet*, **sale otro espíritu. Y el nombre de él es** el que se escribe con las letras hebreas: *shin–vav–dalet*. **Y cuando el hambre ejerce dominio en el mundo, ese espíritu cuyo nombre es** el que se escribe con las letras hebreas: *shin–vav–dalet,* **se encuentra** en el mundo. **Y otro espíritu se asocia con él. Y el nombre de él es** el que se escribe con las letras hebreas: *kaf–pei–nun.* Su nombre comparte raíz con la expresión *kafán,* que significa «hambre». **Y estos** espíritus **andan por el mundo y se encuentran ante las personas.**

Y a esto se refiere lo que está escrito: «Del saqueo y del hambre te reirás» (Job 5:22). Es decir, quien se ocupa de hacer justicia –*tzedaká*– y bondad, se reirá de estos dos espíritus, pues no podrán ejercer dominio sobre él. **Y estos** espíritus **acusan contra las personas,** y no sólo eso, sino que despiertan entre las personas pleitos a raíz del hambre, instándolas a que se peleen por un trozo de pan. **Y saquean a todo** aquel a quien pueden saquear.

Un espíritu, **cuyo nombre es** el que se escribe con las letras hebreas: *shin–vav–dalet,* **después de andar entre los montes altos, y saqueó, y destruyó, y exterminó todo** lo que halló, **entonces vuelve y saquea a las personas. Y** las personas **mueren por la debilidad de él,** es decir, a raíz de la debilidad que este espíritu provocó a través del hambre que generó. **Y cuando las personas comen, no se sacian, pues él ejerce dominio sobre el mundo.**

Y en ese tiempo de hambruna, **quien hace bondad con las personas, y les da comida y bebida, es apropiado para desplazar a esos dos espíritus al exterior, para que no ejerzan dominio en el mundo.**

Y cuando los Hijos **de Israel no hacen bondad con las personas, y las demás naciones hacen bondad en el mundo, entonces, esos dos espíritus se perfuman** y endulzan **con las demás naciones, y se fortalecen contra ellos, los** Hijos **de Israel. Pues entonces se fortalece ese Otro Lado** –*Sitra Ajra*–, **y los** Hijos **de Israel se someten** ante él. **Y cuando los** Hijos **de Israel hacen bondad** con las personas, **entonces se somete ese Otro Lado** –*Sitra Ajra*–, **y se debilita, y el Flanco de la Santidad se fortifica.**

Y cuando los Hijos **de Israel no se despiertan con** la realización de **bondad** hacia las demás personas, **esos dos espíritus se**

perfuman y endulzan. **Uno se perfuma** y endulza **con las demás naciones, y** esos dos espíritus **giran para someter a los** Hijos **de Israel. Y entonces, esas bendiciones que descienden** al mundo **de lo Alto, del flanco de la derecha,** que es el flanco de Jesed –bondad–, **se nutren de ellas las demás naciones. Y a esto se refiere lo que está escrito:** «Me pusieron a guardar las viñas, y mi viña, que era mía, no guardé» (Cantar de los Cantares 1:6). **«Me pusieron a guardar las viñas», se refiere a las demás naciones;** «y mi **viña, que era mía, no guardé», se refiere a los** Hijos **de Israel. Pues los de las demás naciones llevan la abundancia al interior de ellos con esas bondades que hicieron con las personas. Y los** Hijos **de Israel alejan** la abundancia **del interior de ellos. Pues no se esforzaron con** la realización de **esas bondades como las demás naciones.**

(266b) Y debajo de estos dos espíritus mencionados, **están todos esos** espíritus **que se denominan:** *Orlá,* **o Ramas de** *Orlá.* Y son fuerzas de entes impuros denominados *jitzonim* provenientes del flanco del aspecto femenino de la corteza impura denominada *klipá,* que se denomina Orla. **Y sobre ellos hay un encargado cuyo nombre es** el que se escribe con las letras hebreas: *guimel–zain–reish dalet–iud–nun–iud–alef.* **Y éste** espíritu **está sobre todos esos que no cuidan los años de orla del árbol,** para castigarlos. A esto se refiere lo que está escrito: «Cuando viniereis a la Tierra y plantareis cualquier árbol frutal, consideraréis a sus frutos prohibidos –*orlá*–; durante tres años os serán prohibidos, no se comerán. Al cuarto año, todos sus frutos serán santificados para loar a El Eterno. Y al quinto año podréis comer sus frutos, para que aumente su cosecha para vosotros. Yo soy El Eterno, vuestro Dios» (Levítico 19:23:25). **Asimismo** este espíritu **está sobre todos esos que impiden la señal del pacto de sus hijos,** es decir, aquellos que impiden la circuncisión de sus hijos, y los dejan con la cubierta –*orlá*–. **Y por eso la serpiente quiso matar al hijo de Moshé,** como está escrito: «Y en el camino, en la posada, El Eterno lo encontró y trató de matarlo» (Éxodo 4:24). **Hasta que lo circuncidó Tzipora, como está escrito: «Tzipora tomó una piedra afilada y cortó el prepucio de su hijo** y lo arrojó a sus pies, de Moisés; y dijo: en todo lo que a mí concierne, estás casado con sangre. Entonces lo liberó; y ella dijo: estabas casado con sangre por la circuncisión» (Éxodo 4:25-26).

Y este espíritu está a cargo de todos los hombres que destruyen sus caminos, y no consideran la Gloria del Amo de ellos, para cuidar la señal sagrada del pacto. Y éste espíritu **los introduce en el Infierno, en ese lugar denominado** *Sheol*, **y Perdición. Y son juzgados allí como ha sido** estudiado y **establecido por nosotros.**

Aquí, en este Palacio, en su interior, en el centro, hay un espíritu que está de pie y acosa en los caminos y senderos, para observar a todos esos que traspasan las palabras de la Torá. Y hace esto para después acusar a esas personas, y **para introducir odio entre** los Hijos de Israel que están en **lo bajo, y** El Santo, Bendito Sea, que está en **lo Alto. Pues todo** lo que hay en **este Palacio es odio** y enemistad.

Éste espíritu **y todos los demás** que están con él, **todos están** dispuestos **para mostrar rostros radiantes a las personas, y para seducirlas para que se desvíen del camino de la verdad. Y para atraerlas** y que vayan **tras él. Y después él las asesina, matándolas en los dos mundos, como está escrito: «Y su fin es amargo como el ajenjo, filoso como espada de dos filos»** (Proverbios 5:4). Es decir, el final de la seducción es amargo como el ajenjo, y mata a los que se dejan convencer y van tras ella como la espada de dos filos. Es decir, se indican aquí dos muertes, una, la de este mundo, y la otra, la del Mundo Venidero.

Ese espíritu que está en medio del Palacio, **el nombre de él es** el que se escribe con las letras hebreas: *alef–pei–reish–iud–reish–alef.* Su nombre comparte raíz con la expresión *efer,* que significa ceniza. Pues es como la **ceniza de la ceniza,** o sea, la ceniza muy fina, **que no produce descendencia, ni frutos, jamás.** Pues todos los espíritus del Otro Lado –*Sitra Ajra*– son infértiles –castrados–, lo que no es así en el Palacio del Amor del flanco de la santidad, donde se encuentra el misterio de la unión, que produce descendencia y frutos. **Pues éste es** un espíritu que está vinculado con el misterio del **polvo**

de la ceniza. Y aunque se denomina Polvo, no es un polvo sagrado, como el aspecto femenino inferior −Maljut−, de la santidad, **que produce frutos. Y se denomina *Afrot Zahav*,** que significa polvo de oro, pues se hace con él oro. **Antes bien, es tal como está dicho:** «Tomarán para la persona impurificada **de la ceniza de la quema del animal de expiación** y le colocarán encima agua de manantial en una vasija» (Números 19:17). O sea, un polvo que se quema y no produce frutos. **Y éste es el misterio del polvo de la quema del animal de expiación.**

Y esta señal del versículo del polvo de la quema del animal de expiación, al cual hemos explicado en relación con el espíritu mencionado, **viene con dos flancos** −modos−, es decir, enseña dos modos. Un modo, **porque ese** espíritu **incluye a ese animal de expiación, que es el misterio de esa serpiente poderosa,** denominada «expiación −*jatat*−». **Y uno,** otro modo, **pues ya que la persona comete un pecado −*jet*−, fortalece a ese** espíritu denominado **Polvo, que ejerce dominio en el mundo.**

Y éste espíritu denominado Polvo, **incluye** las aguas amargas que causan maldición, como está escrito: «El sacerdote hará que la mujer se pare ante El Eterno y descubrirá la cabeza de la mujer, y sobre sus palmas, de ella, colocará la ofrenda vegetal −*minjá*− de recordación, es una ofrenda vegetal −*minjá*− de celos, y en la mano del sacerdote estarán **las aguas amargas que causan maldición** (Números 6:18). O sea, lo inverso a las aguas de Jesed −bondad−, puras y cristalinas, que están en el Palacio del Amor del flanco de la santidad. **Y por eso, a la mujer que se desvió estando sujeta a su marido,** es decir, estando casada con él, **y realizó una acción** propia de **mujer meretriz, se le debe dar a beber agua que contiene polvo** tomado **del suelo del Tabernáculo,** como está escrito: «El sacerdote tomará agua sagrada dentro de una vasija de barro y el sacerdote tomará un poco de la tierra que hay en el suelo del Tabernáculo y la colocará en el agua» (Números 6:17). Y está escrito: «Dará de beber a la mujer de las aguas amargas que causan maldición; las aguas de maldición entrarán en ella para amargura» (Números 6:24). **Y ese polvo proviene de ese lugar denominado «Suelo −*karka*−».** Es decir, del Mundo de la Creación *–Briá–*. **Y él se denomina suelo de ese Tabernáculo,** el cual está asociado con el misterio del aspecto femenino inferior –Maljut–, del Mundo de la Emanación –*Atzilut*–, en tanto que el Suelo del Tabernáculo, como dijimos, está asociado con el misterio del Mundo de la Creación *–Briá–*. **Y ese polvo viene de ese Suelo.** Pues este espíritu está enraizado en el Palacio mencionado del Mundo de la Creación *–Briá–*. **Y por eso el sacerdote debe dar a beber a esa mujer de ese modo,** colocando polvo del suelo del Tabernáculo dentro del agua, y da a beber a la mujer descarriada. **Y todo** está dispuesto **según los indicios** de los misterios supremos **de lo Alto.**

Bienaventurada la parte de los Hijos **de Israel, que El Santo, Bendito Sea, los purifica con aguas puras supremas.** Es decir, aguas de Jesed –bondad– provenientes del ente cósmico denominado Biná. **Como está escrito: «Esparciré sobre vosotros aguas puras, y seréis puros»** (Ezequiel 36:25). Lo que está escrito: **«aguas puras», he aquí que ya hemos dicho** la enseñanza vinculada con este asunto, pues, ya hemos analizado y dicho cual diferencia hay **entre las primeras aguas,** vinculadas con el misterio del ente cósmico denominado Biná, **y las últimas aguas,** vinculadas con el misterio del aspecto femenino inferior –Maljut–. **Y aunque esto ya ha sido** estudiado y **establecido por nosotros,** aún así hemos de decir que según el sentido llano, **las primeras aguas así son denominadas: «precepto», y las últimas aguas así son denominadas: «obligatorias** *–jová–»*. La palabra *jová* significa también culpa y se vincula con el Otro Lado –*Sitra Ajra*–. **Y esto ya ha sido** estudiado y **establecido por nosotros en relación con esos dos flancos,** ya que **este flanco de la santidad se denomina «precepto», y este flanco del Otro Lado** –*Sitra Ajra*– **se denomina «***jová***». Y por eso** el Otro Lado –*Sitra Ajra*– **toma su parte de esas** últimas **aguas.** Y a través de eso el Otro Lado –*Sitra Ajra*– se aparta de la santidad. **Y a esto se refiere lo que está escrito: «Esparciré sobre vosotros aguas puras, y seréis puros»** (Ezequiel 36:25).

El **sexto Palacio** del Otro Lado –*Sitra Ajra*–, está dispuesto en contraposición con el sexto Palacio de la santidad, el cual se denomina Palacio de la Voluntad. **Este Palacio está sobre todos esos Palacios inferiores.**

En este sexto **Palacio** del Otro Lado –*Sitra Ajra*–, **hay cuatro entradas: una se denomina Muerte, una se denomina Mal, una se denomina Sombra de Muerte** –*tzalmavet*–, **una se denomina Tinieblas** –*ofel*–. **Estas cuatro entradas están siempre** dispuestas **para hacer mal. Ellas son la generalidad de todo** lo que hay en este Palacio.

Pues así **como en el flanco de la santidad,** y **según el misterio de la fe, hay cuatro entradas** dispuestas **a los cuatro flancos, que** son todas sagradas y están asociadas al misterio de Jesed –bondad–, la sefirá de Guevurá –rigor–, la sefirá de Tiferet, y la sefirá de Maljut, y **se vinculan ésta con ésta, así también ocurre aquí en lo bajo,** en el sexto Palacio del Otro Lado –*Sitra Ajra*–. **Y cuando estos** espíritus de este Palacio impuro que están a cargo de las cuatro entradas, **se vinculan y se unen** *iud–hei–vav–hei*, **como uno, en este Palacio, entonces se denomina Casa de Reunión. Como está escrito:** «Mejor es vivir en un rincón de la azotea **que con mujer rencillosa en casa de reunión»** (Proverbios 21:9). **Y este Palacio está** dispuesto **para hacer mal siempre** a las personas.

En relación con este Palacio está escrito: «Fieles son las heridas del que ama; **e inoportunos, los besos del que aborrece»** (Proverbios 27:6). **Pues aquí están todos los besos malos.** Ya que de aquí salen los espíritus impuros para despertar los besos impuros en los que se apegan a los deleites y goces mundanos. O sea, ocurre todo lo contrario a lo que sucede en el sexto Palacio del flanco de la santidad, el Palacio de la Voluntad, el cual está asociado con el misterio de la unión sagrada con los besos sagrados. **Y** de aquí salen los espíritus que despiertan a **las malas fruiciones. Y** asimismo de aquí salen los espíritus que despiertan a gozar de **todos los deleites del cuerpo en este mundo.** Y estos **son los deleites por los cuales el hombre es expulsado de este mundo y del Mundo Venidero. Y en relación con este Palacio está escrito: «Porque los labios (267a) de la mujer extraña destilan miel,** y su paladar es más liso que el aceite» (Proverbios 5:3).

En este Palacio hay un espíritu que está a cargo de todos los que están debajo, en los Palacios inferiores. **Y** este espíritu **incluye a todos los demás espíritus. Este Palacio se atavía con bellos atavíos, superiores a todos esos** otros **Palacios** inferiores. Y de aquí sale la corteza impura denominada *klipá*, que se inviste en la Meretriz de lo bajo, ataviada con bellos atavíos. Por eso **en este Palacio son prendidos los pies de los mentecatos,** porque **en relación con este Palacio está escrito: «No codicies su hermosura en tu corazón, ni ella te prenda con sus párpados»** (Proverbios 6:25).

De este Palacio dependen todos los deleites codiciables **del mundo, y todos esos placeres de los mentecatos carentes de corazón, faltos de conocimientos. Como está dicho: «Vi entre los simples** –que se dejan seducir fácilmente–, **reconocí entre los jóvenes a un joven carente de corazón** –falto de entendimiento–. **Pasaba por la calle, junto a la esquina,** e iba camino a la casa de ella. **Con la caída de la tarde, cuando ya oscurecía,** en la oscuridad y tinieblas de la noche» (Proverbios 7:7-9). **Y entonces sus pies se aproximaban a este Palacio** impuro, **el cual es** el Palacio del Otro Lado –*Sitra Ajra*–, vinculado con la sefirá de Tiferet de ese flanco, siendo **la generalidad de todos los** Palacios **inferiores,** es decir, el Palacio que incluye a todos los Palacios inferiores. **Entonces,** al respecto está escrito: **«Cuando he aquí, una mujer le salía al encuentro, con atavío** –*shit*– **de meretriz y astuta de corazón»** (Proverbios 7:10). La expresión *shit*, significa también «seis». *Shit,* **se refiere a este Palacio, que es el sexto** Palacio **de todos los Palacios** del Otro Lado –*Sitra Ajra*–, que son en total siete. **Y aquí está la Meretriz,** que es el aspecto femenino de la corteza impura denominada *klipá*, del Otro Lado –*Sitra Ajra*–, **para seducir a los mentecatos.**

En este Palacio el aspecto femenino de la corteza impura denominada *klipá*, **está,** ya que este es su lugar, **y** a su vez **no está.** Pues **desciende y seduce** a los mentecatos, para que pequen, y después **asciende y acusa** a esos mentecatos que sedujo **en lo Alto, como está dicho:** «Tormentosa y rencillosa, **sus pies no pueden estar en casa»** (Proverbios 7:11). Es decir, en este Palacio, sino, **a veces fuera,** cuando sale a seducir a los mentecatos, **a veces en las calles, cuando**

asciende a lo Alto para acusar. Como está escrito: «Unas veces está fuera, otras veces en las calles» (Proverbios 7:12). Y a continuación está escrito: **«Acechando junto a todas las esquinas»** (Ibíd.). Se refiere a **cuando toma su alma.**

¿Qué está escrito a continuación? Está escrito: **«Y lo asió, y lo besó»** (Proverbios 7:13). **Esos son los besos para impurificar y desviar a los hombres tras ella. Pues aquí,** en este Palacio, **está el lugar de todos los besos malos.**

Y en este Palacio del Otro Lado –*Sitra Ajra*–, está también el lugar **de todas las relaciones inicuas extrañas, que son dulces en el momento** de realizarlas. **¡Ay del final de ellos! Como está escrito:** «Porque los labios de la mujer extraña destilan miel, **y su paladar es más liso que el aceite»** (Proverbios 5:3). **Y está escrito: «Y su fin es amargo como el ajenjo,** filoso como espada de dos filos» (Proverbios 5:4). **¿Qué** significa: **«es amargo como el ajenjo»?** La respuesta no es sino ésta: **cuando el hombre se deja seducir** por la meretriz, que es el aspecto femenino de la corteza impura denominada *klipá*, y también es el Ángel de la Muerte, **y va tras ella en este mundo, y llega su momento de partir de este mundo, ella se sitúa sobre el hombre, y se materializa ante él con el aspecto del cuerpo de una mujer, y tiene una espada filosa en su mano, y hay tres gotas en ella. Y esto ya ha sido** estudiado y **establecido** por los sabios (*véase* Talmud, tratado de Avodá Zará 20b).

Y en ella, la espada del Ángel de la Muerte, **hay una gota, de esas** tres gotas mencionadas, **que es amarga. Y cuando la coloca en la boca de él, el hombre** enfermo, **entra en su vientre, y entonces su alma se confunde. Y esa gota deambula y se desplaza por el interior del cuerpo, y extirpa el alma de su lugar, y no deja al alma lugar para asentarse. Y** esa gota **es amarga como el ajenjo. Y el hombre la degusta con amargura, a cambio de esa dulzura que degustó en este mundo, cuando se dejó arrastrar tras ella.**

Después el Ángel de la Muerte **arroja otra gota, y el alma sale, y la persona muere. Y después** el Ángel de la Muerte **arroja otra gota, y su rostro se demuda y descompone.**

Ahora bien, el alma sale con esta gota introducida por el Ángel de la Muerte **porque el alma es sagrada. Y cuando ese Otro Lado** –*Sitra Ajra*– **impuro ejerce dominio sobre ella,** el alma **huye de ante él,** el Ángel de la Muerte, **y no se asienta** con él **como uno,** por eso sale del cuerpo.

Por eso, tal como el hombre se apega a esos besos malos en este mundo, también así en ese momento, se apega al Otro Lado –*Sitra Ajra*–. **Pues si el hombre se deja arrastrar tras ella,** la corteza impura denominada *klipá,* del Otro Lado –*Sitra Ajra*–, **en este mundo, y abandona el flanco de la santidad, entonces su alma no vuelve a ese lugar de la santidad,** que es el lugar de la Presencia Divina –*Shejiná*–. **Y así como se dejó arrastrar tras ella,** la corteza impura denominada *klipá,* **en este mundo, así, del mismo modo, ejerce dominio sobre su alma. Y entonces su alma sale con** aflicción y **dificultad. Y esto ya ha sido** estudiado y **establecido** por los sabios (*véase* Talmud, tratado de Berajot 8a).

Y todo esto por esos besos con que la corteza impura denominada *klipá* **lo besó en este mundo, los cuales eran dulces. Y después, en ese momento** de la muerte, **eran amargos. Y a esto se refiere** lo que está escrito: **«Y lo asió, y lo besó»** (Proverbios 7:13). Eso ocurrió **en este mundo, como ya ha sido** estudiado y **establecido por nosotros.**

A continuación está escrito: **«Con rostro descarado le habló»** (Proverbios 7:13). **Pues en ese Palacio están todos los acusadores,** los cuales son insolentes y descarados. **Y** están allí **todos los enviados malos que están junto a las personas, y provocan que se atavíe con sus atavíos, y se enrule su cabello, y se bañe, y se arregle para que lo observen** las mujeres.

Aquí, en este Palacio del Otro Lado –*Sitra Ajra*–, **se encuentra un espíritu cuyo nombre es** el que se escribe con las letras hebreas: *samej-kuf-tet-vav-pei-hei.* **Y éste** espíritu **está a cargo de todos los arreglos y el enrulado** del cabello **de las personas.** Es decir, este espíritu es el encargado de despertar a las personas para que hagan esto.

En el interior de este Palacio hay otro encargado que se ocupa de incitar más aún a la persona. **Ya que ese otro encargado es quien**

despierta a la persona, después de que se arregló a sí misma y enruló sus cabellos, para que tome un espejo para observarse. Y este espíritu **lo pone en manos del hombre para que se observe, y vea su aspecto en ese reflejo. Y con esto se despierta otro espíritu,** poseedor **de** otra **fuerza, que el nombre de él es** el que se escribe con las letras hebreas: *ain–samej–iud–reish–tet–alef.*

Y de aquí salen todos esos espíritus **que se muestran como** *zavim* a las personas **en el sueño, y todos esos** espíritus **que muestran cosas** futuras y después **no se cumplen en ellos,** los que tuvieron el sueño, **sino** que se las muestran **para confundirlos.**

(267b) y después, cuando las personas son atraídas por el deseo de **observar en ese ente de visión, denominado «espejo», entonces,** cuando lo hacen, **todos están** sujetos **a la arrogancia de ellos.** Pues la observación en el espejo lleva a la arrogancia. **Y ese espíritu que el nombre de él es** el que se escribe con las letras hebreas: *ain–samej–iud–reish–tet–alef,* **despierta a un espíritu encargado que está bajo su mano,** es decir, subordinado a él. **Y** ese segundo espíritu **entra en el orificio que está debajo** de todos los orificios. Es decir, *entra* en el aspecto femenino del Gran Abismo. **Y hace emerger de allí otro espíritu, que es encargado junto con ese espíritu que el nombre de él es** el que se escribe con las letras hebreas *alef–samej–kaf–reish–alef,* **como hemos dicho** anteriormente. **Y éste** espíritu **es Lilit, la madre de los demonios** –*shedim*–. **Y cuando el hombre despierta a ese otro espíritu que el nombre de él es** el que se escribe con las letras hebreas: *ain–samej–iud–reish–tet–alef,* observando en el espejo, **entonces se une con él, con ese hombre, y se vincula con él siempre. Y entonces, en cada Luna Nueva y Luna** Nueva, **se despierta ese espíritu del espejo malo,** o sea, ese espíritu cuyo nombre se escribe con las letras hebreas: *ain–samej–iud–reish–tet–alef,* y **Lilit con él. Y a veces la persona es dañada por ellos, y cae al suelo, y no puede levantarse, o muere. Y todo esto lo provoca esa visión del espejo en el que** la persona **miró. Pues tal como ve** en el espejo y crece la **arrogancia en su corazón** al mirarse en él, **así también** ocurre con la proyección que provoca hacia él del espíritu malo, ya que **aumenta** la proyección d**el espíritu malo hacia él,** o sea, ese espíritu cuyo nombre se escribe con las letras hebreas: *ain–samej–iud–reish–tet–alef.* **Y por eso** es importante saber que **todo está sujeto al despertar de lo bajo,** y todo depende del despertar de lo bajo.

Ahora bien, tal como dijimos, en el libro de los Proverbios está escrito: está escrito: «Vi entre los simples –que se dejan seducir fácilmente–, reconocí entre los jóvenes a un joven carente de corazón –falto de entendimiento–. Pasaba por la calle, junto a la esquina, e iba camino a la casa de ella. Con la caída de la tarde, cuando ya oscurecía, en la oscuridad y tinieblas de la noche. Cuando he aquí, una mujer le salía al encuentro, con atavío –*shit*– de meretriz y astuta de corazón. Tormentosa y rencillosa, sus pies no pueden estar en casa. Unas veces está fuera, otras veces en las calles. Y lo asió, y lo besó» (Proverbios 7:7-13). Y a continuación está escrito: **«Sacrificios de paz sobre mí** –había dicho a modo de promesa–» (Proverbios 7:14). Es decir, la meretriz dice al mentecato que sedujo que había prometido traer sacrificios de paz, y hoy cumplió su promesa, y por eso tiene mucha carne. Y como la meretriz está asociada al misterio de la corteza impura denominada *klipá*, lo engaña al hombre diciéndole esto: «Sacrificios de paz sobre mí». ¿Y por qué precisamente sacrificios de paz? Para comprenderlo, **ven** y **observa: los sacrificios pacíficos no son traídos por culpa y tampoco por pecados, sino por la paz.** Es decir, para incrementar la paz en el mundo. Siendo así, **¿qué** significa **«pacíficos** –*shelamim*–»? ¿Por qué dijo: «Sacrificios de paz sobre mí», en plural? ¿Qué relación tienen con la paz? La respuesta no es sino ésta: son sacrificios **pacíficos por dos flancos,** es decir, hay aquí paz por dos flancos. **Pues** presentándolo **no hay acusador contra él,** quien los trae, **en lo Alto y tampoco en lo bajo.** Ahora bien, **¿quién es el acusador?** La respuesta no es sino ésta: **ese flanco de la izquierda, el del Mal Instinto.** Y ahora, a raíz del sacrificio pacífico presentado, él **se halla en paz con** el flanco de **la derecha. Y a esto se refiere** lo que ella dijo: **«Sacrificios de paz sobre mí».** La meretriz, que es el Satán, dice que lo principal de los sacrificios pacíficos, es **«sobre mí»,** o sea, «para mí», **precisamente. Para que** no acuse contra el mundo –dice la meretriz–, o sea, para que **no haya acusador contra el mundo.**

267b

Otro modo de interpretar el **asunto:** esté escrito acerca de la Meretriz, que es el aspecto femenino de la corteza impura denominada *klipá*, y también el Mal Instinto, que dice a los hombres: **«Sacrificios de paz sobre mí».** He aquí que yo estoy en paz contigo, y he venido **para mostrarte paz,** y no acusaré contra ti incluso si hicieras todas las maldades del mundo. **Y por eso: «Hoy he pagado mis promesas»** (Proverbios 7:14). **Para seducir siempre a los moradores del mundo. «Por tanto, he salido a tu encuentro [...]»** (Proverbios 7:15). Y le dice: **Pues yo sabía que tú eras carente de corazón** –falto de entendimiento–, **falto de bien,** y yo deseo tu bien.

Está escrito a continuación: **«Buscando tu rostro».** Es decir, la meretriz dice: he salido diligentemente, buscando tu rostro **para unirme a ti** y ayudarte **en todas las cosas malas del mundo,** para que las realices. Y le dice: **es propicio para ti disfrutar y desviarte tras los placeres de este mundo. Y lo desplaza** llevándolo **de asunto en asunto, y de maldad en maldad,** hasta que lo desplaza de la santidad, y lo saca del mundo. Y dice al mentecato: **he andado entre esos mentecatos y he buscado tu rostro.** Y a continuación está escrito: **«y te he hallado».** Es decir: **y te he hallado para apegarme a ti.**

Está escrito a continuación: **«Ven, embriaguémonos de pasiones hasta la mañana;** alegrémonos en amores» (Proverbios 7:18). **A esto se refiere lo que está escrito: «Y el ojo del fornicador está aguardando el anochecer,** diciendo: no me verá nadie; y esconde su rostro» (Job 24:15). **Pues entonces,** por la noche, **es el momento de** la corteza impura denominada *klipá* de la fornicación para **ejercer dominio.**

Otra explicación: está escrito: **«Ven, embriaguémonos de pasiones** hasta la mañana; alegrémonos en amores» (Proverbios 7:18). Es decir: **andemos como uno** –le dice la meretriz, el ente vinculado con la corteza impura denominada *klipá*–. **He aquí que yo estoy contigo. Pues hasta ahora tu eres un niño, tú eres fuerte; si ahora no disfrutas de ti, ¿cuándo** disfrutarás? ¿Acaso **cuándo envejezcas** lo harás? **¡Ahora es el momento!**

¿Cuál es la razón? «Porque el hombre no está en su casa» (Proverbios 7:19). **Se refiere al Buen Instinto,** que se denomina Hombre. **Pues** todavía eres un niño y **aún no está dentro de ti, y no es tiem-**

po de él para **ejercer dominio. «Se ha ido de camino, lejos»** (Ibíd.). **Pues** el Buen Instinto **no se posa en la persona** desde su nacimiento, **sino en camino lejano,** o sea, a la distancia, en un tiempo lejano, **cuando tenga trece años, y en adelante. Y** aun así en ese tiempo **no** se posa **en toda persona,** sino en aquel que desea ser piadoso y justo. Pues solamente si el niño desea ser justo se le entrega ese alma sagrada suprema (*véase* Zohar Jadash Génesis 14a). **Y** el Mal Instinto le dice: **yo estoy contigo desde el día de tu nacimiento.**

A esto se refiere lo que está escrito: «Y El Eterno le dijo a Caín: ¿Por qué estás enojado, y por qué tienes el rostro abatido? Ciertamente, si mejoras, serás perdonado. Pero si no mejoras, **el pecado aguarda en la puerta;** su deseo está dirigido hacia ti, pero aun así puedes conquistarlo» (Génesis 7:6-7). Es decir, el mal instinto está en la persona desde su nacimiento. **Y ahora que aún eres** joven y **soltero, es momento para ti de disfrutar.**

En relación con el Mal Instinto está escrito: **«El manojo de plata** –*kesef*– **llevó en su mano»** (Proverbios 7:20). La expresión *kesef* significa también vergüenza y deleite. Y se refiere al Mal Instinto, que tomó en su mano las cosas vergonzosas y los deleites que disfrutó ese hombre al cual sedujo, **para llevarlos a lo Alto,** y acusar contra él, **y para demorarse allí,** aumentando acusaciones. **Y** deja al hombre **deleitarse** con los deleites de este mundo.

A continuación está escrito: **«El día señalado** –*hakese*– **volverá a su casa»** (Ibíd.). **¿Cuándo vendrá** el Mal Instinto para acusar **contra el** hombre? **«El día señalado», que es el Día del Juicio,** Rosh Hashaná, **para reparar en el juicio** de él. **Como está escrito:** «Haced sonar el Cuerno **en el día señalado** –*hakese*–, **en el día de nuestra fiesta solemne»** (Salmos 81:3). Se refiere al Día del Juicio, Rosh Hashaná. Pues **el día en que la persona debe deleitarse en el mundo y disfrutar de él,** a raíz del despertar de sus deseos de deleitarse y disfrutar, el Mal Instinto **se aleja de él,** y lo deja disfrutar. **Y cuando se posa el juicio en el mundo,** el Día del Juicio, Rosh Hashaná, **entonces viene para estar junto a él, y hacer el juicio con él.**

Y a esto se refiere el misterio de lo que está escrito: **«Lo hizo desviar** –la meretriz– **con la suavidad de sus muchas palabras,** lo des-

267b

plazó con el arrumaco de sus labios» (Proverbios 7:21). Pues a través de esos medios la meretriz, que es el aspecto femenino de la corteza impura denominada *klipá*, hizo desviar al hombre del camino recto. **«Y él fue tras ella [...] Hasta que la flecha traspasó su hígado»** (Proverbios 7:21-23). Pues él perdió su mundo por ella.

Por lo tanto: **bienaventurados esos justos que conocen los caminos sagrados para andar por ellos, y no se apartan a derecha ni izquierda. Bienaventurados ellos en este mundo y en el Mundo Venidero.**

El **séptimo Palacio** de los Palacios del Otro Lado –*Sitra Ajra*–, está dispuesto en contraposición con el Palacio de la santidad denominado *Kodesh Hakodashim* del Mundo de la Creación –*Briá*–. **Éste es el Palacio de la hez del vino, para embriagarse con él.** O sea, lo contrario a lo que sucede con el séptimo Palacio de la santidad, donde el vino asociado con el misterio del ente cósmico denominado Biná, es puro, y alegra. **Como está dicho** en relación con el vino vinculado con el Otro Lado –*Sitra Ajra*–: **«Bebió del vino y se emborrachó, y se descubrió** dentro de su tienda» (Génesis 9:21). Aquí se encuentra la revelación de los juicios del ente cósmico denominado Biná de la corteza impura denominada *klipá*, **el exprimido de todas esas uvas,** pues **todas esas uvas malas, aquí son exprimidas.** Es decir, de aquí sale el juicio severo del cual se nutren los entes impuros denominados *jitzonim*. **Y a esto se refiere** lo que está escrito: «Porque la Copa está en la mano de El Eterno, **y el vino está fermentado»** (Salmos 75:9). Se refiere a **la hez del vino. Pues no hay quien beba de ello y no se provoque su propia muerte. De este vino dio a probar Eva a su marido, y lo hizo entrar en este Palacio, como fue estudiado:** Eva **exprimió uvas y le dio** a su esposo, a Adán, el primer hombre, **y provocó la muerte de él, y todo** individuo **del mundo después de él** (*véase* Midrash Génesis Raba 19:8).

En este Palacio están todas las almas impuras que descienden a todos aquellos que se apegan a este flanco impuro, al flanco del Otro Lado –*Sitra Ajra*–. O sea, se refiere a las almas de los bastardos. **Y ese espíritu impuro que desciende a todos los que salen de su flanco, sale de aquí.** Pues se procede con ellos tal como lo merecen.

Es decir, así **como** los malvados **se desviaron de sus caminos en este mundo, y se esforzaron en** contaminarse con **la prostitución,** entrando **en el lugar** al **que no necesitaban** entrar, o sea, el lugar prohibido, **para alejarse del Sendero de la Verdad. Entonces, tal como él se apegó (268a) a ese flanco del Mal Instinto, con** el apego a la **prostitución, así también** ocurre con él en el futuro, **sale de este Palacio un espíritu impuro para impurificarlo a él. Y el hijo** que salió de esa relación prohibida **se denomina bastardo** –*mamzer*–, **pues proviene del flanco del dios extraño** –*el zar*–. Ya que **como él,** ese hombre que cometió el pecado, **se encuentra** vinculado **con ese placer, y esa prostitución,** estando vinculado **con ese flanco del Mal Instinto, así también arrastra a su hijo,** que le nació a raíz de ese pecado, **otro espíritu impuro que lo impurifica. Y todos testifican sobre él que es bastardo. Y así ocurre con todas sus acciones y asuntos,** testifican sobre él **de ese mismo modo concretamente,** indicando que es un bastardo.

De este Palacio sale un espíritu que está a cargo de esos espíritus de este Palacio, **cuyo nombre es** el que se escribe con las letras hebreas: *tzadik–pei–vav–nun–iud.* Este nombre deriva del séptimo nombre del Mal Instinto, *Tzfoni* –oculto–. **Y la señal que tienes** para reconocerlo **es** la indicada en la cita bíblica que declara: **«Pretender ocultarla** –*tzfonea*–, **es** –como– **ocultar el viento»** (Proverbios 27:16). Es decir, quien pretende ocultar las riñas que tiene con su mujer, ante los demás, es como si pretendiera coger el viento y ocultarlo, lo cual es imposible. **Y éste** espíritu **está a cargo de estos** otros espíritus de este Palacio. **Y este séptimo Palacio está** dispuesto **en correspondencia con ese nombre** del Mal Instinto, Tzfoni, **que se denomina Tierra Inferior** –*eretz tajtit*–. **Y a esto se refiere lo que está escrito: «Y al oculto** –*tzfoni*– **lo apartaré de vosotros»** (Joel 2:20). Se refiere al Mal Instinto, que está oculto en el corazón de la persona. Y en correspondencia con él, está la Tierra Inferior, oculta en las profundidades de la Tierra.

Aquí, en este Palacio, **hay un punto que está adentro, en el interior.** Y se refiere al aspecto femenino inferior –Maljut–, de la corteza impura denominada *klipá,* del mundo superior impuro, que se inviste en este Palacio del mundo inferior; y esto es semejante a lo que sucede con el aspecto femenino inferior –Maljut–, de la santidad, del Mundo supremo, que se inviste en el Palacio denominado *Kodesh Hakodashim* del mundo que está debajo. **Y de aquí salen todos esos otros espíritus que deambulan por el mundo, y ejercen dominio en este mundo, sobre todas palabras y acciones que fueron entregadas en flanco de la izquierda. Y de aquí salen todos esos destellos y centellas que se apagan inmediatamente.** Pues en este Palacio se depuran los doscientos ochenta y ocho destellos que quedaron en la corteza impura denominada *klipá*, los cuales después de ascender a lo Alto, se apagan inmediatamente, pues se incluyen en la santidad suprema. Ya que cuando ascienden, **arden y** se despiertan, e inmediatamente **se apagan.**

Y de estos espíritus **salen otros espíritus que deambulan por el mundo, y se asocian con esos** espíritus **que salen del interior del Gran Abismo. Y el** Gran Abismo **es este Palacio,** ya que el ente cósmico denominado Biná, del Mundo de la Creación –*Briá*–, de la corteza impura denominada *klipá*, se denomina: Aspecto Femenino del Gran Abismo. **Como está dicho: «Tus juicios, el Gran Abismo»** (Salmos 36:7). Es decir, los juicios que Tú haces con los malvados, se han multiplicado como el Gran Abismo. **Y esos son los espíritus que no fueron entregados para corporizarse,** invistiéndose en un cuerpo **en este mundo.** Pues no les fueron asignados cuerpos para investirse en ellos. **Y estos espíritus se ven y no se ven.** Es decir, cuando se muestran, lo hacen ante una o dos personas, y no se muestran ante tres personas juntas, **tal como** surge de lo que **ya ha sido** estudiado y **dicho** por los sabios talmudistas (*véase* Talmud, tratado de Berajot 43b).

Y después esos espíritus que se hallan en este Palacio y **deambulan por el mundo, están** dispuestos **para hacer milagros a las personas. Pues estos** espíritus **no están** tan vinculados **con la suciedad de la impureza** como los demás espíritus, denominados shedim, que están en el espacio. **Y hay un espíritu a cargo de ellos, cuyo nombre es** el que se escribe con las letras hebreas: ***nun–samej–iud–reish–alef.*** Su nombre comparte raíz con la expresión *le-*

naser, que significa literalmente «cortar». Y este concepto se utiliza para definir la proveniencia de un ente de similares características, del cual fue «cortado», es decir, formado. **Pues él fue «cortado» de esos flancos que son inmensamente impuros. Y ellos vuelan por los aires, y hacen mal en el flanco impuro de ellos, para hacer milagros a esos que se encuentran** vinculados **con el flanco de la santidad.**

Y de este espíritu que fue «cortado» del flanco impuro, **cuyo nombre es** el que se escribe con las letras hebreas: ***nun–samej–iud–reish–alef*, de él salen numerosos otros flancos,** es decir, tipos de espíritus, **que se expanden por sus tipos. Y todos están** dispuestos **para ser enviados en el mundo** a cumplir una misión; **cada uno según lo que es apropiado para él, hasta que son designados en lo bajo, por reyes y ministros** de los demás espíritus que están debajo de ellos. **Y ellos no tienen existencia permanente, como esos otros** espíritus **de lo Alto.** Pues estos espíritus son anulados rápidamente, y cuando se anulan es como si no hubieran existido.

En este Palacio se encuentra la adherencia del flanco de la impureza, y todos los placeres impuros, e impurifican el mundo. Este Palacio **está preparado para sacar cada día un espíritu de fuego. Y no hay quien esté ante él.** Es decir, nadie puede estar ante él.

De aquí sale el fuego del espíritu poderoso a lo bajo, para juzgar con él a los pecadores del mundo en el Infierno. **Y de aquí sale un espíritu ardiente que es** el **fuego** del Infierno. **Y** de aquí sale también la **nieve que se denomina Sombra de Muerte** –*tzalmavet*–, **como está dicho: «Hace nevar en *Tzalmón*»** (Salmos 68:15).

En este Palacio hay cuatro entradas que se abren a los cuatro flancos, hacia fuera. Esto es así para recibir la irradiación de luminosidad de la santidad. **Y éstas** entradas **se aferran** levemente, **y no aferran** completamente **al flanco de la santidad.** Y esas entradas **no se unen** íntimamente con la santidad, **sino que se ve en esas entradas una irradiación de luminosidad que ilumina** en ellas del flanco de la santidad.

Y ese es un lugar dispuesto apropiadamente **en cada entrada y entrada para los piadosos de las demás naciones, esos que no**

hicieron mal a los Hijos **de Israel, y se esforzaron con ellos en la verdad. Ellos están en estas entradas y tienen sosiego allí.**

En la entrada central de este Palacio, hacia fuera, hay seis entradas pequeñas **que se aferran a este Palacio.** Las mismas corresponden con los seis Palacios pequeños que hay en el Palacio denominado *Kodesh Hakodashim* de la santidad. Pues este Palacio está dispuesto en paralelo con ese. **Y todos están aferrados a él,** a este Palacio. **Hay aquí ventanas abiertas hacia el flanco de la irradiación de luminosidad de la santidad. Y esos lugares están dispuestos para los reyes de las demás naciones, esos** reyes **que no los afligieron a** los Hijos de **Israel,** con el cobro de altos tributos, **y los protegieron siempre** de sus enemigos. **Ellos tienen honor a causa de** los Hijos de **Israel,** por haberlos beneficiado en este mundo. **Y ellos disfrutan en las tinieblas en las que residen, con la** proyección de la **irradiación de luminosidad que ilumina del flanco de la santidad. Como está dicho: «Todos los reyes de las naciones, todos ellos yacen con gloria,** cada uno en su morada» (Isaías 14:18). Es decir, en esos lugares preparados para ellos.

Y si esos reyes de las demás naciones **afligieron a** los Hijos de **Israel o los oprimieron** con la exigencia de pago de altos impuestos y tributos, en ese caso, **¡cuántos son los** demonios **que los aferran y los juzgan en** el Infierno de **lo bajo tres veces al día!** Y los juzgan **con numerosos juicios, diferentes estos de estos, como esos reyes que los afligieron,** a los Hijos de Israel, **que son juzgados en ese mundo con numerosos juicios. Y cada día y día dan testimonio sobre los** Hijos **de Israel,** testificando que cumplieron la Torá, **y** también dan testimonio **por la fe de ellos,** testificando que entregaron sus vidas por su fe, en aras del Nombre sagrado de El Santo, Bendito Sea. **Y** después **descienden a lo bajo y son juzgados allí** en el Infierno. **Bienaventurados ellos, los** Hijos **de Israel, en este mundo y en el Mundo Venidero.**

Hasta aquí se explicó lo concerniente a **los siete Palacios que son los recintos del flanco impuro, del flanco de la Serpiente. Bienaventurada la parte de quien se salva de ella, y de su bisbiseo, para no ser mordido por ella, y para que no le introduzca su veneno, y muera con él.**

(268b) De todos los flancos de él, este ente impuro vinculado con el misterio de la Serpiente, **hay que cuidarse; de arriba,** el séptimo Palacio, **y de abajo,** los demás Palacios del Otro Lado –*Sitra Ajra*–, los Palacios inferiores. Pues **quien se salva de la cabeza, no se salvó** aún **de la cola.** Pues **cuando encorva su cabeza, levanta su cola, golpea y mata.**

Y con todo eso, no puede hacer nada por sí sola, como está escrito: **«Si la serpiente mordiera sin bisbiseo [...]»** (Eclesiastés 10:11). Es decir, la serpiente no muerde hasta que se le susurra desde los Cielos para que muerda, tal **como fue estudiado** (*véase* Talmud, tratado de Baba Batra 16a). Pues **toma permiso y** después **saca el alma,** es decir, mata. **Por eso la persona debe cuidarse de no pecar ante El Santo, Bendito Sea, para que no le bisbisee a esa serpiente, para que muerda y mate.**

Bienaventurados esos justos que conocen los senderos sagrados para andar en ellos, y **para no ir detrás de esa serpiente mala del Otro Lado** –*Sitra Ajra*–, que es el flanco **de la impureza, y se apartan de él, y no son seducidos para ir tras él. Bienaventurados ellos en este mundo, bienaventurados ellos en el Mundo Venidero.**

Final de los siete Palacios del Otro Lado –*Sitra Ajra*–

Está escrito: **«Y El Eterno Dios formó al hombre de polvo de la tierra** y le exhaló en sus fosas nasales el alma de vida; y el hombre se transformó en un ser vivo» (Génesis 2:7). **El** hombre **es polvo** porque fue creado del polvo; es decir, su alma proviene del aspecto femenino inferior –Maljut–, que se denomina Polvo. **Y no** fue creado de **materia.** Pues el hombre **fue** creado **del Polvo y** por eso **volverá al Polvo, como está escrito:** «Con el sudor de tu frente comerás el pan hasta que retornes a la tierra, de la que fuiste tomado; **pues tú eres polvo y al polvo retornarás»** (Génesis 3:19). Es decir, su alma retornará a su origen, el aspecto femenino inferior –Maljut–. No obstante, **después de que pecó, se transformó en alimento de la serpiente.** Pues al morir, el hombre vuelve al polvo, y se convierte en alimento de la serpiente. **Y a esto se refiere lo que está escrito acerca de la serpiente:** «Y El Eterno Dios le dijo a la serpiente: Por haber hecho esto, maldita serás entre todo animal y todo animal salvaje; sobre tu vientre irás, **y polvo comerás todos los días de tu vida»** (Génesis 3:14). **«Polvo», se refiere al hombre,** que se convierte en alimento de la serpiente, **como está escrito:** «Con el sudor de tu frente comerás el pan hasta que retornes a la tierra, de la que fuiste tomado; **pues tú eres polvo** y al polvo retornarás» (Génesis 3:19).

Está escrito: «Y El Eterno Dios formó al hombre de polvo de la tierra y le exhaló en sus fosas nasales el alma de vida; y el hombre se transformó en un ser vivo» (Génesis 2:7). Es decir, él tiene el poder de elección, y si lo merece, se convertirá en Carruaje de la Presencia Divina –*Shejiná*–, que se denomina Polvo, y si no lo merece, se convertirá en alimento de la serpiente. **Y por eso está escrito «polvo»,** en esta cita, **y no está escrito «tierra** –*adamá*–». Pues *adamá* comparte raíz con la expresión *edamé*, que significa «me asemejaré», como está escrito: «Me asemejaré a El Altísimo» (Isaías 14:14). Es decir, no está escrito «tierra –*adamá*–», porque indicaría obligación de ser bueno, y no libre elección. **Y no** está escrito **«materia»,** que indicaría materialidad. E indicaría la obligación de estar inmerso en el materialismo. Antes bien, fue otorgado libre albedrío para elegir entre el bien y el mal, **y** por eso **está escrito: «Y el alimento de la serpiente será el polvo»** (Isaías 65:25). Es decir, si la persona pecara, se convertirá en alimento de la serpiente, y volverá al polvo. Esto será así **hasta que El Santo, Bendito Sea, se despierte y elimine ese espíritu impuro del mundo, como está escrito: «Engullirá a la muerte para siempre»** (Isaías 25:8). **Y** entonces El Santo, Bendito Sea, **levantará a ese polvo** del cuerpo de los muertos, **y lo despertará para alegrarse en el mundo, como está escrito: «Despertad y alabad, los que dormís en el polvo»** (Isaías 26:19).

Está escrito: «La serpiente era más astuta que cualquier otro animal salvaje que El Eterno Dios había hecho. Ella le dijo a la mujer: ¿Acaso Dios dijo: no comeréis de ningún árbol del jardín?» (Génesis 3:1). **Y esto ya ha sido** estudiado y **establecido por nosotros.** Pues ya hemos dicho que la serpiente es el ente cósmico maligno llamado Samael. Antes bien, **el flanco que monta sobre ella, él le otorga poder para ejercer dominio y seducir, y hacer descarriar** a las personas del sendero correcto. **Y éste es el misterio del aspecto masculino** de la corteza impura denominada *klipá*, pues él, el ente mencionado, es el ente cósmico maligno llamado Samael. **Ya que el aspecto masculino ejerce dominio sobre el aspecto femenino, y le otorga poder.**

En el flanco de la santidad hay una gran irradiación de luminosidad, pues **el Sol y la Luna sirven como uno,** y no se separan. Es decir, el Sol, asociado con el misterio del aspecto masculino inferior –*Zeir Anpín*–, y la Luna, asociada al misterio del aspecto femenino inferior –Maljut–, de la santidad, están siempre unidos y no se separan jamás –todo el tiempo que el Templo Sagrado está en pie, como ocurrió en el pasado, y como sucederá en el futuro–. Pero en el flanco de la impureza, es diferente, ya que **el** ente cósmico maligno llamado Samael se denomina **«oscuridad», y ella,** el aspecto femenino, que es su pareja, se denomina **«tenebrosa». Como está escrito:** «Moshé (Moisés) extendió su mano hacia el cielo **y hubo una oscuridad tenebrosa** en toda la tierra de Egipto durante tres días (Éxodo 10:22). O sea, todo lo opuesto a la pareja de la santidad, integrada por el aspecto masculino inferior –*Zeir Anpín*–, y el aspecto femenino inferior –Maljut–. Y además, los miembros de la pareja del Otro Lado –*Sitra Ajra*–, se denominan **oscuridad y tinieblas.** Pues el ente cósmico maligno llamado Samael se denomina «oscuridad», su pareja, se denomina «tinieblas». **Pues hay oscuridad** asociada al misterio del aspecto masculino, **y hay** otro tipo de **oscuridad,** la cual es más intensa, y está asociada al misterio del aspecto femenino de la corteza impura denominada *klipá*.

Hemos estudiado: quien vio un camello en medio de **su sueño, fue decretada la muerte sobre él, y se salvó de ella** (*véase* Talmud, tratado de Berajot 56b). Pues si la intención del sueño hubiera sido informarle de su muerte concretamente, en ese caso hubiera visto que el camello lo llevaba. ¿Y por qué este asunto de la muerte se vincula con un camello? **Porque es del flanco impuro,** el de Lilit, el aspecto femenino impuro, **y éste es** un flanco que se denomina: **«fin de toda**

carne». Como está escrito: «Dios le dijo a Noaj (Noé): ha llegado ante Mí el fin de toda la carne; pues la tierra está llena de hurto a causa de ellos; y he aquí que estoy por destruirlos de la tierra» (Génesis 6:13).

Un día Rabí Elazar estaba sentado ante Rabí Shimón, su padre. **Rabí Elazar** le **dijo: este «fin de toda carne»,** que alude al Otro Lado –*Sitra Ajra*–, ¿**tenía** algún tipo de **provecho de los sacrificios que los** Hijos **de Israel ofrecían sobre el Altar, o no?**

Rabí Shimón **le dijo: todos como uno se satisfacían** y tenían provecho de los sacrificios ofrecidos por los Hijos de Israel, **en lo Alto, y en lo bajo.** Es decir, la santidad en lo Alto, y el Otro Lado –*Sitra Ajra*– en lo bajo.

Y ven y **observa: los sacerdotes** realizaban el servicio en el Templo Sagardo, **los levitas** entonaban cánticos y alabanzas, **y los israelitas** hacían guardias de honor –*maamadot*–, y oraban a El Santo, Bendito Sea, y **todos ellos,** en conjunto, **se denominan «hombre», a través de la unión de esas voluntades** y concentraciones **sagradas que salían del interior de ellos** en el momento de ofrecer los sacrificios. Pues a través de ello hacían ascender las aguas femeninas provenientes del ofrendado de los sacrificios. **Y esa cabra, o ese cordero, o animal doméstico, que ofrecían** por sacrificio, no era ofrecido sin antes confesarse sobre él, pues **era necesario que antes de ofrecerlo sobre el Altar, especificaran y confesaran sobre él todos los pecados, y todas las faltas cometidas, y todos los malos pensamientos** tenidos. **Y entonces ese** sacrificio **se denomina «animal» a través de todos** esos asuntos por la parte del Otro Lado –*Sitra Ajra*– que había en él. Ya que el Otro Lado –*Sitra Ajra*– se denomina «animal». Es decir, **a través de** las confesiones **de los pecados, y las faltas, y los malos pensamientos,** el sacrificio se denominaba «animal», pues a través de estos asuntos, el Otro Lado –*Sitra Ajra*– tomaba su parte. Y esa es la carga de los pecados con que se carga al animal, **similar al sacrifico de Azazel, como está escrito:** «Aarón apoyará sus dos manos sobre la cabeza del macho cabrío vivo **y confesará sobre él todas las iniquidades de los Hijos de Israel,** y todos sus pecados de rebelión entre todos sus pecados, y los colocará sobre la cabeza del macho cabrío y lo enviará con un hombre designado al desierto» (Levítico

16:21). **Así también aquí,** con todo sacrificio individual, a través de la confesión, el Otro Lado –*Sitra Ajra*– recibía su parte.

Y cuando el animal sacrificado **era subido al Altar, tomaba una carga doble,** una parte para la santidad, y una parte para el Otro Lado –*Sitra Ajra*–. **Y por eso, esta** parte de la santidad **asciende a su lugar, y esta** parte del Otro Lado –*Sitra Ajra*– **asciende a su lugar. Esta** parte de la santidad es recibida **según el misterio del hombre,** pues el sacerdote, que está asociado con el misterio de la derecha, o sea, la sefirá de Jesed –bondad–, con el vínculo de la unificación y con la voluntad íntegra que pone en el momento de realizar la ofrenda, y los levitas con sus cánticos, y los israelitas en sus guardias de honor y sus rezos, provocan el ascenso de las aguas femeninas, generando la unión de todos los mundos, hasta el Infinito. Y entonces todos los mundos sagrados se incluían como uno, según el misterio del aspecto cósmico denominado partzuf del hombre. **Y ésta** parte del Otro Lado –*Sitra Ajra*–, es recibida **según el misterio del animal,** pues asciende según el misterio de la forma de un animal, debido a los pecados y las faltas que se confesaron sobre el animal ofrecido. De ellos, los pecados y las faltas, tenían provecho todas las legiones del Otro Lado –*Sitra Ajra*–, y todas se incluían como uno según el misterio del animal. **Como está dicho: «Al hombre y al animal, El Eterno salva»** (Salmos 36:7). Es decir, a través del ofrecido de los sacrificios, El Santo, Bendito Sea, salvaba y enviaba abundancia tanto al flanco de la santidad, asociado con el misterio del hombre, como al flanco del Otro Lado –*Sitra Ajra*–, asociado con el misterio del animal.

Antes bien, esto es posible afirmarlo en relación con una ofrenda animal, sobre la cual se realiza la confesión de los pecados y las faltas, pero en relación con las ofrendas vegetales, ¿qué hay para decir? La respuesta no es sino ésta: **las tortas y las demás ofrendas vegetales,** todas eran traídas **para despertar el espíritu de la santidad,** y provocar el flujo de la abundancia en todos los mundos. Pues **con** el misterio de **la voluntad del sacerdote** en el momento de realizar la ofrenda, **y los cánticos de los levitas, y los rezos de los israelitas,** quienes oraban a El Santo, Bendito Sea, para que las ofrendas vegetales sean recibidas con buena voluntad, conformando entre todos el misterio del aspecto cósmico denominado *partzuf* del hombre, a través de esa unión de todos, ascendía la parte de las ofrendas vegetales a la santidad. **Y con ese humo, y el aceite, y la harina, que ascendían** a lo Alto a través del humo, **se saciaban y satisfacían todos los demás poseedores de** facultad de **juicio,** incluyéndose los del Otro Lado –*Sitra Ajra*–. Y de este modo se endulzaban, a tal extremo **que no podían ejercer dominio** incluso **sobre ese juicio que les había sido entregado,** o sea, no podían ejecutarlo. **Y todo** ocurría **en un momento.**

Ven y **observa: todo** lo que se hacía en el Templo Sagrado **era realizado según el misterio de la fe,** es decir, con el fin de rectificar el aspecto femenino inferior –Maljut–, al cual se elevaban las aguas femeninas depurada de los sacrificios ofrecidos. Esto era así **para** abastecer y **satisfacer a éste** mundo **con** la abundancia proveniente de **éste** otro, o sea, para abastecer y satisfacer al mundo inferior, con la abundancia proveniente del Mundo supremo. **Y para ascender a lo Alto lo que se debía ascender, hasta el Infinito.** Es decir, todo lo que se otorgaba al Otro Lado –*Sitra Ajra*– era para que se alegre con su parte y no acuse en medio del servicio de la rectificación del aspecto femenino inferior –Maljut–, y el ascenso de las aguas femeninas.

Rabí Shimón dijo a los compañeros: **¡Alzo mis manos a lo Alto en plegaria!** Es decir, Rabí Shimón rezó para que los misterios de la Torá mencionados fueran recibidos con buena voluntad en lo Alto por El Santo, Bendito Sea. Y dijo: **cuando la voluntad suprema** que se encuentra **en lo Alto, en lo Alto, estaba con esa voluntad que no se puede conocer y tampoco aprehender, jamás,** entonces, **la Cabeza recónditamente oculta de lo Alto,** es decir, *Adam Kadmon,* que es la cabeza recóndita **y** oculta de todo el Mundo de la Emanación –*Atzilut*–, generó lo que generó, pues **esa Cabeza sacó lo que sacó, y no se sabe** su esencia –de lo que sacó, pues es extremadamente oculto–, **e irradió luminosidad con la irradiación de luminosidad que emitió,** y **todo con** una gran **ocultación** recóndita.

Así se formó el ente cósmico oculto de lo oculto, denominado Anciano de Días –*Atik Iomin*–. Y entonces, **la voluntad del Pensamien-**

to supremo del Anciano de Días *–Atik Iomin–,* **era ir tras él,** *Adam Kadmon,* **para recibir irradiación de luminosidad de él.**

Éste es el modo a través del cual Anciano de Días *–Atik Iomin–,* recibió irradiación de luminosidad de *Adam Kadmon:* **un velo se extendió** en medio de su cuerpo, o sea, a la altura del ombligo de *Adam Kadmon,* y debajo de este velo, comienza la Cabeza que no se puede aprehender. **Y del interior de ese velo** de *Adam Kadmon,* **a través de la persecución del Pensamiento supremo** mencionado, **llegaba y no llegaba hasta ese velo.** Pues el ente cósmico mencionado, el Anciano de Días *–Atik Iomin–,* ascendió hasta el velo para recibir la irradiación de luminosidad completa de *Adam Kadmon,* pero no llegaba concretamente hasta el velo. Y aun así, **se iluminó lo que se iluminó.** Es decir, el Anciano de Días *–Atik Iomin–,* recibió un grado reducido de la irradiación de luminosidad de *Adam Kadmon.* **Y entonces,** cuando **ese Pensamiento supremo,** del Anciano de Días *–Atik Iomin–,* recibió la pequeña porción mencionada de la irradiación de luminosidad de *Adam Kadmon,* el Anciano de Días *–Atik Iomin–* **irradiaba luminosidad con irradiación de luminosidad oculta, que no se conoce** su esencia, pues no se puede aprehender. Es decir, el Anciano de Días *–Atik Iomin–,* emitió irradiación de luminosidad a su aspecto femenino, que es su vestimenta en la que se inviste, o sea, el ente cósmico oculto denominado *Arij Anpin* a través de la irradiación de luminosidad de Iesod, y la coronilla de *Adam Kadmon,* que están ocultas en él, y se desconoce el gran poder de su irradiación de luminosidad. **Y ese Pensamiento** del Anciano de Días *–Atik Iomin–,* **no sabía** ni conocía el poder de la irradiación de luminosidad de Iesod, y la coronilla de *Adam Kadmon,* que están ocultas en él.

Después de que el Anciano de Días *–Atik Iomin–,* y su pareja, el ente cósmico oculto denominado *Arij Anpin,* fueron rectificados, **entonces esa irradiación de luminosidad del** ente cósmico oculto denominado *Arij Anpin,* asociada al misterio del **Pensamiento que no es sabido, golpeó con la irradiación de luminosidad del velo que está dispuesto** en medio del cuerpo del Anciano de Días *–Atik Iomin–.* Y a través de ello recibió una gran irradiación de luminosidad del Anciano de Días *–Atik Iomin–,* y se rectificó su Pensamiento oculto. Después el Pensamiento oculto **irradió luminosidad de lo que no es sabido** ni se puede aprehender. **(269a)** Es decir, el Pensamiento oculto del ente cósmico oculto denominado *Arij Anpin*, recibió tres irradiaciones de luminosidad. Una irradiación de luminosidad, la primera, la recibió de Adán, el primer hombre *Kadmon*, cuya esencia se ignora totalmente. **Y** a la segunda irradiación de luminosidad, la recibió de **lo que no es sabido,** o sea, de la Cabeza que no es sabida ni conocida. **Y** a la tercera irradiación de luminosidad, la recibió de **lo que no es revelado,** o sea, de Keter, del ente cósmico oculto denominado *Arij Anpin*. **Y entonces la irradiación de luminosidad del** ente cósmico oculto denominado *Arij Anpin*, que fue rectificada a partir de la irradiación de luminosidad de la Cabeza que no es sabida, que se denomina **Pensamiento que no se sabe** su esencia, **golpeó con la irradiación de luminosidad del velo** que está dispuesto en medio del cuerpo del Anciano de Días –*Atik Iomin*–. **Y** entonces las generalidades, los aspectos cósmicos denominados *partzufim* del Anciano de Días –*Atik Iomin*– y el ente cósmico oculto denominado *Arij Anpin*, **irradiaron luminosidad como uno.** Pues las siete emanaciones cósmicas denominadas sefirot inferiores del Anciano de Días –*Atik Iomin*–, se invistieron en la generalidad del ente cósmico oculto denominado *Arij Anpin*.

Y a través del investido del Anciano de Días –*Atik Iomin*–, en el ente cósmico oculto denominado *Arij Anpin*, **se formaron** y rectificaron las **nueve** emanaciones cósmicas denominadas sefirot, del ente cósmico oculto denominado *Arij Anpin*, que se denominan **Palacios.** Pues son Palacios para las siete emanaciones cósmicas denominadas sefirot inferiores del Anciano de Días –*Atik Iomin*– que se invisten en ellas. **Y los Palacios** mencionados **no son** considerados según el grado de **irradiaciones de luminosidad** del alma existencial –*nefesh*–. **Y no son** considerados según el grado de irradiaciones de luminosidad del **espíritu. Y no son** considerados según el grado de irradiaciones de luminosidad del **alma** –neshamá–. **Y no hay quien se sitúe en ellos** para conocer su esencia intrínseca.

Y después de que el Anciano de Días –*Atik Iomin*– se invistió en el ente cósmico oculto denominado *Arij Anpin*, y a través de esa inclusión se rectificó apropiadamente, entonces, **la voluntad de todas las nueve irradiaciones de luminosidad,** que son las nueve emanaciones cósmicas denominadas sefirot del ente cósmico oculto denominado *Arij Anpin,* **todas ellas existieron con el Pensamiento** del Anciano de Días *–Atik Iomin–,* es decir, se mantienen por el poder de su Pensamiento, el cual se inviste en ellas según el misterio del alma *–neshamá–,* el espíritu *–ruaj–,* y la esencia existencial *–nefesh–.* Pues el Anciano de Días *–Atik Iomin–,* en su investido en el ente cósmico oculto denominado *Arij Anpin,* completa en él las diez emanaciones cósmicas denominadas sefirot, **siendo** él **uno en la cuenta de ellas,** las diez sefirot del ente cósmico oculto denominado *Arij Anpin.* Y es la voluntad de **todas ellas,** las nueve emanaciones cósmicas denominadas sefirot del ente cósmico oculto denominado *Arij Anpin,* **perseguir detrás de él,** el Pensamiento del Anciano de Días *–Atik Iomin–,* para alcanzarlo. Esto es así **cuando están** todas juntas **con el Pensamiento** del Anciano de Días *–Atik Iomin–,* cuando se inviste con ellas. **Y** aun así, **no se apegan a él ni lo conocen,** pues es un ente cósmico que no se puede aprehender.

Y esas tres primeras emanaciones cósmicas denominadas sefirot, del Anciano de Días *–Atik Iomin–,* que son la Cabeza que no se conoce, **no están** dispuestas en forma aprehensible, **no en la voluntad,** que es la sefirá de Keter, del ente cósmico oculto denominado *Arij Anpin,* **y no en el pensamiento supremo,** que es la Jojmá oculta, del ente cósmico oculto denominado *Arij Anpin.* Y ellas **prenden de ella,** la cabeza oculta, sólo un poco de la irradiación de luminosidad, **y no prenden** demasiado de esa irradiación de luminosidad, no pudiendo percibir nada a través de esa pequeña aprensión que prenden. **Y en éstas** tres primeras emanaciones cósmicas denominadas sefirot del Anciano de Días *–Atik Iomin–,* que son la Cabeza que no se conoce, **están todos los misterios de la fe.** Pues en ellas se inviste la Luz Infinita.

Y todas esas irradiaciones de luminosidad del misterio del pensamiento supremo, todas ellas se denominan *Ein Sof.* Esta expresión representa al Infinito, pero a modo de pregunta, es decir, ¿dónde está el final? Pues el final es inaprensible en relación con los aspectos cósmicos denominados *partzufim* del Mundo de la Emanación –*Atzilut*–.

Hasta aquí, hasta las tres primeras emanaciones cósmicas denominadas sefirot del Anciano de Días –*Atik Iomin*–, que son la Cabeza que no se conoce, **llegan las irradiaciones de luminosidad** provenientes de lo Alto, del *Ein Sof,* **y** es como si **no llegaran,** pues son inaprensibles, **y no se conocen** ni se sabe su esencia. **Aquí no hay** aprensión del Cerebro oculto que se denomina **Pensamiento, y tampoco** aprensión de Keter, que se denomina **Voluntad.**

A continuación se explicará lo concerniente al aspecto cósmico denominado *partzuf* del aspecto masculino superior –*Aba*–, y el aspecto cósmico denominado *partzuf* del aspecto femenino superior –*Ima*–: **cuando el Pensamiento,** el cual está asociado con el misterio del aspecto masculino superior –*Aba*–, **irradia luminosidad** a través de la recepción de los *mojin,* es decir, las facultades cognitivas cósmicas, **y no sabe** y no conoce a través **de quién irradia luminosidad,** o sea, desconoce las tres primeras emanaciones cósmicas denominadas sefirot del ente cósmico oculto denominado *Arij Anpin,* que de ellas recibe los *mojin,* es decir, las facultades cognitivas cósmicas, **entonces,** cuando eso sucede, sus *mojin* **se invisten** en la sefirá de Netzaj, la sefirá de Hod, y la sefirá de Iesod, de él. Y después, la sefirá de Netzaj, la sefirá de Hod, y la sefirá de Iesod, del aspecto masculino superior –*Aba*–, con los *mojin,* es decir, las facultades cognitivas cósmicas, que hay en su interior, se invisten y **se ocultan dentro de** Netzaj, la sefirá de Hod, y la sefirá de Iesod, del ente cósmico denominado **Biná,** que es el aspecto femenino superior –*Ima*–. **Y** los *mojin* del aspecto masculino superior –*Aba*–, y el aspecto femenino superior –*Ima*–, **emiten irradiación de luminosidad a quien emiten irradiación de luminosidad,** o sea, a quien es apropiado emitir irradiación de luminosidad, es decir, el aspecto masculino inferior –*Zeir Anpín*–. Y a través de esto **éste entra con éste,** es decir, el aspecto masculino inferior –*Zeir Anpín*–, se une íntimamente con el aspecto femenino inferior –Maljut–, a través del poder de los *mojin* que recibió. Y las irradiaciones de luminosidad se proyectan a través de las facultades cognitivas cósmicas **hasta que** todos los aspectos cósmicos denominados *partzufim* del Mundo de la Emanación –*Atzilut*–, **se incluyen todos como uno.**

Y con el misterio del sacrificio ofrendado, **cuando asciende** el humo del incienso correspondiente al sacrificio mencionado, ya que el sacrificio asciende con el humo a modo de incienso, según el misterio de las aguas femeninas, **todo se vincula esto con esto.** Es decir, todos los aspectos cósmicos denominados *partzufim* del Mundo de la Emanación –*Atzilut*–, se vinculan uno con el otro, cada uno con su pareja, incluyéndose todos como uno. **Y éste irradia luminosidad en éste** otro. Es decir, los aspectos cósmicos denominados *partzufim* inferiores emiten irradiación de luminosidad en dirección de los aspectos cósmicos denominados los aspectos cósmicos denominados *partzufim* supremos, según el misterio del ascenso de las aguas femeninas. **Entonces todos están en ascenso.** Pues a través del misterio del ofrendado de los sacrificios, los grados de las emanaciones cósmicas denominadas sefirot comienzan a ascender desde el confín del Mundo de la Acción –*Asiá*–, hasta el confín del Mundo de la Emanación –*Atzilut*–, y las aguas femeninas ascienden hasta el Infinito, hasta el *Ein Sof.* Y entonces, El Santo, Bendito Sea, envía abundancia suprema desde lo Alto a lo bajo. **Y** entonces **el** Anciano de Días –*Atik Iomin*–, que se denomina **Pensamiento** supremo, **se corona** y asciende según el misterio de las aguas femeninas, **con el *Ein Sof.*** Es decir, **esa irradiación de luminosidad de la cual irradia** el Anciano de Días –*Atik Iomin*–, que se denomina **Pensamiento supremo, la cual no se conoce en absoluto,** pues es completamente inaprensible y recóndita, **se denomina *Ein Sof*,** y se refiere a *Adam Kadmon,* que se denomina *Ein Sof,* porque la irradiación de luminosidad del *Ein Sof* se inviste en él. **Y de él,** a partir de este ente cósmico supremo oculto, denominado *Adam Kadmon,* se originó y **se encuentra** en existencia el Anciano de Días –*Atik Iomin*–. **Y** *Adam Kadmon,* **está** en lo Alto, **y emite irradiación de luminosidad a quien emite irradiación de luminosidad,** es decir, al Anciano de Días –*Atik Iomin*–; y de él se iluminan todos los aspectos cósmicos denominados *partzufim* que están debajo.

Rabí Shimón dijo a modo de culminación de esta profunda enseñanza: **Y por eso,** por el misterio de los sacrificios, **todos** los mundos

existen, como fue enseñado: Shimón el justo era del remanente de la Gran Asamblea. Él solía decir: el mundo se mantiene por tres cosas: por la Torá, por el servicio, y por las obras de bien (Mishná, tratado de Avot 1:2). El servicio se refiere a los sacrificios. **Bienaventurada la parte de los justos en este mundo y en el Mundo Venidero.**

Ven y **observa: este Otro Lado** *–Sitra Ajra–*, que se denomina **«Final de toda carne»,** pues extermina la carne. Pues **tal como se encuentra vínculo en lo Alto con alegría,** ya que a través del misterio del ofrendado de los sacrificios, se vinculan y se unen todos los aspectos cósmicos denominados *partzufim* del Mundo de la Emanación *–Atzilut–*, **así también sucede en lo bajo,** en el Mundo de la Creación *–Briá–*, el Mundo de la Formación *–Ietzirá–*, y el Mundo de la Acción *–Asiá–*, en ellos también hay vínculo y unión. Y la proyección alcanza también a los entes impuros denominados *jitzonim,* que reciben energía existencial de los sacrificios, ya que también ellos son necesarios para la existencia del mundo, tal como hemos explicado en otras oportunidades. Y este vínculo se produce **con alegría y voluntad, para proveer** de abundancia a todos los grados, de **lo Alto y** de **lo bajo. Y** entonces **el aspecto femenino superior** *–Ima–*, que es la Presencia Divina *–Shejiná–* suprema **está sobre ellos, los** Hijos **de Israel,** y les envía abundancia **como es debido.**

Ven y **observa: cada Luna Nueva y Luna** Nueva, **cuando la Luna,** asociada al misterio de la Presencia Divina *–Shejiná–*, **se renueva otorgan a ese** Otro Lado *–Sitra Ajra–*, que se denomina **«Final de toda carne», una parte adicional de los sacrificios.** Es decir, se le otorgaba una parte adicional además de lo que recibía todos los días. Y se lo hace **para que se ocupe de ella,** esa parte adicional que recibe, **y utilice su parte** de nutriente recibida, y no se entrometa en la alegría de los Hijos de Israel, con el Amo de ellos. **Y** entonces el flanco de los Hijos de Israel, que es el flanco de la derecha, **estará dispuesto para ellos solos, para que se aferren al Amo de ellos,** El Santo, Bendito Sea.

Y esa parte adicional que recibe el Otro Lado *–Sitra Ajra–* que se denomina «Final de toda carne», **es del macho cabrío** *–sair–* ofrecido en la Luna Nueva. **Pues** el macho cabrío **es la parte de Esaú,** vinculado con el misterio de los entes impuros denominados *jitzonim*, **pues está escrito acerca de él que era «*sair*»,** como está escrito: «Iaacov (Jacob) le respondió a Rivka (Rebeca), su madre: **pero mi hermano Esav (Esaú) es hombre velludo** –*sair*–, y yo soy de piel tersa (Génesis 27:11). Se indica a modo de alusión que él recibe una parte del macho cabrío –*sair*–. **Y por eso el** Otro Lado –*Sitra Ajra*– **utiliza su parte,** o sea, el residuo de la abundancia que recibe de la santidad. **Y los** Hijos **de Israel utilizan la parte de ellos,** lo principal de la abundancia. **A esto se refiere lo que está escrito: «Porque Dios ha escogido a Jacob para sí, a Israel por tesoro de Él»** (Salmos 135:4). Por eso El Santo, Bendito Sea, otorga lo principal de la abundancia a los Hijos de Israel.

Y ven y **observa: ese** Otro Lado –*Sitra Ajra*– que se denomina **«Final de toda carne», toda su voluntad no está puesta sino en la carne, siempre.** Es decir, su deseo está puesto en exterminar toda carne, pues el cuerpo de la persona se formó a través del despertar del Mal Instinto, **y por eso la rectificación de la carne** de los sacrificios **es** también **siempre para él. Y por eso** el Otro Lado –*Sitra Ajra*– **se denomina: «Final de toda carne»,** pues tiene provecho al ver exterminarse la carne del sacrificio. Y también su deseo respecto a la persona es similar, pues el Otro Lado –*Sitra Ajra*–, desea ver el exterminio de su carne. **Y cuando** el Otro Lado –*Sitra Ajra*– **ejerce dominio** sobre la persona, en el momento de su muerte, **ejerce dominio sobre su cuerpo, y no sobre su alma.** Pues **el alma asciende a su lugar,** al Jardín del Edén, **y la carne es entregada a este lugar,** el Otro Lado –*Sitra Ajra*– se denomina: «Final de toda carne»; y por esa razón la carne del cuerpo se descompone en el sepulcro.

Algo parecido ocurre **con los sacrificios, pues la voluntad** de quien lo ofrece **asciende a un lugar,** el de la santidad, **y la carne a un lugar** diferente, pues al quemársela, tienen provecho de ella los entes impuros denominados *jitzonim*. **Y cuando la persona es merecedora, es** considerado **un sacrificio concretamente** al irse del mundo, cuando muere. Pues la corteza impura denominada *klipá,* tiene provecho de su cuerpo, al descomponerse la carne en el sepulcro, y a través de eso no acusa a los Hijos de Israel. Y a través del ascenso de su alma –*nefesh*–, se proyecta el beneficio supremo a la parte espiritual del Mundo de la Acción –*Asiá*–. Y a través del ascenso del espíritu –*ruaj*–, se proyecta el beneficio supremo a la parte espiritual del Mundo de la Formación –*Ietzirá*–, incluyéndose todos los ángeles de allí. Y a través del ascenso de su alma –*neshamá*–, se proyecta el beneficio supremo a la parte espiritual del Mundo de la Creación –*Briá*–. Y a través del ascenso del grado de su alma denominada *jaia*, se renueva y se une todo el Mundo de la Emanación –*Atzilut*–. Resulta que este hombre justo es un sacrificio completo. **Y otro** hombre **que no es justo, no** es apto para ser considerado un sacrificio, **pues** a través de los pecados cometidos, **tiene defecto,** y no es apropiado para ser ofrecido por sacrificio, **como está escrito:** «Todo aquel que tenga defecto no lo ofrendaréis, **pues no os será favorable**» (Levítico 22:20). Por eso el cuerpo del malvado es entregado a las cortezas impuras denominadas *klipot*, y su alma –*nefesh*–, al Infierno. Y su espíritu no asciende a su lugar en el Jardín del Edén; y no tiene en absoluto los grados de alma denominados *neshamá* y *jaia*. **Y por eso el justo es** considerado **expiación por el mundo** con su muerte, **y sacrificio** expiatorio **concretamente. Bienaventurados ellos, los justos, en este mundo, y en el Mundo Venidero.**

Está escrito: **«La nube cubrió la Tienda de la Reunión** y la gloria de El Eterno llenó el Tabernáculo» (Éxodo 40:34). Se aprende de esta declaración **que cuando la nube cubrió la Tienda de la Reunión, la Presencia Divina** –*Shejiná*– **se posó en la Tierra. Y** en ese momento **se apartó el espíritu de impureza del mundo, el cual es** denominado: **«Final de toda carne».** Pues su poder se debilitó a través de la santidad de la Tienda de la Reunión que hicieron los Hijos de Israel. Antes bien, no se anuló completamente, pues hicieron el Becerro de Oro. **Y se apartó e ingresó al agujero del Gran Abismo, y el espíritu sagrado,** o sea, la Presencia Divina –*Shejiná*–, **se posó en el mundo, como está escrito: «La nube cubrió la Tienda de la Reunión»** (Éxodo 40:34). Pues la Presencia Divina –*Shejiná*–, había descendido en la columna de nube. **Y está escrito: «Moshé (Moisés) no podía entrar en la Tienda de la Reunión, pues la nube reposaba sobre ella** y la gloria de El Eterno colmaba el Tabernáculo» (Éxodo 40:35). Pues **el espíritu sagrado,** o sea, la Presencia Divina –*Shejiná*–, **se posó en el mundo, y el espíritu de impureza se apartó, con excepción de lo que los pecadores atrajeron al mundo como al comienzo. Pues si ellos no lo hubiesen atraído al mundo, no se encontraría** en absoluto en el mundo.

Y en el tiempo futuro, cuando se produzca la venida del Mesías, la santidad ascenderá, y entonces **en el futuro El Santo, Bendito Sea, quitará el espíritu de impureza del mundo, como está escrito: «Engullirá a la muerte para siempre; y enjugará El Señor, Dios, las lágrimas de todos los rostros; y quitará la humillación de su pueblo de toda la Tierra; porque El Eterno lo ha dicho»** (Isaías 25:8). **Y está escrito: «Y quitaré la impureza de la Tierra»** (Zacarías 13:2).

Final de Parashat Pekudei

APÉNDICE

LOS DIFERENTES GRADOS DE LAS ALMAS

UNA PREGUNTA OBLIGATORIA

Para el lector inteligente de los textos bíblicos y, en particular de los textos místicos, existe una pregunta tan compleja como profunda: ¿por qué Moisés no construyó el Tabernáculo y sus utensilios? ¿Acaso el máximo líder de Israel no era el más cercano a los misterios divinos y el más capaz de traducirlos en hechos y en actos? A lo largo y ancho del texto bíblico encontramos a Moisés en un marco de intimidas único con El Eterno. Y además, si Moisés hizo descender al mundo la Torá, ¿no era capaz de construir el Tabernáculo y sus utensilios?

DOS GRADOS DIFERENTES

Moisés se encontraba en el grado espiritual esencial. Él se situaba por encima del nivel en el que las luces espirituales se revisten dentro de la realidad material. Por ello Moisés, en los textos místicos, se encuentra asociado a la Torá, la cual también se ubica por encima de toda relación con los grados materiales mundanos.

También esto nos explica el por qué de la dificultad del habla del líder hebreo, ya que, tal como enseñan los sabios cabalistas, el poder del habla se encuentra enraizado en el grado espiritual denominado Maljut, (ver: Introducción, El Zohar, volumen I) y el mismo actúa de igual modo: traduce los pensamientos espirituales abstractos en palabras que se dejan oír y que interactúan en el mundo de lo bajo, en el mundo físico, posibilitando la comunicación entre las personas que lo habitan.

El poder del habla, tal como la capacidad artística para hacer utensilios, es un grado que pertenece precisamente a quienes tienen su alma enraizada en el aspecto denominado Maljut, el cual conecta al mundo espiritual con el material. Moisés, tal lo dicho, se halla por encima de este grado. Y por ello es Betzalel el artista sagrado y supremo de la Biblia.

Por un lado, Betzalel se encontraba vinculado por intermedio de su alma con las luces supremas. Mas por el otro, poseía la capacidad y la posibilidad de traducir estas luces en objetos artísticos sobresalientes, aunque dentro del marco de nuestro mundo físico. Y esto mismo se encuentra sugerido en su nombre: *Betzel-El*, literalmente: «a la sombra de Dios». Mas, ¿por qué precisamente esta imagen? Porque la sombra es similar a la traducción y a la copia de un ente original. De igual modo, Betzalel se encontraba apegado a la divinidad, a la Luz suprema, y lograba trasladarla y duplicarla en forma de lo creado, tal como una sombra calca al cuerpo de la persona.

EL FINAL DEL ACTO
Y EL COMIENZO DEL PENSAMIENTO

Por lo tanto, la raíz espiritual de la diferencia entre Moisés y Betzalel es que Moisés se encontraba asociado al grado espiritual del Tiferet, al grado de la Torá, los mundos espirituales en su máxima pureza y esplendor, mientras que Betzalel se vinculaba con el grado de Maljut, el del Templo, que es la proyección de los mundos espirituales en los mundos materiales.

En base a lo dicho cabe entender las diferencias que encontramos entre las secciones bíblicas de *Ki Tisá* y *Vaiakhel*, la diferencia entre la ordenanza y la realización del acto. En la sección de *Ki Tisá*, El Eterno ordena a Moisés comunicarle a Betzalel acerca del «proyecto» del Tabernáculo, el Arca y los utensilios. Así, en este mismo orden. Pero Moisés finalmente ordena a Betzalel primero sobre los utensilios y luego sobre el Tabernáculo. Pero en la Torá absolutamente todo, incluso algo aparentemente insignificante, posee su sentido y su significado. Moisés actuó de este modo porque en la sección bíblica de *Terumá* El Eterno le enseñó y le ordenó acerca de los utensilios, y luego acerca del Tabernáculo. Y en la sección asociada a la acción, *Vaiakhel*, Betzalel hizo primero el Tabernáculo, y luego los utensilios.

Para arrojar luz y comprensión sobre estos hechos, los Sabios, en el Talmud, nos enseñan acerca del diálogo que mantuvieron Moisés con Betzalel:

«Dijo Rabí Shmuel bar Najmani en el nombre de Rabí Ionatán: Betzalel es llamado con este nombre por su sabiduría. Cuando El Eterno le dijo a Moisés: "ve y dile a Betzalel que me haga un Tabernáculo, un Arca e utensilios", fue Moisés e invirtió la orden. Le dijo: "Moisés, nuestro maestro. La costumbre es que un hombre construye una casa y luego introduce los utensilios en su interior". ¿Pero tú me dices: "hazme un Arca, utensilios, y...un Tabernáculo?" Cuando haga los utensilios, ¿a dónde los colocaré? Tal vez El Eterno te dijo: "un Tabernáculo, un Arca y utensilios." Le dijo Moisés: ¿tal vez a la sombra de Dios estuviste y por eso lo sabes?»

Vemos, entonces, que Moisés ordenó primero la creación de los utensilios y recién luego la del Tabernáculo, mientras que Betzalel anticipó el Tabernáculo a los utensilios. En realidad, la diferencia entre Moisés y Betzalel se debe a las raíces de sus almas: el Tiferet y el Maljut.

EL TIFERET Y EL MALJUT

El Tiferet, el grado supremo de la Torá, representa el aspecto espiritual, mientras que el Maljut se asocia con el grado de la acción. Tal como es sabido: «El final del acto se encuentra en el comienzo del pensamiento». El pensamiento busca rápidamente al objetivo final, y recién luego se apresta a desarrollar las etapas y los medios necesarios para lograr el objetivo. Una persona primero piensa y da forma a su voluntad de construir una casa, y recién después se dedica a la proyección práctica de la misma. Un hombre jamás comienza a pensar en los medios antes de aclarar su objetivo.

Por el contrario, en el mundo material, sucede exactamente lo contrario. Resulta imposible alcanzar un producto terminado y completo, sino a través de la realización de todas las etapas que conducen al objetivo. La casa que se construya será el resultado de la realización práctica y ordenada de las distintas etapas. Y así también nos enseña el Gaón de Vilna, en su comentario al *Sefer Ietzirá*, que la letra *Iud* alude al objetivo final. En el Nombre del Tetragrama del grado del Tiferet, la letra *Iud* es la primera, lo cual enseña que el pensamiento surge antes de la finalidad, y recién luego llegan los medios para alcanzar el objetivo. Por el contrario, en el Nombre de Adnut, «mi Señor», asociado al grado del Maljut, la letra *Iud* se ubica en el último lugar. De aquí aprendemos que el objetivo y la finalidad se obtendrán tras completar todas las etapas y los medios.

EL ESPÍRITU Y LA ACCIÓN

Para ejemplificarlo digamos que existen dos grandes categorías: las almas con una tendencia permanente a observar los objetivos y las finalidades, cuya misión en el mundo es vincular a todo el resto de los hombres con esos objetivos supremos, con esos ideales futuros. Pero también existen almas con capacidades prácticas, técnicas, que saben mover los hilos del mundo. Se trata de personas con capacidad de adaptar lo espiritual y lo supremo a la realidad concreta y de lograr que las ideas abstractas se manifiesten sobre un suelo firme y duradero. Pero cuidado: ambos se necesitan mutuamente ya que el visionario quedará en los ámbitos abstractos sin la persona que lo ayude a bajar y a aplicar sus ideales en el mundo, dentro de una realidad muchas veces carente de sentido y muy estrecha. Y el hombre práctico y realista, ¿sobre qué ideas aplicará sus capacidades sin los visionarios y los futuristas?

Moisés se asocia a Betzalel para que el Tabernáculo y todos sus utensilios existan en la práctica y en el marco de una realidad física. Aunque Betzalel, enraizado en el grado del Maljut, necesitó de Moisés para recibir las indicaciones precisas acerca de la obra sagrada.

GLOSARIO

Resulta importante aclarar que en el presente glosario aparecen las definiciones puntuales de las palabras, los términos y los conceptos principales, ya que los más generales han sido incluidos en la Introducción del Volumen I. También, debido a la complejidad y profundidad de ciertos temas, en el glosario simplemente se describe el tópico de modo extremamente resumido, el cual muchas veces aparece luego explicado por el mismo texto de El Zohar. De todos modos, esperamos que resulte de ayuda para el lector.

– A –

Aba: Uno de los cinco Rostros o Partzufim, en este caso identificado con la sefirá de Jojmá. *Véase* página 36 en la Introducción del Volumen I.

Academia Celestial: En el lenguaje de los sabios cabalistas se refiere al lugar espiritual al que ascienden los justos tras su muerte para continuar estudiando Torá y completar sus niveles espirituales.

Adam Kadmón: Lit.: Hombre Primordial. Se refiere a uno de los estados principales y esenciales de la concatenación y creación de los Cuatro Mundos. *Véase* página 63 en la Introducción del Volumen I.

Adonai: Nombre divino relacionado con la sefirá de Maljut y la letra Tav. Es uno de los diez Nombres divinos sobre los que recae la prohibición de ser borrado.

Ain: Una de las veintidós letras del abecedario hebreo. Su valor numérico es 70. Los sabios cabalistas la asocian con el signo de Capricornio, el enojo y el mes hebreo de Tevet.

Alef: Primera letra del abecedario hebreo. Su valor numérico es 1.

Alef Hei Iud Hei: Nombre divino relacionado con la sefirá de Keter. Es uno de los diez Nombres divinos sobre los que recae la prohibición de ser borrado.

Amá: Medida de longitud equivalente, aproximadamente, a medio metro.

Amalek: El primer pueblo que atacó por la espalda a Israel al salir de Egipto. Archienemigo espiritual de Israel, se considera que el Nombre de El Eterno no estará completo hasta que el recuerdo de este pueblo sea borrado, lo cual constituye un precepto bíblico. En el lenguaje de los sabios cabalistas, representa a la klipá que se opone al nivel de Daat de Santidad.

Amidá: Conjunto de Dieciocho bendiciones que se pronuncia tres veces al día, mañana, tarde y noche, las cuales resumen los pedidos tanto del individuo como los de la comunidad en general. En el lenguaje de los sabios este rezo también es denominado simplemente como «el rezo». Sus otros nombres son Amidá y Shmona Esré.

Arameo: Lengua relativamente cercana al hebreo. Hasta el exilio en Babilonia el arameo era conocido sólo por los sabios, mas allí el pueblo aprendió el idioma popular y casi olvidó el hebreo. El arameo del Talmud es coloquial, a diferencia del arameo literario que aparece en la Biblia (Daniel, Ezra).

Arij Anpín: Uno de los cinco Rostros o Partzufim, en este caso identificado con la sefirá de Keter. *Véase* pág. 76 en la Introducción del Volumen I.

Arvat Haminim: Lit: Cuatro especies. Una de las cuatro especies que se bendicen la fiesta de Sukot, la fiesta de las Cabañas: *etrog* –cidra–, *lulav* –rama de palmera–, *hadás* –mirto– y *aravá* –sauce.

Arvit: Rezo nocturno, uno de los tres rezos que se pronuncian a diario. De acuerdo con la enseñanza de los sabios del Talmud, este rezo fue establecido por el patriarca Jacob.

Atik Iomin: Uno de los Rostros o Partzufim. *Véanse* pág. 75 y ss. en la Introducción del Volumen I.

Aza y Azael: *Véanse* págs. 156, 243, 273-274, 296 en el Volumen I.

– B –

«Baraita»: Del arameo «externa». Se trata de enseñanzas que no fueron incluidas dentro de la recopilación de la Mishná. Estas mishnaiot fueron compiladas por separado y en parte son citadas en el Talmud.

Bet: Segunda letra del abecedario hebreo. Su valor numérico es 2.

Bein Hashmashot: Tiempo comprendido entre la puesta del Sol y el momento en el que se divisan en el cielo tres estrellas. Es un período en el que dudamos si es de día o de noche y existen distintas opiniones acerca de su duración.

Biná: Lit.: Entendimiento. Una de las tres sefirot más elevadas, junto con el Keter y la Jojmá. Si establecemos un paralelismo con el cuerpo humano, corresponde al cerebro, el hemisferio izquierdo, y el corazón.

Birkat Hamazón: Bendición posterior a las comidas ordenada por la Torá. Está compuesta por otras cuatro bendiciones: la bendición por la comida, la bendición y agradecimiento por la Tierra de Israel, la bendición por la reconstrucción de Jerusalén y la bendición por el bien recibido de Dios.

Birkot Hashajar: Lit.: Bendiciones de la mañana. Se refiere a las primeras bendiciones que se pronuncian al levantarse, y que constituyen un corpus dentro del Sidur o libro de oraciones.

Brit Milá: Circuncisión. Se realiza a todo hijo varón de Israel al octavo día de su nacimiento. Es realizado por un Mohel, persona especialmente preparada para efectuarlo, y se considera que libera al niño de importantes grados de impureza ritual.

Buen Instinto: *Véase*: Ietzer Hatov.

– D –

Daat: Lit.: Conocimiento. Una de las diez sefirot, la cual es contada y nombrada en el caso de no incluirse al Keter entre las sefirot. Está asociada con la letra hebrea Bet y el candelabro del Tabernáculo. *Véase* pág. 39 en la Introducción del Volumen I.

Dalet: Cuarta letra del abecedario hebreo. Su valor numérico es 4.

Día del Perdón: Llamado en hebreo Iom Kipur, se trata de uno de los días más sagrados del año judío. En este día –el 10 del mes de Tishrei– Moisés alcanzó el perdón divino para el pueblo tras el pecado del becerro de oro. Es un día dedicado por completo al ayuno, al arrepentimiento y al rezo.

Diez locuciones: Se refiere a las diez veces que durante los seis días de Creación aparece escrito «Y dijo Dios». De aquí se aprende también que el mundo fue creado a partir de la Palabra divina. El primer versículo bíblico es considerado por los sabios del Talmud como la primera de las locuciones.

– E –

Ein Sof: Lit.: Sin límite o Infinito. Expresión que refiere a la Voluntad ilimitada del Creador, antes del Tzimtzum y del comienzo del proceso de Creación. *Véanse* pág. 14 y ss. en la Introducción del Volumen I.

Elohim: El primero de los Nombres divinos que aparece en la Torá, el cual está asociado con la Gevurá, el Juicio y el Rigor divinos, con la vocal de shvá, el brazo y mano izquierdos, la letra Guimel, y con la mesa del Tabernáculo. Es uno de los diez Nombres divinos sobre los que recae la prohibición de ser borrado.

Elohim Tzevakot: Nombre divino relacionado con la sefirá de Hod. Es uno de los diez Nombres divinos sobre los que recae la prohibición de ser borrado.

Erev rav: Referente a la Mixtura de gente que, sin pertenecer al Pueblo de Israel, salió junto a sus integrantes cuando éste se liberó de Egipto, tal como lo relata la Torá en el libro del Éxodo. Los sabios cabalistas nos enseñan que los miembros de esta Mixtura afectan a Israel durante el exilio, y debido a esta razón Moisés debe reencarnarse en cada generación para ayudar y salvar a su pueblo de la influencia dañina de estas almas. En el lenguaje de los sabios cabalistas también tal Mixtura de gente aparece asociada con todos aquellos entes que aún no pudieron ser rectificados y que son afectados por la klipá o cáscara de Noga.

– F –

Femenino: En el lenguaje de los sabios cabalistas la idea de lo femenino no se reduce a mujer o hembra, sino a la energía receptiva y a la materia que busca su forma. Todo, a su vez, en todos los planos, está conformado por su aspecto masculino y por su aspecto femenino. Lo femenino está relacionado con la Biná.

– G –

Gabriel: Una de las principales divisiones entre los campamentos de ángeles celestiales es en cuatro, encabezados por cuatro ángeles más importantes: Mijael, Gabriel, Uriel y Refael.

Gan Eden: Lit.: Jardín del Edén. Se refiere al paraíso bíblico en el que habitaban Adam y Eva, pero también al lugar celestial, espiritual, compuesto por habitaciones e hileras, una más interna que la otra, y en la más interior de las cuales se encuentra el Mesías, luego los justos, los piadosos, etc.

Gezeirá shavá: Uno de los métodos utilizados para interpretar la Torá, basado en palabras similares o repetidas que figuran en dos versículos distintos. En estos casos los sabios aplican leyes de un versículo respecto al otro en base a este método comparativo.

Gimel: Tercera letra del abecedario hebreo. Su valor numérico es 3.

Gog y Magog: Si bien los exegetas divergen en la identidad de este o estos pueblos, y su rey o reyes, todos están de acuerdo en que la guerra de Gog y Magog se refiere a que las naciones del mundo se enfrentarán a Israel en Jerusalén y que se trata de un hito relacionado con la llegada del Mesías y el final de los seis mil años del mundo.

Guehenóm: Lit.: Infierno. Lugar espiritual en el que se expían las transgresiones realizadas en este mundo. Todo lo descrito acerca del Infierno, tal como el fuego, los castigos, el sufrimiento, etc., se refiere a niveles espirituales de corrección, siempre con el objetivo de que el alma alcance la perfección absoluta.

Guematria: Sabiduría basada en el valor numérico de las letras hebreas, según la cual dos palabras que comparten el mismo valor numérico están conectadas de modo esencial.

Gevurá: Lit.: Juicio o Rigor. Una de las diez sefirot. Si establecemos un paralelismo con el cuerpo humano, corresponde con el brazo izquierdo y la mano. *Véanse* págs. 33, 41 y 43 en la Introducción del Volumen I.

– H –

Havdalá: Bendición que se pronuncia al finalizar el Shabat y las festividades, para indicar la separación entre la Santidad de ese día y el resto de los días de la semana. Se realiza sobre el vino, las especias aromáticas y el fuego.

Hei: Quinta letra del abecedario hebreo. Su valor numérico es 5. Los sabios cabalistas la asocian con el signo de Aries, la fuerza del habla y el mes hebreo de Nisán.

Hei Vav Iud Hei Tzevakot: Nombre divino relacionado con la sefirá de Netzaj. Es uno de los diez Nombres divinos sobre los que recae la prohibición de ser borrado.

Heijal: Generalmente traducido como Palacio. Refiere al Maljut, y sobre él se escribe en el Sefer Ietzirá «que está orientado hacia el centro»

(Capítulo 4, Mishná 4). También, en el lenguaje de El Zohar, los heijalot o palacios son los pasadizos espirituales de cada mundo, por los que asciende la plegaria de los hombres en dirección a lo Alto.

Hod: Lit.: Esplendor. Una de las diez sefirot. Si establecemos un paralelismo con el cuerpo humano, corresponde a la pierna izquierda, el riñón y el testículo. *Véase* pág. 38 en la Introducción del Volumen I.

Holej: Uno de los signos musicales que se utilizan para leer la Torá y que encierra misterios muy profundos.

– I –

Iejidá: Una de las cinco partes que conforman el concepto judío del Alma. En este caso, nos referimos a la parte más elevada, la cual también, como la Jaiá, se encuentra por encima de la persona. Los sabios cabalistas la asocian también con el Keter.

Iesod: Lit.: Fundamento. Una de las diez sefirot. Si establecemos un paralelismo con el cuerpo humano, se corresponde con el órgano sexual. *Véase* pág. 38 en la Introducción del Volumen I.

Ietzer Hará: Lit.: Mal Instinto: en el lenguaje de los sabios cabalistas alude a la fuerza espiritual que intenta desviar a la persona del camino correcto. Junto con el Buen Instinto –Ietzer Hatov– son los responsables de establecer un equilibrio permanente para que el hombre pueda ejercer su libre albedrío, elegir, y recibir su recompensa o su castigo.

Ijudim: El término se relaciona en el lenguaje de los sabios cabalistas con la palabra hebrea *ejad*, uno, lo mismo que hace referencia a la unión, la asociación, y a la cercanía. En acto, significa unir, asociar y acercar algo a su fuente y raíz, con el objeto de que ambos se transformen en uno. El hombre, a través de su servicio espiritual, es capaz de generar ijudim, por ejemplo, entre dos Rostros o Partzufim y también entre dos Nombres divinos.

Ima: Uno de los cinco Rostros o Partzufim, en este caso identificado con la sefirá de Biná. *Véase* pág. 75 en la Introducción del Volumen I.

Iom Kipur: *Véase*: Día del Perdón.

Ishim: De acuerdo con Maimónides (Iesodei Hatorá 2:7) la diferencia de nombres entre los ángeles está en relación con los diferentes niveles que ocupan, y según esto se los denomina: «Jaiot Hakodesh», cuyo nivel es el superior, y «Ofanim», «Erelim», «Jashmalim», «Serafim», «Malajim», «Elohim», «Benei Elohim», «Kerubim» e «Ishim». Estos últimos son los ángeles que hablan con los profetas y que son vistos por ellos en una visión.

Itapja: *Véanse* págs. 294-295 en el Volumen I.

Itkafia: *Véanse* págs. 294-295 en el Volumen I.

Iud: Décima letra del abecedario hebreo. Su valor numérico es 10. Los sabios cabalistas la asocian con el signo de Virgo, la fuerza de la acción y el mes hebreo de Elul.

Iud Hei: Nombre divino relacionado con la sefirá de Jojmá. Es uno de los diez Nombres divinos sobre los que recae la prohibición de ser borrado.

Iud Hei Vav Hei (con la vocalización de Elohim): Nombre divino relacionando con la sefirá de Biná. Es uno de los diez Nombres divinos sobre los que recae la prohibición de ser borrado.

– J –

Jaiá: Una de las cinco partes que conforman el concepto judío del Alma. En este caso, nos referimos a la parte asociada con las fuerzas espirituales externas y superiores a la persona. Los sabios cabalistas la asocian también con la Jojmá. *Véase* pág. 23 en la Introducción del Volumen I.

Jaiot Hakodesh: De acuerdo con Maimónides (Iesodei Hatorá 2:7) la diferencia de nombres entre los ángeles está en relación con los diferentes niveles que ocupan, y según esto se los denomina: «Jaiot Hakodesh», cuyo nivel es el superior, y «Ofanim», «Erelim», «Jashmalim», «Serafim», «Malajim», «Elohim», «Benei Elohim», «Kerubim» e «Ishim». Estos últimos son los ángeles que hablan con los profetas y que son vistos por ellos en una visión.

Jesed: Primera de las consideradas «las siete sefirot inferiores». Si establecemos un paralelismo con el cuerpo humano, se corresponde con el brazo derecho y la mano. *Véanse* págs. 38 y 41 en la Introducción del Volumen I.

Jet: Octava letra del abecedario hebreo. Su valor numérico es 8. Los sabios cabalistas la asocian con el signo de Cáncer, la fuerza de la vista y el mes hebreo de Tamuz.

Jirik: Vocal relacionada por los sabios cabalistas con la sefirá de Netzaj y la letra Kaf.

Jojmá: Lit.: sabiduría. Es una de las tres sefirot más elevadas, junto al Keter y la Biná. Si establecemos un paralelismo con el cuerpo humano, se corresponde con el cerebro y el hemisferio derecho. *Véase* pág. 36 en la Introducción del Volumen I.

Jolam: Vocal relacionada por los sabios cabalistas con la sefirá de Tiferet y la letra Dalet.

Jubileo: En hebreo: Novel. El quincuagésimo año que llega tras completar siete veces los siete años de Remisión –Shemitá–. Es un año de descanso para la tierra y de liberación de esclavos (Levítico 25).

– K –

Kadish: Plegaria que se pronuncia tanto en el rezo diario como en otras ocasiones, tales como después de estudiar la Torá, o para la elevación del alma de un fallecido. Existen distintos tipos de esta misma oración, tal como el kadish de los Rabinos o el kadish de duelo, todos los cuales solo pueden ser pronunciados en comunidad. El contenido de la oración está escrito en idioma arameo.

Kaf: Una de las veintidós letras del abecedario hebreo. Su valor numérico es 20.

Kal vajomer: Inferencia del más débil al más fuerte: uno de los trece métodos utilizados para interpretar la Torá. El mismo indica que si tenemos dos asuntos, uno grave y uno leve, y se trata el caso leve con rigor, inferimos que se aplicará rigor también al caso grave. Por ejemplo, si un acto determinado se permite en Shabat, día de máxima Santidad, seguramente estará permitido en un día festivo.

Kamatz: Uno de los signos de puntuación o vocales. Los sabios cabalistas lo asocian con el Nombre divino Alef, Hei, Iud, Hei, la sefirá de Keter, la letra Alef, y los Querubines del Tabernáculo.

Karet: Castigo que señala la desconexión del alma de su raíz espiritual superior. Según algunas opiniones, la vida de la persona castigada con *karet* es cortada y esta no alcanza su ancianidad, no logra tener descendencia y tampoco entra al Mundo Venidero.

Kasher: Cuando el término se aplica a un alimento, se refiere a uno que cumple con las normas y las leyes de la Halajá, la Ley de la Torá, tal como los animales puros sacrificados de acuerdo con las normas rituales, etc. Cuando el término recae sobre un individuo, significa que tal persona es idónea y apta.

Kedushá: Lit.: Santificación: Bendición de máxima Santidad perteneciente al rezo de Amidá o Shmoná Esré.

Kel: Nombre relacionado con la sefirá de Jesed. Es uno de los diez Nombres divinos sobre los que recae la prohibición de ser borrado.

Keter: Lit: Corona. Es la primera y la más elevada de todas las sefirot. Si establecemos un paralelismo con el cuerpo humano, corresponde al cráneo. *Véase* pág. 34 en la Introducción del Volumen I.

Kidush: Oración de santificación que se pronuncia sobre el vino, en el Shabat y las festividades, lo cual constituye un precepto. El vino encierra misterios muy profundos, y los mismos son sugeridos a menudo por los sabios cabalistas.

Klipot: Cáscaras espirituales. Los sabios cabalistas explican que debido a que El Eterno quiso conducir al mundo con justicia (Deuteronomio 32:4), se establecieron fuerzas malignas que determinaran un equilibrio entre el Lado del Bien y el Lado del Mal. Las fuerzas espirituales malignas que buscan castigar a los pecadores en este mundo o en el Infierno, son denominadas *Sitra Ajra* y también Klipot, ya que la Santidad, la Kedushá, es denominada «fruto», y estas fuerzas actúan como cáscaras del fruto. Los sabios determinan que hay cuatro tipos de Klipot, tres completamente malignas, y la cuarta, Noga, a veces actúa para el Bien y a veces para el Mal.

Kuf: Una de las veintidós letras del abecedario hebreo. Su valor numérico es 100. Los sabios cabalistas la asocian con el signo de Piscis, la risa y el mes hebreo de Adar.

– L –

Lamed: Una de las veintidós letras del abecedario hebreo. Su valor numérico es 30. Los sabios cabalistas la asocian con el signo de Libra, el coito y el mes hebreo de Tishrei.

Lea: Matriarca, una de las esposas de Jacob. En el lenguaje de los sabios cabalistas se refiere a una de las partes en las que se divide el Rostro femenino denominado Nukva. Corresponde a la parte que va desde el pecho hacia arriba y es considerado «el mundo oculto» o alma deitkasia.

Leviatán: Animal marítimo de grandísimas proporciones. En el lenguaje de los sabios se describe una pareja, macho y hembra, que fueron creados por El Eterno, pero se mató a la hembra para evitar su reproducción, lo cual representa un gran peligro para el mundo. Este misterio también indica que la hembra fue salada y reservada para los justos en el Mundo Venidero. También se enseña que ante la llegada del Mesías, El Creador alimentará a los justos con la carne del Leviatán y con su piel les construirá una Suká, una cabaña.

Lilit: Adán estuvo separado de su mujer, Java, por espacio de 130 años, durante los cuales se unió con espíritus femeninos, y engendró una especie mixta de humano y demonio. Algunos suponen a Lilit como la madre de buena parte de estas criaturas. Otro midrash (Otzar hamidrashim 34:4) nos cuenta que Lilit fue la primera criatura femenina humana, creada junto a Adán, pero que no lograban armonizar, disputando constantemente –en especial en lo referente a la sexualidad– en busca del poder. Hasta que ella utilizó el Nombre Inefable para evaporarse en el aire y convertirse en un ente no denso. Dios se apiadó por el sufrimiento causado por la soledad del varón, y envió tres emisarios para que hicieran entrar en razón a la rebelde Lilit. Ella se enfrentó rudamente a los mensajeros de Dios, y decidió que el objetivo de su existencia sería el de dañar a los recién nacidos descendientes de Adán. En el cuerpo humano el bazo representa a Lilit, la «esposa» de Satán, el Ángel de la Muerte. Ella es también considerada como la «madre» de la Mixtura de gente (Éxodo 12:38). Ella atrapa a la gente con la riqueza y luego la mata (Tikunei Zohar, 140a).

Límite de desplazamiento: Dos mil amot alrededor de los cuales se encuentra la persona asentada en Shabat. Está prohibido en Shabat salir fuera de la ciudad dos mil amot, en cualquier dirección.

Lulav: *Véase*: Arvat Haminim. También el nombre *lulav* suele referirse a las cuatro especies unidas.

– M –

Maasé Bereshit: Lit.: Obra de Creación. Término que los sabios utilizan para hacer referencia a la Creación del Mundo Físico, durante los primeros seis días de Creación, en oposición a Maasé Merkavá, que se refiere a los Mundos espirituales superiores.

Maasé Merkavá: Lit.: Obra del Carruaje. Se refiere a la visión del profeta Ezequiel cuando se abrieron los Cielos (Ezequiel 1; 8:3). El término «Carruaje» no aparece en el texto del profeta Ezequiel sino en el primer libro de Crónicas (28:18). Según Maimónides, este concepto se ocupa de todo lo referente a lo trascendente a la naturaleza. Algunos sabios cabalistas lo entienden como una de las ramas de estudio de la mística hebrea.

Mal Instinto: *Véase*: Ietzer Hará.

Masculino: En el lenguaje de los sabios cabalistas la idea de lo masculino no se reduce a hombre o macho, sino a la energía que influye y a la forma que busca la materia para expresarse. Todo, a su vez, en todos los planos, está conformado por su aspecto masculino y por su aspecto femenino. Lo masculino está relacionado con la Jojmá.

Makaf: Uno de los signos musicales que se utilizan para leer la Torá y que encierra misterios muy profundos.

Maljut: Lit.: Reinado. Una de las diez sefirot. Si establecemos un paralelismo con el cuerpo humano, corresponde a los pies y la corona del órgano sexual. *Véase* pág. 38 en la Introducción del Volumen I.

Matronita: En idioma arameo: madre. En el lenguaje de los sabios cabalistas, el Mundo de Creación –Ietzirá– es denominado Matronita por tratarse del primer mundo superior que incluye entes separados y escindidos del Creador. Este mundo es considerado femenino en relación al Mundo de Emanación –Atzilut–, y por eso, cuando Adam transgredió, se considera que la consecuencia fue que la Matronita se separó de su Esposo.

Mazal: Término que comúnmente se relaciona con la suerte o el destino de la persona, aunque en realidad, y de un modo más preciso, tal vez convendría asociarlo con las tendencias personales a determinadas acciones, o a ciertas inclinaciones de personalidad, que tienen que ver con el momento del nacimiento de una persona determinada. Los sabios enseñan, por ejemplo, que una persona que nace con un mazal que lo lleva a derramar sangre, podrá elegir a través de su libre albedrío, si ser asesino, cirujano, shojet (matarife de acuerdo con las leyes rituales de la Torá) o moel (encargado de realizar la circuncisión).

Mem: Una de las veintidós letras del abecedario hebreo. Su valor numérico es 40.

Merkavá: *Véase*: Maasé Merkavá.

Metatrón: Ángel principal, considerado como el Gran Sacerdote espiritual, el cual puede ingresar al Sanctasanctórum en lo Alto ante el Trono de Gloria divino. Es considerado el representante de los ángeles, y es el que reúne a las plegarias y las presenta ante la Presencia divina. También aparece asociado con el Mundo de Formación, que es el Mundo de los ángeles. El valor numérico de su nombre es similar al del Nombre divino: Shakai.

Mijael: Una de las principales divisiones entre los campamentos de ángeles celestiales es en cuatro, encabezados por los cuatro ángeles más importantes: Mijael, Gabriel, Uriel y Refael.

Modé Aní: Primera oración que pronuncia la persona al despertarse, en la que agradece al Creador que le devuelva su alma, la cual, según las enseñanzas de los sabios, asciende a los mundos superiores mientras el hombre duerme.

Mojín: Se refiere principalmente al «alma» que habita en el interior de las tres primeras sefirot, Keter, Jojmá y Biná. En algunos casos las mismas sefirot son denominadas mojín. Además, toda influencia superior es denominada mojín.

Mundo de Atzilut: Lit.: Mundo de Emanación. *Véanse* pág. 27 y ss. en la Introducción del Volumen I.

Mundo de Briá: Lit.: Mundo de Creación. *Véanse* pág. 27 y ss. en la Introducción del Volumen I.

Mundo de Ietzirá: Lit.: Mundo de Formación. *Véanse* pág. 27 y ss. en la Introducción del Volumen I.

Mundo de Asiá: Lit.: Mundo de Acción. *Véanse* pág. 27 y ss. en la Introducción del Volumen I.

Musaf: El rezo adicional, tal como su nombre indica, se agrega a los rezos diarios de shajarit en Shabat, Rosh Jodesh y las festividades. Este rezo, corresponde a las ofrendas comunitarias especiales que se ofrecían en el templo en días festivos (Números 28 y 29).

– N –

Natlá: Recipiente con el que se realiza la ablución de las manos establecida por los sabios con fines de purificación. La ablución de las manos se realiza antes de comer de modo estable, antes de rezar, tras salir del retrete, y al despertarse por la mañana.

Nefesh: Una de las cinco partes que conforman el concepto judío del Alma. En este caso, nos referimos a la parte más baja, la cual está asociada con las fuerzas vitales del cuerpo. Los sabios cabalistas la asocian también con el Maljut.

Nefilat Hapaim: Rezo conocido con el nombre de Nefilat Hapaim o Tajanun –reclinar la cabeza– y que consta del salmo 6:2-11, precedido por otros dos versículos que reflejan el mismo espíritu de contrición. La fuente bíblica de esta oración es el libro de Números 16, cuando Moisés y Aharón se postran ante Dios. Se acostumbra a pronunciar este rezo sentados con la cabeza inclinada y reposando sobre el brazo izquierdo, salvo que se lleven puestas las filacterias –tefilín–, en cuyo caso reposa la cabeza sobre el brazo derecho.

Nehar dinur: Lit.: Río de fuego. Se relaciona con la Gevurá de cada Mundo, es puramente de fuego, y también es denominado Heijal Zejut, el cual es el Infierno Superior, ya que de él fluye: de debajo del Trono de Gloria. Los ángeles que se crean cada día, de este río son creados.

Nekudot: Uno de los componentes del texto de la Torá, junto con los signos musicales –taamim–, las coronas –taguin–, y las letras –otiot–. En este caso, los nekudot son las vocales que esconden misterios muy profundos.

Neshamá: Una de las cinco partes que conforman el concepto judío del Alma. En este caso nos referimos a la parte asociada con las fuerzas mentales de la persona. Los sabios cabalistas la asocian también con la Biná.

Nesirá: Lit.: corte o escisión. Refiere al corte que realizó el Creador para separar a los aspectos masculino y femenino que se encontraban apegados, espalda contra espalda, en el momento de ser creado el Hombre.

Netzaj: Lit.: Victoria. Una de las diez sefirot. Si establecemos un paralelismo con el cuerpo humano, corresponde a la pierna derecha, el riñón y el testículo. *Véanse* págs. 38 y 41 en la Introducción del Volumen I.

Nidá: Mujer en estado de impureza ritual debido a su período menstrual. Existen leyes de purificación que incluyen la cuenta de días de pureza y la inmersión en el baño ritual Mikve. El Talmud reúne el análisis de estas leyes en un tratado denominado Nidá.

Nitzotz: Lit.: Chispa. Tal como las chispas que salen del fuego son denominadas así para señalar que son sólo una parte muy pequeña que se separa de la fuente principal, el fuego, de igual modo, las chispas espirituales que descendieron con las vasijas rotas, son sólo una parte de la gran Luz general del Mundo de los Puntos o Nekudim.

Noga: Los sabios cabalistas determinan que hay cuatro tipos de Klipot, tres completamente malignas, y la cuarta, Noga, a veces actúa para el bien y a veces para el mal.

Nombre de 42 letras: *Véase* el Apéndice que se encuentra al final del Volumen I.

Notrikón: Se refiere al método de interpretación a partir de las iniciales de una palabra determinada. Ejemplo: la palabra Elul, nombre de uno de los meses, sugiere la expresión del Cantar de los Cantares: «Yo soy de mi Amado y mi Amado es mío», ya que cada palabra del versículo comienza con una de las iniciales del nombre.

Nun: Una de las veintidós letras del abecedario hebreo. Su valor numérico es 50. Los sabios cabalistas la asocian con el signo de Escorpio, el olfato y el mes hebreo de Jeshván.

Nukva: Uno de los cinco Rostros o Partzufim, en este caso identificado con la sefirá de Maljut. Representa el aspecto netamente femenino. *Véase* pág. 75 en la Introducción del Volumen I.

– O –

Ofanim: De acuerdo con Maimónides (Iesodei Hatorá 2:7) la diferencia de nombres entre los ángeles está en relación con los diferentes niveles que ocupan, y según esto se los denominan: «Jaiot Hakodesh», cuyo nivel es el superior, y «Ofanim», «Erelim», «Jashmalim», «Serafim», «Malajim», «Elohim», «Benei Elohim», «Kerubim» e «Ishim». Estos últimos son los ángeles que hablan con los profetas y que son vistos por ellos en una visión.

Or Haganuz: Luz guardada y ocultada. La primera luz creada en el relato bíblico, la cual es considerada de un altísimo nivel espiritual, y que permitía al Primer Hombre «ver desde un extremo al otro del mundo». Los sabios nos enseñan que la misma fue guardada y reservada para los hombres justos, para el Mundo Venidero. La luz que nosotros conocemos es la luz creada durante el cuarto día, a diferencia del Or Haganuz.

Oraita: En idioma arameo se refiere a la Torá, e incluye en su raíz la palabra luz —or— lo cual señala en particular a la Luz de la divinidad oculta en ella.

$$- \text{P} -$$

Pargod: Cortina celestial que señala la separación de los mundos inferiores con los mundos superiores. En el lenguaje de los sabios cabalistas, atravesar esta cortina o escuchar lo que sucede del otro lado del Pargod, representa el poder acceder a niveles espirituales y a secretos muy elevados.

Pardés: Lit.: Prado. De acuerdo con la enseñanza de los sabios cabalistas las iniciales de esta palabra señalan cuatro niveles o perspectivas a través de las cuales comprendemos la Torá. La primera inicial, la letra Pei, indica el nivel de Pshat, lo simple, el relato literal de la Torá. La segunda inicial, la letra Reish, alude al Remez —insinuación— que le da una dimensión más profunda al relato bíblico. La tercera inicial, la letra Dalet, nos indica el Drash que proviene del verbo exigir. Esta lectura encierra una búsqueda en la cual el hombre exige el significado interior que el texto quiere transmitir. La última inicial de la palabra, la letra Samej, indica el Sod, literalmente el secreto y el misterio.

Parsá: Medida de longitud equivalente a 4,6 metros.

Partzufim: Lit.: Rostros. Se refiere a los Cinco Rostros, cada uno compuesto por diez sefirot. *Véase* pág. 75 en la Introducción del Volumen I.

Pataj: Uno de los signos de puntuación o vocales. Los sabios cabalistas lo asocian con el Nombre divino Iud Hei, la sefirá de Jojmá, la letra Mem, y el Kaporet del Tabernáculo.

Pei: Una de las veintidós letras del abecedario hebreo. Su valor numérico es 80.

Pesaj: Fiesta que conmemora la salida de Egipto y la liberación del pueblo de Israel. Pesaj comienza el 15 del mes de Nisán y se celebra en Israel durante siete días. El precepto principal de esta festividad consiste en no comer levadura o productos que la contengan.

Pidión Habén: Ceremonia que se realiza a los 30 días del nacimiento del hijo varón primogénito por parte de la madre. De acuerdo con la Ley de la Torá, en un principio el primogénito pertenecía a El Eterno, lo cual significaba que debía servir como sacerdote –kohen–, mas una vez que toda la tribu de Leví fue consagrada a este fin, los primogénitos son rescatados del sacerdote a través de cinco monedas –selaim.

– R –

Rajel: Lit.: Raquel, la matriarca, una de las esposas de Jacob. En el lenguaje de los sabios cabalistas se refiere a una de las partes en las que se divide el Rostro femenino denominado Nukva. Se refiere a la parte que va desde el pecho hacia abajo y es considerado «el mundo revelado» o «alma deitgalia».

Refael: Una de las principales divisiones entre los campamentos de ángeles celestiales es en cuatro, encabezados por los cuatro ángeles más importantes: Mijael, Gabriel, Uriel y Refael.

Reish: Una de las veintidós letras del abecedario hebreo. Su valor numérico es 200.

Remisión: En hebreo: Shemitá. Refiere al séptimo año, en el cual no se trabaja la tierra y en el que todas las deudas quedan anuladas. Cuando transcurren siete años de Shemitá llega el año del Jubileo (Tratado de Moed Katán 2b y ss.)

Reshimo: Lit.: Marca o huella. Se refiere a la Luz divina que, tras realizarse el tzimtzum o la contracción, quedó en el jalal o espacio. En ningún caso podemos decir que este espacio quedó vacío de Luz de la divinidad, sino que a esta Luz que quedó la consideramos la marca o la huella de la anterior.

Resurrección de los muertos: Los sabios nos enseñan que existen dos etapas en la resurrección de los muertos: la primera sucederá al comienzo de la época mesiánica en la que Moisés, Aharón, sus hijos y todos los justos de Israel resucitarán para guiar al pueblo. Acerca de la segunda etapa de la resurrección, la general, existen distintas enseñanzas al respecto: hay entre los sabios quienes mantienen que sucederá al final del sexto milenio, otros cuarenta años tras la llegada del Mesías y otros setenta años tras la llegada del mismo.

Revii: Uno de los signos musicales que se utilizan para leer la Torá y que encierra misterios muy profundos.

Rosh Jodesh: Lit: Cabeza del mes. Día en el que comienza el mes hebreo, considerado como un día semifestivo. En la Torá y el Talmud es mencionado junto con las festividades y el Shabat. Antes de que se estableciera el calendario fijo, el Rosh Jodesh era establecido por el Tribunal, el Sanedrín, basándose en el testimonio de testigos que habían observado la luna nueva.

Rostro: En hebreo: Partzuf. *Véanse* pág. 75 y ss. en la Introducción del Volumen I.

Ruaj: Una de las cinco partes que conforman el concepto judío del Alma. En este caso, nos referimos a la parte asociada con las fuerzas emocionales de la persona. Los sabios cabalistas la asocian también con las seis sefirot, desde Jesed a Iesod.

– S –

Samael: Ministro espiritual de Edom, el cual actúa igualmente como el Ministro espiritual de los otros setenta ministros. Al caer Samael, todos los demás también caen. Los sabios lo citan también como «montado sobre la Serpiente».

Samej: Una de las veintidós letras del abecedario hebreo. Su valor numérico es 60. Los sabios cabalistas la asocian con el signo de Sagitario, el poder del sueño y el mes hebreo de Kislev.

Sefirot: *Véanse* pág. 31 y ss. en la Introducción del Volumen I.

Segol: Uno de los signos de puntuación o vocales. Los sabios cabalistas lo asocian con el Nombre divino Kel, la sefirá de Jesed, la letra Bet, y con el candelabro del Tabernáculo.

Segolta: Uno de los signos musicales que se utilizan para leer la Torá y que encierra misterios muy profundos.

Sela: Moneda de plata cuyo valor es equivalente a dos Shekalim o 4 Zuzim o Dinarim: 14,34 gramos.

Serafim: De acuerdo con Maimónides (Iesodei Hatorá 2:7) la diferencia de nombres entre los ángeles está en relación con los diferentes niveles que ocupan, y según esto se los denominan: «Jaiot Hakodesh», cuyo nivel es el superior, y «Ofanim», «Erelim», «Jashmalim», «Serafim», «Malajim», «Elohim», «Benei Elohim», «Kerubim» e «Ishim». Estos últimos son los ángeles que hablan con los profetas y que son vistos por ellos en una visión.

Shajarit: Uno de los tres rezos que se pronuncian a diario, el matutino. De acuerdo con la enseñanza de los sabios fue establecido por el patriarca Abraham.

Shakai: Uno de los Nombres divinos que aparece en la Torá, el cual está asociado con la sefirá de Iesod, Fundamento, la conducción divina que combina el Netzaj y el Hod, el órgano sexual y la letra Tav.

Shakai Kel Jai: Nombre divino relacionado con la sefirá de Iesod. Es uno de los diez Nombres divinos sobre los que recae la prohibición de ser borrado.

Shalshelet: Uno de los signos musicales que se utilizan para leer la Torá y que encierra misterios muy profundos.

Shavuot: Una de las tres fiestas de peregrinaje bíblicas, en la cual se celebra la recepción de la Torá en el Monte Sinaí. No posee una fecha propia sino que se conmemora a los 50 días de la salida de Egipto.

Shedim: Lit.: Demonios. El nombre hebreo está relacionado con el hecho de que engañan –shodedim– las mentes de los hombres o porque habitan en sitios destruidos o deshabitados –shadud. De acuerdo con los sabios sus almas fueron creadas el sexto día, antes de que entrara el Shabat, pero no alcanzó a crear sus cuerpos. Éstos habitan principalmente en sitios descampados y destruidos, y el objetivo de su creación fue generar sufrimiento y amonestar a los hombres alejados del camino de la verdad.

Shejiná: Presencia divina. La raíz hebrea de esta palabra –shin, kaf, nun– señala el acto de habitar, morar, residir. La Shejiná, de acuerdo con los actos de los hombres, se aleja del mundo o se aproxima, y el objetivo final de toda la Creación es que la Presencia divina se revele concretamente en el mundo.

Shemá Israel: Oración pronunciada dos veces cada día, por la mañana y por la noche. Está compuesta por tres secciones bíblicas: (Deuteronomio 6:4-9; 11:13-21; Números 15:37-41).

Shin: Una de las veintidós letras del abecedario hebreo. Su valor numérico es 300.

Shevarim: Tres voces entrecortadas que se soplan del shofar en Rosh Hashaná, largas, como las de un quejido, y desde el principio al fin se prolongan como las nueve teruot.

Shofar: a) Cuerno de animal, de preferencia carnero, con el que se cumple el precepto de escuchar la voz del shofar en la festividad de Rosh Hashaná. También se lo hace sonar con el fin de despertar espiritualmente a la comunidad durante el mes de Elul, mes de arrepentimiento, y al finalizar el Iom Kipur. En la Torá el shofar aparece relacionado con otros acontecimientos, tales como la entrega de la Torá, el año del Jubileo y la llegada del Mesías. b) Uno de los signos musicales que se utilizan para leer la Torá y que encierran profundos misterios.

Shuruk: Vocal relacionada por los sabios cabalistas con la sefirá de Hod, el muslo y pie izquierdos, y la letra Pei.

Shvá: Uno de los signos de puntuación o vocales. Los sabios cabalistas lo asocian con el Nombre divino Elohim, la sefirá de Gevurá, la letra Guimel, y la mesa del Tabernáculo.

Shvirat hakelim: Lit.: Ruptura de vasijas. Se refiere al momento del proceso de creación en que una Luz demasiado potente entró en las vasijas que simplemente no podían contenerla y se rompieron. En el ámbito de las sefirot, se considera que la ruptura afectó a las siete inferiores. De acuerdo con los sabios cabalistas la ruptura de las vasijas permite el surgimiento y la existencia del Mal. También esta ruptura es la raíz del libre albedrío. *Véase* pág. 67 en la Introducción del Volumen I.

Sitra Ajra: En arameo: el Otro Lado. Así como El Eterno creó los Mundos de Creación, Formación y Acción, para que sirvieran de base para la realización del Bien y la Santidad, de igual modo creó el lado opuesto, es decir, los encargados del Mal. El conjunto de estas criaturas encargadas del Mal en el mundo se denomina las «fuerzas del Otro Lado». El Mal, tal como es entendido por los sabios cabalistas, es sólo un medio para lograr y generar finalmente el máximo Bien, objetivo último de la creación del mundo.

Sucot: Fiesta que conmemora la protección divina de la que goza Israel durante su paso por el desierto, al salir de Egipto. La misma comienza el 15 del mes de Tishrei y se celebra en Israel durante siete días. El precepto principal de esta festividad es habitar en la suká, una cabaña, durante toda la festividad, y balancear las cuatro especies durante el rezo matutino.

Suká: Cabaña que se construye especialmente para la fiesta de Sucot, en la que se debe habitar durante los días de la festividad tal como se habita en la casa durante el resto de los días del año.

– T –

Taamim: Uno de los componentes del texto de la Torá, junto con las coronas –taguin–, las letras –otiot– y las vocales –nekudot–. En este caso, los taamim son los signos musicales que esconden misterios muy profundos.

Tagin: Uno de los componentes del texto de la Torá, junto con los signos musicales –taamim–, las vocales –nekudot–, y las letras –otiot–. En este caso, los tagin son las coronas o dibujos lineares que aparecen por encima de algunas letras de la Torá y que esconden misterios muy profundos.

Talit: Prenda superior, ancha, con la que las personas solían cubrirse todo el día. Cuando reúne las condiciones de poseer cuatro esquinas, el talit llevaba los tzitzit. En la actualidad el talit es utilizado para los rezos y para asistir a la sinagoga, aunque existe también el talit pequeño, que es utilizado permanentemente.

Tav: Una de las veintidós letras del abecedario hebreo. Su valor numérico es 400.

Tefilín: Filacterias, dos cajitas de cuero negro que contienen cuatro pergaminos con pasajes de la Torá: (Deuteronomio 6:4-9), (Deuteronomio 11:13-21), (Éxodo 13:1-10), (Éxodo 13:11-16). Se fijan en la frente y en el brazo izquierdo mediante unas correas de cuero negro que penden de las cajitas durante la oración matutina –shajarit– de cada día, a excepción de los días festivos y el Shabat.

Teshuvá: Término que expresa el retorno a la conexión espiritual con El Creador, tras haberse alejado de Él. Su raíz incluye la acepción de regreso –lashuv– y también la misma palabra puede, de modo sugerente, ser dividida en dos: teshu-va, es decir, volver o retornar a Dios.

Tet: Novena letra del abecedario hebreo. Su valor numérico es 9. Los sabios cabalistas la asocian con el signo de Leo, la fuerza de la audición y el mes hebreo de Av.

Tetragrama: El Nombre de las cuatro letras: Iud, Hei, Vav, Hei, el cual está asociado con la sefirá de Tiferet, con la vocal jolam, el cuerpo o el torso de persona, la letra Dalet, y con el altar de oro del Tabernáculo.

Tiferet: Lit.: Belleza o Armonía. Una de las diez sefirot. Si establecemos un paralelismo con el cuerpo humano, se corresponde con el torso. *Véanse* pág. 38 y ss. en la Introducción del Volumen I.

Tikún: Lit.: Rectificación. Se refiere al estadio en el que determinado ente o persona alcanza el objetivo divino y el sentido de su creación. Por ejemplo, el Mundo del Tikún es el estadio en el que la Presencia divina debe ya revelarse concretamente en la realidad, lo cual es considerado la rectificación o tikún del mundo.

Torá: Pentateuco o los Cinco libros de Moisés: Génesis, Éxodo, Levítico, Números y Deuteronomio. También es considerada la sabiduría escrita o Torá Escrita, en oposición a lo que se denomina Torá Oral. Los textos cabalísticos enseñan que la Torá representa el plano de todo lo creado: «Dios miró la Torá y creó el mundo».

Tikún Jatzót: Rezo que se pronuncia a medianoche, cuando es costumbre enunciar de modo individual o en una habitación secundaria de la sinagoga, sentándose en el suelo y llorando. Como de acuerdo con los sabios cabalistas la Shejiná incluye dos aspectos, uno denominado Rajel y el otro Lea, este rezo también está compuesto por dos tikunim o rectificaciones: Tikun Rajel, en el que se llora debido al exilio de la Shejiná, y Tikun Lea, basado en el estudio de la Torá.

Trece medidas de misericordia: También son denominadas «atributos» de misericordia. Aparecen en dos secciones bíblicas: en el libro del Éxodo (34:6-7) y Malaquías (7:18-20). En el Talmud, Tratado de Rosh Hashaná (17b) se enseña que El Eterno le reveló a Moisés esta súplica, la cual se considera que en todos los casos es respondida.

Treinta y dos senderos de sabiduría: La Jojmá –por ser el primer destello de revelación– incluye a todos los posteriores modos de conducción divina, incluyendo a los 32 senderos. Éstos son mencionados al comienzo del Sefer Ietzirá, y están conformados por las diez sefirot y las 22 letras del abecedario hebreo.

Treinta y nueve prohibiciones: Lo que la Torá prohibió fue la realización en Shabat de actos que impliquen una actividad creativa, actividades que surgen del precepto de construir el Tabernáculo (Mishkán) en el desierto del Sinaí (Éxodo 31:1-11), (Éxodo 35:1-3). Las actividades necesarias para la construcción del Tabernáculo eran treinta y nueve en total. Éstas se denominan Actividades Principales (Avot Melajot) que incluyen en sí mismas a todas las demás prohibiciones de Shabat que reciben el nombre de Actividades Derivadas (Toladot). Las actividades 1 al 11 están relacionadas con la preparación de los diversos tipos de alimento del ser humano: arar, plantar, cosechar, engavillar, trillar, aventar granos, seleccionar, tamizar, moler, amasar y hornear. Las actividades 12 a la 24 están ligadas con la preparación de la indumentaria del ser humano: esquilar, blanquear o lavar, cardar, teñir, hilar, introducir hilo en el ojal, actividad preparatoria para el tejido, tejer, deshebrar, anudar, desanudar, coser y desgarrar. Las actividades 25 a la 33 están relacionadas con la escritura o con la preparación de los materiales para la escritura: cazar, degollar, desollar, curtir, raspar, rayar, cortar, escribir y borrar. Las actividades 34 y 35 están ligadas con la construcción de la vivienda del ser humano, y son: construir y demoler. Las actividades 36 y 37 están ligadas al fuego, y son: encender y apagar el fuego. La actividad número 38 es la que completa una determinada actividad. La actividad número 39 es el transporte de objetos del dominio privado al público y viceversa.

Truá: Nueve voces entrecortadas que se soplan del shofar en Rosh Hashaná, cortas, como las de un hombre que solloza, y desde el principio al fin se prolongan como tres shevarim.

Tzadik: Una de las veintidós letras del abecedario hebreo. Su valor numérico es 90. Los sabios cabalistas la asocian con el signo de Acuario, el gusto y el mes hebreo de Shevat.

Tzimtzum: Lit.: Contracción. Se refiere a la contracción de la Luz inicial del Ein Sof, para dar lugar a otra existencia además de la Divinidad. La contracción también generó el Jalal y el Roshem. *Véase* pág. 58 en la Introducción del Volumen I.

– U –

Uriel: Una de las principales divisiones entre los campamentos de ángeles celestiales es en cuatro, encabezados por los cuatro ángeles más importantes: Mijael, Gabriel, Uriel y Refael.

– V –

Vav: Sexta letra del abecedario hebreo. Su valor numérico es 6. Los sabios cabalistas la asocian con el signo de Tauro, la fuerza de la meditación y el mes hebreo de Iyar.

– Z –

Zain: Séptima letra del abecedario hebreo. Su valor numérico es 7. Los sabios cabalistas la asocian con el signo de Géminis, la fuerza del movimiento y el mes hebreo de Siván.

Zarka: Uno de los signos musicales que se utilizan para leer la Torá y que encierran misterios muy profundos.

Zeir Anpín: Uno de los cinco Rostros o Partzufim, en este caso identificado con las sefirot de Jesed, Gevurá, Tiferet, Netzaj, Hod y Iesod. *Véase* pág. 75 en la Introducción del Volumen I.

Zun: Palabra compuesta por las iniciales de los nombres de dos Rostros –Zein Anpín y Nukva–, y que generalmente señala la relación entre ambos.

TABLA DE EQUIVALENCIAS DE LIBROS BÍBLICOS

Génesis	*Bereshit*	Miqueas	*Mijá*
Éxodo	*Shemot*	Nahúm	*Najúm*
Levítico	*Vaikrá*	Habacuc	*Jabakuk*
Números	*Bamidbar*	Sofonías	*Tzfaniá*
Deuteronomio	*Devarim*	Hageo	*Jagai*
		Zacarías	*Zejariá*
Josué	*Ieoshúa*	Malaquías	*Malají*
Jueces	*Shoftim*		
Samuel	*Shmuel*	Salmos	*Tehilim*
Reyes	*Melajim*	Proverbios	*Mishlei*
		Job	*Iov*
Isaías	*Ishaiahu*	Cantar de los Cantares	*ShirHashirim*
Jeremías	*Irmiahu*	Rut	*Rut*
Ezequiel	*Iejezquel*	Lamentaciones	*Eijá*
		Eclesiastés	*Kohelet*
Oseas	*Hoshea*	Ester	*Ester*
Joel	*Ioel*	Daniel	*Daniel*
Amós	*Amós*	Esdras	*Ezrá*
Abdías	*Ovadiá*	Nehemías	*Nejemiá*
Jonás	*Ioná*	Crónicas	*Divrei Haiamim*

ÍNDICE
DE CITAS BÍBLICAS

A

Amós 8:11   9

C

Cantar de los Cantares 1:2   129
Cantar de los Cantares 1:6   288
Cantar de los Cantares 1:16   130
Cantar de los Cantares 2:8   97
Cantar de los Cantares 2:9   88, 92, 95, 96, 97
Cantar de los Cantares 4:1   129
Cantar de los Cantares 4:3   126, 129
Cantar de los Cantares 4:5   121
Cantar de los Cantares 5:13   130
Cantar de los Cantares 6:11   136
Cantar de los Cantares 7:2   55, 56
Cantar de los Cantares 7:3   102
Cantar de los Cantares 7:13   119
Cantar de los Cantares 8:2   180
Cantar de los Cantares 8:7   125
Cantar de los Cantares 8:13   88

D

Daniel 4:10   170
Daniel 4:14   155, 170
Daniel 9:23   69

Deuteronomio 6:4   130, 347, 349
Deuteronomio 6:5   138
Deuteronomio 8:3   120, 125
Deuteronomio 8:5   133
Deuteronomio 9:18-19   84, 276
Deuteronomio 11:13   349
Deuteronomio 17:18   181
Deuteronomio 18:10-11   91
Deuteronomio 21:23   177
Deuteronomio 23:13   223
Deuteronomio 29:22   139
Deuteronomio 32:4   336
Deuteronomio 32:7   89
Deuteronomio 32:32   32, 35
Deuteronomio 32:33   32
Deuteronomio 32:42   176
Deuteronomio 33:28   187
Deuteronomio 34:5   128

E

Eclesiastés 3:19   50
Eclesiastés 7:14   280
Eclesiastés 8:14   140
Eclesiastés 8:15   144
Eclesiastés 10:11   305
Ester 2:9   225
Ester 2:13   194, 231
Ester 3:15   24, 87

Ester 5:8	256	Génesis 3:19	140, 305, 306
Ester 8:15	87	Génesis 3:24	122
Éxodo 4:24	288	Génesis 6:13	308
Éxodo 4:25-26	289	Génesis 7:6-7	299
Éxodo 9:22	223	Génesis 9:20-21	35
Éxodo 10:22	307	Génesis 9:21	300
Éxodo 12:38	338	Génesis 15:1	87
Éxodo 13:1	349	Génesis 18:17-18	165
Éxodo 13:11	349	Génesis 19:11	126
Éxodo 13:21	165	Génesis 19:24	166
Éxodo 14:30-31	132	Génesis 21:7	168
Éxodo 19:19	129	Génesis 25:27	90
Éxodo 24:10	36, 51, 189	Génesis 27:11	317
Éxodo 26:28	27	Génesis 29: 22-23	164
Éxodo 31:1	351	Génesis 29: 25-27	164
Éxodo 34:6-7	253	Génesis 30:4	164
Éxodo 35:18	148	Génesis 30:9	164
Éxodo 36:12	48	Génesis 37:24	263
Éxodo 40:34	318	Génesis 49:27	254
Éxodo 40:35	318		
Ezequiel 1	338		
Ezequiel 1:4-8	222		

H

Habacuc 3:2	15

I

Ezequiel 1:12	49
Ezequiel 1:16	43, 84
Ezequiel 1:20	44
Ezequiel 1:27-28	56
Ezequiel 3:12	65, 227
Ezequiel 10:1	44
Ezequiel 10:15	120
Ezequiel 16:7	167
Ezequiel 36:25	291

Isaías 1:15	281
Isaías 2:3	183
Isaías 6:3	65, 89, 227
Isaías 8:14	83, 176
Isaías 14:14	306
Isaías 14:18	304
Isaías 25:8	40, 306, 319
Isaías 26:19	306

G

Génesis 1:14-19	75	Isaías 28:16	83
Génesis 1:16	274	Isaías 30:22	107, 282
Génesis 1:31	76, 275	Isaías 30:29	83
Génesis 2:7	216, 305, 306	Isaías 33:7	40
Génesis 2:10	165, 208	Isaías 38:11	142
Génesis 2:16-17	259	Isaías 50:1	150
Génesis 2:22	191, 192	Isaías 51:17	269, 270
Génesis 2:24	207	Isaías 53:10	27
Génesis 3:1	260, 306	Isaías 58:9	114
Génesis 3:6	194	Isaías 58:14	114, 147
Génesis 3:14	306	Isaías 59:7	286
Génesis 3:15	286	Isaías 60:21	117, 177
Génesis 3:16	162	Isaías 65:13	160

Isaías 65:25	306	Números 12:6	66
Isaías 66:11	168	Números 12:8	127
		Números 12:13	30, 213
J		Números 15: 37	347
		Números 19:17	290
Jeremías 22:30	252	Números 28 y 29	340
Job 1:10	265		
Job 3:1	285	**O**	
Job 3:8	284, 285		
Job 5:16	173	Oseas 1:2	33, 34, 35
Job 5:22	123, 287	Oseas 1:3	35
Job 12:14	74	Oseas 6:7	259
Job 24:15	298	Oseas 7:13	267
Job 33:23	77	Oseas 14:10	33
Job 33:24	77, 108		
Joel 2:20	301	**P**	
Josué 3:11	205		
Josué 22:22	248	Proverbios 1:11	14
		Proverbios 3:13	63
L		Proverbios 3:23	76
		Proverbios 3:35	61
Lamentaciones 3:23	59	Proverbios 4:2	61
Lamentaciones 4:19	24	Proverbios 4:19	273
Levítico 10:1-3	215	Proverbios 5:3	21, 292, 294
Levítico 11:44	278	Proverbios 5:4	289, 294
Levítico 16:20-21	255	Proverbios 6:25	293
Levítico 16:21	308	Proverbios 7:5	272
Levítico 16:22	255	Proverbios 7:7-9	293
Levítico 19:23	28	Proverbios 7:7-13	297
Levítico 19:23:25	288	Proverbios 7:10	293
Levítico 19:36	110, 149	Proverbios 7:11	293
Levítico 22:20	318	Proverbios 7:12	294
Levítico 25	335	Proverbios 7:13	294, 295
		Proverbios 7:14	297, 298
M		Proverbios 7:15	298
		Proverbios 7:18	298
Malaquías 3:6	55	Proverbios 7:19	298
Malaquías 3:16	46, 252	Proverbios 7:20	299
		Proverbios 7:21	300
N		Proverbios 7:21-23	300
		Proverbios 10:25	190
Nehemías 9:32	119	Proverbios 15:15	213
Números 2:10-15	131	Proverbios 16:15	57, 58
Números 6:17	290	Proverbios 16:32	93
Números 6:18	290	Proverbios 19:17	145
Números 6:24	290	Proverbios 20:17	269
Números 12:1-3	29	Proverbios 21:9	292

63b

Proverbios 23:25	90, 254
Proverbios 25:21	256
Proverbios 25:22	256
Proverbios 27:6	292
Proverbios 27:16	301
Proverbios 27:28	90
Proverbios 28:10	61
Proverbios 28:23	252
Proverbios 28:24	89, 90
Proverbios 31:15	254

S

Salmos 7:12	100, 104
Salmos 9:16	99
Salmos 17:14	141
Salmos 18:10	224
Salmos 19:9	275
Salmos 27:4	30, 31, 79
Salmos 36:7	25, 302, 309
Salmos 40:3	279
Salmos 41:1	94, 95, 98
Salmos 48:9	170
Salmos 51:17	229
Salmos 55:14	60
Salmos 58:12	169
Salmos 62:10	149
Salmos 68:15	303
Salmos 69:14	126
Salmos 75:9	54, 300
Salmos 78:49	22
Salmos 81:3	299
Salmos 81:10	13
Salmos 83:2	162
Salmos 85:11	197

Salmos 85:12-13	198
Salmos 89:16	97
Salmos 89:49	262
Salmos 91:10	272
Salmos 91:11	83
Salmos 91:11-12	83
Salmos 91:15	281
Salmos 94:22	103
Salmos 104:1	58
Salmos 104:15	53, 54
Salmos 104:24	226
Salmos 104:31	203
Salmos 108:5	124
Salmos 109:11-12	115, 283
Salmos 109:17	115
Salmos 109:17-18	283
Salmos 116:13	54
Salmos 116:15	140
Salmos 119:73	223
Salmos 119:99	93
Salmos 119:155	281
Salmos 121:4	119
Salmos 128:2	93
Salmos 128:4	115
Salmos 132:17	79
Salmos 135:4	317
Salmos 140:12	90
Salmos 147:20	174

Z

Zacarías 6:1-5	220
Zacarías 13:2	319
Zacarías 14:4	187
Zacarías 14:9	217

ÍNDICE

Dedicatoria de El Zohar 7

Palabras introductorias 9

SEGUNDA PARTE: JELEK BET

Sección de PEKUDE II 11

Palacios del flanco de la santidad 28

Primer palacio denominado: «Embaldosado de zafiro» 33

Segundo palacio denominado: «Esencia del cielo» 51

Tercer palacio: *Noga* 69

Cuarto palacio, denominado: «Palacio de los méritos» 99

Quinto palacio, denominado: «Palacio del amor –Jesed–» 117

Sexto palacio, denominado: «Palacio de la voluntad –Tiferet–» 125

Séptimo palacio denominado: *«Kodesh hakodashim»* 198

Primer palacio, denominado: *«Bor»* 263

Tercer palacio del otro lado –*Sitra Ajra*–: Duma 272

Apéndice: Los diferentes grados de las almas 321

Una pregunta obligatoria 321

Dos grados diferentes 321

El final del acto y el comienzo del pensamiento 322

El Tiferet y el Maljut 323

El espíritu y la acción 324

Glosario 327
Tabla de equivalencias de libros bíblicos 353
Índice de citas bíblicas 355

EL ZOHAR
PLAN GENERAL DE LA OBRA

Volumen 1: Hakdamat Hazohar - Bereshit (1)
Volumen 2: Bereshit (2)
Volumen 3: Noaj - Lej Lejá
Volumen 4: Vaierá - Jaiei Sará
Volumen 5: Toldot - Vaietzé
Volumen 6: Vaishlaj - Vaieshev
Volumen 7: Miketz - Vaigash
Volumen 8: Vaiejí

Volumen 9: Shemot - Vaera
Volumen 10: Bo - Beshalaj
Volumen 11: Itró
Volumen 12: Mishpatim
Volumen 13: Terumá (1)
Volumen 14: Terumá (2) (Sifra Detzniuta)
Volumen 15: Tetzave - Ki Tissa
Volumen 16: Vaiakel
Volumen 17: Pekude (1)
Volumen 18: Pekude (2)

Volumen 19: Vaikrá
Volumen 20: Tzav - Shminí - Tazria - Metzorá

Volumen 21: Ajarei Mot - Kedoshim
Volumen 22: Emor - Behar - Bejukotai

Volumen 23: Bamidbar - Nasó (1)
Volumen 24: Nasó (2) - Behaalotjá (Idra Raba)
Volumen 25: Shelaj - Koraj
Volumen 26: Jukat - Balak
Volumen 27: Pinjas (1)
Volumen 28: Pinjas (2) - Matot

Volumen 29: Devarim (1)
Volumen 30: Devarim (2) (Idra Zuta)

Volumen 31: Shir Hashirim
Volumen 32: Ruth - Eijá

ESTIMADO LECTOR

Considerando que los volúmenes de El Zohar se publicarán de modo progresivo en varios años, Ediciones Obelisco se compromete, para su facilidad, a comunicarle la aparición de cada nuevo volumen publicado para que usted pueda adquirirlo en cualquier librería de su país. Para ello le agradeceríamos nos enviara sus datos por e-mail o por carta a:

EDICIONES OBELISCO

Pere IV 78, 3º 5ª
08005 Barcelona (ESPAÑA)
Tel. (34) 93-309-85-25
Fax: (34) 93-309-85-23
e-mail: comercial@edicionesobelisco.com